新疆文物保护研究丛书

（丁种本之二）

新疆文物保护研究论文集

（二）

新疆维吾尔自治区文物古迹保护中心　编

科　学　出　版　社

北　京

内 容 简 介

本书是新疆维吾尔自治区文物古迹保护中心及从事文物保护事业的各类人员在所承担完成的文物古迹保护工程勘察、维修、设计、施工、修复等方面研究成果的汇集。既有对文物保护工程具体施工的论述，也有对文物修复的专题理论研究，包含不可移动文物保护、可移动文物保护、科学分析研究及其他四个方面。

本书适合文物保护与管理专业的工程技术人员以及高等院校相关专业的师生参考阅读。

图书在版编目(CIP)数据

新疆文物保护研究论文集. 2 / 新疆维吾尔自治区文物古迹保护中心编. —北京：科学出版社，2016
（新疆文物保护研究丛书. 丁种本；二）
ISBN 978-7-03-048645-5

Ⅰ.①新… Ⅱ.①新… Ⅲ.①文物保护-新疆-文集 Ⅳ.①K872.45-53

中国版本图书馆CIP数据核字（2016）第127590号

责任编辑：孙 莉 曹 伟 吴书雷 / 责任校对：彭 涛
责任印制：肖 兴 / 封面设计：张 放

科 学 出 版 社 出版
北京东黄城根北街16号
邮政编码：100717
http：//www.sciencep.com
中国科学院印刷厂 印刷
科学出版社发行 各地新华书店经销
*
2016年6月第 一 版 开本：889 × 1194 1/16
2016年6月第一次印刷 印张：21 1/4
字数：608 000
定价：180.00元
（如有印装质量问题，我社负责调换）

编辑委员会

主　编： 梁　涛

编　辑： 彭　杰　包　宾

叶　卫　赵　岩

“新疆文物保护研究丛书”序

新疆维吾尔自治区，位于亚欧大陆中部，地处我国西北边陲，总面积166.49万平方公里，占全国陆地总面积的六分之一，周边与俄罗斯、哈萨克斯坦、吉尔吉斯斯坦、塔吉克斯坦、巴基斯坦、蒙古、印度、阿富汗8个国家接壤；陆地边境线长达5600多公里，占全国陆地边境线的四分之一，是我国面积最大、陆地边境线最长、毗邻国家最多的省区。

新疆历史悠久，古称西域，自古以来就是中国不可分割的重要组成部分。新疆位于古代丝绸之路的重要枢纽地段，是东西方古代文明的交融荟萃之地。由于特殊的地理区位优势，中原文化、印度文化、希腊文化、阿拉伯文化在这里交流、碰撞和融合，在漫长的历史长河中，各民族人民共同创造了辉煌璀璨的优秀文化，丰富了中华民族悠久灿烂的文化底蕴。在这片广袤的土地上，美丽的阿尔泰山、巍峨的昆仑山、雄伟的天山以及干燥的准噶尔盆地和塔里木盆地，形成了新疆“三山夹两盆”自然地貌和环境，雨量稀少、风沙诸多、气候干燥，这些特殊的气候特征，为文化遗产的长期保存创造了良好的自然条件，使新疆拥有大量弥足珍贵的文物古迹，无论是地上还是地下的文化遗存，都极为丰富，有“天然博物馆”之称。据统计，截至2012年，新疆已发现各类文物点4000余处。其中，全国重点文物保护单位116处（含第七批待批），自治区级文物保护单位675处（含第七批待批），县（市）级文物保护单位2000余处；各级文物收藏机构现有各类馆藏文物30余万件。其中国家一级文物707件，二级文物1339件，三级文物4038件。此外，还有大量的未定级文物点和一般文物。

新疆作为中国境内涉及世界文明史发展的重要的历史文化遗产地区，其文物资源真实地展现了各民族共同创造的灿烂文化，是中华民族文化宝库的重要组成部分，是各族人民共同缔造中华文明的真实历史见证，是维系中华民族大团结的精神纽带。它们对于保持人类文化的多样性，维持人类文明和社会的可持续发展，具有重要的意义，因此历来是历史学、地理学、生态学、人类学、民族学、宗教学、语言学等多学科广泛关注的研究领域。

更为重要的是，由于文物自身所具有的客观性和直观性，使其在反对民族分裂主义，维护新疆大局稳定的斗争中，发挥着无可替代的特殊功能和积极作用，尤其是对新疆广大各族群众开展爱国主义教育，阐明“新疆自古以来是祖国不可分割的一部分”这一历史事实，具有重要的现实政治意义。同时，作为我国西部地区重要的人文景观资源的重要组成部分，新疆的文物资源分布广、种类全、数量多、内涵丰富，极具展示和观赏价值，已成为拉动新疆的旅游业，促进地方经济发展的重要资源。所以，保护好这些弥足珍贵的历史文化遗产，对于发展中国特色社会主义先进文化，传承中华民族的优秀文化，维护祖国统一和领土完整，促进经济发展和社会全面进步，具有特殊的重要的现实意义。

自20世纪70年代以来，新疆文物保护工作者带着强烈的责任感，以科学、严谨的态度，克服种种实际困难，筚路蓝缕，长期奔波在条件极为恶劣的辽阔大地上，书写了新疆文物保护事业从起步、成长到逐渐壮大的历程。

1989年6月，新疆文化厅克孜尔千佛洞石窟维修办公室成立，隶属于自治区文化厅。1992年3月，更名为“新疆文化厅文物保护维修办公室”。2001年7月，更名为“新疆维吾尔自治区文物古迹保护中心”。在不断前进的历程中，新疆文物古迹保护中心立足新疆，放眼西北，励精图治，奋发有为，先后在区内外主持承担了一大批文物保护项目，在全国文物保护行业赢得了良好的口碑。尤其是在“十一五”和“十二五”期间，以中心主要业务人员组成的新疆重点文物保护项目领导小组执行办公室，组织实施了新中国成立以来我国文物保护行业的重大系统工程——丝绸之路新疆段重点文物保护项目（“十一五”期间总投资额达4.7亿元）。该项目的多个子项目被国家文物局评为样板工程。其中，交河故城二期抢险加固工程名列“2010年度全国文物保护十大工程”之首，柏孜克里克石窟抢险加固工程被评为“2011年度全国文物保护十大工程”，高昌故城三期抢险加固工程被评为“2012年度全国最佳文物工程”。2011年，中心被中国文物保护基金会评为“中国文化遗产保护与传承典范单位”。2012年，中心被人力资源和社会保障部、国家文物局授予“全国文物系统先进集体”荣誉称号。

经过二十多年的发展，新疆文物古迹保护中心已成为目前新疆唯一拥有国家文物保护勘察设计甲级资质和施工一级资质，集产学研为一体的科研单位，主要业务范围包括各级各类文物保护单位的保护规划编制和文物保护工程的勘察设计、施工，以及区域性文物保护规划编制、文物信息咨询、文物修复、文物保护科学研究、《新疆文物保护》学术期刊的编辑出版等。

文物保护是一项专业性很强的学科，涉及自然科学和社会科学的多个领域。在实际工作中，我们深切地感到，文物保护项目的实施过程同时也是开展科学研究的过程。工欲善其事，必先利其器。要想做好文物保护工作，在全面系统收集整理基础资料的基础上开展科学研究是不可或缺的重要步骤。为此，我们决定编辑出版新疆文物保护研究丛书，以期不仅为文物保护工作者提供宝贵的参考和借鉴，而且为关注新疆文物保护的社会各界人士提供一个从多层面了解新疆文物保护工作的窗口。根据工作实际，本丛书拟分为甲、乙、丙、丁四个系列。其中，甲种本是规划、勘察设计方案的汇集，乙种本是文物保护项目的工程报告及监理报告，丙种本是文物保护研究的中文著作及外文译著，丁种本是文物保护研究的中文、译文及外文论文的汇集。集腋成裘，堆沙为塔。我们衷心地希望，通过不断的努力，为新疆文物保护事业的可持续发展尽一份绵薄之力。

梁涛

2012年5月

目　　录

科学分析研究

其　他

不可移动文物保护

库木吐喇石窟58号窟壁画的保护修复

叶　梅　杨　杰　周志博

内容提要：库木吐喇58号窟为中心柱纵券顶窟，由前室、主室以及左甬道、右甬道、后甬道组成。该窟前室已塌毁，主室左侧壁壁画已完全脱落，由水泥修补，其余右侧壁、正壁及甬道下部壁画大部分脱落。58号窟壁画病害类型复杂多样、病害程度极为严重，必须采取抢救性保护修复。为此，在现场试验的基础上，针对58号窟不同类型壁画病害，采用不同的保护修复材料与工艺，有效保护了58号窟壁画。

关键词：库木吐喇石窟　壁画　病害　保护修复

一、前　　言

库木吐喇石窟开凿于5世纪，兴盛于唐代，衰落于11世纪，现存洞窟112个，其中保存有壁画的洞窟40余个，保存有丰富而独特的石窟建筑、壁画、塑像和题记等，是新疆境内规模仅次于克孜尔石窟的第二大佛教石窟寺。其中，龟兹晚期石窟保存的文物较多，是研究新疆地区佛教石窟及壁画艺术发展、演变不可缺少的资料。

历经千年，由于自然因素与人为因素的影响，库木吐喇石窟已有不少洞窟遭到毁坏，现存的大部分洞窟，其前室已塌毁。20世纪70年代，新疆水电部门在库木吐喇石窟保护区范围内修建水电站时，大坝截流导致窟区水位上涨，造成下层洞窟不同程度的进水，窟内湿度急剧增大，且由于多年来下层洞窟的湿度长期处于饱和状态，壁画受到严重损害。

多年来，库木吐喇石窟壁画的保护一直受到上级文物部门的高度重视，以及国内外文物保护机构的广泛关注，如2002年联合国项目库木吐喇石窟保护修复工程、防洪坝工程、个别洞窟的抢救性保护修复等。

为了抢救库木吐喇石窟濒临危险的洞窟壁画，在前期病害调查和取样分析，壁画保护修复的现场试验效果分析等这些工作基础上，申报了库木吐喇石窟部分洞窟壁画的抢救性保护修复方案，国家文物局批复同意实施《库木吐喇石窟壁画抢救性保护修复方案》。2010年，龟兹研究院与中国文化遗产研究院合作完成库木吐喇石窟46号、58号窟壁画的抢救性保护修复工作；与敦煌研究院合作完成新1号、新2号窟壁画的抢救性保护修复工作。这两项保护修复工作，使洞窟内残损的壁画得到了有效保护。

下面以58号窟壁画保护修复为例，分析其病害特征及其治理措施。

二、58号窟壁画保存现状

58号窟位于窟群区，洞窟开凿于山体下部，临渭干河。该窟为中心柱纵券顶窟，由前室、主室和后室组成，前室已塌毁，现存主室，左、右、后三甬道。窟外壁面均用水泥石块修补加固。为了治理58号窟壁画病害，工作人员对壁画保存现状进行了全面调查，并按照WW／T 0001-2007（古代壁画病害类型与图示）中的方法对各类壁画病害的数量进行了统计（表1）。

表1　库木吐喇石窟壁画病害面积统计表　　（单位：裂隙长度：m；其他：m^2）

病害类型			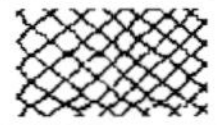	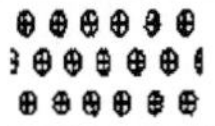	
	颜料起甲	地仗酥碱	地仗脱落	画面霉斑	颜料粉化
病害面积（m^2）	32.68	9.58	87.34	——	6.41
病害类型			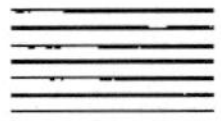		
	疱疹脱落	裂隙、划痕	地仗空鼓	画面白霜	
病害面积（m^2）	22.72	11.59	16.39	12.58	

主室正壁上部保存着大量精美而完整的壁画，主要病害包括点状脱落、疱疹状脱落、空鼓、划痕、酥碱、霉菌等。点状脱落和疱疹状脱落主要分布在中部及上部；空鼓及划痕主要分布在龛两侧；龛左侧壁画边缘严重酥碱；壁画边缘部分曾采用三合土和水泥加固，下部为裸露岩体。

前壁门道左侧壁上部残存少量壁画，壁画脱落极为严重，中部门道安装铁栅栏，墙体和水泥面为后期修复。

左侧壁地仗层全部脱落，现为水泥加固面。右侧壁上部残存少量壁画，空鼓及裂隙病害极为严重，壁画边缘酥碱较为严重，部分采用三合土加固，下部为裸露岩体。

券顶保存大量壁画，右券内端有一条较大裂隙贯通于左侧壁，情况十分危险。另有一条裂隙在右券下端贯通于右侧壁，右券里端中部大裂隙处有泥浆析出，污染右券外端部分壁面。券腹壁画起甲病害严重。左右券下端采用三合土和水泥加固。

左、右甬道内外侧壁地仗层已全部脱落，曾用水泥抹面加固，现水泥加固层也大部分脱落，残留的少量水泥层已与岩体分离，影响到壁画的保存，其余部分现为裸露岩体。甬道券顶保存大量壁画，壁画边缘酥碱病害严重，画面存在较多昆虫粪便、粉笔涂写痕迹。

后甬道四壁下部地仗层已全部脱落，现存部分为水泥加固面，残存的少量水泥层出现与岩体分离状，其余部分为裸露岩体。券顶保存大量壁画，壁画边缘酥碱病害严重，画面有昆虫的粪便及烟熏。

58号窟壁画病害是空鼓、酥碱、起甲（或粉化）、岩体风化、裂隙、昆虫排泄物污染等多种病害同时存在。造成58号窟壁画各种病害的原因是多方面的，尤以岩体坍塌、裂隙对壁画的保存影响最大。因渭干河水的入渗，洞窟岩体基础不均匀沉降，造成现在洞窟顶部出现裂隙，其前部已与基岩完全分离，成为危岩体，并有大块岩石脱落，加之风沙、日光直射、干湿交替的环境无时无刻地对壁画保存产生不利影响。

三、壁画现场修复试验

选择位于佛龛西侧下方的壁画作酥碱、起甲病害修复试验，150cm（宽）×80cm（高）。绘菱格纹，尚存部分颜料层、地仗层。地仗层酥碱严重，颜料层起甲严重（图1）。对酥碱和起甲壁画保护修复材料的基本要求，在不改变壁画颜料颜色、渗透性能优良前提下，同时为了满足文物保护的"不改变原状原则"的要求，国内外修复加固酥碱和起甲壁画时，加固材料通常都选用无色的有机合成高分子材料。为此，选择硅丙1号树脂、硅丙2号树脂、Paraloid B-72、聚乙烯醇、聚醋酸乙烯酯乳液、明胶、正硅酸乙酯、AC-33等加固剂进行现场试验。

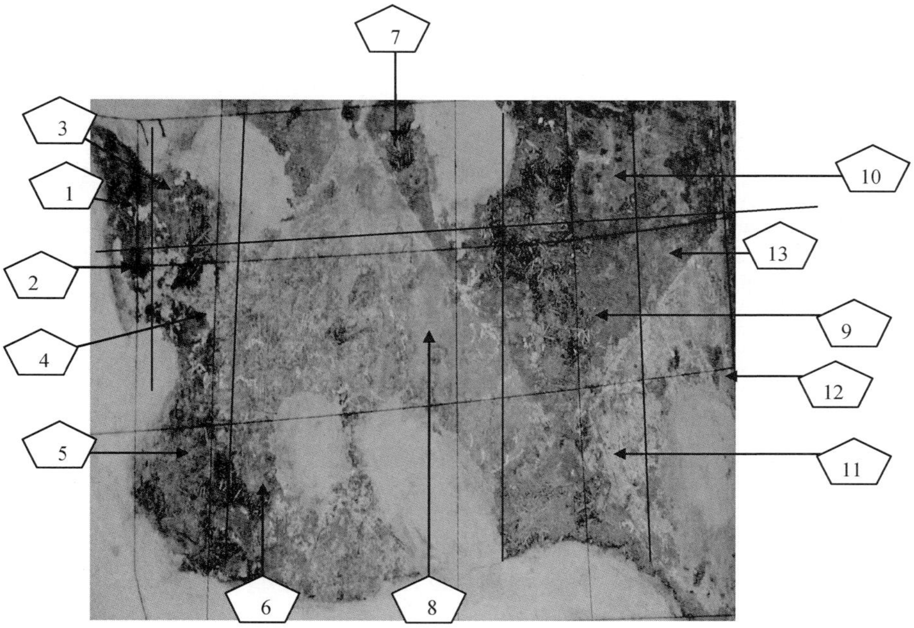

图1 库木吐喇58号窟壁画酥碱、起甲病害修复试验位置

各类加固材料的使用浓度及加固效果评价（表2）及修复后的壁画（图2）。

表2 库木吐喇石窟58号窟酥碱、起甲和粉化壁画加固效果评价

编号	材料名称	浓度（%）	修复面积（cm^2）	每次使用量（mL）	使用次数	综合评估	备注
1	硅丙乳液1 #	2	13×4	5	4	好	继续 观察
2	硅丙乳液1 #	3	6×3	2	4	好	同上
3	硅丙乳液2#	2	7×8	5	4	较好	同上
4	硅丙乳液2#	3	14×6	5	4	较好	同上
5	Paraloid B-72	2	13×9	10	3	不好	同上
6	Paraloid B-72	1	7×15	15	3	不好	同上
7	聚乙烯醇	2	13×18	10	1	较好	同上
8	AC-33	2	28×14	20	1	好	同上
9	硅酸乙酯	20	14×14	15	1	较好	同上

续表

编号	材料名称	浓度（%）	修复面积（cm^2）	每次使用量（mL）	使用次数	综合评估	备注
10	硅酸乙酯	30	14×7	5	1	较好	同上
11	聚醋酸乙烯	2	14×13	15	1	好	同上
12	聚醋酸乙烯	3	21×10	10	1	较好	同上
13	明胶	3	14×19	15	1	较好	同上
14	明胶	5	14×19	10	1	较好	同上

注：表中编号与图1照片中的编号一一对应，综合评价栏根据现场试验结果分为“好、较好、不好”三档。

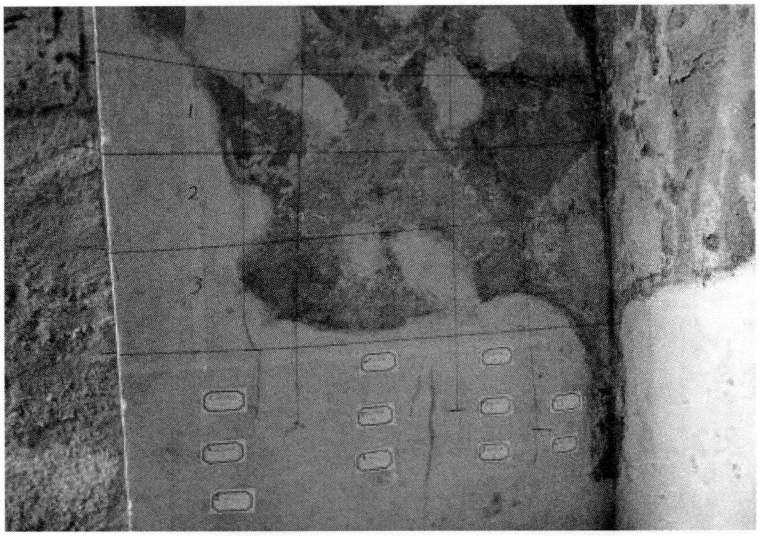

图2　58号窟酥碱、起甲壁画修复后照片

四、壁画的抢救性修复

按照“不改变文物原状”、最小介入、最大兼容的基本原则，保护和修复库木吐喇石窟壁画。经上述现场试验，确定对空鼓壁画采用灌浆回贴加固；对酥碱壁画和起甲壁画采用适宜浓度的Primai AC-33加固剂渗透加固；对壁画表面泥渍、昆虫粪便等污物采用适当清洗剂软化后，机械清除。

由于库木吐喇石窟烟熏壁画的烟熏层较为稳定，加之对其烟熏层的清洗目前尚无较好的方法，清洗库木吐喇烟熏壁画尚待进行深入研究。所以，本次对58号窟的抢救性壁画修复不包括烟熏壁画的清洗修复。

1.空鼓壁画的保护修复

58号窟壁画空鼓表现为发生大面积脱落形成的空鼓（在脱落处的边缘伴随着岩体风化）。因此，治理58号窟壁画空鼓病害，必须首先恢复支撑体的强度，然后进行灌浆回贴修复（图3～图6）。

由于58号窟开窟崖体属砂岩和砂砾岩。近年，国内在加固西北干旱地区风化砂岩类文物

图3　58号窟空鼓壁画修复（植入注浆管）

图4　灌浆后支顶壁画

图5　主室正壁左侧空鼓壁画修复前

图6　主室正壁左侧空鼓壁画修复后

时，经常使用PS材料（高模数硅酸钾）。该材料经在58号窟现场试验，加固砂岩岩体时虽然效果较好，但加固砂砾岩岩体时，干燥后表面泛白。58号窟空鼓壁画的支撑体以砂岩居多，因此PS材料可以有效加固空鼓壁画内部严重风化的支撑体。灌浆材料应具备的基本条件是无毒无味、无腐蚀、比重轻、透气透水性好、收缩率小、流动性好、强度适中。依据58号窟壁画地仗土的分析数据，考虑到库木吐喇石窟壁画保存的自然环境，选用以PS材料为主剂，粉砂、渭干河河水沉积黏土为填料的灌浆加固材料。其特点是干燥固化后与岩体性质接近，透气透水性好，收缩率小，流动性和可灌性好，强度适中并且可调。为了使灌浆材料具有较好的流动性，浆液必须用可调速搅拌器搅拌均匀。

2.洞窟内岩体风化病害的治理

58号窟的下部壁画已脱落，形成裸露岩体并风化。由于砂岩和砂砾岩岩体的风化脱落，造成现存壁画边缘的空鼓，对现存壁画的长期保存已构成严重威胁，必须对洞窟内风化的裸露岩体进行加固。

有关砂岩和砂砾岩的加固材料，研究使用最多的是PS。该材料广泛应用于西北地区石窟风化崖体和土遗址的加固，取得了良好的效果。敦煌研究院也对库木吐喇洞新1号窟和新2号窟内裸露风化岩体进行了加固试验，经过近10年的观察，加固效果很好。依据库木吐喇石窟洞窟内风化岩体的孔隙率及风化程度，采用以低浓度的 PS溶液进行多次喷涂渗透加固，且逐次提高PS溶液浓度。根据现场条件，采用手动喷雾器或注射器进行PS的喷涂（图7、图8）。

图7　注射器方法加固主室顶部风化砂岩体

图8　喷雾器加固风化砂岩支撑体

3.酥碱壁画的保护修复

对酥碱壁画加固剂的基本要求是不改变壁画的颜料颜色渗透性能，所以选用Primai AC-33乳液作为库木吐喇石窟壁画酥碱病害的加固剂（图9、图10）。

图9　主室佛龛正壁酥碱壁画加固前

图10　主室佛龛正壁酥碱壁画加固后

4.起甲壁画的保护修复

起甲壁画的保护修复与加固酥碱壁画的要求相同，对起甲壁画加固剂的基本要求也是不改变壁画颜料颜色、优良的渗透性能。近年，敦煌研究院与日本国立东京文化财研究所合作，采用不同浓度的聚醋酸乙烯酯乳液、AC-33乳液、白乳胶、明胶等材料对起甲壁画加固时，也对壁画颜料色彩的影响、加固强度、渗透性等指标做了一系列试验，结果表明固含量5%AC-33乳液的综合指标最高。

库木吐喇石窟壁画洞窟岩体性质虽与敦煌莫高窟的差别较大，但壁画制作材料及工艺均相似，两处气候环境也极为相似。因此，使用5%的AC-33乳液作为库木吐喇石窟壁画起甲病害的修复材料（图11、图12）。

图11　注射AC-33乳液加固起甲壁画

图12　脱脂棉拓包拍打壁画表面

5.裂缝填补

选用当地的黏土和细砂按照一定比例混合，用Primai AC-33乳液调制成泥，填补裂隙（图13～图15）。若裂隙较宽，且两边的地仗翘起脱离墙体，按照上述空鼓壁画病害修复的材料和工艺进行。

6.画面泥渍及仿爱夜蛾排泄物的清洗

对于壁画表面泥斑和仿爱夜蛾排泄物的清除，直接刮削清除会使泥斑、排泄物与颜料层一起脱离。为此，采用Primai AC-33乳液对壁画颜料层进行加固；待加固剂干燥后用棉签蘸取乙醇/蒸馏水软化泥斑和排泄物（图16）。

图13　裂隙填补

图14　裂隙修复前

图15　裂隙修复后

图16　棉签蘸取乙醇乳液软化泥斑

7.边缘加固

壁画地仗层大面积脱落是58号窟的主要病害之一，伴随着病害的大面积脱落，在脱落处的边缘，常出现壁画地仗层与支撑体分离，局部甚至悬浮，如不及时修复有可能进一步脱落。

边缘加固时首先用吸耳球将裂缝内的尘土吹净，选用当地的黏土和细砂按照一定比例混合，用Primai AC-33乳液调制成泥，进行边缘加固（图17、图18）。

图17　边缘加固

图18　边缘加固后的壁画

8.清除水泥层和三合土层

20世纪80年代曾经对58号窟进行了修复，主要对壁画大面积脱落处用水泥、麦草泥、三合土进行了填补，由于水泥层和三合土层不透气，致使底部毛细水分在岩体内部上移，造成壁画酥碱病害。同时，由于水泥层和三合土层与麦草泥层性质差异较大，加之当地温差变化大，导致加固层分层开裂、脱落，并连带边缘壁画一起脱落。为了长期保存壁画，必须清除水泥、麦草泥、三合土层（图19）。

水泥层、麦草泥层、三合土层填补位置如果处于洞窟上部区域、四周与壁画结合紧密、面积较小，不会对壁画造成不利影响，且清除时可能影响周围壁画，则不予清除，只要表面涂刷一层用Primai AC-33乳液调和黄土的色浆，就会与整个洞窟的颜色相协调。

图19　清除主室正壁的三合土层

9.清除盐壳层

20世纪70年代，新疆水电部门在库木吐喇石窟保护区范围内修建了水电站，大坝截流后，窟区水位上涨，下层洞窟处于水平面以下，窟内不同程度进水，致使许多洞窟四壁下部的壁画被损坏。同时岩体表面结晶了一层厚度1～3mm的盐壳层。

依据盐壳层的厚度、硬度，分别使用钢丝刷、电动钢丝刷、木工凿刀清除盐壳层（图20、图21）。

图20　主室右侧壁盐壳层清除前

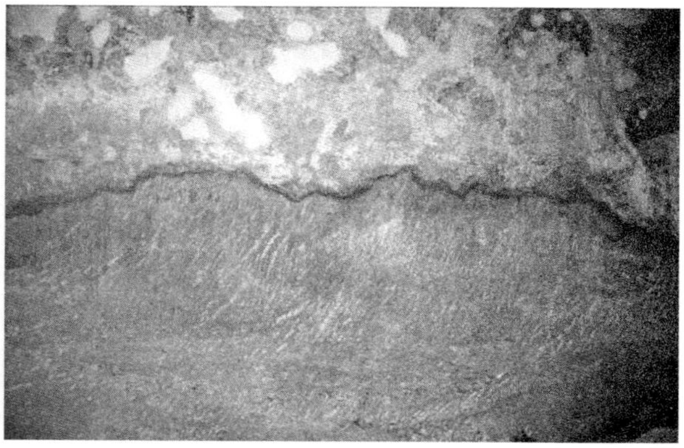

图21　主室右侧壁盐壳层清除后

五、结　　语

本次58号窟壁画的修复属于抢救性的保护修复，壁画修复主要包括空鼓壁画回贴加固、酥碱壁画修复、起甲壁画回贴、洞窟内风化岩体加固、壁画表面泥斑清除、不当修复材料清除等修复工作，其中空鼓壁画加固、酥碱壁画修复、起甲壁画回贴是本次保护修复工程的重点。通过对壁画的实地调查，对壁画存在的病害状况进行分析，并根据室内分析和现场试验结果，对保护材料处理效果综合评估，所选的保护材料都具有较好的效果，保证了壁画的安全性。

参考书目

［1］ 郭宏：《敦煌莫高窟第85窟壁画制作材料及工艺研究》，《西北大学学报》2000年第4期。
［2］ 赵林毅、李燕飞、于宗仁等：《丝绸之路石窟壁画地仗制作材料及工艺分析》，《敦煌研究》2005年第4期。
［3］ 苏伯民、李最雄、马赞峰：《克孜尔石窟壁画颜料研究》，《敦煌研究》2000年第1期。

［4］　汪万福、马赞峰、蔺创业：《昆虫对石窟壁画的危害与防治研究》，《敦煌研究》2002年第4期。
［5］　郭宏、李最雄：《敦煌莫高窟壁画酥碱病害研究之三》，《敦煌研究》1999年第1期。
［6］　陈港泉、苏伯民、赵林毅：《莫高窟第85窟壁画地仗酥碱模拟实验》，《敦煌研究》2005年第4期。
［7］　李最雄：《丝绸之路古遗址保护》，科学出版社，2003年。
［8］　汪万福、苏伯民、青木繁夫：《几种壁画修复材料物性指数的实验测定》，《敦煌研究》2000年第1期。

作者单位：叶梅、杨兴、周志博，新疆龟兹研究院

库木吐喇石窟50号窟壁画抢救性保护修复

杨　杰　叶　梅

内容提要：库木吐喇石窟50号窟为中心柱纵券顶窟，形制保存完整，现存主室门道、主室以及左、右、后三甬道。由于该窟位于半山腰，相对于其他底层洞窟和靠近河岸的洞窟，受水的影响较小，洞窟及其壁画整体保存状况较好，但洞窟顶部壁画已发生大面积脱落病害，此外，现存壁画均被烟熏，壁画颜料层起甲、粉化，地仗层酥碱，画面污染也较为严重。通过对50号窟的保护修复，使壁画病害得到有效的治理，基本解决了壁画目前存在的主要问题，使其能够更长期保存下去。

关键词：库木吐喇石窟　壁画　保护修复

一、前　　言

库木吐喇石窟开凿于5～11世纪，兴盛于唐代，延至回鹘时期，现有洞窟114个，其中保存有壁画的洞窟40余个，保存有丰富而独特的石窟建筑、壁画、塑像和题记等。库木吐喇石窟是研究新疆地区佛教石窟及壁画艺术发展、演变不可缺少的资料。

由于受到自然与人为因素的影响，库木吐喇石窟壁画出现了多种病害，严重威胁着石窟的安全保存，有些洞窟壁画病害每年在呈现出明显的恶化，必须要对其进行抢救性保护修复，使其能够较为安全地保存下去。为了治理库木吐喇石窟壁画病害，2010年5～11月，新疆龟兹研究院和中国文化遗产研究院共同承担了库木吐喇石窟壁画的抢救性保护修复工作。

二、50号窟概况

库木吐喇50号窟为中心柱纵券顶窟，形制保存完整，现存主室门道、主室以及左、右、后三甬道。位于49号窟的北侧，两窟相距约10m，地坪高差约3m，坐东面西，方向256°。

窟外立面均为水泥、三合土加固的维修面，崖壁无遗存。门道残损，宽174cm，深162cm，残高200cm。主室平面呈长方形，宽378cm，深465cm，高454cm。正壁中部开拱形立像龛，宽127cm，深67cm，高210cm，龛底距地坪80cm。龛前相台宽172cm，深22cm，高80cm。前壁及两侧壁上方一层水平内伸的叠涩，宽16cm。左、右甬道结构相同，尺度大致相等，宽85cm，深222cm，高184cm。后甬道横宽420cm，纵深95cm，高约180cm（图1）。

正壁中部开高大的拱形龛，龛内塑像无存。龛内正壁于土红底色上绘头光、背光及身形，

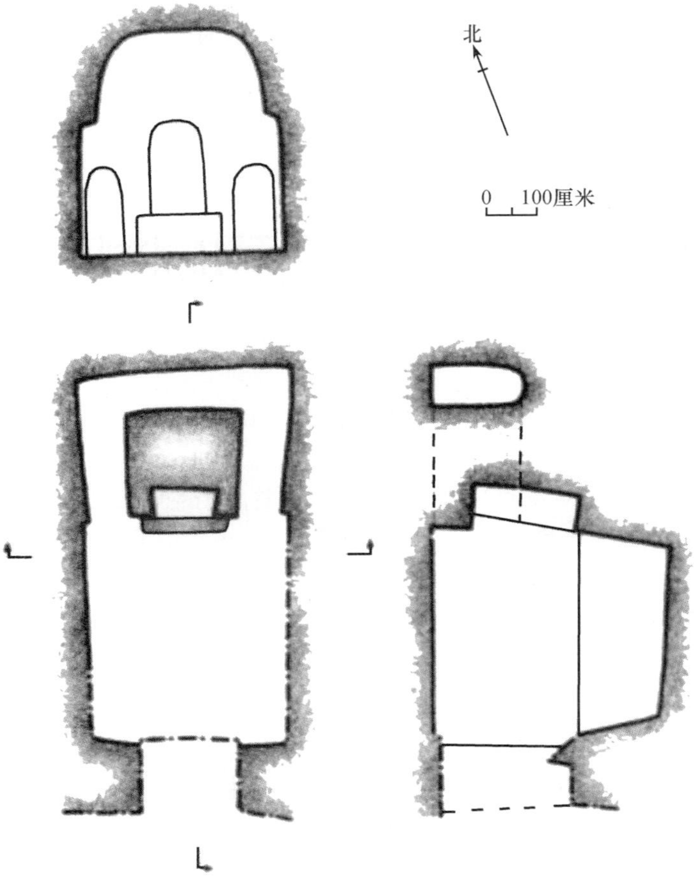

图1　库木吐喇石窟50号窟平（剖）面图

图2　主室正壁

头光上方绘出树冠，且于头光、背光上绘蓝白相间的火焰纹。龛顶及侧壁绘方格因缘；左侧存六栏，每栏4幅，残存19幅；右侧存七栏，现残存27幅。龛外壁面保存甬道顶部以上半圆形壁面的绘画，下部残损，壁面均进行了加固。上部共绘五栏方格因缘。拱形龛上方绘二栏，上起第一栏绘4幅方格因缘，两端各绘3身人物，双手合十。第二栏正中两幅方格左方绘莲蕾、宝珠和3幅方格因缘，右方绘3身比丘和1幅说法图、1幅方格因缘。龛左侧残存二栏4幅方格因缘，右侧残存三栏9幅（图2）。

前壁中部开拱形门道，门上绘一佛二菩萨，下方绘4身莲花童子供养，余均绘分栏的方格因缘，共十栏，左侧存23幅，右侧存25幅，其下沿绘画均模糊，应是与左右两侧壁下沿贯通的小立像，右端残损，有3或4幅画面被盗取。

左侧壁及券顶左侧通壁绘13栏方格因缘，每栏十六七幅，现残存174幅，中部与上下沿残损。每栏画幅之上有一方白色的题榜，部分仍保存有墨书的龟兹文题记。下沿一列画面高40cm，内容模糊。

右侧壁及券顶右侧与左侧相同，部分因缘及一侧的人物被切割，现残存190幅。下沿画面的前端隐约可见菩萨立像。

顶部中脊绘天相图，画面宽约25cm。残存里端。由内向外依次为：坐姿一佛二比丘；一马车式的靠背椅上坐一双头比丘；残存一比丘或佛的胸部，袒右，体侧有火焰纹。

左甬道内侧壁下部开一拱形龛，龛内正壁残存绘画遗迹，现存树冠、方座；左侧及下部亦存少量绘画遗迹，模糊。龛外壁画仅于外端上方残存3幅方格因缘，余毁。外侧壁向外扩宽，在甬道前端形成一段狭窄的前壁，其上绘供养人，现于中部残存3身龟兹供养人。中部开一拱形龛，龛内正壁、券顶及两侧壁均绘方格因缘；正壁绘四栏，每栏3幅，存12幅，下沿绘具头光、背光的3身立姿菩萨；左侧壁连同券顶共绘五列方格因缘，每列3幅，现存10幅，下沿绘3身菩萨与正壁相同；右侧壁与左侧壁相同，现残存13幅。龛外壁画绘方格因缘，左端存6列，每列2幅，存十栏，中部两幅被切割；右端存7列，每栏5幅，存32幅。券顶绘画多已不存，仅于外侧里端残存一列3幅，中脊绘画损毁。

右甬道内侧壁及券顶内侧通壁绘方格因缘，由下而上画幅渐多，前端残损，现存七栏，残存27幅，在券顶的外端存刻写的察合台文三行。外侧壁中部开一拱形小龛，龛内均为修补壁画。龛外及券顶外侧绘方格因缘，存七栏，44幅，且烟熏。

后甬道正壁及券顶内侧绘七栏方格因缘，存97幅。前壁及券顶外侧的壁画均已损毁无存。前壁下有低像台。

地坪残存3cm厚的草泥坪，残损。

三、壁画保存现状

50号窟位于半山腰，离渭干河距离也较远，受水害的影响较小。主室正壁上部及龛内残留有壁画，佛龛底座经过前人修复，使用材料是三合土。主要存在烟熏、酥碱、颜料层脱落、点状脱落、起甲、涂写等病害。

酥碱主要集中在正壁顶部左侧；壁画颜料层脱落和变色病害分布较广。前壁壁画保存较完整，主要病害有地仗层缺失、颜料层脱落、烟熏、酥碱、起甲、刻画、水泥和石灰修补、点状脱落。左侧壁壁画主要病害有烟熏、涂写、起甲、颜料层脱落、地仗层缺失、刻画、水泥修补。右侧壁壁画主要病害有颜料层脱落、烟熏、地仗层缺失、刻画、涂写、裂隙、水泥和石灰修补。洞窟顶部较大面积的石灰修补，主要病害有烟熏、空鼓、裂隙、颜料层粉化。左右甬道及后室壁画病害主要有、烟熏、空鼓、刻画、起甲、颜料层脱落、地仗层缺失、水泥修补（图3～图6）。

图3　壁画地仗层大面积脱落及砂岩支撑体风化

图4　壁画起甲病害

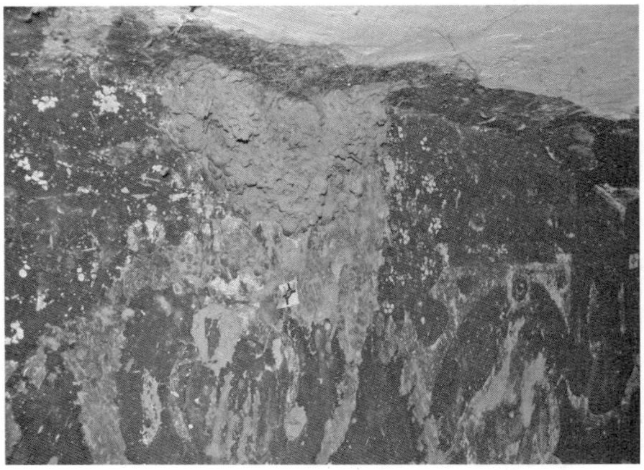

图5　主室正壁酥碱病害

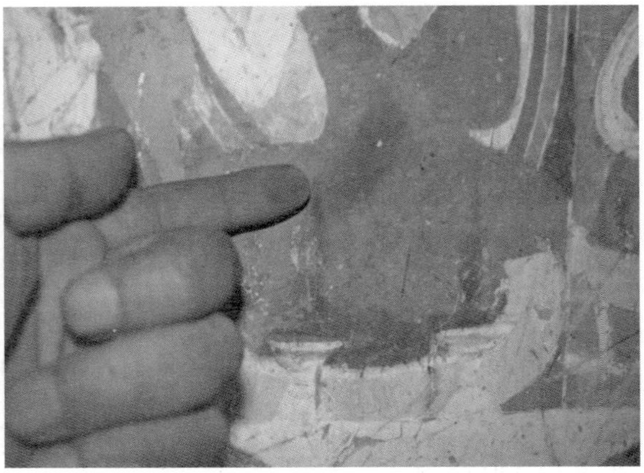

图6　壁画粉化病害

图7　烟熏壁画和石灰修补层

此外，50号窟壁画烟熏病害较为严重，加之壁画地仗层大面积脱落后的并与后期的石灰修补层，对壁画的艺术价值和观赏价值影响极大（图7）。

20世纪80年代，对壁画地仗层大面积脱落的病害，对50号窟进行了修复，其工艺与材料是首先用水泥将缺失部分充分填塞，待干后在水泥层表面抹上0.5～1cm厚麦草泥层，再在麦草泥层上抹一层3～8mm厚石灰层（图8和图9）。

图8　风化砂岩支撑体上的水泥层

图9　水泥层上的石灰层

四、壁画的抢救性修复

50号窟壁画保存较为完好，主要病害为颜料变色、颜料层脱落及空鼓病害、酥碱病害面积较小，影响最为严重的是水泥和石灰层修补。

1. 清除不当修复

如前所述，该窟以前加固修复时使用的主要材料是水泥，水泥固结后强度较石窟岩体大很多，兼容性小，而且水泥的重量较大，对于面积缺失较大的部分，造成了很大的重力负担，严重影响着壁画的稳定性，可能会由于无法支撑过大重量造成二次破坏，将修补边缘的壁画带落，需要对其进行清除。

用锤子和凿子等工具，层层除去水泥层，清除到与壁画相接处时，需要小心去除，不能损伤到壁画。对于壁画附着状态不太好的部分可以适当的留一小圈边缘，待加固稳定后再去除。去除完后，首先对裸露岩体用7%的PS溶液进行了加固处理，之后再使用与壁画地仗层材料相同的麦草泥进行填补加固。

对于不当修复清除后的地仗缺失处的处理主要分为三类。第一类是缺失较少，孔洞较浅，对周围壁画稳定性影响不是很大的，可以直接对其做边缘加固，增加其稳定性；第二类是孔洞不大，但是缺失较为严重的，较深的，需要对其进行逐层填补，最后填补至低于原壁画颜料层约1mm的高度；第三类是孔洞较深，面积较大，对壁画的整体展示效果影响较为严重，考虑到直接填补会造成填充物重量过大，可能导致二次损害，采用竹竿挡墙的方法对其进行修复。先对裸露岩体进行加固；接着在缺失处紧密横向竖竹竿，竹竿平面略低于壁画平面，用麦草泥对其进行固定；最后在竹竿表面再涂抹一层麦草泥至低于壁画1mm，并处理成糙面（图10、图11）。

由于窟顶部分修补面积较大，水泥修补部分的重量非常大，清除时稍有不慎就会造成不可挽回的损失，同时考虑到其目前的稳定性也较好，为谨慎起见，没有对大面积的窟顶不当修复进行清除，只是做了作旧处理。

图10　竹竿挡墙

图11　竹竿挡墙表面抹泥

图12　空鼓壁画灌浆加固与支顶

2. 空鼓病害修复

对50号窟两处大面积空鼓壁画进行了灌浆加固，其中券顶空鼓灌浆量约2000mL，左甬道券顶灌浆量约800mL（图12）。具体工艺如下：

1）清理干净画面灰尘，并对表面颜料层进行加固保护。

2）在画面次要部位或破损处，用手术刀切开大小适度的方孔，用特殊工具将空鼓处的沙土、地仗碎残块和碎石清理干净。

3）在裂缝和破损处，用兽医用注射器和专门研制的用于壁画修复的大号加长针头滴渗AC-33乳液，对支撑体进行加固。

4）用上述方法滴渗固含量和质量分数2%的AC-33乳液（下同），对地仗层进行软化和加固。埋设好注浆管，并将空鼓壁画周围做边缘加固，并检测其密封性，看是否有渗漏。

5）待地仗干燥到一定程度，并具有塑性时，用固定在工作架上的可调丝杆，将包有棉毯的壁板小心支顶空鼓壁画，并且逐渐推压整形，使边缘凸出空鼓的壁画平整。

6）最后对其进行灌浆，灌浆材料选用以PS材料为主剂，粉砂、渭干河河水沉积黏土（经过脱盐处理）为填料的灌浆加固材料。其特点是干燥固化后与岩体性质接近，透气透水性好，收缩率小，流动性和可灌性好，强度适中并且可调，其配方如下：

粉砂：黏土＝3：1

质量分数2%的聚醋酸乙烯乳液：土＝0.2：1

为了使灌浆材料具有较好的流动性，粉砂和黏土的粒度控制在150～300μm，浆液必须用可调速搅拌器搅拌均匀。

3. 起甲壁画的保护修复

50号窟由于地势较高，窟内较干燥，起甲病害虽然存在，但是面积较小。参考2010年修复库木吐喇58号窟和46号窟起甲壁画的成功经验，使用5%的AC-33乳液作为库木吐喇石窟壁画起甲病害的修复材料。修复工艺如下：

1）清除起甲壁画表面尘土。

用吸耳球将颜料层起甲翘起及裂隙之间的尘土吹洗干净。进行这一工作必须仔细小心，不能在起甲部位遗留尘土，如有尘土，注射后颜料层不能与地仗吻合，用棉球拍压时很容易将颜料层带下，而且加固若干年后壁画会发生起甲病害。

2）注射黏合剂。

在壁画起甲裂口处注射黏合剂（在注射黏合剂过程中，如果遇到壁画脱落，要想办法将它贴回原处）。

3）回贴起甲壁画。

待黏合剂水分被地仗层吸收后，用专用的竹、木或不锈钢刀，将起甲壁画贴回地仗层。

4）加固地仗层。如遇到酥碱壁画，修复时先用医用注射器（针管后面接装吸乳球）将4%的AC-33乳液注射渗入地仗层，加固地仗层。酥碱地仗层修复工序完成后，再用5%的AC-33乳液修复起甲颜料层，一般最少注射两次才可达到黏结目的。

5）用棉球拍压起甲壁画。

已注射过黏合剂的壁画，用纺绸包裹医用脱脂棉的塌包拍压壁画。脱脂棉塌包直径一般以5cm左右为宜，在拍压壁画时，要注意棉球的起落方向，最好是从壁画未裂口处向裂口处轻轻滚动，这样能将起甲内的空气排出，不会出现气泡，壁画也不会被压出皱褶。

6）滚压壁画表面。

在壁画表面喷雾2%的AC-33乳液，达到70%的干燥程度后，将白色仿绸（与包棉球材料相同）铺在壁画上，用软胶滚压。滚压时用力均匀，以防壁画上出现滚痕或将颜料粘在白绸上。

这一工序有两种作用：其一，对壁画表面颜料层进行加固，特别是壁画未起甲部分；其二，检查起甲壁画有无未注射黏合剂的遗漏处，因有些起甲壁画虽已脱离地仗层，但未起翘，从外表不易发现，表面喷涂黏合剂后，这种画面很快出现鼓泡。若发现这种情况，再按以上第二个工序开始进行修复加固。

4. 补色做旧

由于窟顶部分壁画修补面积较大，水泥修补部分的重量大，若清除稍有不慎就会对壁画造成不可挽回的损失，考虑到其目前的稳定性较好，为谨慎起见，没有对大面积的窟顶不当修复进行清除。另外，由于壁画烟熏面积较大，整体色调较灰暗。

为了使50号窟壁画整体效果达到最好，便于以后的开放展出，对修补部分进行了颜色做旧，将修补部分表面涂上灰色染料使其与洞窟壁画的颜色相协调（图13、图14）。

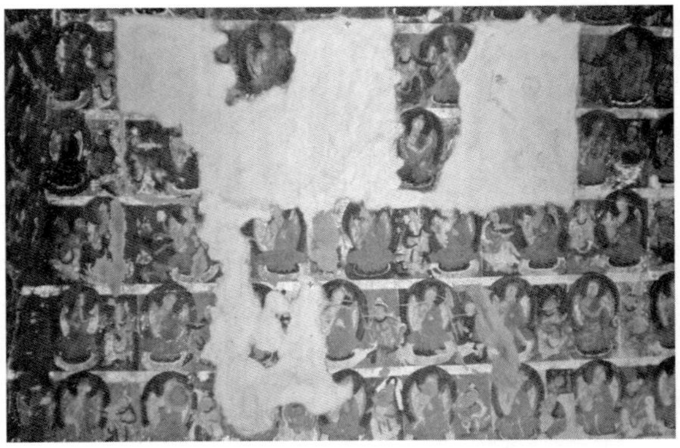

图13　补色做旧前

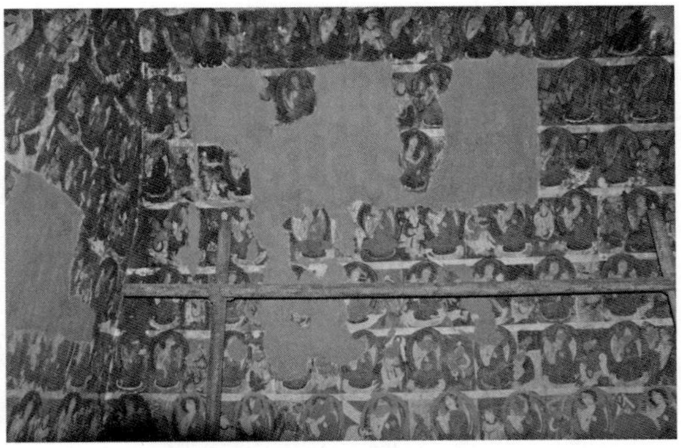

图14　补色做旧后

五、结　　语

通过对库木吐喇石窟50号窟壁画的抢救性保护修复，有以下四点的认识：

1）虽然50号窟相对于其他底层洞窟和靠近河岸的洞窟，壁画整体保存状态好一些，但是洞窟顶部壁画保存状态较差，应结合库木吐喇石窟岩体加固工程，对50号窟进行防雨水渗漏设计。

2）对于此次修复中使用的竹竿挡墙支撑方法，具有较好的支顶壁画作用，相对于逐层填补更轻便。

3）因目前国内对于烟熏壁画的清洗尚无成熟技术，本次修复对烟熏壁画未作清洗，但龟兹石窟的烟熏壁画较多，在以后的工作中需要对这方面的课题进行研究和申报。

参考书目

［1］　王卫东主编.新疆龟兹石窟研究所：《库木吐喇石窟内容总录》，文物出版社，2008年。

［2］　孙洪才：《新疆库车库木吐拉石窟壁画揭取保护技术》，《敦煌研究》2000年第1期。

［3］　王征：《克孜尔壁画的制作过程和表现形式》，《敦煌研究》2001年第4期。

［4］　樊再轩、斯蒂文·里克比、丽莎·舍克德等：《敦煌莫高窟第85窟壁画修复技术研究》，《敦煌研究》2008年第6期。

［5］　汪万福、马赞峰、李最雄等：《空鼓病害壁画灌浆加固技术研究》，《文物保护与考古科学》2006年第1期。

［6］　江怀英、冯丽娟：《新疆石窟的主要病害及其治理方针》，《文物保护与考古科学》1993年第2期。

作者单位：杨杰、叶梅，新疆龟兹研究院

文物古迹保护原则在库木吐喇新1号、新2号窟壁画抢救性修复项目中的体现

周智波　杨　杰

内容提要：笔者结合参与库木吐喇新1号、新2号窟壁画抢救性修复的具体工作，对我国文物古迹保护中应遵从“不改变文物现状”“少干预”“修复工艺及材料可逆”等重要原则，进行初步的探讨。

关键词：壁画保护　保护修复　原则

一、前　　言

石窟艺术是沿着丝绸之路传入中国的，它是一种特殊的宗教形式，有着典型的时代性，在研究佛教史、中西方文化交流史、中国文化发展史、历代政治经济发展史等方面有着非常高的历史价值；石窟艺术是石窟建筑、雕塑、壁画等多种艺术形式的结合体，有着很高的艺术价值；石窟艺术是古代先民智慧的结晶，具有非常高的科学研究价值。因此，积极保护石窟壁画，使其不遭受人为破坏和自然因素的风化侵蚀，将珍贵的古代艺术完好地保存下去，是我们文物保护工作者义不容辞的责任。

二、库木吐喇千佛洞修复工程简介

库木吐喇位于新疆维吾尔自治区库车县城西北30km的渭干河谷东岸，是仅次于克孜尔石窟的古龟兹最大的石窟群，是全国重点文物保护单位。现有洞窟112个，分为谷口区和窟群区两个部分，谷口区分散在河东岸和几条山谷内，编号的洞窟有32个，保存较好的不足10个。窟群区的洞窟较为集中，已编号的洞窟有80个，但窟形和壁画保存较完好的不到半数。库木吐喇千佛洞是开凿于5～11世纪的佛教石窟寺。

本次抢救性修复的洞窟是谷口区编号为第20号、21号洞窟，是20世纪70年代在挖防空洞时发现的，因此又称新1号、新2号窟。两个洞窟内的穹窿顶上保存着精美绝伦的人物画像，可以说是整个库木吐喇石窟壁画的代表，具有非常高的艺术科研价值和保护利用价值。

库木吐喇新1号、新2号窟抢救性修复工程是由国家文物局批准实施，敦煌研究院负责具体修复工作，龟兹研究院参与下的抢救性修复工程。该工程从2010年9月17日开始，2010年10月4

日验收竣工。该工程有效地保护了库木吐喇新1号、新2号窟的珍贵壁画，使其达到了“延年益寿”的效果，在制定保护方案过程中都严格遵循着壁画保护的原则，最大限度地使壁画能够更好更长久的保存。

三、保护原则在工程中的具体体现

（一）不改变现状

库木吐喇新1号、新2号窟是方形穹窿顶窟，两窟的穹窿顶都保留着精美的人物画像。由于壁画保存的年代比较久远，窟顶的地仗层在自重及胶结材料老化的情况下，脱离了支撑岩体，产生了大面积的深层空鼓病害，若采用传统的灌浆修复方法则会产生壁画地仗层自重增加，进一步加重壁画的负担，甚至有可能因为壁画承受不了自身的重量而坍塌。鉴于这种情况，李云鹤先生创造性地设计了用支撑架支撑住穹窿顶壁画的方案。将钢条裁成与每幅画像边缘空白带宽窄相当的宽度，沿着没有人物画像的边幅制作钢制的支撑架，在支撑架做好后，再仿照钢条叠压部分的颜色与花纹进行做旧处理，使其在外观上看起来基本维持原状。这样即能对穹窿顶的壁画进行有效的保护，又不改变其外观及保护原状，达到了壁画保护部改变现状的原则（图1、图2）。

图1　新2号窟穹窿顶制作支撑架前

图2　新2号窟穹窿顶制作支撑架后

工程中的壁画边缘加固也是遵循“不改变现状”这一原则进行的。用刷子小心刷掉断面的浮土并且用去离子水润湿，再用小手铲等工具将配置好的泥浆糊住边缘，用泥量不能过多；带尖的工具要沿着断层方向滑动防止损伤画面，涂抹的泥层宽度为2～3cm。等稍微变干后再把光面打毛，做成自然断面的效果，如果有空鼓要先加固空鼓。对于边缘加固的打毛处理也与断面附近的地仗纹理大致相协调，不能处理得太光滑，可以用断面参差不齐的小木棍来打击加固面以使其接近自然断面及附近地仗的效果。

（二）尽量少干预

在壁画加固、清洗、修复的基础上，不刻意去弥补表面的残缺，只将附加部分用于最有必要补全之处，以免造成历史赝品。在保护修复工程中只将影响壁画稳定性及整体性的裂隙做处理，对于原来已经存在的但并不影响画面稳定性的，或可能包含有壁画保存信息的那些缺失及残损部分不做处理。

在对空鼓壁画灌浆浆液的配置过程中也尽量考虑最大限度地减少材料对壁画本体带来的干预。灌浆材料为用去离子水稀释的2%的聚醋酸乙烯乳液配合当地经过脱盐处理的黏土、澄板土。用当地的黏土主要考虑其与壁画地仗的兼容性及耐久性，不会因为引进新的材料而导致再次产生空鼓。

对当地黏土的脱盐处理也是为了不把当地黏土中较高的盐分带入到壁画中，因为盐分会溶解在地仗层中的水分中，在表面蒸发的作用下，这些可溶盐会向壁画表面移动，通过重结晶作用可破坏壁画颜料层及地仗层，造成地仗层的酥碱，也会使颜料层与壁画地仗完全脱离。将边缘加固及灌浆用的当地黏土进行脱盐处理之后就会尽可能少的干预到壁画原来的水盐平衡，使壁画的保存环境能更稳定些。

（三）修复工艺及材料可逆性原则

修复后的文物具有再修理的可能性，即可逆性。因为若干年后，为更有效地长久保存文物，必然要对已修复但效果不是最理想的部分，代之以新材料和新技术，而有的虽然效果较好，一旦老化，也必须重新处理。因此，无论处理方法还是选材都要充分考虑可逆性。

本次修复工程的选材极为严谨，所选用的材料都是经过数十年的实践验证可行的。例如，本次所选用的聚醋酸乙烯乳液，它具有较好的水溶效果，如果以后有新的更好的可以替代它的材料，也可以较容易的将它处理掉而不对壁画产生损害或者是新的病害；再如穹窿顶的支架都是通过活扣相接的，可以自如的拆卸而不影响壁画的外观效果。

（四）采取预防为主的原则

在潜在病害发生之前就阻止它的发生，这些病害一旦发生了就会对壁画造成不可挽回的损失，如一条洞窟顶部裂隙就有可能发展到洞窟顶部的坍塌。因此，将潜在的危险都尽可能排除掉，预防病害的产生对于壁画保护来说至关重要，如这次工程中支撑架的制作就是预防性的保护措施，通过支撑架的支撑可以有效地防止顶部壁画因为地仗层松动和自身地仗过重的因素产生垮塌。这次修复工程中对于水害的预防也做了很多工作，如对新2号窟外顶上一个疑为未完工的防空洞的封堵。该洞在下雨时会使雨水倒灌，而且据估计距新2号窟顶仅80～90cm。雨水倒灌会对洞窟内的水分产生重大的印象，因此将这个防空洞封堵之后并做防水处理之后就可以预防雨水的倒灌而对壁画产生一系列的损害。

四、结　　语

本次修复工程无论是修复方案还是具体的施工操作都遵循着壁画保护的原则，通过本次修复工程对库木吐喇新1号、新2号窟的抢救性修复，基本解决了两个洞窟壁画的病害问题，如空鼓、裂隙、起甲、地仗层酥碱、画面层酥碱、顶部壁画大面积深层空鼓等。

参考书目

[1] 汪万福、马赞峰、赵林毅等：《壁画保护修复工程设计程序的理论实践与应用》，《敦煌研究》2008年第6期。
[2] 潘路：《国外文物科技保护的思潮与发展》，《中国文化遗产》2004年第3期。
[3] 孙儒僩：《莫高窟壁画保护有关问题》，《文物保护技术（1981～1991）》，科学出版社，2010年。
[4] 李丽、王建林等：《库木土喇石窟内容总录》，文物出版社，2008年。

作者单位：周智波、杨杰，新疆龟兹研究院

回顾库木吐喇石窟新1号、新2号窟的发现过程及保护修复情况

古吉艾买提·艾海提

内容提要： 本文阐述了新疆库木吐喇石窟壁画相关的历史背景情况，以及发现新1号、新2号窟原因及经过。而且将以后的几次保护修复情况简明的叙述。

关键词： 库木吐喇石窟　新1号及新2号窟　发现过程　修复　加固　保护

一、引　　言

在中国西部的新疆阿克苏地区拜城县、库车县及新和县境内，历史遗留下许多佛教的大小型石窟群，这些石窟群统称为龟兹石窟。这一地区及库车古称龟兹，位于天山南部中段塔里木盆地北缘，是一块开发很早的绿洲，是古丝绸之路东联中原西通欧亚大陆的重要中枢。历来以地处丝绸之路要道而著称于世。据库车县志记载："汉元鼎二年（前115年），汉武帝遣张骞出使乌孙及西域诸国后，龟兹等地始通于汉。"远在汉朝时期，中央政府就曾在龟兹设置西域都护府，统辖"西域三十六国"，龟兹是古代西域的政治、经济、文化中心。到了清代，更设为州，并更名为"库车"。辛亥革命后，又改为库车县。因库车是龟兹文化的发祥地，其驰名中外的洞窟壁画艺术、神奇险峻的自然风光、情调浓郁的民俗风情，吸引着越来越多的研究者和旅游观光者。龟兹古国已经消失1000多年了，它留给我们的是一个个谜一样的故事和众多的遗迹、文物，人们千里迢迢到这里来旅游、参观，无不为龟兹古国的文明而赞叹不已。

库木吐喇石窟位于新疆维吾尔自治区库车县境内，西北约25km处渭干河流经的确尔塔格山山口的东崖壁上，地理坐标为东经82°40′，北纬41°41 7。石窟所在地的南部约3km处有一村庄，名为库木吐喇村，石窟因此而得名。库木吐喇维语中的意思译为"沙漠中的风火台"。石窟始凿于4～11世纪，造窟年代要晚于克孜尔石窟，延续凿窟的时间较长，保存龟兹晚期的石窟较多。有编号洞窟113个，分南北两个区域，南端的沟口区有编号洞窟32个，洞窟比较分散。北部的窟群区石窟相对集中，有编号的洞窟81个。洞窟依次分布在渭干河东岸南北长5km崎岖蜿蜒的却勒塔格山上。我们按其形制的功能可以分为礼拜窟、僧房窟、讲堂和罗汉窟等，但总体上是礼拜窟占据多数。壁画的题材和内容有本生、因缘、说法图、涅槃、尊像、经变画、千佛等。依其绘画技法和风格可分为三种类型：早期的龟兹画风、中期的汉风特征、晚期

的回鹘风。尤其以来自中原的汉风白壁画最为突出，并在整个窟群中占有相当的比例。另外，该石窟保存有多种文字题记，有婆罗米文、汉文、突厥文、回鹘文、察合台文等文字。其中大量的汉文题记以及出土的汉唐钱币等文物是研究唐代与龟兹国关系的重要资料，这是中原文化中央政府统治西域龟兹的历史见证。它在继承本地区、本民族优秀文化传统的基础上，吸取了中原艺术、印度艺术和犍陀罗艺术等各种外来文化的成分，从而形成具有鲜明民族特色的龟兹佛教石窟艺术。国内外许多知名专家学者和艺术家都对这一东西文化交流的见证给予了极高的评价，这为研究古代新疆的政治、经济、文化、军事、民族、民俗等情况，以及中西经济、文化交流情况，提供了珍贵的形象资料，具有很高的科学和艺术价值。库木吐喇石窟在1961年被国务院公布为第一批全国重点文物保护单位。

二、库木吐喇石窟的新1号、新2号窟的发现

库木吐喇石窟的新1号、新2号窟开凿在南端的沟口区，与现在的库木吐喇水电站隔河相望。库木吐喇水电站及引水工程枢纽是1966年批准动工修建的，投资1500万元，设计装机容量6台1600kW的发电机组，再加上它的防洪分水功能，于1970年竣工发电至今，为库车县、沙雅县、新和县三县工农业电力、水利生产发展做出了巨大贡献。当时负责修建此项水利、发电、引水工程的建设施工单位是新疆水利厅第二工程处，当时施工单位近4000多职工及家属驻扎在库木吐喇石窟新1号、新2号窟沟口前的开阔平原地带上，建起了机关、学校、医院、商店、食堂等生活必需的一切设施机构。1966年，施工单位准备破土动工修建水电站的前夕，“文化大革命”开始，全国各地，各行各业都开始挖防空洞，响应“深挖洞、广积粮”的号召。在1969～1971年，新疆水利厅第二工程处全体职工也在现在的库木吐喇石窟新1号、新2号窟所在的沟内山体到处挖防空洞。

当时任新疆水利厅第二工程处第五工作队的队长木沙·热合曼同志正在抡着镐头挖防空洞，突然发现山体内传出“咚咚”的回音，越是发出回音他们越是惊奇地赶紧加速挖，最后“哗啦”一声一堆岩体沙石土落入漆黑一片的洞窟中，反吹出一股尘土将木沙·热合曼等同志呛出洞口，随后队长木沙·热合曼同志喊了几个工友找来几把手电筒，他们拿着手电筒进去观察，当他们进入后立刻被眼前的景象所震撼，就在方形窟穹窿顶上不只是保存下来“S”形立佛菩萨等壁画完好如初、鲜艳如新，还在方形窟中心的佛坛（坛祭）左、右侧残存2身颇具笈多造像风格的立狮子塑像，尤其是门道右侧佛龛内所塑的一身泥塑坐佛像，不仅体态匀称，形象逼真，色彩鲜艳如新，完好如初，肌肤也仍保持原先的古铜色，真给人一种佛特有的“身金色相”的感觉。他们说起当时那情形是异常兴奋！当时发现者汇报了上级领导，领导又和当时当地库车县负责领导取得联系，据说当时还表彰了木沙·热合曼同志一块手表和一辆自行车奖励。据说当时刚发现新1号、新2号窟时壁画、泥塑都很完整，后来这消息轰动了全国文博界及其他各界人士，国家文物局、自治区都相继派各方面专家来调查，地区、县等各级大小官员及当地的各种人士都纷纷赶来参观，使库木吐喇石窟新1号窟遭到了不同程度的破坏。

当笔者听了发现者木沙·热合曼老同志的讲述，就联想到了在20世纪初被外国探险队盗运出境的一批精美壁画，以及德国人勒柯克（Lecoq）曾经说的一句话“龟兹地区发现的石窟及

精美壁画是在整个中亚地区都所罕见到的”。熟知石窟历史的人都知道，龟兹石窟尽管保存大量精美壁画，但经历了自然和人为的破坏，特别是反偶像的各种信教徒的不同程度的破坏，能遗留下如此完整精美的壁画，就如是锦上添花，怎能不叫人喜悦兴奋呢！但是长期封闭在地下恒温下的洞窟，窟内温湿度相对比较稳定，而且常年被封闭，一旦被打开通风见到空气就开始发生不同程度的脱落毁坏，环境发生急剧变化，湿度温度不恒定，慢慢地，壁画开始褪色、变酥、脱落，塑像也逐渐风化解体了。

三、库木吐喇石窟的新1号、新2号窟的保护工作

当时库车县文管部门将新1号窟重新封住，直到1977年才再次发掘、清理、调查并安装门。在新1号窟清理、安装门时，又发现了新2号窟，故分别称此两洞窟为新1号、新2号窟，后编号为20号窟、21号窟。当时库车县文管部门也做了一些保护措施，如在新1号、新2号窟进行了清理并安装了门，在门道顶部做木板置顶、砌砖墙、草泥砌补等，还将在两洞窟穹窿顶壁画下搁置木板，用四根木桩做木板置顶加固，起到了很好的保护作用，并且在两洞窟前合盖了一间砖房装了门，保护至今。

为防止进一步损坏，库木吐喇石窟新1号、新2号窟内壁画第一次进行抢救性的修复、加固保护工作，是在1993年新疆维吾尔自治区文化厅聘请敦煌莫高窟研究院保护研究所的专家（李云鹤老师一行），对新1号、新2号窟窟内岩体、壁画及泥塑进行了抢救性的修复、加固保护工作，并有新疆龟兹石窟研究所技术保护室协助此项工作（当时笔者在现场参加）。当时工期已进行一个半月（7～8月中旬），笔者对修复工作程序只是做了简单笔记，现将修复加固保护工作情况介绍如下。

1. 保存现状的调查记录

新1号、新2号窟大部分壁画在穹窿顶上，大部分壁画的地仗层保存相对较好，但在穹窿顶右侧中上部出现严重的开裂、起甲、空鼓、褪色、掉色、地仗层脱落等病害。特别是新1号窟中心的佛坛（坛祭）左、右侧残存2身立狮子塑像、门道右侧佛龛内的一身泥塑坐佛像酥碱、开裂、起甲、褪色病害较为严重，洞窟岩体（沙粒岩）脱落病害较为严重。

2. 修复工具及材料的准备

照相机，记录本，米格纸，绘图笔，发电机，脚手架，刨花板，支护工具，修复工具，注射器，灌浆管，吸水纸，脱脂棉签、拓包，蒸馏水，量杯，塑料盆、塑料桶，黄胶土，麻刀，聚醋酸乙烯加固剂，PS溶液加固剂，烘干机，吸尘器，小型搅拌机，天平称，刀、斧、铲、锯等。

3. 壁画病害修复材料

对壁画制作材料的进行分析后，根据当时现有的条件及时间关系，选取麻刀、麦草、黏土、聚醋酸乙烯加固剂、PS溶液加固剂、蒸馏水等作为修复材料。对岩体加固主要选用了PS加固溶液、砖石砌补材料等。

4. 壁画病害修复方法与过程

1）壁画除尘清理。用吹气球及毛刷清除壁画内外的浮尘物。

2）支撑体加固。用2%的醋酸乙烯溶液喷涂在壁画空鼓、开裂的位置。

3）边缘封护。用草泥将壁画边缘空鼓、开裂的位置进行封护。

4）空鼓修复。在将壁画内部浮尘清除干净，把配比好的浆液在选取好的灌浆孔均匀注入地仗层内部，用支护工具使其壁画地仗层快速黏结固定回贴支顶，等待其干燥，在干燥的过程中要不断地用脱棉纸吸出残液。

5）掉色加固。先除尘清理，再将配比为蒸馏水+1.5%的聚醋酸乙烯用医用针管、小号针头轻轻地打入、滴入小裂缝及颜料层内，等六七成干后，用踏包轻轻压回或踏平壁画表面。

6）岩体加固。将配比为8%～12%或10～15% PS（岩体酥碱严重一点的）加固溶液用小型喷雾器直接喷洒在岩体表面三至四遍。

当时正值新疆龟兹石窟研究所技术保护室刚刚组建之际，笔者也是刚入门的学徒工，没有任何工具、连一部照相机都没有，对正规的工作程序只是做了简单的笔记和凭自己的记忆回想当时修复加固保护的情况，这些对以后在修复库木吐喇石窟的新1号、新2号窟，选用修复材料及留修复档案有很好的参考利用价值。

5. 第二、三次修复

2009年7～8月，第二次窟体岩体加固保护工程开始实施，此次主要是新1号、新2号窟窟外岩体锚杆加固。这次保护工程是经过国家文物局批准，并由新疆维吾尔自治区文化厅、文物局和龟兹研究院核准实施的。此次窟外岩体锚杆加固保护工程是经多家施工单位投标竞争产生的，中标的是甘肃一个古建工程队。这次对库木吐喇石窟的新1号、新2号窟进行了岩体锚杆加固、防洪坝和旅游栈道台阶的修筑工程。

2008年3月，第三次抢救性的窟内壁画修复、加固保护工程开工，至2010年10月结束。该项目原本是依据敦煌研究院编制的《新疆库木吐喇千佛洞新1、新2窟保护修复方案》，经过2005年国家文物局批准（文物保函[2005]656号），并根据新疆维吾尔自治区文物局核准的《新疆库木吐喇千佛洞新1、新2窟保护修复工程施工设计》实施的，但由于种种原因该项目没有实施，到2010年8月，新疆维吾尔自治区文化厅、文物局聘请敦煌莫高窟研究院保护研究所的（当时来的李云鹤老师）专家与我院协商实施该保护工程，并由我院技术保护室协助此项工作。修复前调查与建档文物调查及资料收集建档程序，与其他修复项目相同，不再详细说明。其他修复工序情况如下：

1）对起甲壁画选用聚醋酸乙烯乳液修复起甲病害，浓度分别为1.5%、2%（聚醋酸乙烯乳液固含量在45%～47%）。对空鼓壁画选定以当地黏土为主料，浮石和玻璃微珠为填充料，以丙烯酸乳液为胶粘剂的灌浆材料。①开挖注浆孔。在壁画次要部位和线条不集中的地方，钻直径3mm的小孔。②埋设注浆管：从灌浆孔里插入20～70cm的灌浆管。③支顶壁画：根据壁画空鼓和裂缝的情况，制作大小不等的壁板，用固定在工作架上的可调丝杆支顶到壁画上，壁板要有柔软的保护层。④封闭裂缝：用棉纸和1%的水溶性羟丙基纤维素对裂缝进行封护，防止漏浆。⑤灌浆：把配制好的灌浆材料，使用高速搅拌器搅拌均匀，用注射器由下而上依次将浆液注入壁画的空鼓部位。⑥清除棉纸：用去离子水清除封护裂缝的水溶性羟丙基纤维素和棉纸。⑦修复灌浆孔和锚固孔：使用与地仗层相同的材料，填补灌浆孔和锚固空，干燥后补色做旧。

2）穹窿顶空鼓壁画安全保护支架（这是一项创新的技术，在龟兹石窟中首次使用）：穹窿顶部分空鼓壁画在进行上述保护工作后，进行了保护支架的安装工作，进一步加强了穹窿顶壁画的安全。①根据穹窿顶的实际尺寸和形状，制作安全保护支架；②在安全支架与被保护壁画的接触面上，黏结了一层防擦伤壁画的密封条；③安全支架拼接安装，支架的下端与原有的木质托盘连接固定；④因安装的防护支撑条遮挡了部分图案，所以对其进行了敷色做旧处理，使其与壁画更加协调统一。

3）酥碱壁画加固修复材料：酥碱壁画筛选出传统材料明胶和稳定性能较好的甲基纤维素，1.5%的明胶 + 0.3%的甲基纤维素 = 4 : 1。酥碱壁画修复加固及脱盐处理工艺：①除尘。用吸耳球小心将酥碱起甲壁画背面的尘土和细沙吹干净，然后用软毛笔将壁画表面的尘土清除干净。应注意的是，盐害壁画的颜料层非常脆弱，地仗层酥软粉状脱落较多，在除尘时一定要格外小心，掌握好力度，既要清除粉尘，又要保留粉化的地仗层。②填垫泥浆。酥碱壁画地仗粉状脱落和缺失较多，颜料层大片悬浮，如果直接注射黏结剂回贴，会使颜料层低陷，画面凹凸不平影响美观。具体的方法是：用较长针头的注射器或滴管将掺有1/3细沙的稀泥浆均匀地填充于地仗缺失部位。③注射黏结剂。待填垫的泥浆半干燥时，用注射器将明胶和甲基纤维素混合溶液沿悬浮颜料层的边沿注入酥碱地仗的部位（2遍或3遍）。④回贴颜料层。待胶液被填垫的泥浆和地仗层吸收后，用垫有棉纸的修复刀将悬浮的颜料层轻轻回贴原处。⑤再次注射黏结剂。待悬浮的颜料层回贴原处后，对颜料层表面注射1%的明胶溶液（1遍或2遍），进行颜料层二次补强。⑥滚压。稍干后用垫有棉纸的棉球对颜料层进行滚压。⑦压平壁画。用垫有棉纸的较大木质修复刀对壁画压平压实，此时要掌握力度，避免在壁画表面留下刀痕。⑧敷贴吸水脱盐垫。壁画压平压实后，立即用透气性顶板将吸水脱盐垫（棉纸 + 两层KC-X60 + KC-X60泥垫 + 2cm厚的海绵）敷贴在壁画表面，对壁画进行脱盐处理。⑨更换吸水脱盐垫。视壁画干燥程度最初每天更换两次吸水脱盐垫，随着壁画逐渐干燥，应减少更换次数。为了防止干燥过程中盐分在壁画表面聚集，对壁画继续支顶一周左右，期间不再更换吸水脱盐垫。⑩二次脱盐。壁画干燥后，在壁画凹凸不平的凹部，有白色结晶盐生成，这时应对壁画进行二次脱盐处理。方法是：将高强度吸水纸裁剪成5cm × 5cm的方形小块，利用保护笔的蒸气将其打潮敷贴在壁画表面，用软海绵使纸块与壁面充分结合，结晶盐就吸附在纸块上，待纸块干燥后取下。经过3 ~ 4次的吸附，壁画表面的结晶盐将被清除。

4）边缘加固：使用64%的当地黏土、36%的细沙、总质量3%的长1cm左右的细麦草加30%的去离子水调和的泥，少量多次填贴于壁画背部和边沿，对壁画进行依托加固。添贴草泥的高度到壁画细泥层；宽度为3 ~ 4cm；表面为不规则糙面，模拟了自然断裂脱落状。

本次修复工程的选材极为严谨，所选用的材料都是经过数十年的实践验证的。例如，本次所选用的聚醋酸乙烯乳液，具有较好的水溶效果，如果以后有新的更好地可以替代它的材料，也可以较容易地将它处理掉而不对壁画产生损害或者是新的病害。再如，穹窿顶的支架都是通过活扣相接的，可以自如的拆卸而不影响壁画的外观效果。

四、结　　语

笔者在此衷心的感谢新疆水利厅第二工程处第五队的退休老年职工，回忆当年发现库木吐喇石窟的新1号、新2号窟的情景，并细心地讲述。因笔者父母也是新疆水利厅第二工程处的职工，笔者生长在库木吐喇水电站，有些情况也了解。感谢敦煌莫高窟研究院保护研究所的李云鹤老师，当时手把手的传授和教授笔者文物保护修复技术。本文仅依据所掌握的有限资料对库木吐喇石窟新1号、新2号窟发现原因及经过，以及将以后的几次保护修复情况简明的阐述。由于时间仓促有不妥之处还望批评、指正。

参考书目

［1］　王卫东：《龟兹地区石窟概况》。

［2］　袁国映：《库车千佛洞的环境及其保护》，《新疆环境保护》2000年第1期。

［3］　新疆龟兹石窟研究所：《库木吐喇石窟内容总录》，文物出版社，2008年。

［4］　敦煌研究院：《新疆库木吐喇千佛洞新1、新2窟保护修复报告》，2005年。

作者单位：古吉艾买提·艾海提，新疆龟兹研究院

克孜尔尕哈石窟30号窟壁画保存现状及对策

叶　梅

内容提要：克孜尔尕哈石窟30号窟保存的壁画，具有极高的艺术和研究价值。但历经千年，受自然与人为双重因素的影响，壁画出现了多种病害，主要病害有颜料层脱落、粉化，地仗层空鼓、裂隙、大面积脱落。通过对石窟壁画保存状况的调查，发现壁画呈明显恶化的趋势，不利于壁画的长期保存与研究，必须采取抢救性保护措施，对其病害进行有效治理。

关键词：克孜尔尕哈石窟　壁画　保存现状　对策

一、前　　言

克孜尔尕哈石窟为龟兹地区第四大石窟群，保存着精美的壁画和龟兹文题记，具有极高的历史、艺术和科学价值。克孜尔尕哈石窟建造时代为6～9世纪，现有编号的洞窟46个，其中窟形保存较为完整的洞窟有38个，保存有壁画的洞窟11个。洞窟建筑形制和壁画艺术风格总体上接近于克孜尔石窟。壁画色彩鲜明华丽，人物服饰华美多样，被誉为“龟兹皇家寺院”。2001年，克孜尔尕哈石窟被国务院公布为第五批全国重点文物保护单位。

历经千年，克孜尔尕哈石窟经受到自然和人为因素的影响，壁画产生了多种病害。目前，克孜尔尕哈石窟已有不少洞窟毁于岩体崩塌，现存的大部分洞窟，前室已塌毁，风沙、雨水、强烈的阳光辐射无时无刻地影响着壁画。同时，现存壁画的支撑体风化，地仗层空鼓、酥碱，颜料层起甲、粉化，虫害等病害，严重威胁着壁画的长期保存与研究。

为了使壁画能够长久地保存下去，除了认识到壁画保存的客观条件及病害产生的主要原因，还要对壁画进行科学有效地保护修复，以延长其寿命。

二、壁画保存现状调查

30号窟位于29号窟南侧。窟口方向南偏东64°。中心柱窟，由主室、甬道和后室组成（图1；表1）。1977年，工作人员曾加固修复了主室前壁和右甬道外侧壁，并安装了木门。

图1　后室顶部飞天

表1　克孜尔尕哈石窟30号窟壁画病害统计

序号	壁画病害	病害面积（裂隙长度为m；其余为m^2）
1	地仗层脱落	8.23
2	地仗层空鼓	10.24
3	地仗层酥碱	0.15
4	颜料层起甲	17.3
5	颜料层脱落	0.4
6	颜料层粉化	7.62
7	裂 隙	5.87
合计	50.02	

1. 主室

正壁中部开一个拱券顶龛，龛内塑像残毁无存，龛内残存草泥地仗层，无颜料层，保存部分白粉层，龛内侧壁空鼓。正壁草泥地仗层大部分脱落，裸露砂岩体，中部残存土红色块。

前壁门道两侧壁画大部分坍塌，左侧中部残存2身带头光的龟兹供养人，其上方有白色题榜，题记已脱落。门道上部壁画有一部分被揭取，残存1身跪姿比丘，其上方有白色题榜，题记脱落。所存壁画的主要病害为起甲、空鼓；门道上方部分坍毁，现为水泥修复面；前壁壁面刻划痕较多，最深处为1.5cm。

左侧壁下部壁画大部分脱落，中上部绘二栏因缘佛传故事画，壁画大部分脱落，主要病害为裂隙、空鼓，颜料层脱落、粉化。裂隙主要有两条由上纵贯至下，长约3.8m；空鼓出现在中下部区域；颜料层脱落主要在上部和底部；地仗层脱落主要位于下部；粉化病害主要位于中部。

右侧壁壁画大部分脱落，中上部残存部分因缘佛传故事画和纹饰带。整个壁面人为刻画较多；空鼓病害出现在中下部；粉化病害主要在中下部；颜料缺失主要在中上部；水泥修复面位于里端近右甬道处。

券顶两侧绘菱格因缘故事画，壁画大部分脱落，残存部分大多被刮毁。中脊坍毁。叠涩面上的纹饰大部分脱落。残存壁画的主要病害为颜料层起甲、地仗层空鼓。

2. 甬道

左甬道内侧壁绘4身手持莲花的立姿龟兹供养人，壁画有一部分被揭取。画幅下部绘装饰纹，其上方有白色题榜，题记脱落。内侧壁壁面有较多明显的刻画痕迹，壁画有起甲、粉化、空鼓病害，如图1所示。起甲病害主要位于底部；粉化病害主要分布于下部；空鼓面主要在底部。

外侧壁绘一幅大型本生故事画，壁画部分被揭取。外侧壁壁面有较多明显的刻画痕迹，最深处有2cm；起甲、粉化病害主要位于下部；空鼓病害分布于下部。

券顶两侧绘菱格坐佛，壁画大部分脱落。中脊壁画大部分残失。甬道前后端口沿各绘一周忍冬纹，纹饰大部分脱落，有一部分被揭取。壁画主要有起甲、空鼓病害。

地坪上的草泥层中部被磨损。

右甬道内侧壁绘4身手持莲花的立姿龟兹供养人，其上方有白色题榜，题记脱落。壁画主要病害为裂隙、酥碱、空鼓和起甲。裂隙主要位于中下部，长度约1m；酥碱分布于下部；空鼓病害位于下部；起甲病害位于壁面下部。

外侧壁壁画残失，现大部分为水泥修复面。

券顶外券部壁画脱落，内券部壁画大部分被揭取，残存菱格坐佛。中脊壁画脱落。甬道里端口沿各绘一周忍冬纹，壁画大部分脱落。所存壁画出现主要病害为起甲、颜料层脱落。

地坪上的草泥层中部被磨损。

3. 后室

正壁地坪上有涅槃台，涅槃台表面有一部分残失。正面纹饰大部分脱落，仅残存少许垂帐纹。涅槃台上右端有预留岩体的石枕，石枕有一部分残失。正壁中上部为绘塑结合，浮塑部分已剥落，壁画大部分脱落。残存壁画主要存在起甲、酥碱、颜料层脱落和空鼓病害。

前壁中部开一个拱券顶龛，龛内塑像残毁无存，正壁中部壁画被揭取，龛底中部残损，草泥地仗层大部分尚存。龛外中部壁画大部分脱落，残存几身小坐佛像，画面已漫漶不清。前壁中上部有预留的岩体焚棺台，台上塑像残毁，壁画脱落。前壁两侧甬道上方各有若干凿孔，上部壁画大部分脱落。所存壁画病害主要为空鼓、起甲、粉化和颜料层脱落。空鼓主要位于中下部，严重的空鼓造成壁画脱离，空鼓脱离面约$0.2m^2$。

左端壁地坪上有预留岩体的立佛像，像台正面壁画大部分脱落，台上泥塑立像残毁，中上部壁面为绘塑结合，浮塑部分残毁，壁面残存若干凿孔，上部壁画大部分脱落，中上部残存小花蕾。残存壁画主要病害为空鼓、起甲。空鼓主要位于中下部，起甲位于下部。

右端壁地坪预留岩体的立像台，像台正面壁画大部分脱落，台上泥塑立像残毁，壁面中部有一道横向凹槽。中上部为绘塑结合，浮塑部分残毁。壁面残存若干凿孔，壁画大部分脱落。壁画主要病害是空鼓、起甲、裂隙。其中最严重的是空鼓病害；起甲病害主要位于中部；裂隙主要出现在里端中下部，最明显的有三条裂隙。

顶部壁画部分脱落，有一部分被刮毁。壁画主要病害是空鼓、起甲、粉化、裂隙。

地坪上的草泥层大部分损坏。

三、壁画病害原因分析

克孜尔尕哈石窟30号窟壁画主要病害是地仗层空鼓、裂隙和酥碱，颜料层起甲、粉化、脱落。其中最严重的病害是空鼓，造成壁画与岩体脱离，最严重的与原始岩体脱离约3cm。

在对克孜尔尕哈石窟现场调查的基础上，吸取前人对龟兹石窟壁画保护的研究成果，分析此窟壁画病害产生的主要原因如下。

1. 内部因素

壁画制作材料和工艺的影响。石窟壁画的构成，由内向外依次为支撑体、地仗层、白粉层和颜料层。石窟的岩体是壁画的支撑体，克孜尔尕哈石窟岩体为戈壁河谷的丘陵山体，岩性由砂岩和泥岩组成，其中泥岩含量大。泥岩、砂岩的抗风蚀和雨蚀能力较差，尤其是泥岩遇水迅速崩解，崩解物质与雨水混合形成泥浆流。

地仗层一般可分为粗泥层与细泥层，粗泥层所含较粗纤维（麦草）。细泥层以粉土掺加麻、毛等纤维制成。地仗层所含盐分、水分在外力作用下发生移动，会造成地仗层酥碱等病害。

颜料层是壁画的精华，经分析克孜尔尕哈石窟30号窟的壁画颜料为矿物颜料。壁画中所使用的胶结材料种类主要有动物胶、植物胶、蛋青等天然的胶结材料。克孜尔尕哈石窟壁画中所使用的胶结材料同克孜尔石窟相同，也为动物胶。由于时代久远，加之当地日照强度大等原因，壁画胶结材料容易老化，如蓝色颜料在壁画表面呈现出粉状或颗粒状，很容易掉落。

2. 外部因素

1）自然因素。主要指受气候、水文和地震等自然因素的影响，使壁画产生的病害。主要包括：①水害。库车、拜城、新和等地降雨量不大，但降雨季节较为集中，多发生在夏季。②风蚀。风力直接作用于洞窟岩体，尤其对未安装门窗的洞窟危害极大。③地震。库车、拜城、新和位于天山地震带，地震活动频繁，每隔数年就会发生震级较高的地震，地震造成山体的松动，岩体塌毁。④动物和微生物在洞窟内活动所产生的破坏。

2）人为因素。主要包括：①10世纪左右，新疆的历史、宗教和文化发生了深刻的变化，佛教走向衰弱，伊斯兰教随之兴盛。宗教之间的冲突，对龟兹石窟壁画的影响也较大。②19世纪末20世纪初，外国探险队切割壁画，留下斑斑驳驳的刀痕（图2）。③新中国成立之前，龟兹石窟处于无人看管的条件下，游人对其进行的破坏。

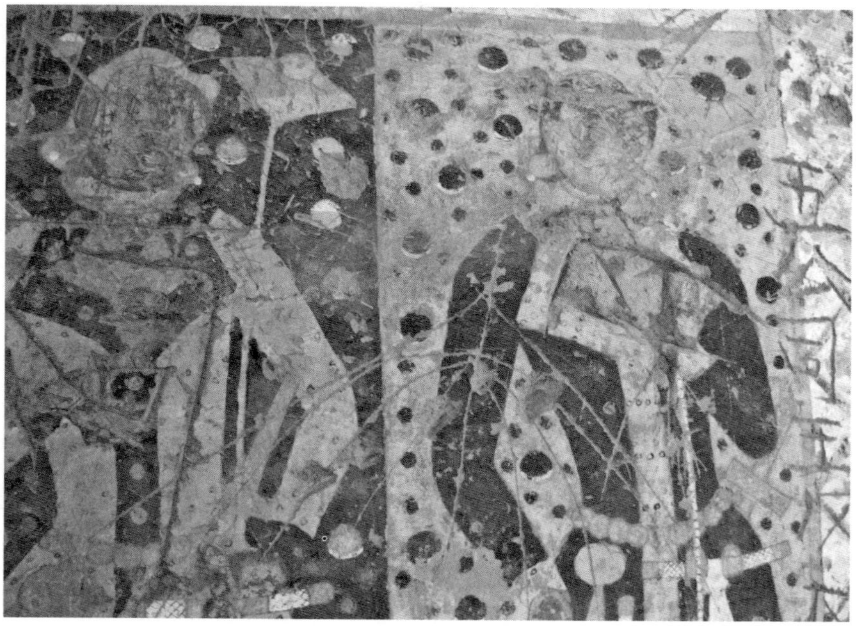

图2 右甬道内侧壁的人为刻画

四、建 议

众所周知，病害调查是文物保护修复工作程序中的一个重要组成部分。病害现状调查对于前期调研、收集资料、建立档案、编制保护修复方案，乃至对后期的实施都具有重要意义。病害现状调查与评估，对壁画的主要病害类型、分布特征、严重程度等方面都有一定的了解，更有利于采取措施对其进行保护。

克孜尔尕哈石窟壁画的主要病害为支撑体严重风化、裂隙，地仗层大面积空鼓、脱落、酥碱，颜料层起甲、脱落、表面泥污等，且同一处壁画多种病害并存。据现场观察，克孜尔尕哈石窟30号窟壁画酥碱病害主要分布在甬道侧壁中下部区域；空鼓病害主要分布在主室侧壁下部、顶部和甬道侧壁、顶部；起甲病害主要分布在主室顶部、甬道内外侧壁和券部。由于石窟多种病害共同发育，使石窟壁画病害有进一步恶化发展的趋势。

现存壁画洞窟岩体风化，地仗层空鼓、酥碱，颜料层起甲、粉化，虫害，霉变，烟熏等病害，这些都严重威胁着壁画的长期保存与研究。造成壁画各种病害的原因是多方面的，其中尤以岩体坍塌、空鼓、裂隙对壁画的保存影响最大。风蚀、雨蚀、日光直射、干湿交替的环境无时无刻都对壁画的保存产生不利的影响。为长久地保存克孜尔尕哈石窟壁画，建议：

1）结合克孜尔尕哈石窟岩体加固工程，加强洞窟顶部岩体防雨水入渗设计。

2）加强日常预防性保护措施，对洞窟壁画保存环境进行监测，对于不利于石窟保护的问题及时治理。

3）对病害严重的壁画尽快编制抢救性保护修复方案，根据克孜尔尕哈石窟的岩体结构和病害特征，采取相应的保护修复措施。

参 考 书 目

［1］　王卫东：《克孜尔尕哈石窟内容总录》，文物出版社，2008年。

［2］　郭宏：《库木吐喇石窟壁画抢救性保护修复方案》。

［3］　徐淑青：《莫高窟第98窟现状调查报告》，《敦煌研究》2005年第5期。

［4］　汪万福、马赞峰、李最雄等：《空鼓病害壁画灌浆加固技术研究》，《文物保护与考古科学》2006年第1期。

［5］　梁涛：《龟兹石窟壁画的病害类型及成因初步分析》，《新疆文物保护》2012年第18期。

作者单位：叶梅，新疆龟兹研究院

回顾森木塞姆石窟保护及修复加固概况

台来提

内容提要：通过近几年来中国新疆在文物保护与修复事业随着科技的发展，我们取得的一系列保护与修复成果，本文简述新疆龟兹石窟壁画文物的保护修复情况，分析当今文物保护的严峻形势，说明文物保护的意义，同时回顾石窟壁画文物保护现状与修复历史、展望文物保护与修复新技术、新工艺、新方法，该如何把握新疆石窟壁画文物保护方面的应用的方向。笔者以自己工作多年的亲身经历回顾和简要地介绍及探讨一下森木塞姆石窟的历史背景、地理位置以及近几十年以来的保护、修复、加固情况。

关键词：石窟壁画　历史背景　地理位置　保护　修复　加固现状情况

一、前　　言

在中国西部的新疆地区，保存着十几处大型石窟群，其中地处塔克拉玛干沙漠北缘的阿克苏地区库车县的森木塞姆石窟，洞窟形制、壁画题材、壁画风格及其分期与克孜尔石窟大致相同。现存的壁画中则以描绘众多动物而闻名，并且在石窟群中区有佛寺遗址。但受自然环境的各种因素，文物材质遭受不同程度的损坏、产生老化、变质乃至消失。由于文化遗产的灭亡会导致其所携带的所有历史、文化信息随之消失。我们文物保护工作者的工作目的、目标就是要尽可能延缓文物衰变，使其长久地保存下去，更好地发挥其历史文化艺术价值，为人类文明发展服务。

森木塞姆石窟位于新疆库车县境内东北约40km处，牙哈乡克日西村北却勒塔格山口，地理坐标是东经83°19′，北纬41°51′。石窟开凿于缺尔塔格山腰上一条季节河沟两岸，整个石窟群按地理位置可分为东、南、西、北、中五区，编号洞窟57个，时代为4～9世纪。中区保存有东西长150m，南北宽100m的地面寺院遗址。石窟群的分布范围直径约8130m，石窟的形制主要有大像窟、中心柱窟、方形窟。这些洞窟通称为支提窟，亦称为礼拜窟佛堂。支提窟占全部洞窟总数的95%以上。僧房窟数量较少。礼拜窟通常由前室、主室和礼拜用的行道到成。较大的佛堂往往把行道中段扩展成后室，这是龟兹地区最为流行的洞窟形制，称为龟兹式礼拜窟。主室正壁有佛塑像，后室绘有焚棺图及涅槃像。森木塞姆石窟的11号窟和43号窟，即是上述的大型礼拜窟，称之为大像窟。这种洞窟主室竟高达5～10m，两侧壁下凿出列像台。后室的后壁下部凿有涅架台。这也是龟兹石窟群中较大的大像窟。森木塞姆石窟的形制是极为独特的。26号窟为一特殊样式的中心柱窟，主室平面近方形，中部首通顶的方柱，柱体下部为多重叠涩的束腰基座，上部四面开龛，后室后壁开一窗，两甬道内外口首出龛楣。主室前壁与后甬道两端也各开有拱龛，被称为多龛窟。该洞窟内所绘的天宫会乐和各式图案了为精彩完整。15号窟是方形弧面八边形小穹窿顶窟，该窟平面呈方形，与一般所说的方形平面穹窿顶窟大致相同，所异之处是，方形平面穹窿顶窟是在一个方形平面上凿出一个向上的穹窿（半球体）。森木塞姆石窟在壁画题材上有佛前世的本生故事、佛传、佛涅槃、乐舞供养和山林景观图案等壁画风格以龟兹风为主。人物画多用土红色勾画轮廓，用晕染法表现明暗与主体，画面人物密集，月色偏暖且艳丽。更为有趣的是，森木塞姆石窟故事画及菱格中都绘有生动的动物图。动物的身体以单佳平涂晕染，利用着色的深浅变化表现其动态，有些动物用极写实的手法描绘的体态舒展，形象逼真且各具特色。因此，森木塞姆石窟还以"动物王国"而著名，可见当时龟兹画师的技艺之高超。以上这些内容的多样化，洞窟形制的独特是森木塞姆石窟所独有的，并在晚期之洞窟中出现了回鹘风格壁画，是龟兹石窟的重要组成部分，也是"丝绸之路"上的一处重要的佛教文化遗产。这无疑对研究古代建筑、中国石窟艺术和中西方文化交流具有极高的史料价值。1996年，被国务院公布为第四批全国重点文物保护单位。

二、森木赛姆石窟现状

新中国成立之前，森木塞姆石窟处于无人管理状态，直到1956年，由库车、沙雅、新和中心县委代管。1956年始，隶属库车县文化馆。1957年，森木赛姆石窟被新疆维吾尔自治区人民政府列为第一批自治区级重点文物保护单位。1964年始，隶属库车县文化教育科。

1972年始，隶属库车县文化馆。1975年8月始，隶属库车县文管所。在库车县文管所管理和保护期间，在新疆维吾尔自治区文化厅和库车县各级领导的帮助和努力下，于1977～1987年，先后划拨了一批经费用于一部分洞窟安装木门、防渗漏雨、防风沙、清理淤泥等保护工作。1987年10月至今，隶属新疆龟兹研究院。从此，森姆赛姆石窟在保护、管理和研究上翻开了新的一页。2003年，国务院被公布为全国重点文物保护单位。

森木塞姆石窟在自然界内外动力地质作用和人类活动影响下破坏严重，而且石窟开凿的山体属第三纪砂岩和泥岩混合体，内夹砾岩层，岩层产状近于水平，砂岩胶结度很差，属钙质弱胶类型，遇水即失强度，崩解为散沙。石窟由于受自然环境因素的影响遭受地震、日照、风蚀、风化及雨水冲刷等，导致水分及盐分发生运移开裂坍塌，使窟内壁画产生风化、酥碱、起甲、变色、褪色、粉化、生霉、龟裂、空鼓、脱落等，由于石窟多种病害共同发育，使石窟病害有进一步恶化发展的趋势。部分石窟已处于极度危险的状态，如不及时抢救，将面临毁灭的危险。

三、森木赛姆石窟保护进程

1991年，新疆龟兹研究院技术保护室（当时我本人在现场参加）对森木塞姆石窟部分洞窟壁画进行过边缘加固，清理淤泥等保护工作的同时，还雇佣了当地的一批民工，对部分洞窟窟顶进行了防渗漏雨的三合土（就是麦草、石灰和黄胶泥土）抹面加固保护工作。其中边缘加固的洞窟主要包括有24号窟、26号窟、30号窟、31号窟、32号窟等5个洞窟，窟顶防渗漏雨的三合土抹面加固的洞窟主要包括有1号窟、19号窟、24号窟、26号窟、27号窟、28号窟、29号窟、30号窟、31号窟、32号窟、33号窟、41号窟、42号窟、44号窟等洞窟。当时工期将近一个半月（5~6月中旬），现将修复加固保护工作情况介绍如下：①壁画边缘加固材料。我们选用了当地的黄胶泥土，首先将黄胶土进行蒸馏水浸泡至二遍或三遍，将黄胶土所含的盐碱成分浸泡析出，加入麦草、羊毛、麻刀和成泥。在用吹气球及毛刷清除壁画边缘内外的浮尘物。然后在加固壁画边缘的支撑体时，喷涂3%~5%醋酸乙烯溶液。等待干燥后，将边缘脱离的部位灌浆回贴支顶，最后进行壁画边缘加固工作。在干燥的过程中不断用脱棉纸吸出。②掉色加固。先除尘清理，再将配比为蒸馏水+1.5% 聚醋酸乙烯，用医用针管、小号针头轻轻地打入、滴入小裂缝及颜料层内，等六七成干后，用踏包轻轻压回或踏平壁画表面。③岩体加固。将配比为8%~12% 或岩体酥碱严重一点的10%~15%聚醋酸乙烯溶液用小型喷雾器直接喷洒在岩体表面三遍或四遍。

1993年，新疆龟兹研究院技术保护室对森木塞姆石窟部分洞窟壁画进行过边缘加固，清理淤泥等保护工作。其中边缘加固的洞窟主要包括有1号窟、19号窟、20号窟、24号窟、26号窟、30号窟、31号窟、32号窟、44号窟等9个洞窟（使用的材料以及技术同以上的在1991年相同），当时还在32号窟后室清理淤泥时，发掘一批文物，有泥塑佛头、马头、壁画残片等（都以加固，现存克孜尔石窟文物库房），还复原了一个一半已坍塌的20号窟。

1995年和2000年，新疆龟兹研究院技术保护室分别先后两次对森木塞姆石窟42号窟窟顶进行了防渗漏雨三合土（就是麦草、石灰和黄胶泥土）抹面的抢险加固保护工作。

2010年，在国家文物局、新疆维吾尔自治区文化厅和文物局各级领导的帮助下，划拨了施工经费总合同额为670万元。2009年10月通过招投标，敦煌研究院文物保护技术服务中心承担了森木塞姆石窟抢险加固工程的施工任务，主要包括三部分内容：洞窟加固、崖体加固、土建筑遗址加固。洞窟加固的主要工程措施包括裂隙锚杆锚固、裂隙充填注浆、裂隙注浆、槽钢支顶、钢梁吊顶、窟顶防水、土坯砌补、门窗安装、变形监测、表面处理。其中加固洞窟主要包括1号窟、3号窟、5号窟、6号窟、7号窟、8号窟、9号窟、10号窟、11号窟、13号窟、14号窟、15号窟、16号窟、19号窟、20号窟、21号窟、24号窟、26号窟、27号窟、28号窟、30号窟、31号窟、32号窟、33号窟、36号窟、38号窟、39号窟、40号窟、41号窟、42号窟、43号窟、44号窟、45号窟、46号窟、47号窟、48号窟、49号窟、50号窟、50号窟斜道等39个单位工程；崖体包括1号窟崖体、2号窟~16号窟崖体、19号窟崖体、24号窟~26号窟崖体、27号窟~29号窟崖体、30号窟~33号窟崖体、35号窟~36号窟崖体、37号窟~43号窟崖体、44号窟崖体、45号窟崖体、46号窟~47窟崖体、48号窟~54号窟崖体、新1号窟崖体等13个单位工程；土遗址包括1号土遗址、2号土遗址2个单位工程。该工程于2010年4月15日正式开工，2010年11月15日竣工。安全顺利地完成所有的施工任务。

2012年4月至今，森木塞姆石窟的防洪坝工程和安防工程，也相继在实施当中。而后洞窟内壁画加固工程也在计划实施当中。近几年来，新疆龟兹研究院管辖的几处石窟在保护与修复事业上取得了长足的进步，取得的了一系列保护与修复成果，在社会发展中起到了积极地作用。在今后的石窟保护方面要继承传统有益的保护修复方法，不断探索、研究新技术、新工艺、新方法。随着科技的发展，针对文物保护修复技术将会不断更新，要有针对性地筛选使用。壁画文物保护修复技术更是一门综合性的专业知识，涉及历史、考古、美术、环境、地质、建筑、测绘、摄影、计算机、化学、物理、生物、等多方面的综合知识，因而在制定壁画修复保护程序时，需要多方面不同专业人员组合、协调分工及共同配合，其发挥每个人的作用是制定保护程序需要考虑的，研究文物保护用先进的科学技术是一项系统的综合性科学，因此，壁画文物保护修复是多学科、多领域的合作和共同努力的结果，不是单靠修复人员的努力而能完成的。

四、结　　语

我们现代文物保护修复专业人员需要不断探索、努力学习专业知识，具备多学科知识更好地加强文物的保护和修复技能。在继承传统有益的保护修复方法基础上，进行主动性干预的同时，对壁画文物进行预防性保护，才可以阻止和延缓文物发生的自然损坏，才能更好地、有效地保护文物。

参考书目

［1］　王卫东：《龟兹地区石窟概况》，《2005年云冈国际学术研讨会论文集·研究卷》，文物出版社，2006年第465页。

［2］　李瑞哲：《克孜尔石窟保护现状与面临的问题》，《古遗址保护国际学术讨论会暨国际岩石力学学会区域研讨会（2008年）论文集》，第91页。

［3］　敦煌研究院文物保护技术服务中心：《森木塞姆石窟抢险加固工程概况项目总结》。

作者单位：台来提，新疆龟兹研究院

伊犁昭苏圣佑庙油饰彩画病害综述

楚小婵　武　严

内容提要：油饰彩画是我国古代木结构建筑中不可缺少的重要组成部分，它既有防腐、防晒、防潮的保护作用，又有美化建筑色彩、强化建筑艺术美感的功能，使建筑形体美与色彩美融为一体，成为中国建筑上的传统特色。本文对新疆伊犁昭苏圣佑庙病害类型、病害面积、严重程度等做综述，并进行简单的病害成因分析，为以后的彩画保护提供理论基础。

关键词：圣佑庙　油饰彩画　病害综述　成因分析

一、前　　言

油饰彩画是中国古建筑中装饰的一个重要组成部分。中国古建筑讲究色彩之美，张衡的《西京赋》描写当时皇家宫殿建筑"屋不呈材，墙不露形"，即木构和墙体表面不可暴露原材，必须施以油饰彩绘才符合使用要求。自古以来，"雕梁画栋"便是形容建筑雕饰美丽的代名词。古建筑中彩画的作用大致有三：其一，保护作用，使木构表面减少潮湿、风化等侵蚀。有些彩画颜料带有一定防腐性，可防虫蛀。其二，装饰作用，增加建筑富丽繁华之美感。其三，性格、等级标志，采用不同色调、不同图样的油饰彩画，标志建筑的性格与等级。

中国古建筑基本为木结构，这些结构见于室内外，暴露于空气之中，经过长期的风吹、日晒、雨淋，空气中的潮气和各种有害气体的侵蚀，以及霉菌、虫蛀等因素的影响，从而缓慢糟朽、损坏，失去其所具有的重要功能和作用，同时裸露的木构件表面也会变得非常粗糙，有碍观瞻。为了延长古建筑寿命，同时又符合审美的需求，必须要对其进行处理，使其与所处环境隔离，免受上述因素的破坏，同时，通过油漆的装饰作用，进一步丰富古建筑的色彩和光泽，增加古建筑精美华丽的外观和雄伟壮观的气势。因此，油漆工程是古建工艺中不可缺少的重要组成部分。

新疆昭苏圣佑庙是目前新疆仅存的一座较为完整的格鲁派藏传佛教寺院。现存彩画技法独特，色彩鲜明，藏式风格明显，配以丰富的精雕细刻，艺术效果极佳，体现了藏传佛教建筑物的"低技术，高艺术"的价值取向。大殿是这座古庙的主体建筑（图1）。殿宽17米，进深7间，通高17米，面积为607平方米。平面呈正方形，共分二层。大殿的建筑形式为大出檐，高举折，砖屋顶，四角飞檐呈龙头探海之势。每层屋檐角都向上翘起，檐下头拱为多层桃枋叠成，梁枋上油彩绘画，多为珍禽异兽，有凤凰、麒麟、雄狮、猛虎、金鹿、猕猴等。千姿百态，栩栩如生。

图1　圣佑庙大殿

圣佑庙油漆彩画制作工艺一般分为三步：①木基层处理。先将古建筑木构件的表面清理干净后再作平，对裂缝较大的还要用木条填实作平，保证表面平整。②地仗层制作。外檐彩画多为麻灰地仗，上架不经受风吹日晒的部位，以单披灰制作地仗。③制作彩画。选用经研磨的矿物颜料，用黏合剂调制彩绘颜料，丈量、配纸、起谱子，按相应的图案沥粉、上色、作画、罩清油或胶矾水。

二、圣佑庙彩画主要病害类型及典型照片

1. 起翘

油饰彩画地仗层、颜料层在龟裂、裂隙的基础上，沿其边缘翘起、外卷的现象，称之为起翘。起翘进一步发展，会导致局部剥落，使彩画丧失其画面完整性，严重影响油饰彩画的原真性（图2）。

2. 颜料剥落

颜料剥落，是颜料层局部脱离基底层的现象。圣佑庙现存彩画图案保留完整的面积极少，绝大部分表层彩绘剥落现象严重。这也是目前圣佑庙彩画最严重的病害之一（图3）。

3. 颜料变色

中国古建筑油饰彩画中最常见的老化形态就是颜料变色，原因包括光照中短波辐射的氧化作用、大气环境和降尘中相应化学成分的作用等。颜料变色的实质是颜色物质的变质和丧失，表现为泛白、发灰，程度严重的则露出地仗底色。变色到一定程度，油饰彩画表面色泽均匀度会逐渐降低，严重影响油饰彩画整体的视觉美感（图4）。

图2 起翘

图3 颜料剥落

4. 水渍

因雨水侵蚀及渗漏而在彩画表面留下的痕迹称之为水渍。水对彩画的作用有很多方面，其中包括表面污染、溶解胶结质、冻融等。大面积水渍的存在证明彩画受到水的侵蚀十分严重，因此推断出彩画整体的稳定性也不容乐观（图5）。

5. 油烟污损

经调查，圣佑庙油饰彩画遭受不同程度的油烟污损（图6）。油烟污损轻者只是简单的覆盖在彩画表面，严重者还伴随着颜料层起翘病害。过去寺庙有人居住，炊烟、取暖的烟火或香火对彩画造成严重熏污。虽然这种病害不会发展，不会继续对彩画造成更大的伤害和危害，但油烟污损伴随彩画颜料层起甲的部位需要多加注意。

6. 动物损害

鸟类对彩画造成的危害分为两方面。一方面是碰撞磨蚀彩画，鸟类飞行时碰撞磨蚀彩画画面，使本来由于起甲严重而脆弱的彩画颜料层剥落；另一方面是排泄物污染彩画，鸟类的排泄物覆盖在彩画表面，对画面内容的完整性造成严重的影响。更为重要的是，其排泄物中的水分、有机酸与彩画地仗成分、颜料等起化学反应，引起局部彩画颜料变色，甚至导致颜料层翘起、剥落，加速了彩画病害的产生和发展（图7）。

图4 变色

图5 水渍

图6　油烟污损

图7　动物损害

图8　人为损害

图9　沥青

7. 人为损害

彩画表面人为附加的管线、钉子等对彩画表面造成的损害称为人为损害。昭苏圣佑庙因缺乏合理的管理和保护，整体保持现状较差（图8）。近一次修缮时渗漏的沥青厚厚地覆盖在了彩画的表面，以及修缮时在其上的随意标记、书写等人为破坏，严重影响了彩画文化遗存的外观，降低了其艺术价值（图9）。

三、病害成因及分析

通过现场调研，结合彩画本身材质、赋存环境等因素，对昭苏圣佑庙油饰彩画所存在的病害进行了以下的分析。

1. 起翘

昭苏县年平均温度2.9℃，年极端最高温度33.5℃，最低温度-32℃。最热的7月，平均气温14.6℃，最冷的1月，平均气温-11.7℃。春季气温上升缓慢不稳定，冷空气活动频繁，常使已经回升的气温又急剧下降。降温幅度为8～12℃，最高可达17℃。按四季标准划分，无明显的夏天，春秋季之间也较凉爽。温度日变化因受盆地地形的影响，盆地底部地区日较差变化大于盆地四周。盆地底部温度为15～17℃，盆地四周温度为11～14℃，最大日较差24.2℃。由于长期的强烈日光照射和环境气候温湿度的不断变化等化学物理因素的共同作用，会使油饰彩画层、地仗层和木质基层产生温度应力作用，彩画颜料层、地仗层以及木构件为不同材质，热膨胀系数不同，在温度变化的过程中，体积的变化会有很大差异，各层的应力应变不同，久而久之，表面就会出现开裂、油皮卷起、起翘等现象。

2. 颜料剥落

油饰彩画颜料剥落的原因有很多，如外部应力作用、人为破坏等。昭苏县圣佑庙油饰彩画颜料剥落病害形成的主要原因有以下两点。

1）昭苏县温差大、阳光照射强烈等因素，会直接导致彩画颜料层的胶结材料老化并失去作用，使颜料层和地仗层失去黏结力，严重时就会导致颜料剥落。

2）昭苏县历年年均降水量为511.8mm，是新疆降水最多的地区。这水对颜料层的影响有以下三个方面：首先，结合风的作用，雨水会直接对彩画表面产生冲刷和击打，尤其是暴雨，会在短时间内提供大量的力，这些力对彩画的表面会产生严重的冲蚀和剥蚀作用；其次，由于水是极强性溶剂，水通过表面裂隙进入颜料层内部之后，与胶结层以及地仗层中的极性型和离子型分子相互吸引，将其溶解，当可溶解物质完全溶解之后，彩画整体孔隙率变大，结构疏松，导致其更易剥落；最后，由于风雨侵蚀、冰劈等作用加上温度变化的影响，浸入彩画空隙中的水其结冰时体积膨胀9.1%，产生强大的压力可达2000kg/cm^2，从而扩大原有空隙，在彩画表面产生微裂隙，冰融化成水后，水填充微裂隙，并继续向彩画内部浸入。如此反复冻融冰就像楔子一样使彩画出现了由小到大的裂纹及表面剥落块。

3. 颜料层变色

昭苏县全年日照可照时数为4442h，实照2699.1h，年日照率为61%。1956～1980年，日照最长的年份是1971年，为2950h；最短的是1975年，为2142.6h。由此可见，圣佑庙油饰彩画所处的环境光照时间较长，温湿度差较大。

中国古建筑构件木质基层之上的油饰彩画构造层为：地仗灰层+色油层或颜料层。这些地仗层的物质构成均为天然有机物质，在光照作用下，受到各种光谱成分辐射（尤其是紫外辐射和红外辐射）更易发生光化学反应和热作用，物质结构受到破坏，改变油饰彩画本来面貌，变色老化，开裂剥落，影响其视觉效果和维护寿命。

四、结　　语

通过对新疆伊犁圣佑庙的实际调查分析及后期病害图绘制，可以总结出新疆伊犁昭苏圣佑庙彩画文化遗存目前存在的病害主要有以下特点。

通过调查可以看出颜料剥落是油饰彩画主要存在的病害，几乎圣佑庙每块彩画画面上基本都有颜料剥落现象。剥落现象与彩画所处的位置有很大关系，屋檐下以及容易淋到雨的地方，剥落现象较为严重。

颜料层变色现象主要存在于光照照射强烈的部位，其所经受的温差大于未直射被光照的部位，如庙宇殿堂内的油饰彩画颜色保存现状比殿外的彩画保存情况要好。

起翘病害的发生位置比较规律，大部分分布在彩画边缘位置。

水渍多见于屋顶漏水、淋雨部位，常伴随泥渍，影响画面内容的完整性。昭苏县全年盛行偏北风，其次为东风，偏南风较为少见。通常是傍晚至次日上午刮偏北风，中午以后刮偏南风，坏天气常刮偏东风。风速年均在1.2～2.5m/s。所以，淋雨部位大多分布在各殿北侧、西北侧以及西侧。

动物损害主要分布在高处，抓痕等物理损害较少，主要是鸟粪覆盖病害。鸟粪污染严重地部位出现在鸟类易停歇的位置，严重地破坏了画面的完整性，也对画面产生了一定程度的化学腐蚀。

人为损害主要包括人为刻画以及沥青覆盖。因没有采取隔离等保护措施，当地的游客在旅游参观时近距离的接触到柱子处的油饰彩画，从而产生了一些人为肆意刻画现象。修缮时疏于保护，渗漏的沥青覆盖在了彩画上，沥青低落时温度较高，会对颜料层造成很大的破坏。

圣佑庙彩画尘垢病害也较为严重，由于庙宇年久失修，没有进行定期的维护，彩画上普遍覆盖有灰尘。灰尘一方面对画面的清晰度造成影响，另一方面灰尘与空气中水结合会在彩画表面结垢。

总而言之，新疆昭苏圣佑庙古建油饰彩画的保存现状不容乐观。

参考书目

［1］　曹春平：《闽南传统建筑彩画艺术》，《福建建筑》2006年第1期。

［2］　王天鹏、马剑：《人工光照对中国古建筑油饰彩画影响的初步研究》，《照明工程学报》2005年第4期。

作者单位：楚小婵、武严，新疆文物古迹保护中心

塔尔寺建筑屋面构造及运用

刘　健　路　霞

内容提要：古建筑工程最外观的特色是屋面工程，出檐远，曲线柔和、绚丽多姿、脊饰显著，在建筑形式、建筑等级、建筑艺术都有较为详细完整的规定。塔尔寺建筑工程屋面处理虽然有其地方的特色、随意性较大，但是不免也受到古建筑形式、等级、艺术、材料、风俗等诸多因素的影响。本文通过对塔尔寺重要代表性建筑的屋面做法及外形的调查与研究，分析了藏、汉建筑交融后的形式变化与不同的外观要求。

关键词：平屋顶　布瓦　琉璃瓦屋顶　金瓦屋顶

一、引　　言

塔尔寺坐落于青海省湟中县鲁沙尔镇之南的莲花山中，因藏传佛教格鲁派创始人宗喀巴诞生于此而驰名中外，是青海省和中国西北地区佛教中心和黄教的圣地，也是中国黄教——喇嘛教格鲁派的六大寺院之一。自明洪武十二年（1379年）宗喀巴母亲修塔开始，塔尔寺已经历了600余年风尘岁月。寺院共占地40万m^2，占总占地面积的25%左右，共有各类建筑9300余间，总建筑面积105 000m^2余，由于屋面形式受汉、藏文化的影响而形式多样（图1），平顶、硬山、悬山、歇山、攒尖等五种屋面形式结合多种材料的使用，在藏文化浓厚的塔尔寺蕴含着多种古代建筑技法。

图1　塔尔寺全景

二、塔尔寺建筑屋顶、屋面瓦作的形制及做法

（一）平屋顶

平顶屋面一般又叫平台房，由于这种屋顶不使用瓦面覆盖，所以俗称“灰平台”。一般的灰平台虽不“起脊”，但为便于排水，屋面一般也有一定的坡度，向一个方向排水的叫“一出

图2　平屋顶

水”。向前沿方向“一出水”的，俗称“哽头拍子”，向两个方向排水的，叫“两出水”。

平顶屋面的使用，在塔尔寺约占60%，主要为僧舍及活佛院下院的僧房及经堂等建筑的屋顶（图2）。坡度一般为5%～10%，早期的平顶屋面坡度较小，近期的屋面坡度较大。屋面由木基层、檐头、防水层、泥被层、排水沟等部分组成。

1. 木基层

（1）木基层的种类

通常在平屋顶上使用的木基层有八棱、栈棍、千塔、竹篾、望板五种。

1）八棱：长短一致的木棍（5cm × 5cm × 50cm）。

2）栈棍：长短不一、形状不完全统一的木条，为木材的边角料或粗细不一的树枝，但直径一般为4cm左右。

3）千塔：长短、宽度不一的树皮，一般厚度为0.3cm左右。

4）竹篾：芦苇秆。

5）望板：宽10cm左右，长短不一，厚2～5cm的木板。

（2）木基层铺装方法

木基层不同，铺装方法也不尽相同。注意在铺装栈棍和千塔前，要将其进行防腐处理。处理方法为在一口大锅里放入当地的红土加入适量食盐、骨胶、水，待溶液煮沸后，将材料放在溶液内浸泡一下，捞出来扎成捆待用。平屋顶铺屋檐木基层的方法是一样的，都是从屋檐开始在椽子上铺一层望板，只铺宽30cm左右（厚度2～5cm），之后再继续铺各种不同的木基层。

1）八棱：铺完前檐望板后，在开始铺八棱前在望板边每间隔一段距离放一块三角形的木板（30cm × 30cm × 30cm），再开始以“人”字形摆放八棱，一直铺到屋顶，再摆一块三角形的木板结束。

2）栈棍：铺完前檐望板后再继续铺栈棍，一个挨一个的横着铺，由于栈棍的边角不是很规整，因此在铺装时要注意搭接，铺的时候要尽量平整，不留缝隙，一直铺满屋顶（图3），也可“人”字形摆放。

3）千塔：铺完前檐望板后再继续铺千塔，一片压一片的横着搭在椽子上，第二片要压在第一片的1/2处，一直铺满屋顶，也可“人”字形摆放（图4）。

4）竹篾：铺完前檐望板后再继续铺竹篾，一个紧挨一个的横着铺，一直铺满屋顶（图5）。

图3　用栈棍铺的木基层

图4　用千塔铺的木基层

图5　用竹篾铺的木基层

2. 檐口

檐口由两层青砖、一层筒瓦和勾头滴水组成，起到挡土、排水及装饰的作用。檐口工序如下。

1）铺完木基层，在檐口安装一层挂檐砖，有时为挂檐板，有的建筑不加挂檐砖。

2）在挂檐砖上加两层青砖，在铺第一层檐口青砖（25cm × 25cm × 4cm）时每间隔一段距离（一般将屋面长度5等分或6等分）加滴水砖。

3）勾头搭在一层青砖之间，两边为二层青砖（33.5cm × 16.5cm × 7cm），青砖之间捉节。

4）在二层青砖上铺一层筒瓦，之间捉节夹垄（图6）。

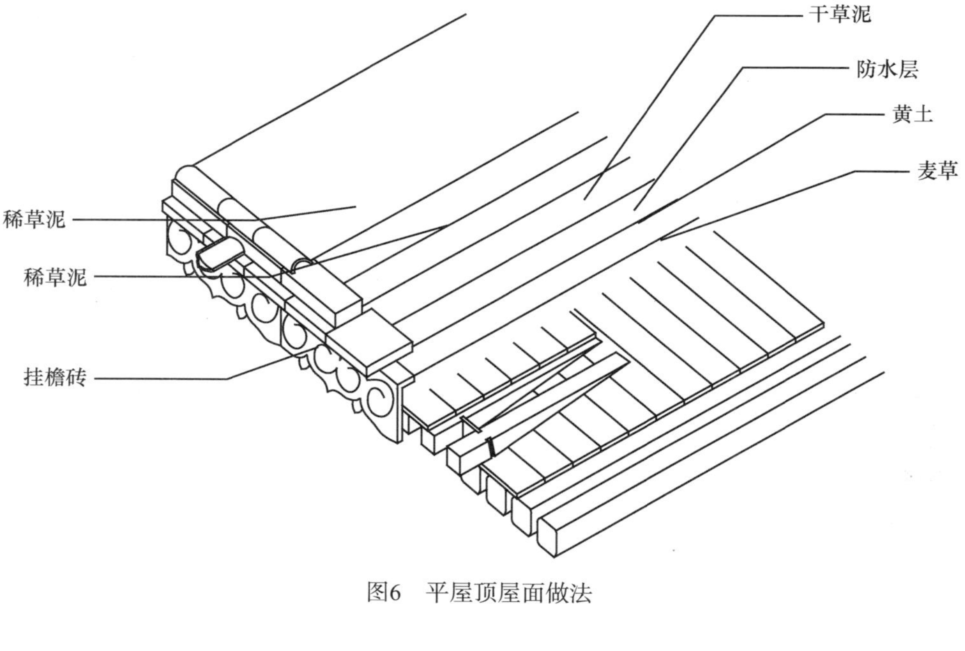

图6　平屋顶屋面做法

3. 女儿墙

女儿墙总高度90cm左右，是由青砖、边麻草、木板、勾头、筒瓦组成。近期也有用红砖替换青砖、用水泥仿造成边麻草表层代替边麻草、用水泥仿造木板外形等（图 7 ）。女儿墙工序如下。

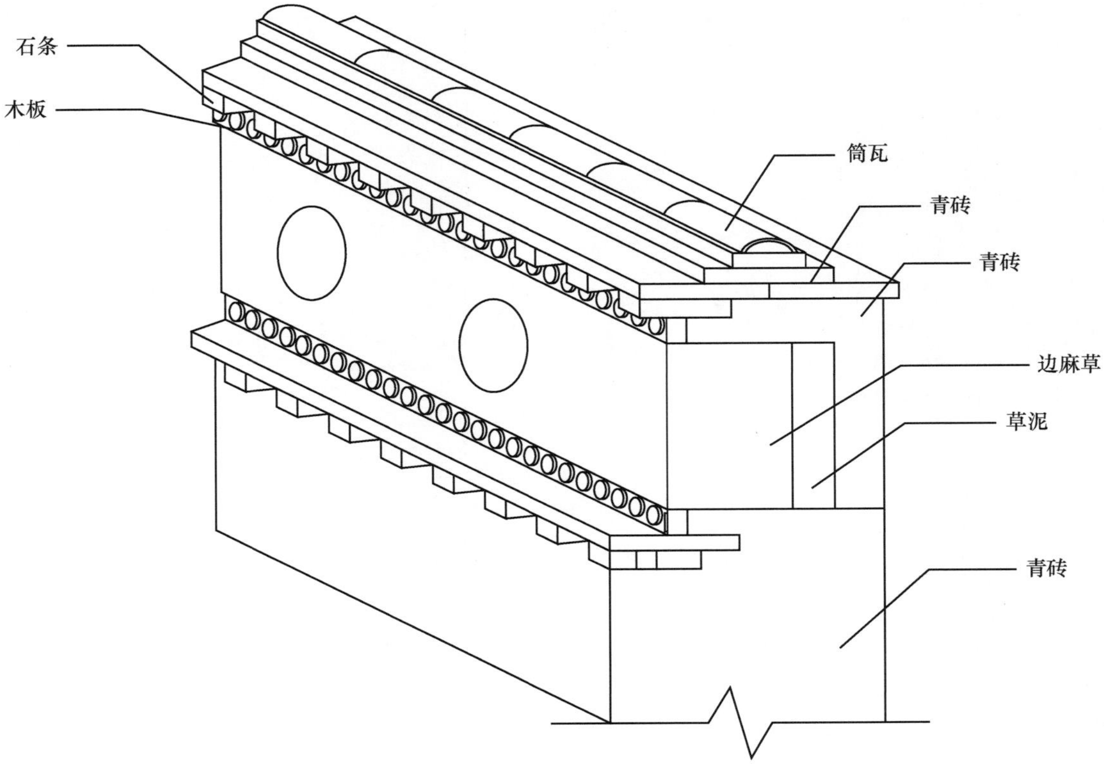

图7　平屋顶女儿墙做法

1）墙体青砖（32cm × 16cm × 7cm）一丁一顺，墙厚50cm。

2）到砌女儿墙的高度时，与墙表面对齐在墙体上加边麻草（银绿梅，是当地灌木植物，草干后切成长30cm，用麻绳扎成直径约5cm的捆），每摆放两层或三层用直径约3cm，长15cm左右的木钉固定，总高为50cm左右。

3）与内墙外皮对齐砌一层青砖，边麻草与青砖之间用草泥连接。

4）围着边麻草外部钉一圈木板（宽12.5cm，厚5cm，表面每间隔95cm浮雕出一直径为12.5cm的突出圆形，在另一面每间隔250cm有一宽5cm，深4cm的燕尾榫），木板与外墙皮为一平面，由一根长30cm的木钉插在燕尾榫上并与青砖砌的墙体拉接。

5）在青砖上每间隔12cm左右安装一石条（12cm × 12cm × 40cm），伸出墙外10cm，间隔处用青砖砌筑。现在石条一般用水泥柱代替。

6）在石条上砌一层方砖（260cm × 260cm × 60cm），伸出墙内、外各2cm。

7）居中横向砌一层青砖（32cm × 16cm × 7cm）。

8）居中竖向砌一层青砖（32cm × 16cm × 7cm）。

9）在青砖上铺一层盖瓦，捉节夹垄。

4. 泥被层及防水层

早期屋面只用黄土和麦草铺屋面，近几年为了使屋面起到更好的防水效果，增加了防水层，如僧舍一般用厚塑料布和改性BSB防水卷材结合起来作为防水层，活佛院及其他等级较高的院落整个屋面只使用一层改性BSB防水卷材作为防水层。铺法相同（图6）泥被层及防水层工序如下。

1）木基层做好后，先铺一层麦草。

2）在麦草上铺一层厚2～3cm的黄土，并拍实。

3）防水层做法：

首先，用厚塑料布和改性BSB防水卷材结合起来作为防水层。在黄土上沿着屋檐铺宽100cm左右的防水卷材。防水卷材要压在一层和二层青砖之间和滴水下。再在防水卷材上对整个屋面铺一层厚塑料布，塑料布也要压在一层和二层青砖之间和滴水下。

其次，只用改性BSB防水卷材做防水层。在黄土上对整个屋面铺一层防水卷材，防水之间的接缝用801高黏度多用途合成胶黏接，卷材防水卷材要压在一层和二层青砖之间和滴水下。

4）在防水层上铺一层10cm厚的干草泥（当地黄土掺入适当的麦草用清水和匀），待干后再铺两层3～4cm厚的稀草泥，铺好草泥后人站在屋面上用脚跺跺，如果有颤动的感觉则说明草泥厚度不够，需要再铺草泥，直到不颤动为止。

注意事项："一出水"的屋面，整个屋面的泥被层后檐厚，前檐薄，"两出水"的屋面，整个屋面中间厚，前檐薄。

5. 日常维护方法

每当下雨时，管理人员托着屋顶搁放的石碾子（直径17cm，长51cm的石质滚子，中间由一根钢丝穿过，用一根绳子拴着钢丝）拉着在屋顶来回碾（图8），起到压实的作用。每隔2～3年在屋顶铺一层草泥，因此多年后有的屋顶泥被层会很厚。

图8 工作人员拉着石碾子碾压屋顶

6.主要病害

屋面长草、漏雨。

7. 病害原因

造成屋面渗漏，主要有以下四方面的原因。

1）屋面采用木椽、木檩条，都属于弹性材料。屋面长期承载，在风、雨的作用下易产生变形，造成屋面泥被层开裂，产生渗漏。

2）当地的土质遇水不易黏结，造成屋面泥被层遇到雨水不会成泥封堵裂隙。

3）施工人员对施工工艺不熟悉，工艺不到位，导致漏雨。

4）日常管理不善，遇到下雨天不碾压屋面，长草不及时清除，导致漏雨。

8. 病害防治

1）加强日常管理，保证屋面不长草，不渗漏。

2）按规定的工艺铺设，保证施工质量。

（二）布瓦、琉璃瓦屋顶

颜色呈深灰色的黏土瓦叫布瓦，布瓦屋面常被称为黑活屋面或墨瓦屋面。布瓦屋面操作时一般先调脊后做瓦面，即采用“撞肩”作法，特点为透气性好。琉璃瓦是表面施釉的瓦，用琉璃瓦铺的屋面称琉璃瓦屋面，特点为材料坚固、色彩鲜艳、釉色光润，防水性好，但透气性差。在安装工艺上与布瓦屋面基本一致，但也有区别。

布瓦、琉璃瓦都主要用在硬山、歇山、悬山、攒尖等形制的建筑上。屋面均由木基层、苫背层、防水层、泥被层、瓦面、脊饰等组成。

在塔尔寺，布瓦屋面建筑占25%左右，主要用于经堂、活佛院等建筑（图9）；琉璃瓦屋面建筑占10%左右，主要用于经堂、花寺等建筑（图10）。

图9　嘉木央活佛院的布瓦屋面图

图10　遍知殿琉璃瓦屋面

1. 木基层

通常在布瓦、琉璃瓦屋顶上使用的木基层有栈棍、八棱、千塔、望板四种。

木基层不同，铺装方法也不尽相同。在铺装栈棍、千塔、八棱前的防腐处理方法与平屋面木基层的防腐处理方法相同。铺装方式都是从屋檐开始，在椽子上对出檐铺一层望板（厚度为2.5cm），再安装飞椽，在飞椽上再铺1m左右（厚度为2.5cm）的望板，再继续铺各种不同的木基层。

1）栈棍：有两种铺装方法。

第一种：铺完前檐望板后再继续铺栈棍，一个挨一个的横着铺，一直铺满屋顶。在铺装时，每间隔50cm要在椽子上横向钉一行木龙骨，防止栈棍下滑，每间隔1m左右竖向的在栈棍上钉一龙骨，起到固定的作用（图11）。

第二种：铺完前檐望板后，在望板边上加一块三角形的木板（30cm × 30cm × 30cm），再开始以“人”字形摆放栈棍。摆到陡的屋顶部位时，横向摆放，先间隔50cm在椽子上横向钉一行木龙骨，防止栈棍下滑，再每间隔1m左右竖向的在栈棍上钉一龙骨，起固定作用，并在栈棍上钉一层望板（图12）。

图11　横着铺栈棍的方法

图12　栈棍“人”字形铺装方法

2）八棱：铺装方法与栈棍第二种方法一样。

3）千塔：铺完前檐望板后再继续铺千塔，将千塔一层压一层的横着搭在椽子表面往上铺，在铺装时每间隔50cm在椽子上钉一行木龙骨一直铺满屋顶，或“人”字形铺装也可。

4）望板：从屋檐开始横着铺一直铺到屋顶（图13）。

图13　横着铺望板的方法

2. 苫背层

布瓦、琉璃瓦屋面的苫背层，早期只用麦草、黄土、草泥铺屋面。近几年为了使屋面起到更好的防水效果，增加了防水层（图14）。泥被层及防水层工序如下。

1）木基层做好后在上边铺一层厚10cm左右的干草泥。

2）在草泥上铺一层高档聚乙烯涤纶防水卷材。

3）在防水层上铺一层3～4cm厚的稀草泥，待草泥干后再铺一层厚3～4cm的稀草泥。铺好草泥后，人站在屋面上跺跺脚，如果有颤动的感觉则需要再将草泥层铺厚点，直到不颤动为止。

3. 安装瓦口木（以悬山为例）

（1）前后坡分中号垄（滴水作中）

1）分中。

铃铛排山。在檐头找中点，再从博缝外皮往里返两个瓦口的宽度，第二个瓦口的中点为两垄边垄底瓦的位置，琉璃瓦应按正当沟长加灰缝定瓦口尺寸，找出中点，将三个点标在檐口的泥被上。

披水排山。先定出披水砖檐的位置，再从砖檐里口往里返两个瓦口，第二个瓦口的中点为两垄边垄底瓦的位置，再找出中点，将三个点标在檐扣的泥被上。

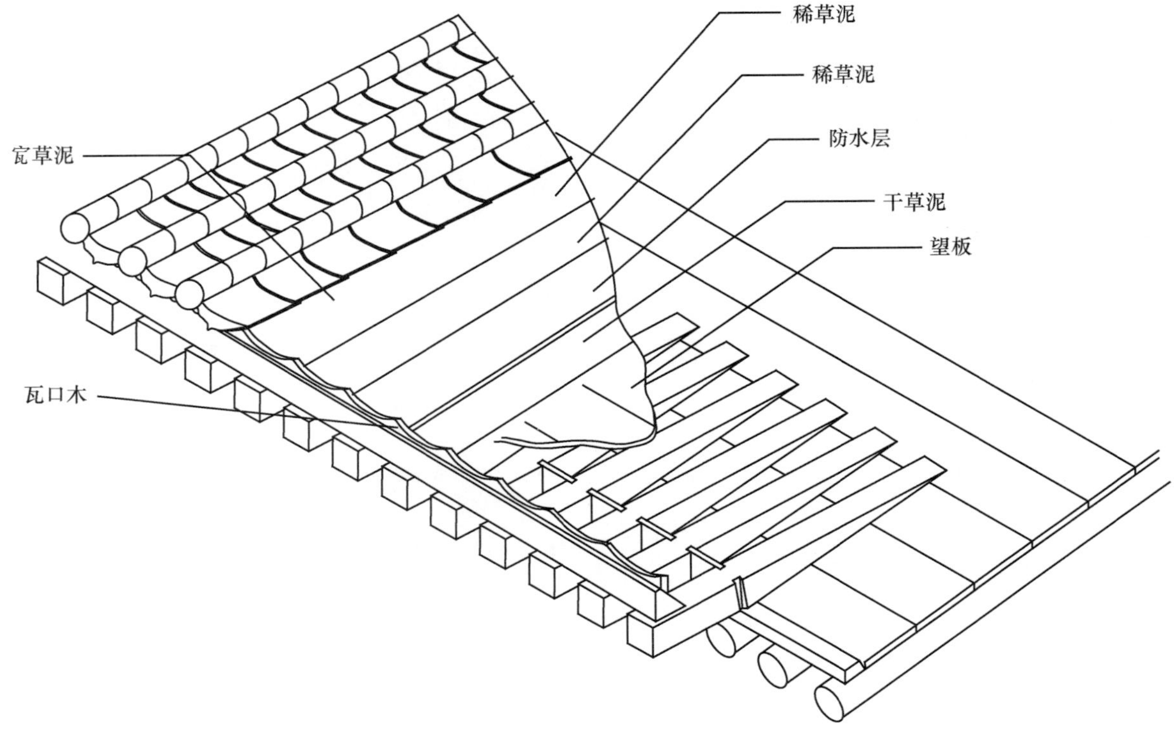

图14　布瓦、琉璃瓦屋面做法

2）排瓦当。分别在两点之间排瓦当。

3）号垄。将各垄盖瓦的中点平移到屋脊扎肩泥被上，并做出记号。

（2）制作出瓦口木，并钉在防水卷材上（图15）

4. 安装瓦主要工序

1）审瓦：逐块检查瓦件是否完好。

2）将屋面的瓦件在放有少量青灰的灰浆里浸泡，并将拆除下来的重复利用的瓦件在清水里清洗干净（图16）。

图15　制作出的瓦口木

图16　审瓦、清洗及浸泡瓦件

3）安装垂脊：

a. 宽排山勾滴。滴子做中沿着博缝砖赶排瓦口（单数），赶排合适后宽排山勾滴，钉钉子和安放钉帽。

b. 在垂脊的排山勾滴一侧宽一缕方砖（26cm × 26cm × 4cm），在方砖上宽一缕青砖（33.5cm × 16.5cm × 7cm），方砖露出一半。

c. 接着宽两缕板瓦，并扣筒瓦。

d. 在筒瓦上宽一层青砖，为坡长的5/6处。

e. 安装垂脊筒和垂脊兽。当做完正脊后再安装垂脊筒和垂脊兽（长度为坡长的2/3）。

f. 安装跑脊。在垂兽下继续安装一跑脊（一缕青砖），脊长为坡长的1/6，并安装一小翘（勾头下垫一块青砖组成），这是塔尔寺的地方做法。

注意：以上为布瓦宽瓦方式，琉璃瓦屋面是在排山勾滴上加当沟并扣筒瓦。

4）安装正脊：

a. 顺着正脊滴水砖，在屋脊宽一缕板瓦，在接缝处两山坡面各搭一长50cm左右的麻绺子。

b. 顺着正脊勾头砖，在宽好的板瓦两边各扣一筒瓦。

c. 在正脊排山勾滴上宽一缕青砖（33.5cm × 16.5cm × 7cm）。

d. 铺灰安装正吻。

e. 安装脊筒：找出中心位置，预留出宝顶的位置，宝顶的位置可偏差5cm左右。算出脊筒及缝宽的长度，尽量使脊筒子能成为整花。

f. 脊筒上扣盖瓦。

5）安装宝顶底座：在预留宝顶底座处，沿着青砖位置向下用青砖砌宝顶底座（总高35cm）。

6）宽板瓦、筒瓦（图17）：

a. 在正脊筒瓦下塞入一块板瓦（做定位），在屋脊处与瓦口木之间拉一条弧线，用铁钉绑着，随着安装的进度移动（用来控制屋面的坡度）。

b. 一人铺板瓦、一人铺筒瓦、一人勾缝，从屋檐的瓦口木开始由下往上铺，先铺板瓦（小头向下，大头向上，搭3露7），在宽板瓦时，先铺一层草泥（厚5cm），宽好板瓦后扣筒瓦，最后一块筒瓦是撞在垂脊上的，就这样一绺一绺的铺，直到整个屋面铺装完成。

图17 瓦

c. 擦灰：用布将屋面多余的灰擦干净。

5. 安装宝顶

布瓦屋面的宝顶分为鎏金宝顶和石作宝顶，其中鎏金宝顶要装藏。琉璃瓦屋面全部为鎏金宝顶（图18）。

图18　石制、鎏金宝顶

（1）装藏

宝顶开光时由住持高僧把经卷、珠宝、五谷及金属放入封上，称“装藏”。

（2）宝顶安装

1）将宝顶的中轴插在屋顶的宝顶底座内。

2）宝顶的木底盘套在中轴上并固定到底座上。

3）宝瓶放在宝顶底盘上。

4）宝顶套在中轴上并固定在底盘上。

6. 日常维护方法

定期除草，检查捉节夹垄灰是否有脱落，砖是否有断裂。

7. 主要病害

屋面长草、漏雨。

8. 病害原因

造成屋面渗漏，主要有以下四方面的原因。

1）屋面采用木椽、木檩条的弹性材料。屋面长期承载，在风、雨的作用下易产生变形，造成屋面泥被层开裂，产生渗漏。

2）目前生产砖瓦的厂家不多，但产品质量参差不齐。瓦的几何尺寸不标准，导致雨水会流入基层。

3）施工人员对施工工艺不熟悉，工艺不到位，导致漏雨。

4）日常管理不善，不定期除草，导致漏雨。

9. 病害防治

1）加强日常管理，保证屋面不长草、不渗漏，定期补捉节夹垄灰，补配破损的瓦件。

2）按规定的工艺铺设，保证施工质量。

（三）金瓦屋顶

瓦的出现距今已有3000多年，鎏金瓦屋面与其他瓦屋面基本上是同期产生或稍后产生的，在塔尔寺主要用在大金瓦殿、小金瓦殿、藏经楼的屋顶（图19）。

图19 大金瓦屋面

1. 挑正脊

正脊是随着大木一起完成的，是一横向安装的四边形梁，梁头伸出山花外。

2. 木基层（图20）

1）在椽子上先铺一层厚2.5cm，宽13cm左右的松木望板（一直铺到正脊）。

2）再安装飞椽。

3）在飞椽上再铺一层柏木望板，厚3cm，宽13cm左右，一直铺到正脊。

3. 垂脊

铺完木基层后在翼角上安装垂脊。

4. 防水层

做完木基层和挑脊工序后在整个屋面用钉子钉一层厚3mm厚的铝板（铝板整块材料尺寸：120cm × 200cm × 0.3cm），搭接尺寸均为5cm，搭接方式尽量以雨水不渗漏为原则（图20）。

1）山花：将山花整个钉一层用铝板。

2）垂脊：在垂脊上剪出样子摆放好，但不进行钉装，待屋面平面的铝板包上来时，压在其上进行钉装。

3）望板：从下檐口向上铺，一块压一块，与垂脊交接处向上卷起5cm钉在垂脊上。

4）正脊：在正脊上剪出样子摆放好，待屋面平面的铝板包上来时，压在其上进行钉装。

5. 分中号垄

由铜匠来分，在屋脊部位找出屋顶正中点，向两侧排金瓦。

6. 木龙骨

在安装瓦件之前要按照筒瓦的尺寸钉一层柏木的木龙骨。在钉装好铝板的屋面上，按照分好的垄从下往上钉龙骨，一直到正脊。

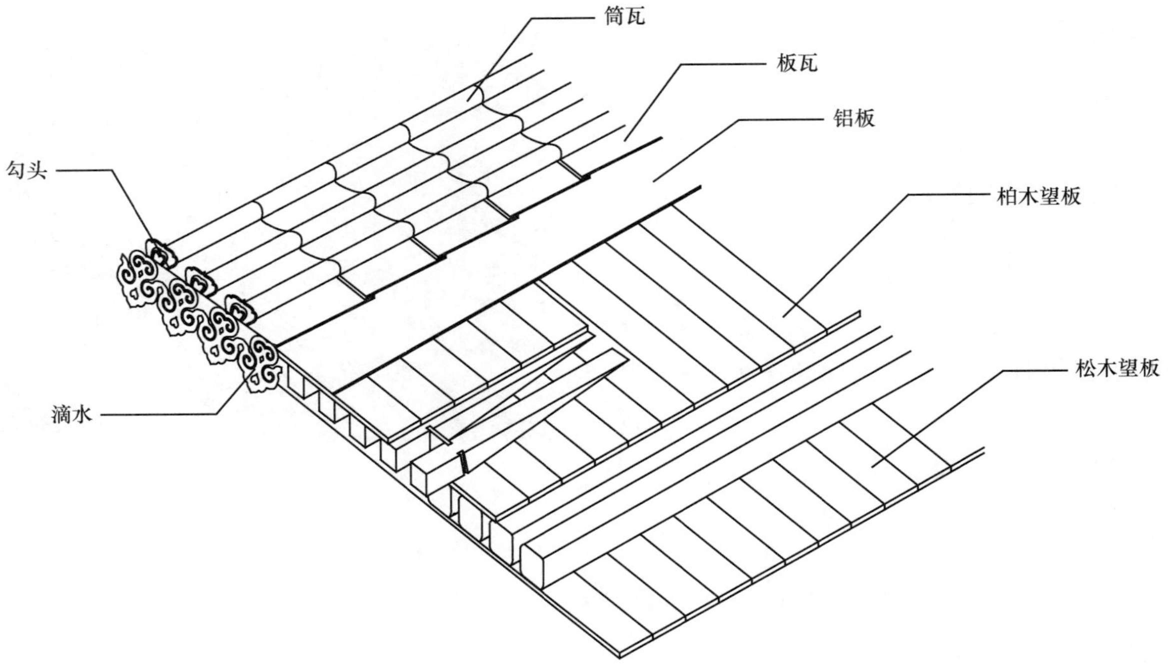

图20　金瓦屋面做法

7. 金瓦的鎏金工艺

鎏金工艺不同于电镀、化学镀等，不仅是在器物表面镀一层薄金，而是将黄金和汞经过熔炼、磨制后形成的金泥涂抹在紫铜器或银器的表面。经过烘烤，汞蒸发使金附着在器物表层。经过玛瑙刀在器物表面的压轧，达到富丽堂皇的效果。

8. 宼金瓦（图20）

1）勾头滴水：在檐口用铜钉勾头滴水。

2）板瓦：压在勾头滴水上在木龙骨之间将板瓦一个挂一个地安装，并用铜钉将板瓦的侧面与木龙骨固定，到正脊处的板瓦如出现半块，则量出尺寸进行制作、鎏金再安装。

3）垂脊：在垂脊上按照固定好的垂脊胎制作垂脊瓦件，并鎏金安装。

4）正脊：在正脊上按照固定好的正脊胎制作正脊瓦件，并鎏金安装。

9. 安装宝顶

详见布瓦琉璃瓦屋顶的宝顶安装。

10. 主要病害

屋面漏雨。

11. 病害原因

从钉孔漏雨，导致屋面望板糟朽，引起屋面漏雨，严重时还会引起屋面下滑。

12. 病害防治

遇到漏雨现象，将漏雨部位的钉孔用环氧树脂封堵。

三、结　　语

塔尔寺建筑屋面形式多样，工艺方面即传承了中国古建的风格又兼具地方改良的特色，确保文物安全及屋面工程质量是一个系统工程，需要综合考虑方方面面的因素。总之，材料是基础，施工是关键，维修管理是保证。

参考书目

[1] 杨贵明、景朝德：《青海塔尔寺维修志》，广东人民出版社，1996年。
[2] 刘大可：《中国古建筑瓦石营造法》，中国建筑工业出版社，1993年。

作者单位：刘健，新疆大学建筑工程学院
路霞，新疆文物古迹保护中心

FLAC3D在苏巴什佛寺遗址保护中的应用

梁 涛

内容提要：作为目前岩土力学计算中的重要数值分析软件，FLAC3D能较好地模拟岩土材料在达到强度或屈服极限时发生的破坏或塑性流动力学行为，分析渐进破坏或失稳的发生发展现象。作为FLAC3D首次在我国土遗址保护领域的应用，我们尝试用该软件分析了新疆库车县苏巴什佛寺遗址的两种典型破坏模式，即坍塌破坏和冲洞破坏，另外还选取东寺佛塔作为典型建筑物进行动力分析，以探索FLAC3D在土遗址本体分析中运用的可行性，为苏巴什佛寺遗址的保护加固工程提供科学依据。

关键词：FLAC3D软件　数值模拟　苏巴什佛寺遗址　土遗址保护

苏巴什佛寺遗址位于新疆库车县城西北20km处库车河两岸的冲积台地上。作为汉唐时期西域龟兹王国佛寺的代表，苏巴什佛寺遗址规模宏大，现存遗址以库车河为界，被分为东寺和西寺两大部分。遗址分布范围达190余公顷，是新疆现存最大的佛寺遗址。遗址区域内建筑类型丰富，主要有佛殿、塔院、禅室、僧房等。此外，还保存有不少石窟和多处墓葬。自19世纪初以来，苏巴什佛寺遗址就陆续发现大量珍贵文物。1996年6月25日，该佛寺遗址被国务院公布为“全国重点文物保护单位”。

土遗址的保护是一个世界性难题，地处天山南路的苏巴什佛寺遗址就是我国西北干旱区土遗址的典型代表。由于苏巴什佛寺被沿用了约1700多年，它的建造技法基本上涵盖了土遗址的不同建造形式，遗址区内的病害几乎包括了所有西北干旱区土遗址的主要病害。研究苏巴什佛寺遗址的病害机理，然后有针对性地采取保护措施，不仅可以有效保护苏巴什佛寺遗址，而且其研究成果和适用技术，可以推广应用到西北干旱区其他土遗址。

数值模拟技术于1965年被R.W.lough首次应用有限元解决土石坝的稳定性分析，到目前已经取得了巨大的进步，在岩土工程领域成功地解决了许多重大工程问题，而在我国文物遗址的保护中，数值模拟分析的应用实例却较少。目前在石质文物①和砖木建筑上②虽有所尝试，但在土遗址方面，仅见个别学者运用大型有限元软件ANSYS对丝绸之路典型土遗址进行过地震分

① 何满潮、刘成禹、王树仁等：《国家重点文物保护工程——高句丽将军坟变形破坏机理研究》，《岩石力学与工程学报》2005年第13期。

② 余志祥、韦韬、赵世春等：《青城山黄帝祠砖木古建筑震害数值仿真研究》，《工程抗震与加固改造》2009年第3期。

析[①]，由于ANSYS软件内置的岩土破坏准则仅有DP准则而无屈服准则，所以无法对土遗址选取合适的屈服准则（屈服准则在数值分析中对计算结果的准确性、可靠性有着重要的影响）。时至今日，尚未见到应用FLAC3D对土遗址的稳定性进行分析的相关文献。

目前，数值模拟的方法主要有有限元法、有限差分法、离散元法、数值流形法等[②]，主要的分析软件有ANSYS、FLAC/FLAC3D、UDEC/3DEC、ABAQUS、DDA等。其中，FLAC3D（Fast Lagrangian Analysis of Continua）是由美国Itasca公司开发的一个三维有限差分程序，特别适用于模拟三维土体、岩体和其他材料力学特性，尤其是大变形问题[③]。作为目前岩土力学计算中的重要数值分析软件，FLAC3D能较好地模拟岩土体材料在达到强度或屈服极限时发生的破坏或塑性流动力学行为，分析渐进破坏或失稳[④]。本次我们主要应用FLAC3D软件分析苏巴什佛寺遗址的两种典型破坏模式，即坍塌破坏和冲洞破坏。另外，选取东寺佛塔作为典型建筑物，进行动力分析，以探索FLAC3D在土遗址本体分析中的可行性以及利用FLAC3D分析坍塌破坏的破裂面，冲洞破坏对上部土体、左右两侧土体的变形破坏，进而找出典型建筑物东寺佛塔的薄弱地带，为苏巴什佛寺遗址的保护加固工程提供依据。

一、工程概况

（一）地形地貌

苏巴什佛寺遗址处于库车县的低山区，在北面有却勒塔格山东西向绵延，库车河由北向南从遗址区中部穿过，遗址区位于却勒塔格山南麓库车河东西两岸的冲积台地，南临沙砾戈壁，地势北高南低，海拔1280～1290m。

本区山地地形较平坦，切割侵蚀较浅，但由于陆相沉积地层被挤压，构成了简单的近东西向褶皱。本区南部的却勒塔格山隆起较高，海拔在1900～2200m，比它周围高出800m左右。本区气候干燥，植被稀少，干燥剥蚀严重，岩石裸露，冲沟纵横，是最贫瘠的山区。

（二）水文地质

库车河又名“苏巴什河”，整个流程都在库车县境内。上游有两条支流汇合于库如力，东侧称科克那克河，西侧称卡尔诺河，是主流，发源于南天山山脉的哈里克山东段，向东南流，至库尔干处又折转向南流，至库如力处又转向南偏西流，最后从康村穿越却勒塔格山，抵达兰干水文站。整个集流面积2956km^2，流程127km，平均年径流量3.31亿m^3，最大洪峰流量1940 m^3/s，最小流量0.62m^3/s。兰干水文站以下，水流经引水枢纽进入总干渠，输送到下游，河床则

① 胡明清：《丝绸之路典型土遗址地震破坏机理与抗震安全性研究》，《中国地震局兰州地震研究所》，2008年。

② 朱颖彦、唐寿高、崔鹏：《岩土数值模拟：方法论的思考》，《岩石力学与工程学报》2005年第S2期。

③ 陈祥军、汤劲松：《用FLAC-（3D）3D 进行马崖高边坡稳定性分析》，《石家庄铁道学院院报》2002年第3期。

④ Itasca Consulting Group.《The Manual of FLAC3D Version3.0》，1999. 刘波、〔美〕韩彦辉：《FLAC原理、实例与应用指南》，人民交通出版社，2005年。

经过一个长于20km的乱砾石锥形洪积扇，穿过牙哈乡的喀兰古，向东南消失于荒漠戈壁。

库车县地下水主要包括松散岩类、碎屑岩类两大类型，富水程度为中等。结合地表水系看，主要是库车县山区的松散岩类和碎屑岩类的地下水渗入四大河系中，地下水的补给主要是冰雪融水、河水入渗和大气降水。地表水和地下水的补给排泄关系较为明确。据调查，苏巴什佛寺遗址区地下水类型为碎屑岩类，碎屑岩中的地下水补给库车河，地表水通过弥补的冲沟流入库车河。

苏巴什佛寺遗址所在区域属南温带干旱区，年平均气温11.4℃，年降雨量64.5mm。光照充足，雨量稀少，冬季干冷，夏季酷热，昼夜温差大。

（三）地震

库车处于南天山地震亚区和静—拜城地震带中段。地震烈度为Ⅷ度，地震频繁，微震时有发生。该地震带展布于天山南麓前山带，北界西起汗腾格里峰，向东经拜城至和静以东，南界西起阿合奇、阿克苏以北，向东经库车、轮台至库尔勒以东，带长约675km，宽约110km，总面积约73 250km^2。1893～1984年，共发生四级以上地震93次；1990年至今，库车坳陷带发生1次七级地震、7次六级以上地震和多次中等强度地震，它们大部分分布在却勒塔格断裂带附近，表明却勒塔格逆断层是库车坳陷内中、强地震的主要控震和发震构造。

（四）自然因素导致的文物本体的病害

由于自然因素导致苏巴什佛寺遗址建筑本体的病害主要有以下五种①。

1. 掏蚀

掏蚀是苏巴什佛寺遗址在风、雨、水、盐类活动等单独或组合作用下不断侵蚀凹进形成的。包括五种形式：流水掏蚀、坍塌掏蚀、酥碱、风力掏蚀和冻融掏蚀。

2.冲沟（洞）

冲沟是指由于地面水（包括降雨产生的地面径流）沿汇水地形流动，对土遗址表面造成的侵蚀破坏作用，主要有裂隙型冲沟和径流型冲沟，在墙体根部容易发育成为冲洞。

3. 片状剥蚀

片状剥蚀是指土遗址的表面在外营力或内营力的作用下疏松起壳，在外力或重力作用下成片状或小块状脱落。苏巴什佛寺遗址主要包括两种形式：雨蚀剥离病害、风蚀剥离病害，个别有裂隙剥离的病害类型。

4.裂隙（缝）

裂隙（缝）是遗址内不同原因形成的裂隙或裂缝。它往往是坍塌或冲沟病害发生的条件。苏巴什佛寺遗址主要包括变形裂隙、建筑工艺裂缝。

---

① 敦煌研究院、兰州大学文物保护研究中心、新疆文物古迹保护中心等：《苏巴什佛寺遗址保护工程勘察总报告》，2009年。

5.生物破坏

生物破坏是指由于生物作用对土遗址造成的破坏。它包括动物病害和植物病害。

通过对上述病害持续发展的分析结果看，墙体坍塌破坏和冲洞破坏是遗址最典型的破坏形式，必须给予高度重视。

二、数值模拟及结果分析

（一）FLAC3D基本原理

FLAC3D基本原理类同于离散单元法，但它却能像有限元那样适应于多种材料模式与边界条件非规则区域连续问题的求解。在求解过程中，FLAC3D法又采用了离散元的动态松弛法，不需求解大型联立方程组，便于计算①。另外，它不但能处理一般的大变形问题，而且能够模拟岩体沿某一软弱面产生滑动的变形。FLAC3D法能针对不同的材料特性，使用相应的本构方程来比较真实地反映实际材料的动态行为。FLAC3D还可以考虑锚杆、挡墙、抗滑桩等支护结构与围岩的相互作用②。

（二）模拟对象及结果分析

1. 坍塌

苏巴什佛寺遗址墙体破坏主要以坍塌破坏为主，因墙体受到风化、地震以及内部潜在的结构面等内外作用，使得墙体局部发生坍塌卸荷，而卸荷使得墙体顶部产生拉裂，经过日积月累，拉裂缝受到雨水等外作用进一步软化周围墙体，便会再次产生坍塌（图1）。

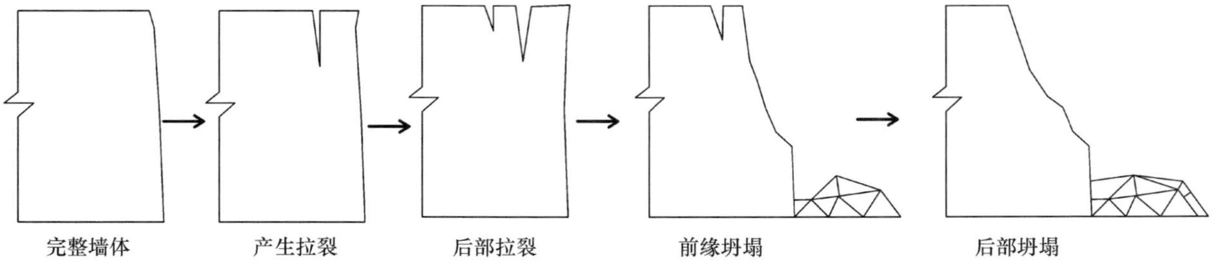

图1 墙体坍塌演化过程示意图

如何找出坍塌的破裂面，进行稳定性演算是支挡设计的前提。传统的极限平衡计算方法，做了很多假设，但对于崩塌的计算，破裂面是根据经验推测得出的；而采用数值计算方法可以根据应力-应变分析得到崩塌的破裂面，再采用传统的极限平衡方法计算安全系数，或者输出某一典型剖面的应力-位移，运用这个剖面再次计算得到安全系数，这样所得的分析结果更接近实际工程。

① 彭文斌：《FLAC3D实用教程》，机械工业出版社，2007年。

② 陈育民、徐鼎平：《FLAC/FLAC3D基础与工程实例》，中国水利水电出版社，2008年。

根据实测数据建立三维模型，以开挖掉局部的块体来模拟墙体卸荷产生的裂隙，模型选取地下深度2m，墙体高度11m，墙体长度10m，宽度为0.6m，地下碎石土层两侧各外延2m，划分单元共978个，节点1469个（图2）。模型的约束采用底边全部约束，地基土体侧边水平约束。首先采用弹性模型计算初始应力，而后赋予真实参数采用摩尔库伦模型计算，再开挖图2中的蓝色部分，以模拟裂隙的作用。

具体的岩土体参数（表1）。

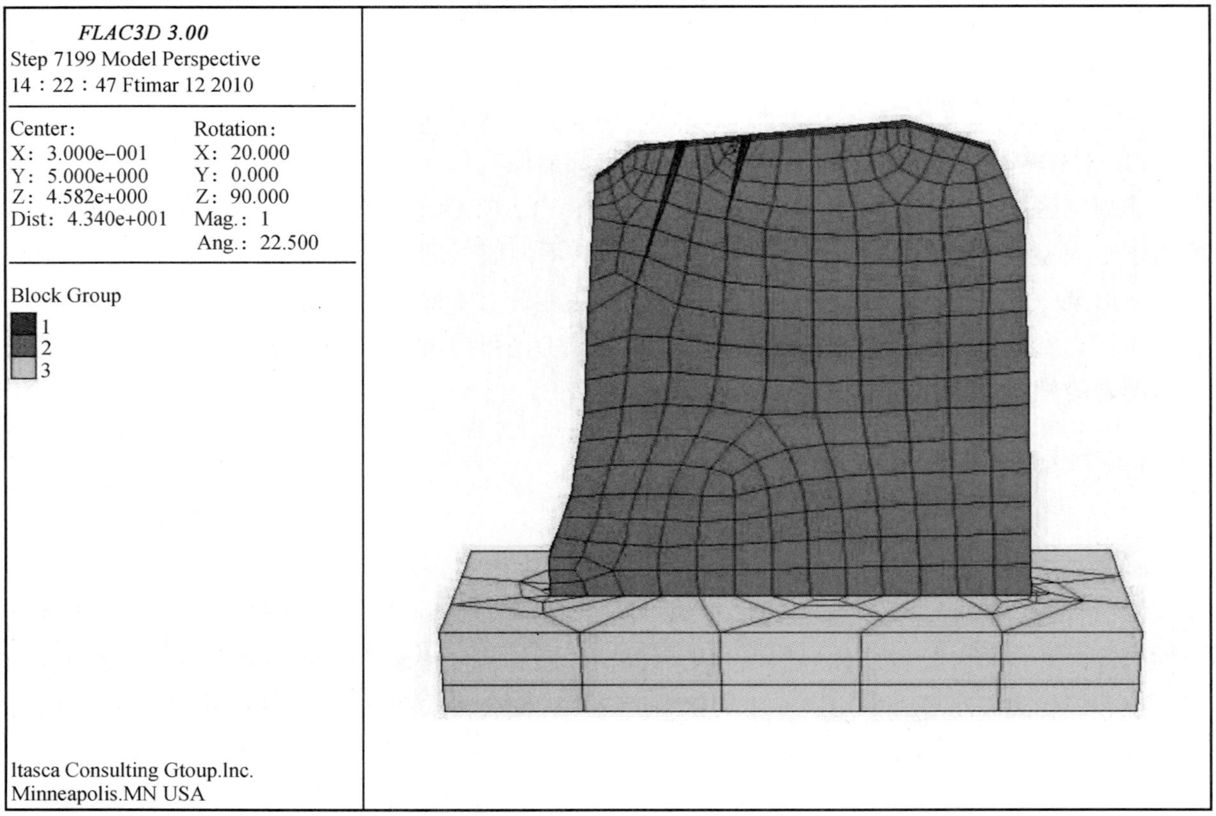

图2　坍塌分析模型

表1　岩土体强度参数

参数 位置	密度（kg/m^3）	黏聚力（kPa）	内摩擦角（°）	体积模量（kPa）	剪切模量（kPa）	抗拉强度（kPa）
墙体	1360	36.3	16.3	1.8e6	8.7e5	90
地基	2100	30.1	32	5.7e5	4.8e5	64

静力计算以及产生裂隙后的计算结果（图3～图9）。

根据图3发现，墙体的自重应力计算结果与理论公式的计算结果基本一致，同时根据无裂隙时的位移云图发现，在没有裂隙的时候，墙体顶端水平位移和竖向位移都可以忽略不计，但是在该墙体开挖实现墙体产生裂隙后，前缘块体顶端水平位移最大约17cm，竖向位移最大也发生在该块体之上，竖向位移最大为7cm左右。根据剪切应变增量云图可以看出，前缘块体剪切

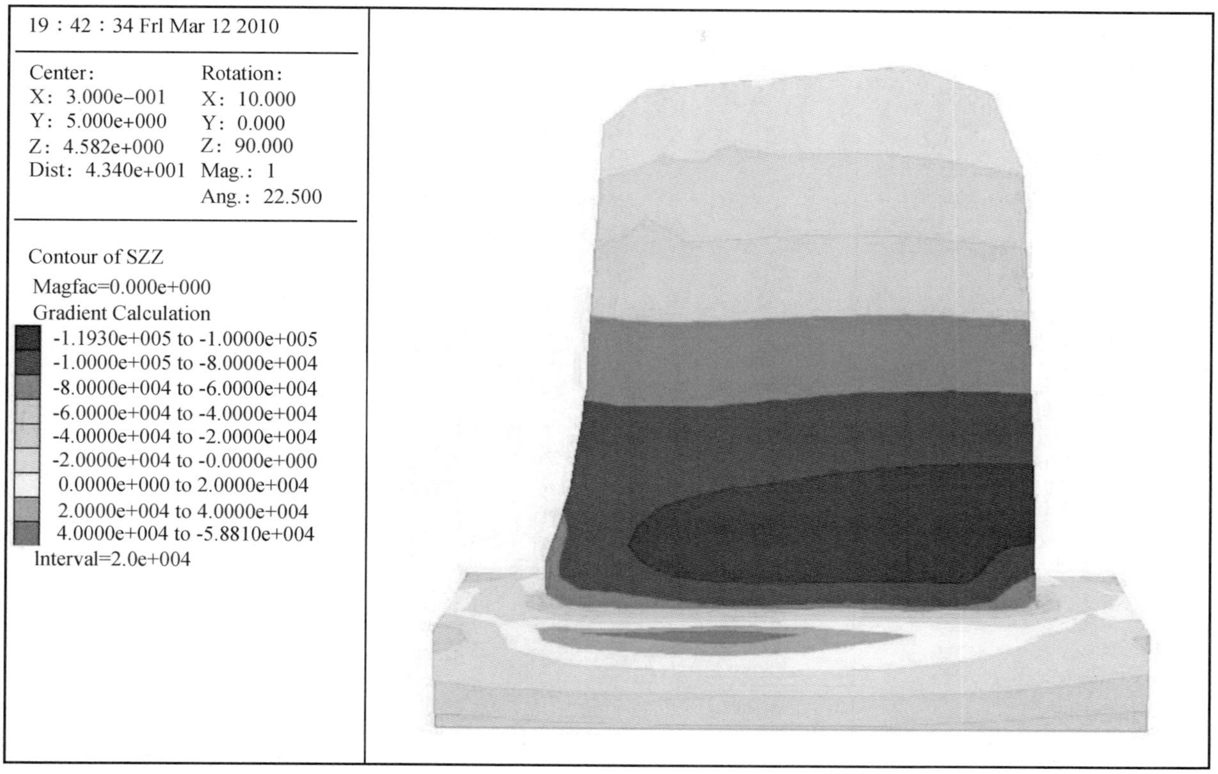

图3　无裂隙竖向云图

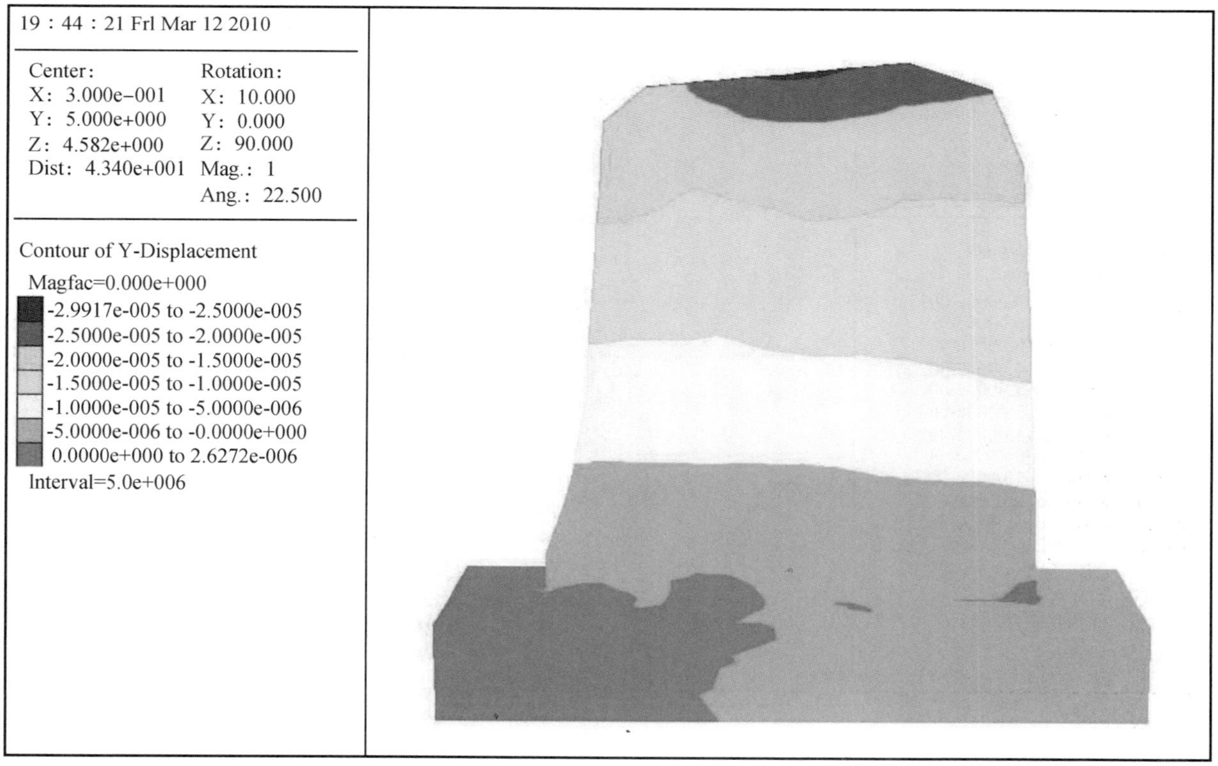

图4　无裂隙水平位移云图

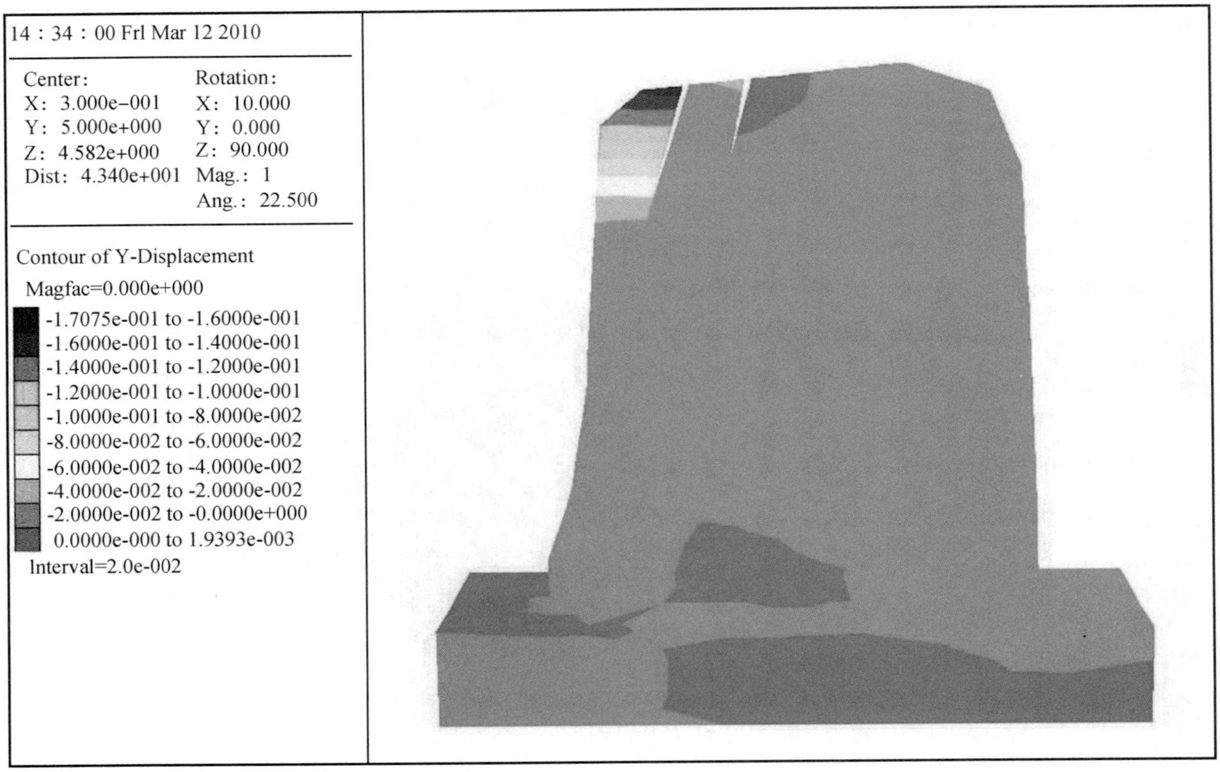

图5　有裂隙水平位移云图

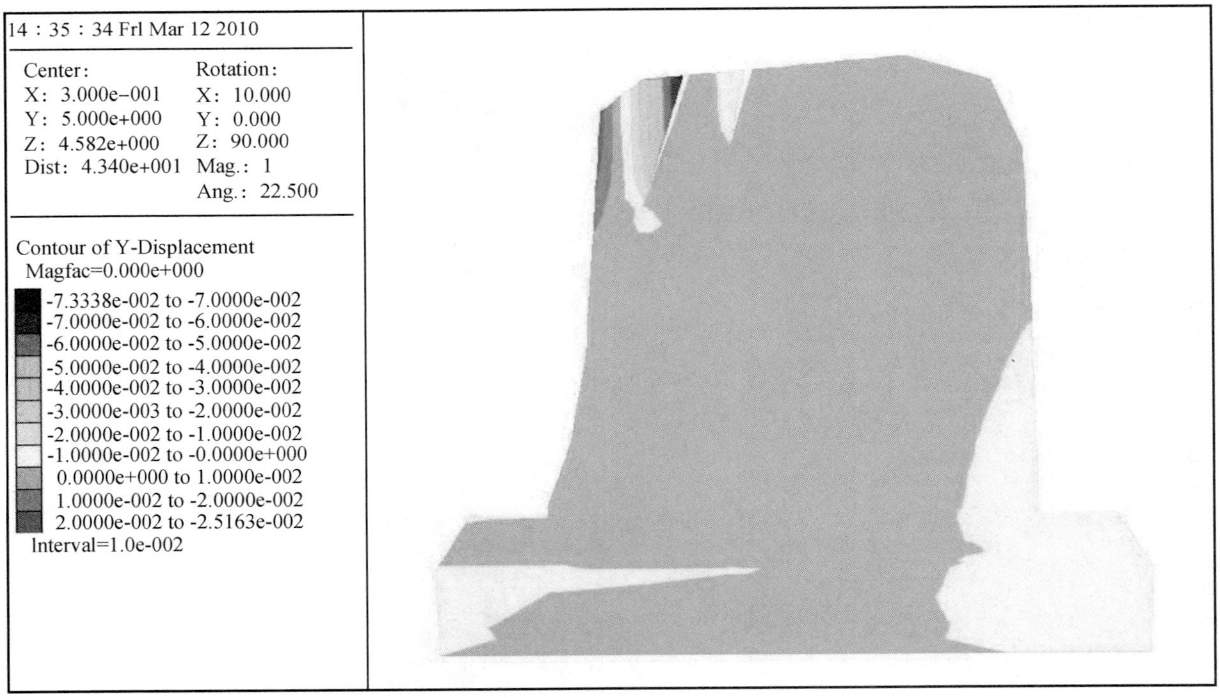

图6　竖向位移云图

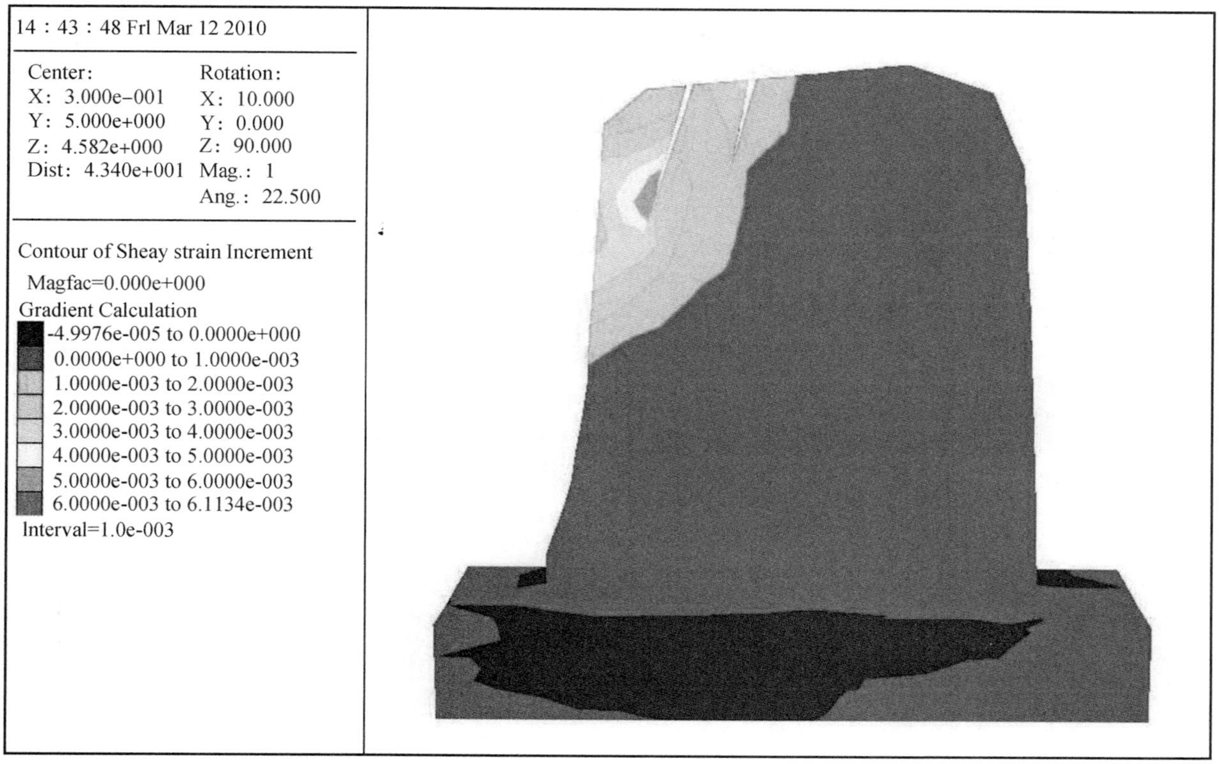

图7 剪切应变增量云图

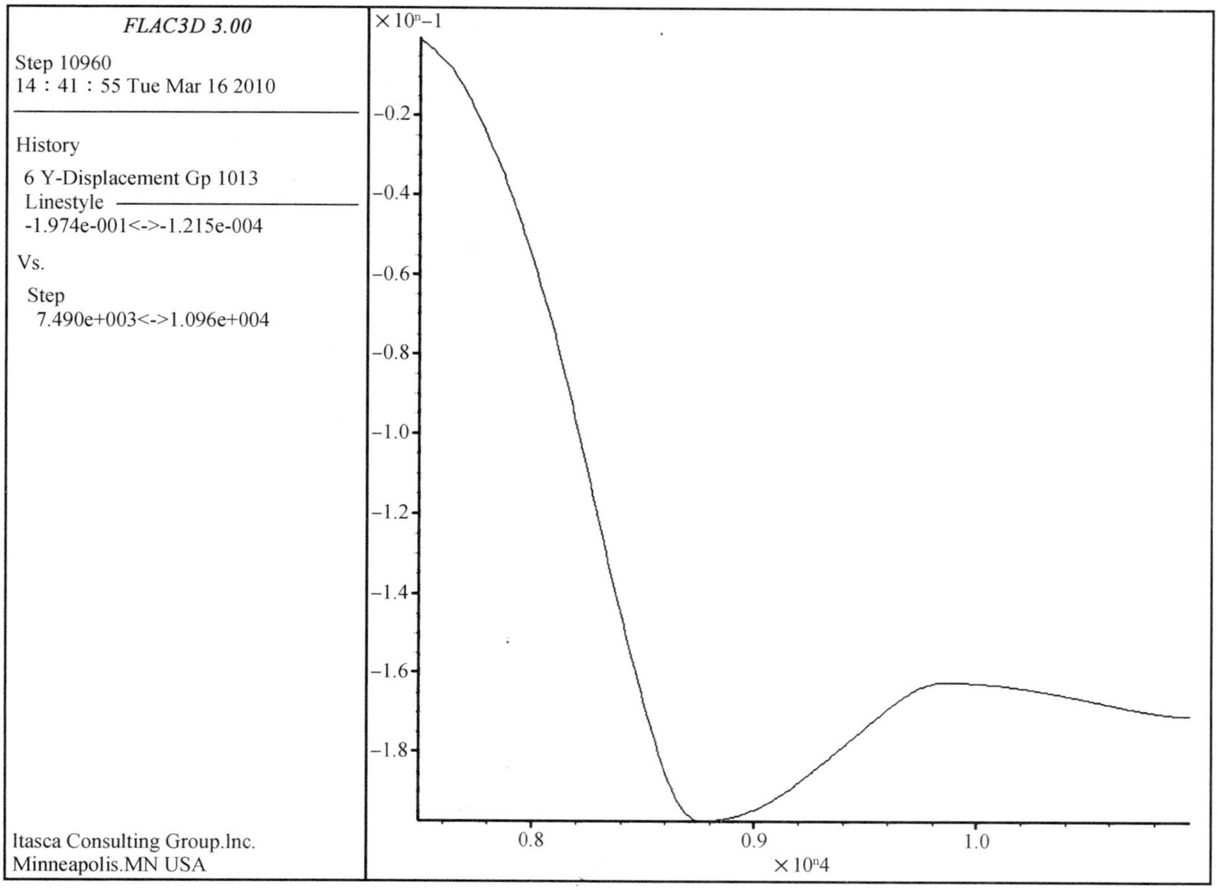

图8 前缘块体关键点水平位移监测

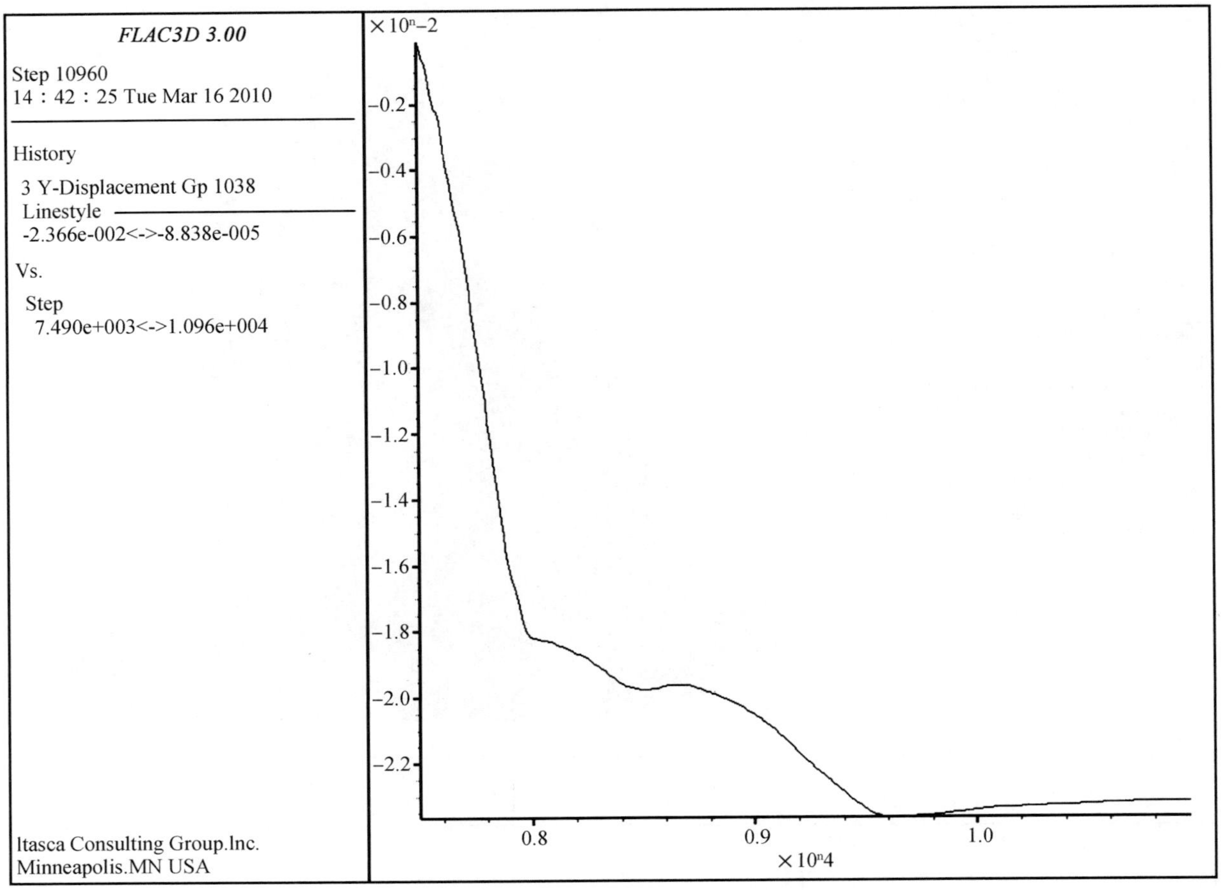

图9　后部块体关键点水平位移监测

应变增量已经基本贯通，块体处于不稳定状况，而后侧裂隙切割的块体，位移较小，处于稳定状态。

根据图8及图9所示，对前后块体顶部的水平位移进行监测，发现前缘块体水平位移最大20cm，而后侧块体的水平位移为2.4cm，说明前部块体变形较大，属于危险块体，即在静力下裂隙的发展对墙体的保存有着极大的威胁，在受到雨水或地震作用等外力作用下，很可能产生局部失稳。同时，由于前缘卸荷作用，后部的卸荷裂隙会进一步的发育，造成墙体的进一步破坏。

对裂隙切割处最大主应力云图（图10）和最小主应力云图（图11）进行放大，可以看出，墙体产生裂隙后，前缘顶端产生了局部的拉应力集中区，使得墙体产生了拉破坏。

根据FLAC3D计算所得，取水平位移云图中位移最大的前缘块体为崩塌体，采用极限平衡法计算安全系数，运用的公式如下所示：

$$K=\frac{F_{抗滑}}{F_{滑}}=\frac{(h-d)^{2}\cdot[\sigma]\cdot y}{3\cdot b^{2}\cdot\gamma\cdot h+3\cdot P\cdot h+4\cdot F\cdot d}$$

式中，[σ]为允许抗拉强度，一般取[σ]=80kPa；

P为在地震作用下，土体受到的地震力，单位为kN；

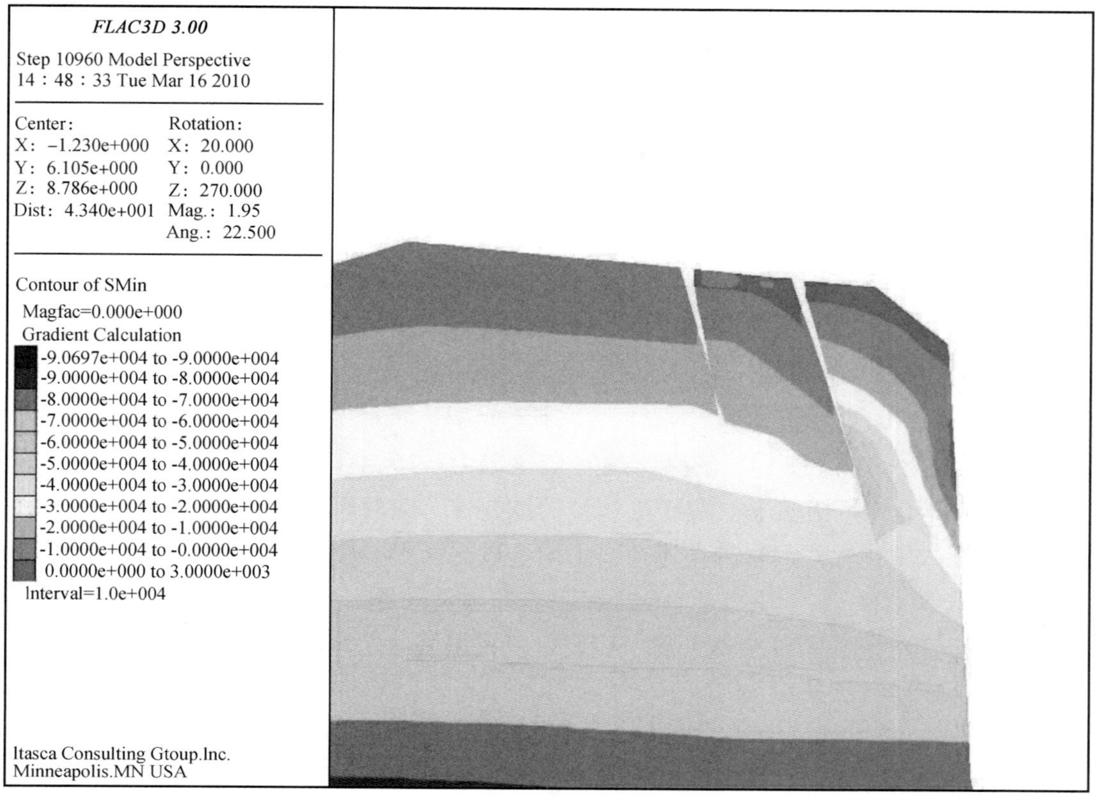

图10 局部最大主应力云图

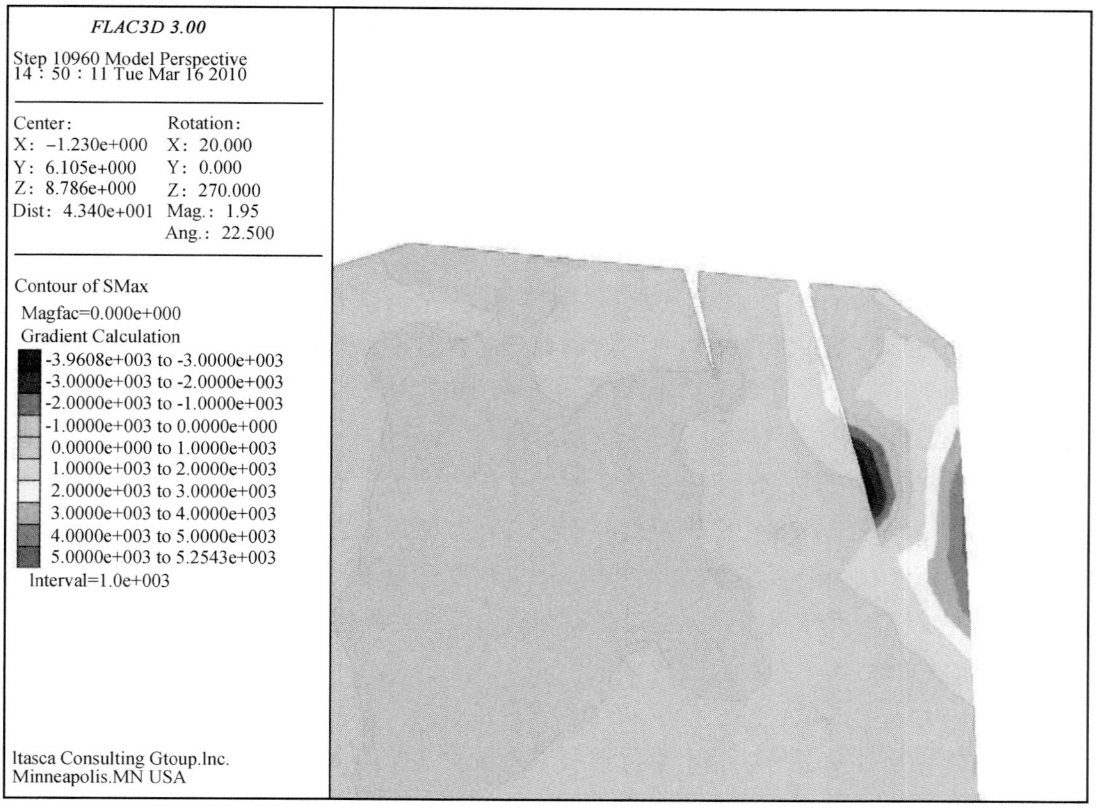

图11 局部最小主应力云图

$$P=G\cdot n=\rho gVn=\rho gA\cdot y\cdot n$$

G为裂隙所切割的块体的重力，单位为kN；

ρ为土体的干密度，单位为kg/m^3；

A为破坏块体的面积，单位为m^2；

y为危险块体另一立面的宽度m；

n为地震影响系数，不同的烈度具有不同影响系数；

F为崩塌体高度；

d为裂隙下切深度。

计算得出，在天然状态下，该块体的安全系数为1.26，在8度地震作用下的安全系数为0.98，所以该块体处于危险状态。鉴于土遗址的重要性，应对墙体进行加固，除进行裂隙注浆以达到防治水渗入软化土体的目的，还应以木锚杆进行锚固，使得前缘块体稳定。

通过上述算例表明，采用FLAC3D处理墙体的坍塌问题，可以为我们的工程加固提供指导。根据剪切应变增量云图及位移云图，我们可以找出墙体坍塌的范围，为下一步的支护或者采取其他措施，提供计算依据。

2.冲洞破坏

图12　典型冲洞破坏

苏巴什佛寺另一破坏因素，就是水流的冲蚀破坏。流水冲蚀造成遗址体根部形成空洞（图12），破坏墙体的稳定，这种现象尤以东寺为甚。流水冲蚀不但造成墙体顶部丧失局部的支撑，也容易引起应力的集中。流水冲蚀后墙体的稳定性值得研究，因为对于地表水流的整治是一个复杂的工程。苏巴什佛寺遗址东寺地形复杂，排水不畅，局部的冲洞可以采用回填处理，但是大部分受地形限制，只能保留，这样就会造成墙体根部不断的冲刷，从而影响墙体的整体稳定，在地震作用下可能发生倒塌。

为研究墙体根部冲蚀对墙体的影响，选取典型墙体建立三维模型，应用FLAC3D计算墙体冲蚀前后的稳定状况，同时对墙体冲蚀后进行地震分析，生成的三维模型（图13）。

采取的计算参数，见前文表1。

因为无法得知墙体修建时的强度参数，所以不模拟施工步骤。计算中首先采用弹性模型，赋予材料较高的体积模量和剪切模量及材料密度，计算初始应力，然后消去位移和速度，改用摩尔库伦模型，赋予材料的真实参数并计算，消去位移和速度，设置模型中的红色部分为空模型，模拟流水冲蚀形成的冲洞并计算，最后施加动力荷载得到遗址在地震作用下的稳定情况。

冲洞形成前后的结果（图14～图17）。

根据竖向应力云图发现，冲蚀前后的竖向应力基本符合自重应力场的分布，而因为墙体土体的强度较高，冲蚀后冲洞附近的水平位移和竖向位移变化不大，基本可以忽略，证明墙体处于比较稳定的状态。

静力计算完毕后，进行动力分析。根据《建筑工程抗震设防分类标准》（GB 50223-

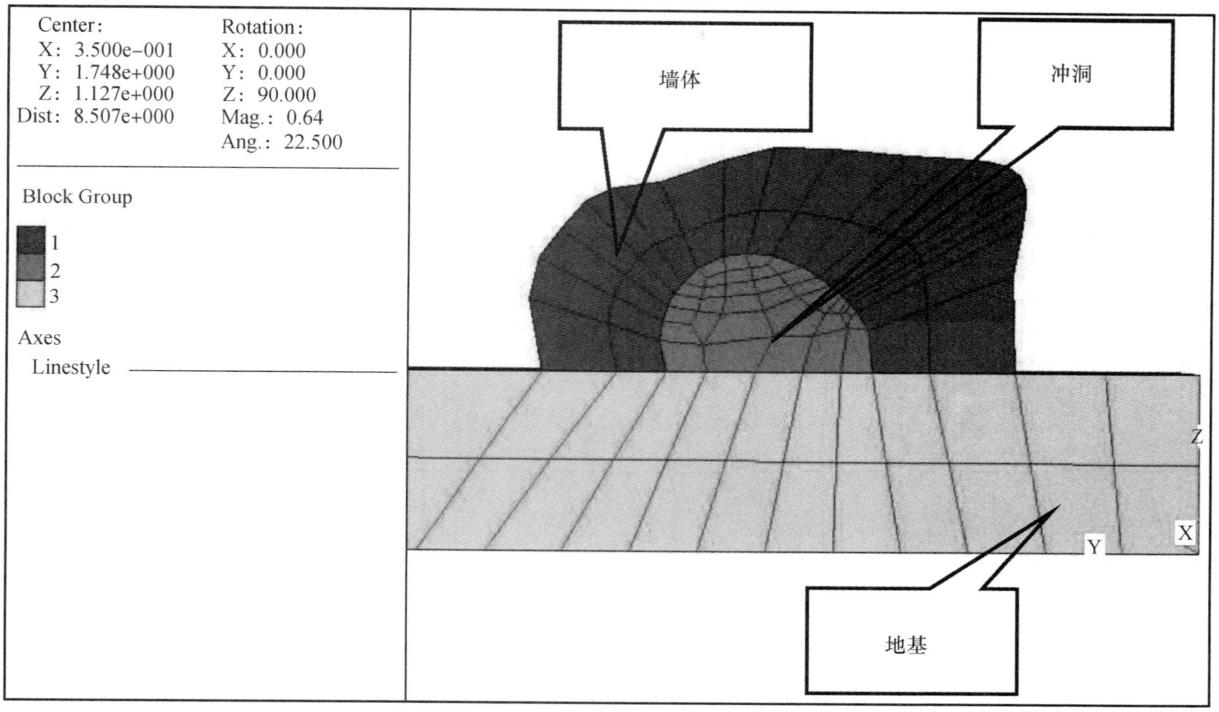

图13　三维模型

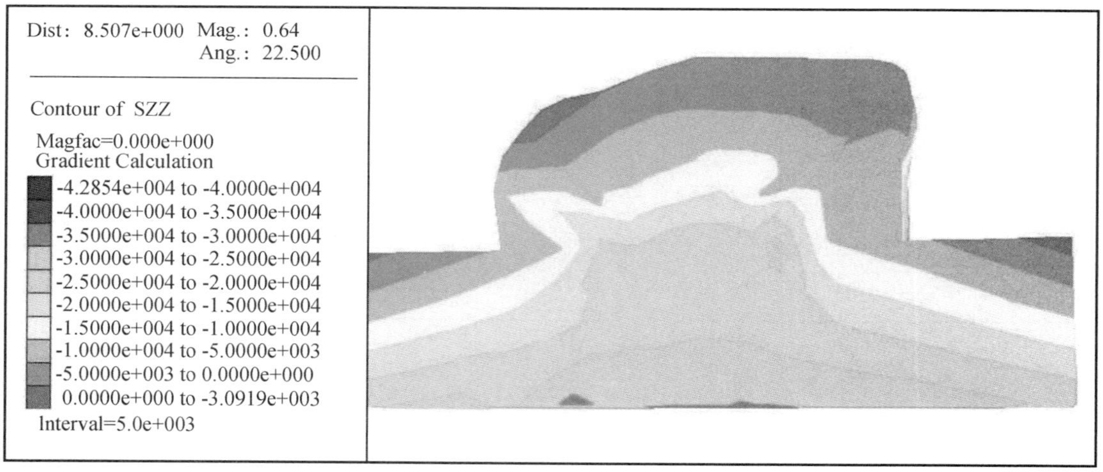

图14　冲蚀前竖向应力云图

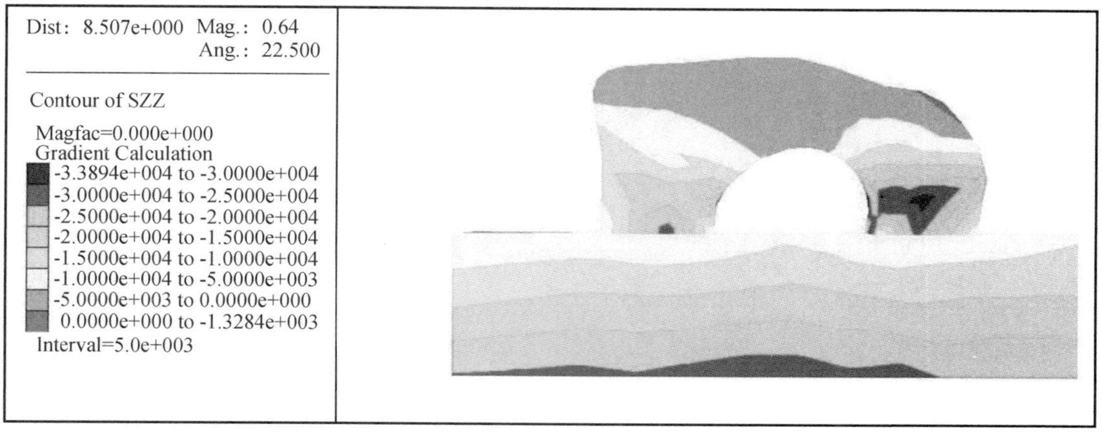

图15　冲蚀后竖向应力云图

2004），库车县抗震设防烈度为8度，设计基本地震加速度值为0.2g。所以选用的地震波水平向最大加速度为0.2g，地震波持续时间为18.84s。输入的水平向地震波速度时程曲线（图18）。

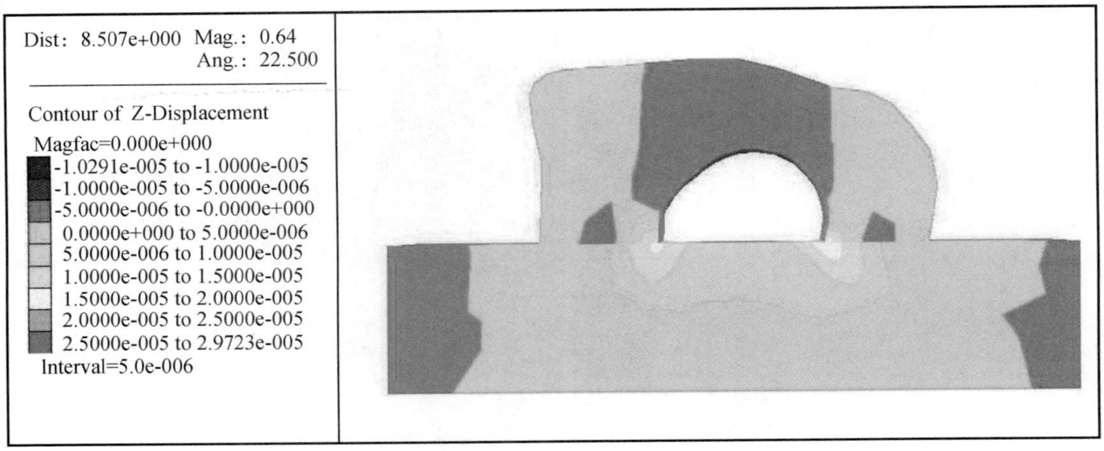

图16　冲蚀后的竖向位移云图

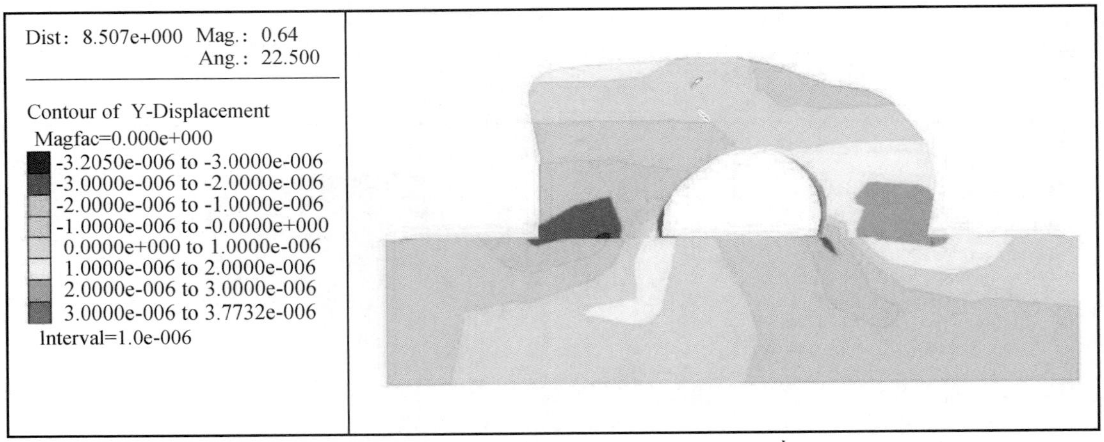

图17　冲蚀后的水平位移云图

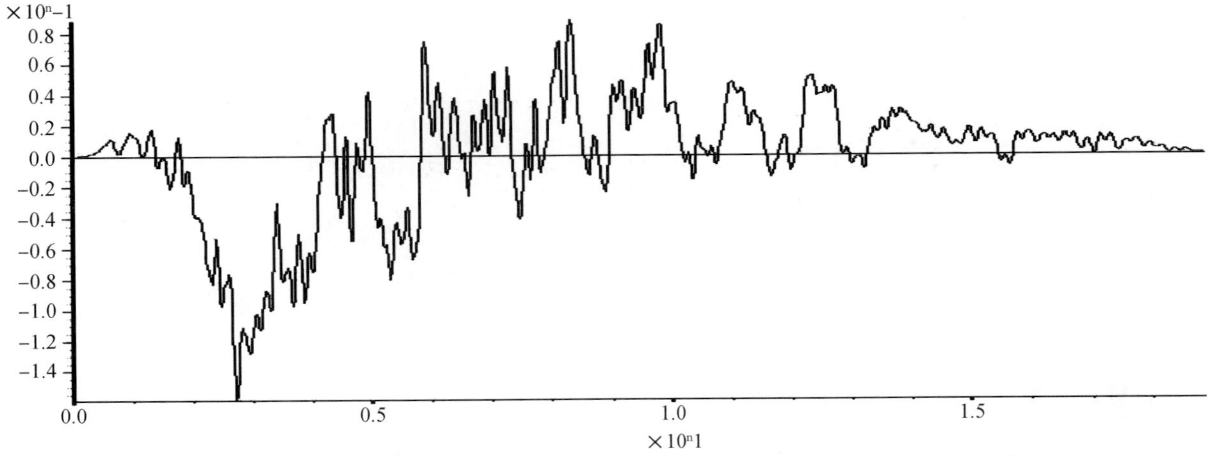

图18　地震波速度时程曲线

在动力分析中阻尼采用局部阻尼，局部阻尼系数0.157。

根据施加地震荷载结束后的位移云图（图19、图20）可以看出，墙体受流水冲蚀形成冲洞，在外加作用力即地震作用下，竖向位移的增大主要以掏空部位上部为主，而水平位移主要以掏空部位两侧为主；根据大主应力云图（图21）可以看出，掏空部位顶端可以看到少许的拉破坏；在最小主应力云图上（图22），掏空区域左侧以及顶端均出现了局部的压破坏。所以，在地震作用下，墙体整体仍处于较稳定状态，但是掏空区域附近容易发生破坏，若冲洞因排水问题无法采用回填处理，需对墙体掏空区域周围进行加固，可以采用小木锚杆锚固的措施。

流水侵蚀墙体，使得墙体形成冲洞，破坏墙体的稳定性，若采用传统的方法无法评价墙体的稳定性，且往往因为一些其他因素，导致对于这些冲洞无法采用回填处理，随着时间的推移，流水对于墙体的破坏将越来越大，就有可能导致墙体破坏。因此，对一些重点工程或者主要建筑物进行数值模拟，分析冲蚀后的应力-应变就成为一种可行的解决方法。

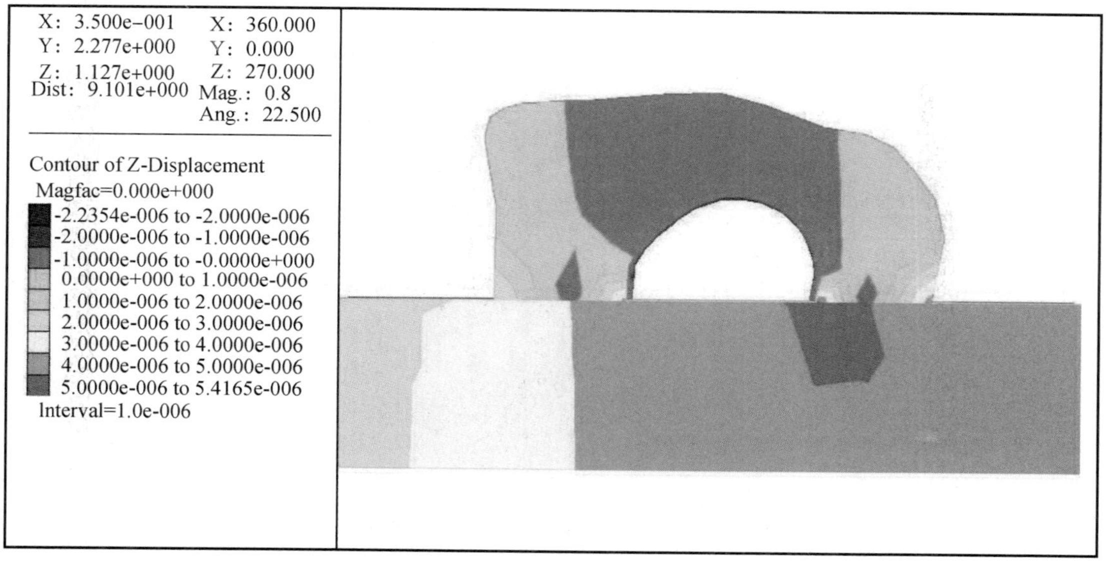

图19 震后竖向位移云图

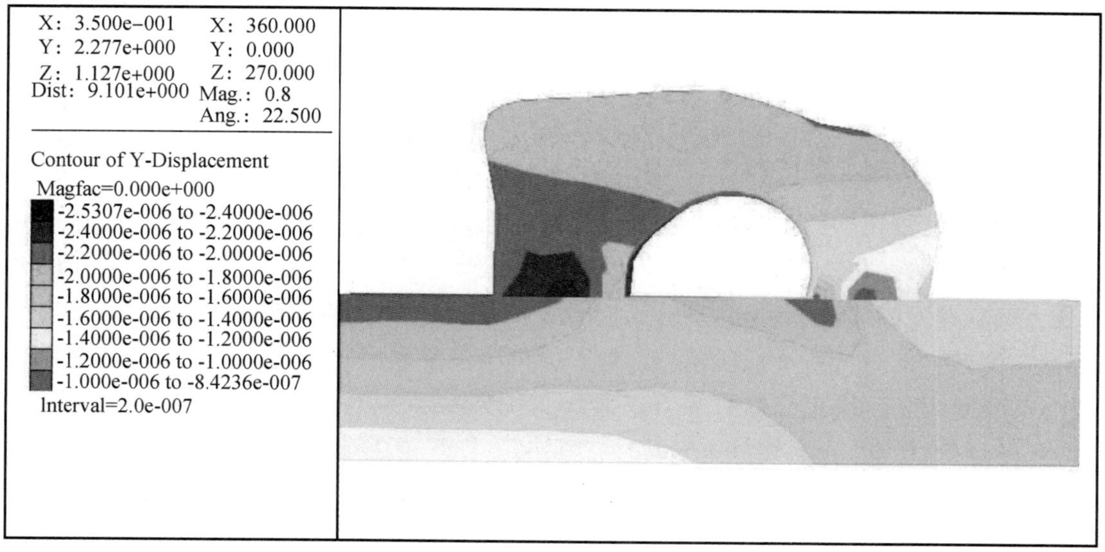

图20 震后水平位移云图

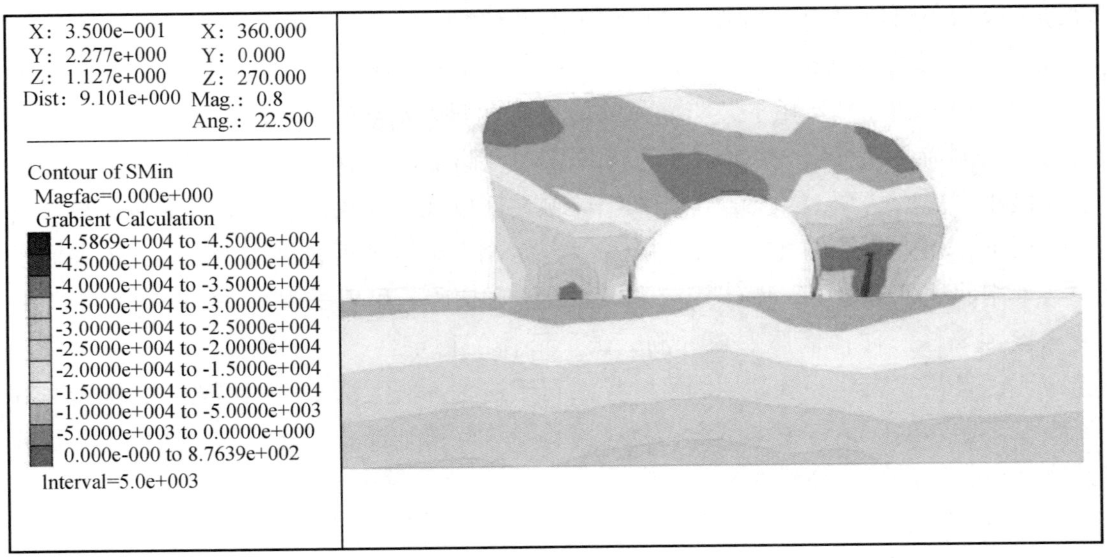

图21　震后最大主应力云图

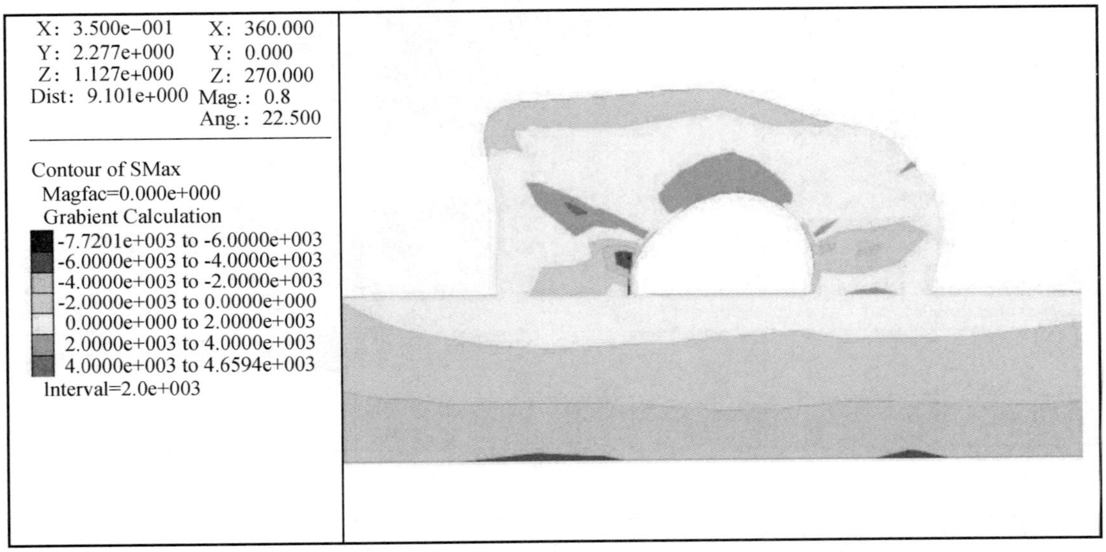

图22　震后最小主应力云图

3. 典型建筑物地震作用下的数值分析

苏巴什佛寺遗址现场调查发现，在各个分区内均有保存较为完整的佛塔。这些佛塔规模宏大，是佛寺的代表性建筑，而且一般没有发生大的破坏。为了研究这些佛塔在地震作用下的应力–应变，选取典型的东寺两区佛塔进行动力分析，并运用所得的分析成果指导工程加固。

根据实测建立佛塔的三维地质模型，对于模型顶部采取局部简化处理。模型选取地下深度15m，塔座高度5.2m，塔顶高度3.7m，塔座南北长为8m，东西长为9m；地下碎石土层选择南北长为23m，东西宽为24m，划分单元共167 320个，节点30 959个（图23 ~ 图25）。

计算参数的选择选取试验所得的最低值（表2）。

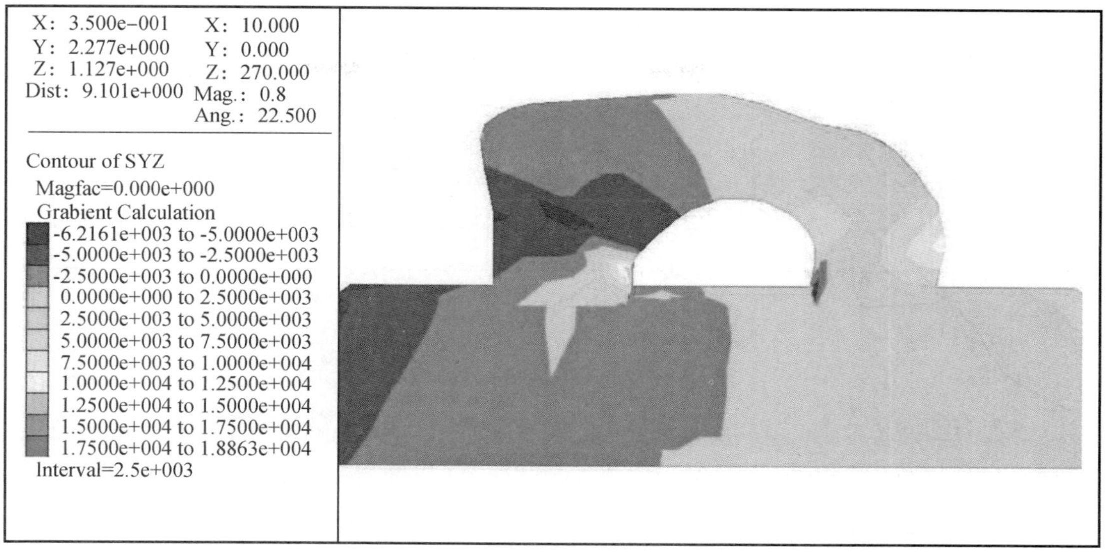

图23　震后的剪应力云图

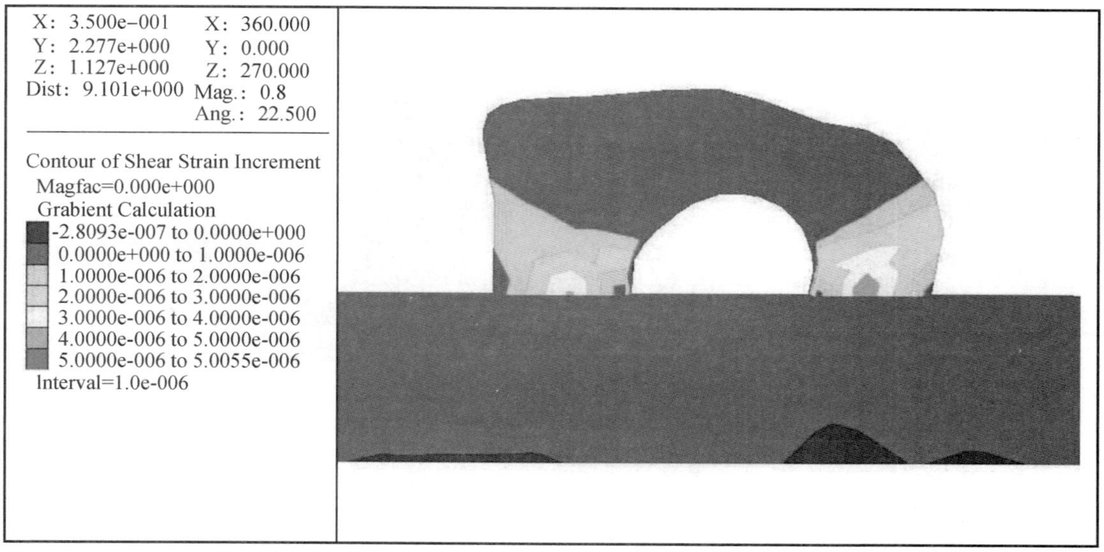

图24　震后剪应变增量云图

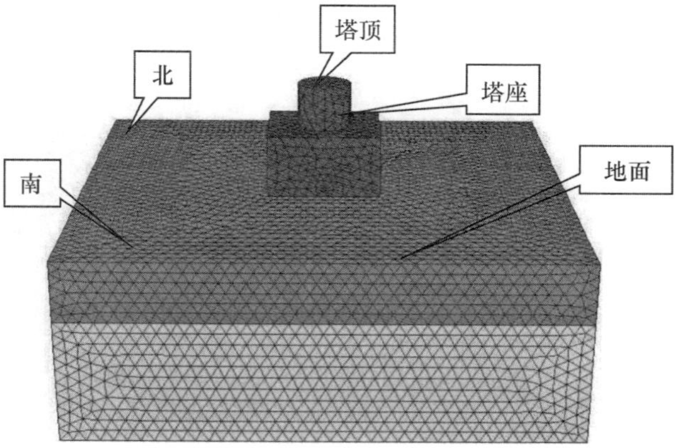

图25　计算模型

表2　岩土体强度参数

参数 位置	密度（kg/m³）	黏聚力（kPa）	内摩擦角（°）	体积模量（kPa）	剪切模量（kPa）	抗拉强度（kPa）
佛塔土	1360	36.3	16.3	1.8e6	8.7e5	90
碎石层1	2020	26.3	30	2.4e5	1.8e5	64
碎石层2	2100	30.1	32	5.7e5	4.8e5	64

因为无法得知佛塔施工时土体参数，所以本文采取简化处理。静力计算过程首先用弹性模型，并给模型赋予无穷大的体积模量及剪切模量，采用底部全部约束，X、Y方向两侧水平约束，设置重力加速度，计算初始应力，然后消去初始应力产生的位移、速度，将模型赋予为摩尔-库伦材料，赋予真实参数，并对模型顶部、模型底部、模型中部进行位移监测，静力求解。计算完成后得到模型在自重作用下的应力分布及位移，经过对模型顶部、中部以及下部的位移监测和对佛塔南北方向做切片发现，佛塔在自重作用下的佛塔底部以及地基土底部有塑性区出现（图26），佛塔的竖向位移最大为0.00024m，发生于佛塔的顶部（图27）。

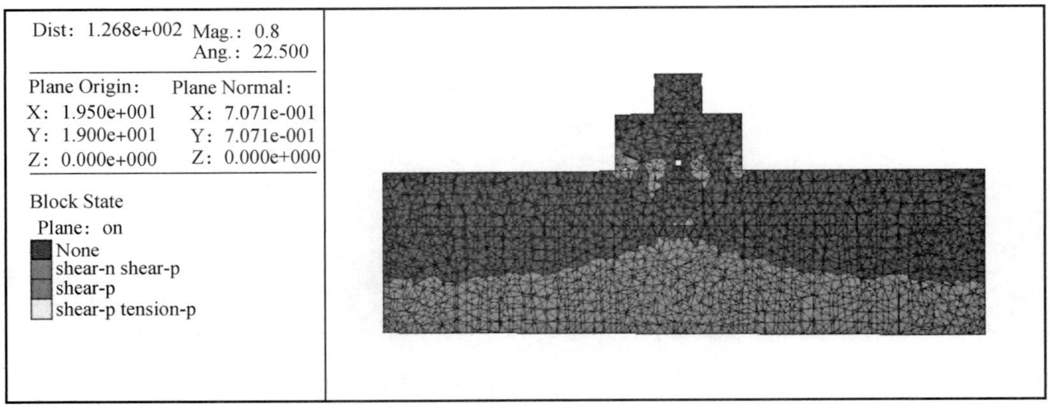

图26　剖面静力下塑性云图

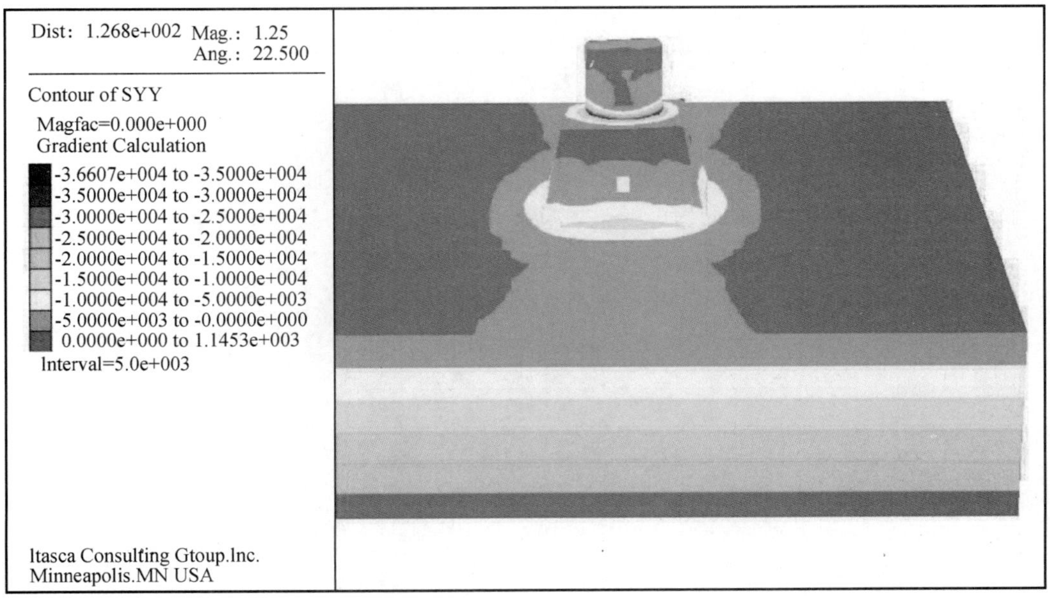

图27　静力下竖向位移云图

通过佛塔的位移分布可知，该佛塔在自重作用下是稳定的，只是地基土底部以及佛塔底部产生局部的塑性区，但并未影响佛塔的整体稳定。

静力分析后进行佛塔的动力分析，阻尼采用局部阻尼，局部阻尼系数0.157，边界仍采用自由场边界。计算过程中，对佛塔顶部、中部及底部进行位移监测，分别对各个时间下的塑性区（图28～图33）及位移监测进行分析，对模型中部做平行于Y轴的切片。

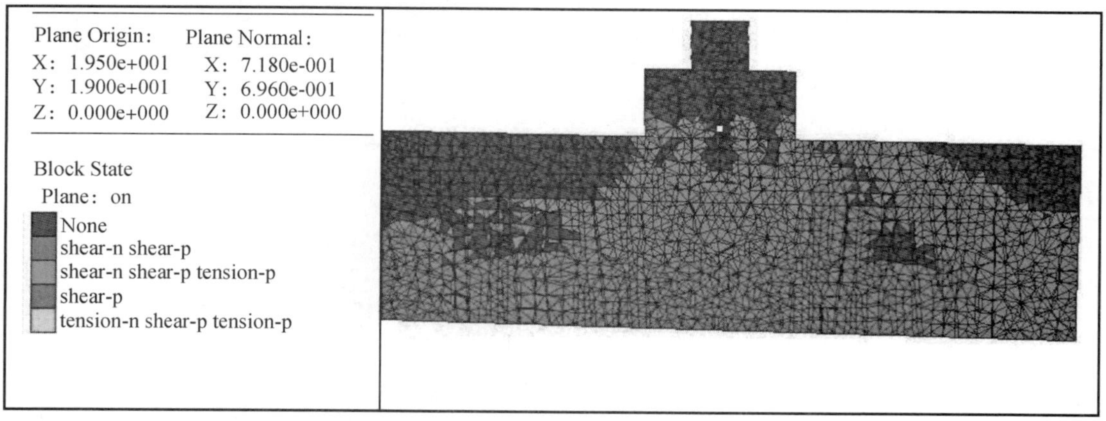

图28　1s时的塑性区

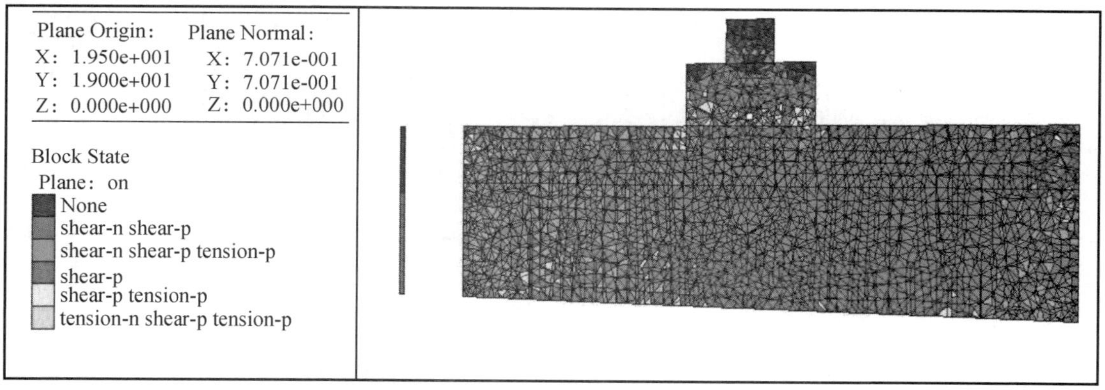

图29　4s时的塑性区

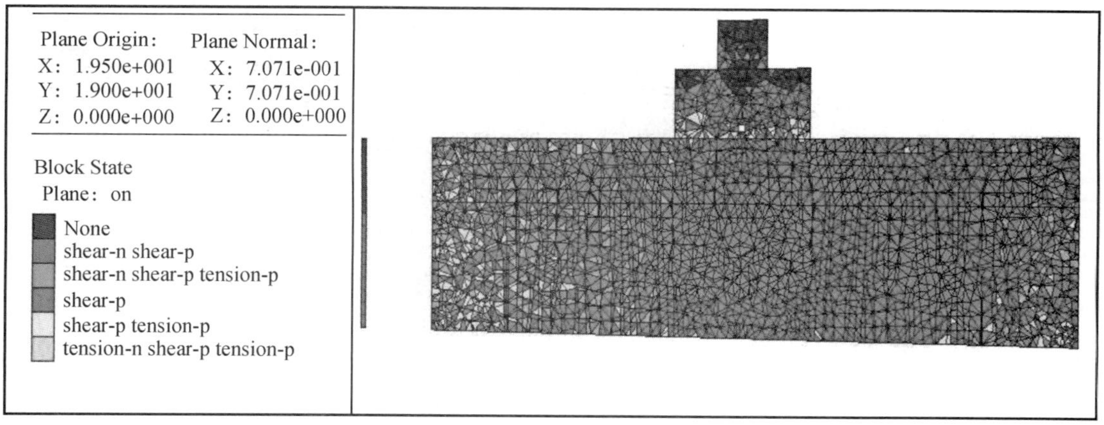

图30　6s时的塑性区

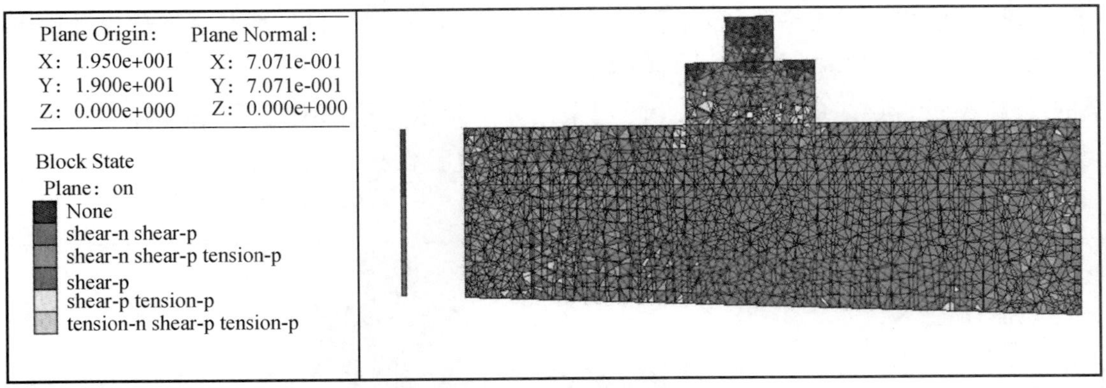

图31　8s时的塑性区

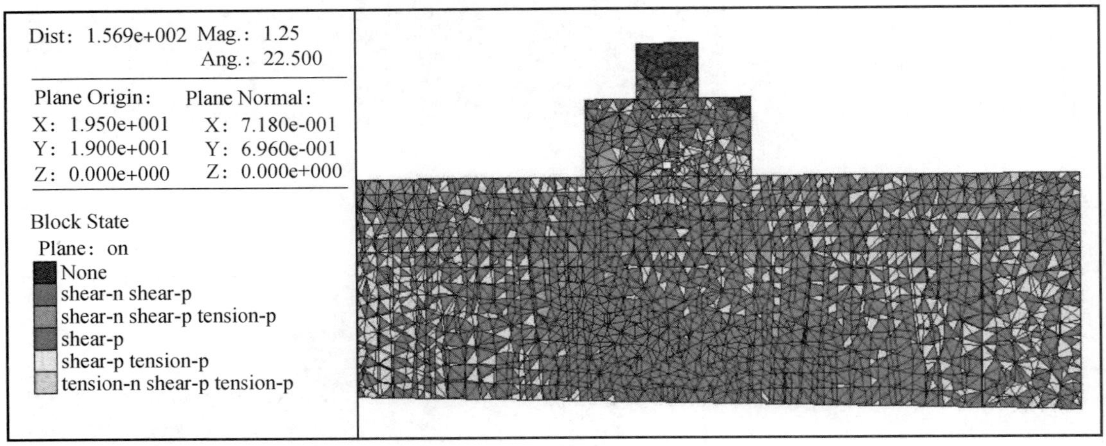

图32　12s时的塑性区

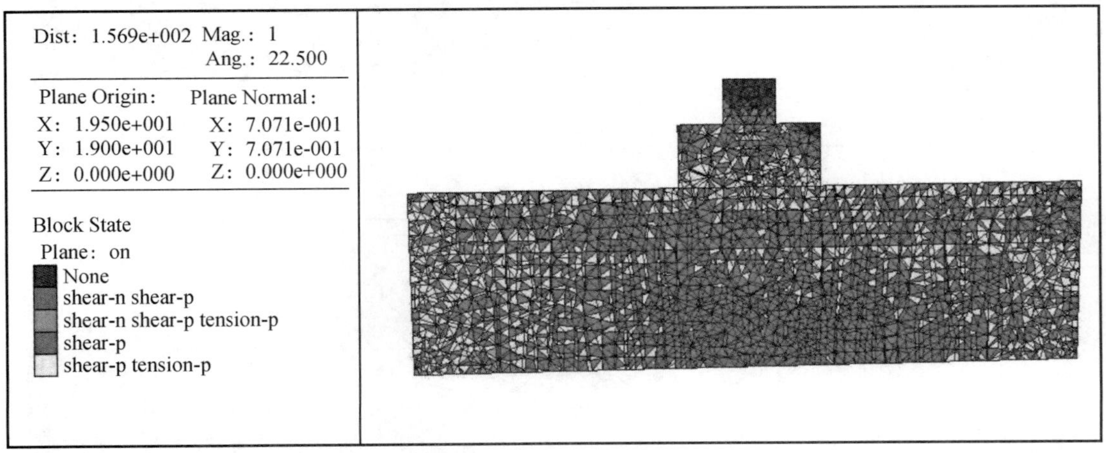

图33　18.84s的塑性区

由图28～图33可知，随着地震时间的持续，地基土体逐渐破坏，破坏的方式为剪切破坏、剪切-拉破坏。拉破坏主要集中于佛塔的边角处，因为此处的应力相对集中，塑性区的扩展伴随着地震时间从底部向上逐渐扩展。佛塔的两侧由于应力集中最先发生破坏，并逐渐扩展到佛塔的内部，但是剪切破坏并不代表着佛塔失稳。

通过分析佛塔地震结束后最小主应力（图34）和最大主应力（图35）分析发现，震后最大主应力分布较为凌乱，与震前的最大主应力分布基本平行明显不同，同时佛塔顶端局部出现拉应力区，小部分最大拉应力为93kPa，已经超过佛塔土体的抗拉强度，说明在地震作用下佛塔局部出现拉破坏。根据剪应力云图分析发现，佛塔北部塔座剪应力较为集中，可能发生破坏，因此应对此处加固以提高抗震性能。

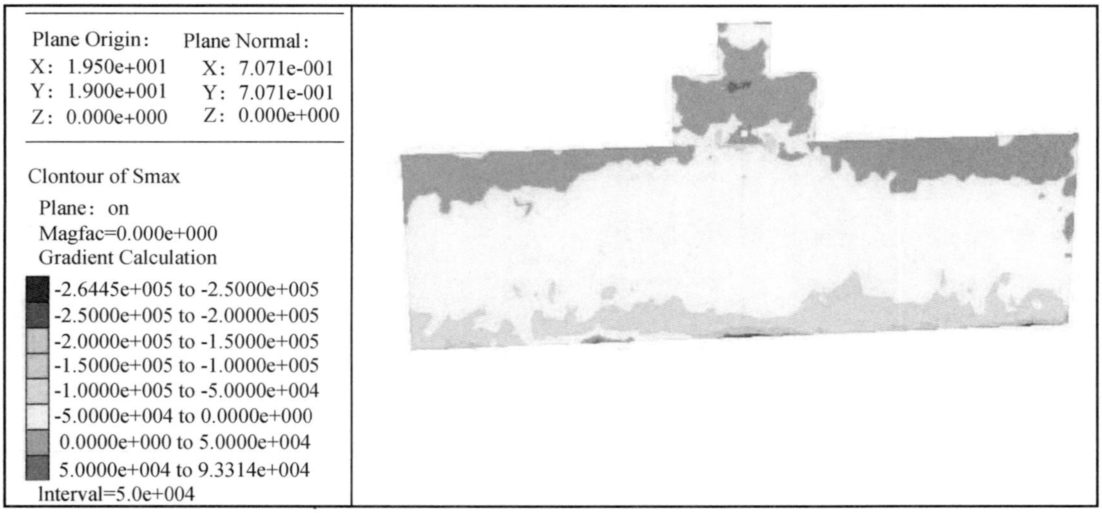

图34 震后剖面最小主应力云图

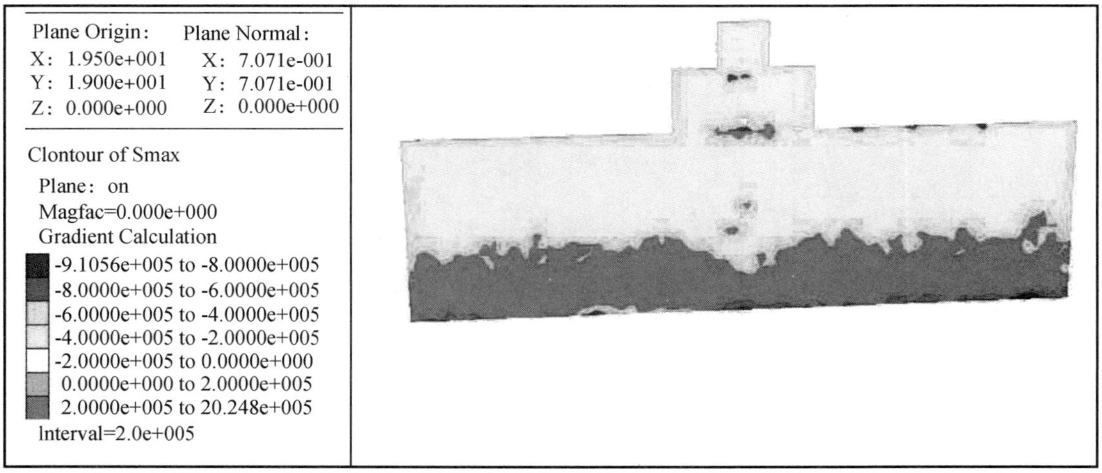

图35 震后剖面最大主应力云图

地震波施加的方向是Y、Z方向，所以分别监测Y、Z方向关键点的位移，主要是顶部点和底部点的监测，运用FLAC3D软件绘制位移与地震时间的关系曲线（图36～图39），进行位移分析。

根据位移监测点的信息，可知在地震作用下的佛塔呈整体沉降以及先南倾后北倾的趋势。监测节点Y方向的位移发现佛塔先是发生向南侧的整体倾斜趋势。南倾时佛塔顶部最大Y向位移达到20cm左右，竖向位移最大57cm左右，佛塔底部地基土的最大Y向位移和竖向位移均为55cm左右，可见Y向位移起初自下至上有逐渐减小的趋势，而伴随着地震时间的持续，最终呈

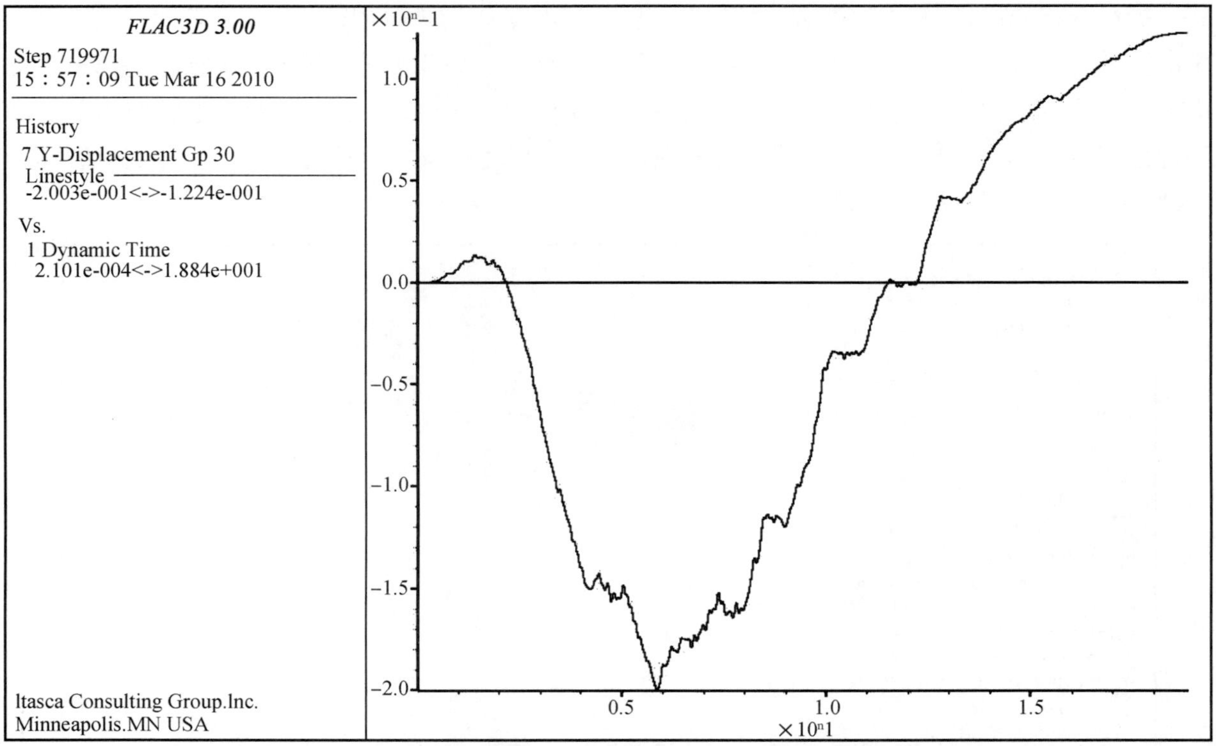

图36　顶部监测点水平位移

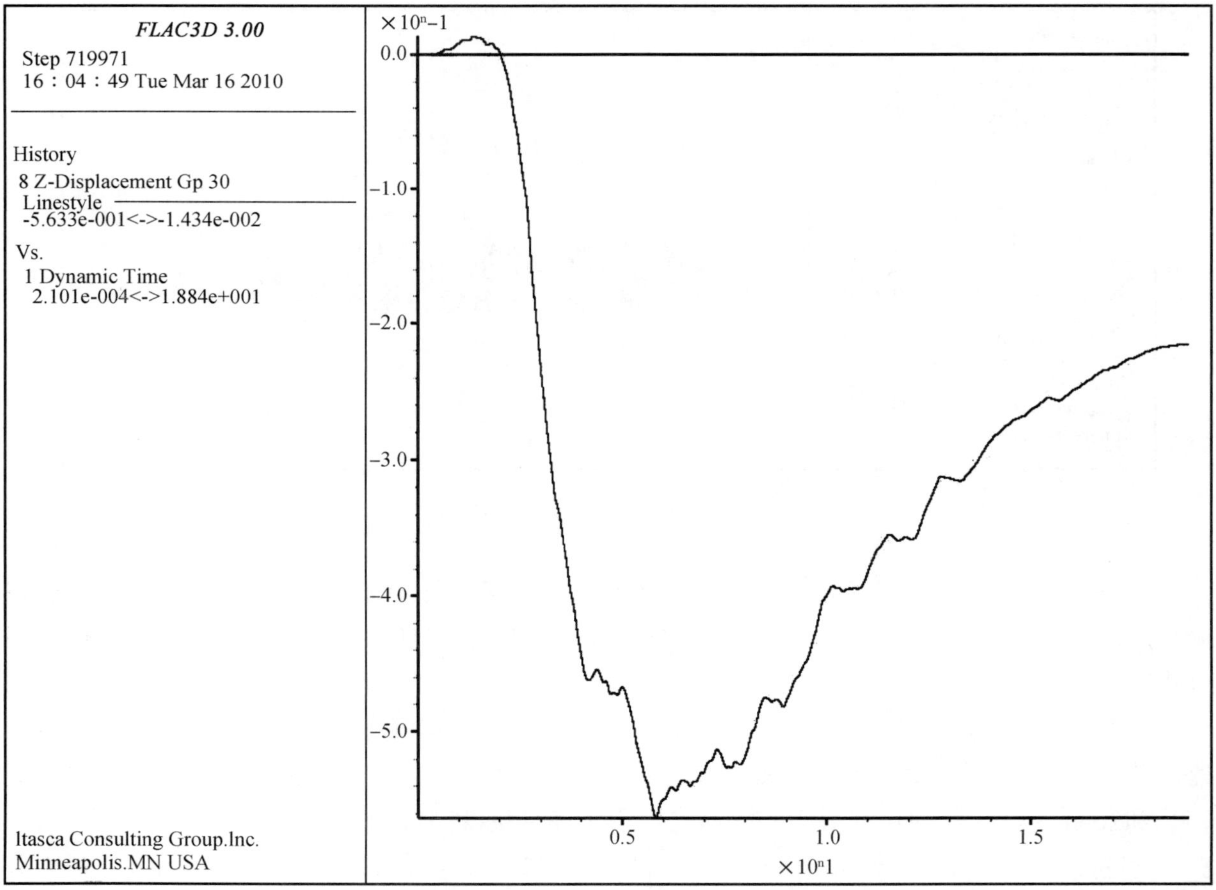

图37　顶部监测点竖向位移

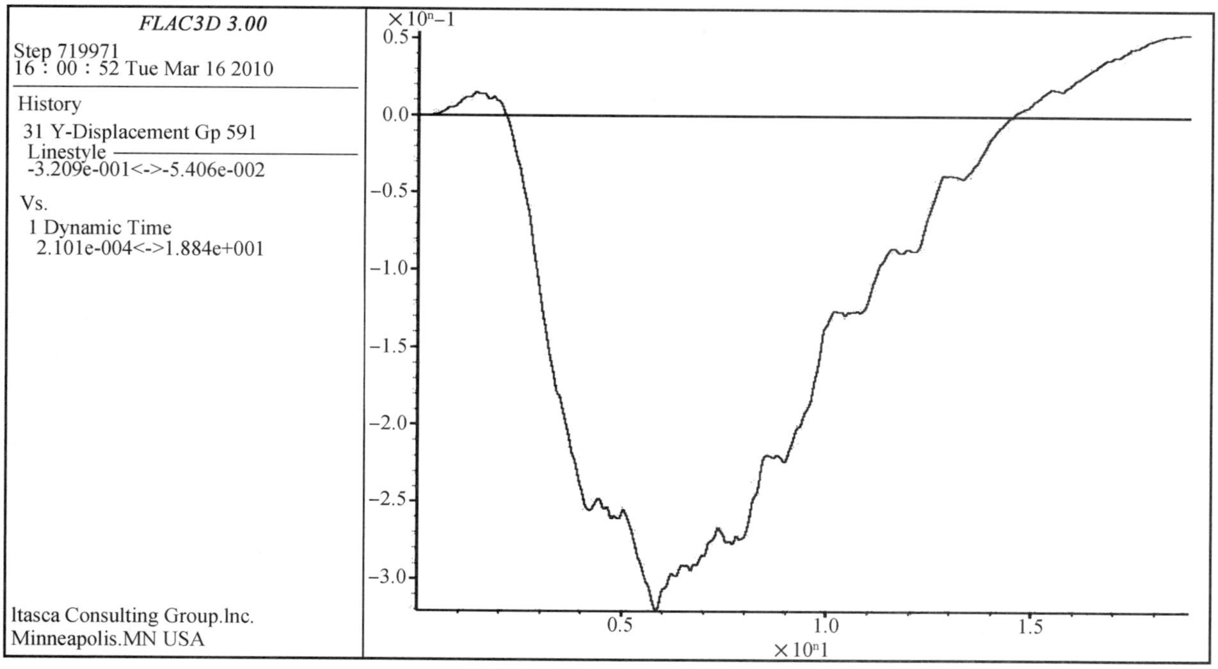

图38　底部监测点水平位移

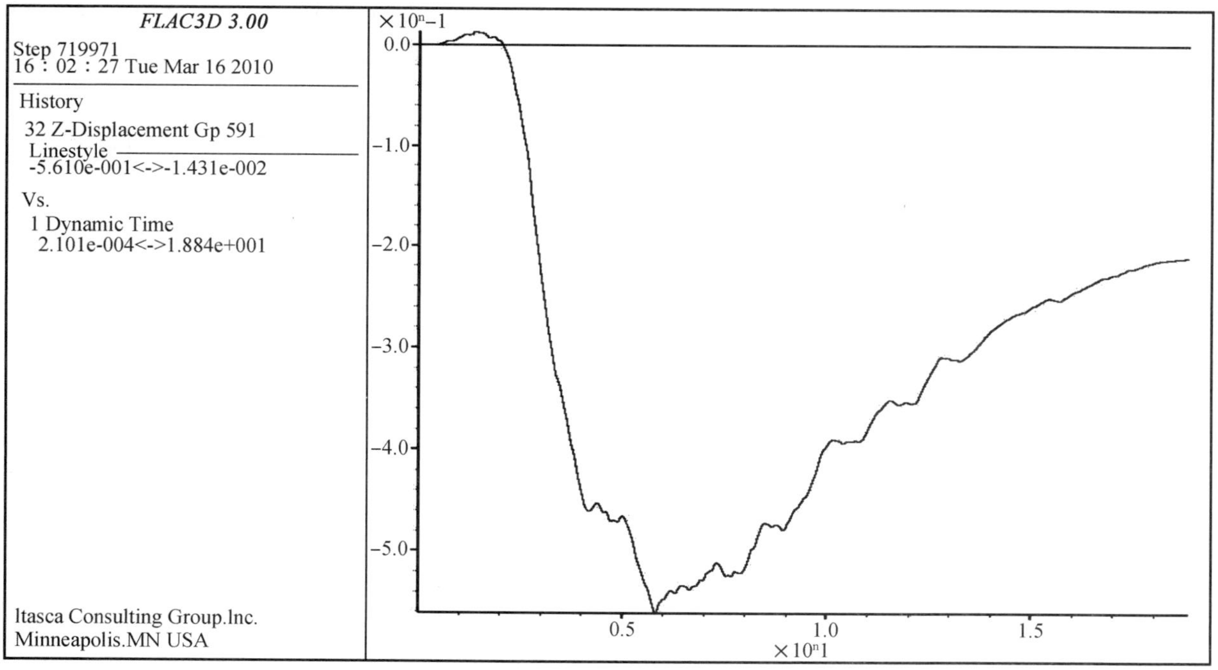

图39　底部监测点竖向位移

现佛塔自上至下Y向位移逐渐减小的特点。

对塔顶与塔座接触处两侧竖向位移的监测，得到地震结束时塔顶倾斜0.04m。根据《建筑地基基础设计规范》（2002），计算得到塔顶的倾斜为0.009，大于规范所要求的0.004，所以若使塔底倾斜在规范的允许范围之内，仅需要对塔顶与塔身适当加固，即采用南竹锚杆至顶部向下打入的方式加固。

三、结　　语

本次应用FLAC3D软件对苏巴什佛寺遗址两种典型的破坏模式（冲洞和坍塌）进行分析，同时选取典型建筑物施加地震荷载的分析，我们发现运用FLAC3D软件可以较好地分析土遗址的破坏方式，找出土遗址薄弱地带，不但可以考虑土遗址的局部失稳更能考虑遗址的整体失稳，这对于实际工程有着指导意义。

对于坍塌来说，根据剪切应变增量及关键点的位移监测，我们可以很容易地判断其破裂面；冲洞破坏是苏巴什佛寺典型破坏之一，数值计算可以根据关键点的位移监测及应力变化，得出冲蚀前后的稳定状况，为合理地确定加固方案提供参考依据；典型建筑物的破坏，主要是局部的失稳，运用FLAC3D，很容易地可以找出其薄弱地带，为保护加固提供依据。上述尝试已证明，FLAC3D软件在土遗址保护的应用中可以发挥较大的作用。

由于是首次应用FLAC3D软件来分析土遗址的稳定性，故一些问题有必要作进一步的深化研究：

1）文中将遗址土作为一种均质体，但遗址土内部存在许多微裂隙，这些微裂隙影响着遗址土体的强度并影响着遗址的稳定性，这会在一定程度上降低计算结果的准确度。

2）苏巴什佛寺是国家重点文物保护单位，如何获得土样进行试验，获得土体的真实参数是一个问题。在周边坍塌处拾取土样作为样品，所得的试验数据的与否准确，值得进一步的商榷。

3）文中的分析有一定的局限性，土遗址破坏往往是多种因素综合作用的结果，如风力侵蚀、雨水作用，还需进一步深化研究。

4）文中计算做了一些假设，如对于土遗址的施工过程的模拟，因为无法确定施工时岩土体的强度参数，所以略去直接采用现状进行静力分析。此外，对于土遗址这种复杂的地表结构，如何合理地建立模型（因为土遗址受多年风雨及地震等外力作用，现状多样，无法建立精确的模型）还需进一步地探讨。

作者单位：梁涛，新疆文物古迹保护中心

木垒县不可移动文物资源现状及保护浅析

贾智宏　方淑香

内容提要：本文在实地调查的基础上，结合木垒县的历史沿革，对县域内的不可移动文物资源的基本情况及相关文物保护工作的概况略作介绍，分析文物保护工作中存在的问题，并有针对性地提出保护对策。

关键词：木垒县　不可移动文物　文物保护

木垒哈萨克自治县位于新疆维吾尔自治区首府乌鲁木齐东270km处，国界线长约150km，县域面积22 171km^2。经第三次全国文物普查，确定木垒县境内现有文物点167处，已报批定级文物点49处，其中自治区级文物保护单位8处，县级文物保护单位41处，未定级文物点118处。本文在实地调查的基础上，结合木垒县的历史沿革，对县域内的不可移动文物资源的基本情况及相关文物保护工作的概况略作介绍，分析文物保护工作中存在的问题，并有针对性地提出保护对策。

一、木垒县的历史沿革

木垒哈萨克自治县历史悠久，距今3000年前就有人类在境内活动。西汉时期，汉朝政府于汉神爵二年（前60年）设西域都护，管理西域36国。木垒属蒲类后国，归西域都护管辖。唐代，唐朝政府统一西域后，于贞观十四年（640年）在今吉木萨尔县设立庭州，并下设蒲类县，木垒属蒲类县，归庭州管辖；唐开元元年（713年），唐政府设独山守捉于今木垒县境。清政府于康熙五十七年（1718年）从今巴里坤至木垒沿途修筑城堡；清雍正十年（1732年），川陕总督宁远大将军岳钟琪奏移驻军，修筑木垒城；雍正十三年（1735年），清朝政府定名木垒为穆垒，后“穆垒”又逐渐演变为“木垒”；清乾隆二十四年（1759年），清政府在东吉尔玛台（今东城镇）建奇台堡，二十六年（1761年），清政府决定在此“募人大开阡陌”，并派绿旗兵驻木垒营，三十二年（1767年），清政府从甘肃甘州招募屯民300户1000余人，安置在木垒、奇台屯田，共开垦土地608公顷，三十八年（1773年），设奇台县、木垒归奇台县管辖，隶属巴里坤镇西府。民国六年（1917年），设木垒河县佐，隶属奇台县管辖，民国八年（1919年），开始修筑木垒城，民国十九年（1930年）3月，木垒建县，定名木垒河县。1950年4月，成立木垒河县人民政府，隶属迪化专区管辖，1954年3月，改名为木垒县，并成立木垒哈萨克自治区，1955年3月，改称木垒哈萨克自治县，下设5区19乡，隶属乌鲁木齐专区，1958年5月，乌鲁木齐专区撤销，隶属于昌吉回族自治州。

二、文物遗址基本情况

木垒县境内共有文物遗址167处，分布于除西吉尔镇以外的8乡2镇，共计41个行政村，已经报批定级的有49处。

自治区级文物保护单位8处，分别位于大石头乡境内的毛仁托勒盖遗址（唐代古遗址）、三十里墩烽火台及驿站遗址（清代古遗址）；位于照壁山乡境内的木垒河细石器遗址（新石器时代至商古遗址）、油库古城遗址（唐代古遗址）；位于博斯坦乡的三个泉子烽火台（清代古遗址）、沙河子驿站遗址（清代古遗址）；位于东城镇的四道沟遗址（西周东周古遗址）以及位于白杨河乡境内的一碗泉烽火台遗址（清代古遗址）。

县级文物保护单位共有41处，分别位于东城镇的沈家沟坎儿井、孙家沟坎儿井、塔克尔巴斯陶坎儿井、苏里堂坎儿井（近现代水利设施遗址）；位于木垒镇的63km原始村落遗址（西周东周遗址）；位于英格堡乡的英格堡古城（唐代古遗址）；位于照壁山乡的神龙潭岩画（西周东周）、干沟墓群（东周至汉遗址）、石仁子沟3号墓群、石仁子沟4号墓群（东周至汉遗址）、双湾六队坎儿井、北闸四队坎儿井、阿拉苏坎儿井（近现代水利设施遗址）；位于新户乡境内的61km原始村落遗址（西周东周遗址）、新户古城（唐代古遗址）、霍斯章原始村落遗址（西周东周遗址）、牧业队东坎儿井、牧业队4号坎儿井（近现代水利设施遗址）；位于雀仁乡境内的石仁子沟1号墓群、石仁子沟2号墓群（东周至汉遗址）、青绕2号坎儿井（近现代水利设施遗址）；位于白杨河乡境内的地窝堡细石器遗址（新石器时代至商古遗址）、喀什肯布拉克沟岩画（东周至汉）、芦塘沟新居民点遗址（唐代古遗址）；位于大石头乡的色皮口碉堡遗址（民国时期遗址）、东地细石器遗址、色皮口细石器遗址（新石器时代至商古遗址）、阿格达拉1号坎儿井、乌拉孜汗坎儿井（近现代水利设施遗址）、克仁拜细石器遗址、黑疙瘩细石器遗址、七城子细石器遗址（新石器时代至商古遗址）；位于博斯坦乡境内的霍加·铁木尔麻扎（明代墓葬）、三个泉子驿站遗址（清代古遗址）、哈沙霍勒沟岩画（东周至汉）、阿克托别3号坎儿井（近现代水利设施遗址）；位于乌孜别克乡境内的塔克尔巴斯陶细石器遗址（新石器时代至商古遗址）、原鄯善1号坎儿井、阿克卡巴克1号坎儿井、芨芨湖1号坎儿井、哈山坎儿井（近现代水利设施遗址）。

三、文物保护工作开展概况

县文物局坚持“保护为主，抢救第一，合理利用，加强管理”的原则，在县委、县人民政府的大力支持下，以文物保护规划作为文物保护基础，争取自治区文物局的支持，制作保护大纲，积极争取项目。目前已争取到东城镇四道沟遗址第一期保护项目资金，对其进行了重点保护，已完成“四有”建设，即文物遗址保护有经费，设立标志牌，有记录档案，有专人看护。2012年，文物局又积极争取霍加·铁木尔麻扎遗址保护项目，目前该项已加入项目储备库，有望在2013年落实项目资金。在积极争取项目支持的基础上，木垒县文物局因地制宜，扬长避短，努力工作，特别注意遗址保护的真实性、完整性和延续性，力求把文物保护与县域内旅游发展，生态环境保护和城乡建设结合起来，围绕县委发展大局，促进产业联动发展，通过对文物保护单位的宣传、保护，突出木垒历史文化的核心内涵，扩大文化传播影响，提升文物历史的社会效益。

四、存在的问题

木垒县文物分布点多、线长，部分文物保护单位距县城较远，交通不便，文物保护部门无法及时掌握和处理文物安全动态，突出表现在以下五个方面。

1）专业文物保护管理人员不足，保护力量薄弱，管理不到位。

2）城乡建设，水利工程建设，工业园区建设造成部分文物保护单位的损坏及周边（建设控制地带）的侵占与破坏。

3）自然因素，风雨侵蚀等对部分文物的损毁不可避免，如县境内的四座烽火台。

4）人为取土、盗掘等破坏因素对文物保护单位的破坏。

5）研究滞后，造成对文物保护单位的认识不足，影响了文物管理部门对文物的保护。

五、保护对策

1）加大宣传力度。严格依据《中华人民共和国文物保护法》对县境内的不可移动文物进行广泛宣传，做到家喻户晓，确保法律前置，力求保护效果。

2）积极争取县委、县人民政府的支持。投入资金，对现有文物保护单位实施保护，确保49处重点文物保护单位实现“四有”目标。

3）筹措资金，完成《木垒县文物保护总体规划》的编制，及早将木垒县49处重点文物保护单位纳入全国文物保护项目工程储备库，争取项目支持，提高文物保护的水平和档次。

4）积极引进和培育文物保护专业人才，确保文物研究和保护相辅相成，相互促进。

作者单位：贾智宏，木垒县文物局
方淑香，木垒县博物馆

吐鲁番盆地烽燧现状调查与保护初探

周　欣　徐佑成　路　莹

内容提要：本文主要根据吐鲁番烽燧遗址的实地调查资料，介绍烽燧的保存现状，分析烽燧遗址所面临的危害及成因，针对烽燧的主要病害提出保护思路和具体措施，为以后烽燧保护工程科学提供借鉴和经验。

关键词：烽燧　保护　工程　措施

一、烽燧概况

烽燧是中国古代的报警系统，与长城共同构成一个完整的军事防御体系。一直以来它为保卫祖国边陲，维护祖国统一和丝绸之路安全立下了汗马功劳，是新疆长城防御体系中重要的组成部分，也成为国家重点保护的对象。

吐鲁番盆地位于新疆天山东部（图1），自古以来就是连接天山南北塔里木盆地、准噶尔

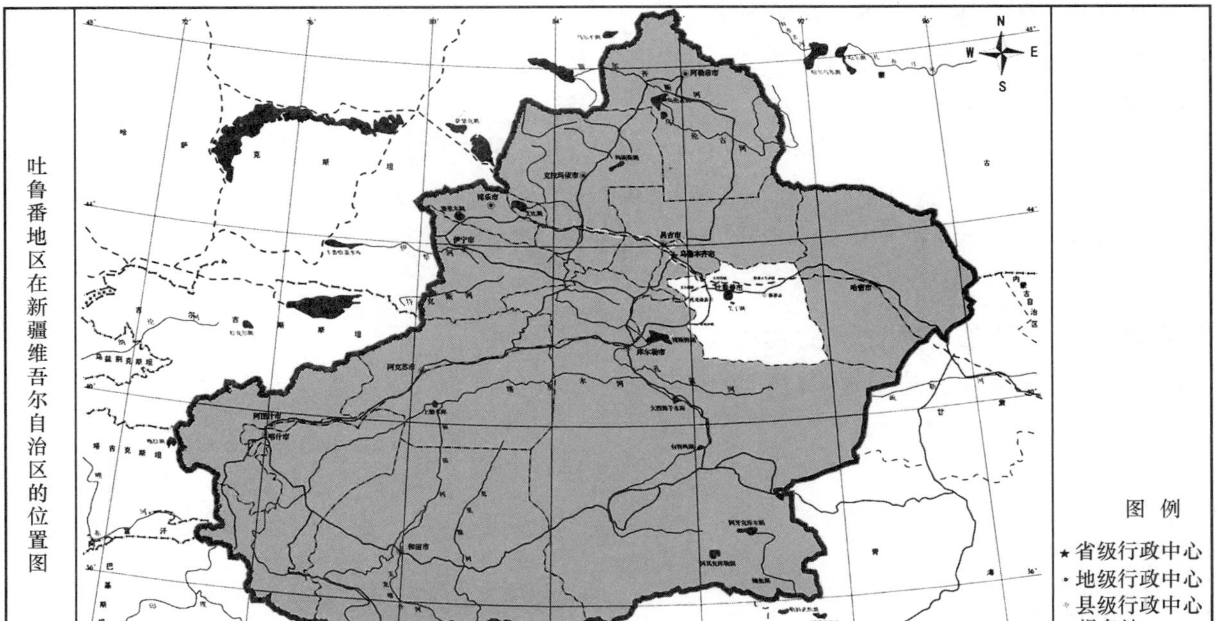

图1　吐鲁番地理位置

盆地和昆仑山、阿尔泰山两大山系的重要通道。历史上，它不仅是丝绸之路的必经之地，而且是历代兵家必争的战略要地。吐鲁番烽燧有力地印证了历史上中央政府对西域的管辖和建设，是领土关联的直接历史物证，是中国文化遗产中涉及历代军事交通体系的遗存群体。

据第三次全国文物普查统计，吐鲁番盆地历代军事交通类设施由护路、军事传递等综合组成，共有58处，其中单体为41处，其他为17处。通过比较分析可看出，烽燧遗址由单体逐步发展为戍堡、碉堡、驿站多种类型（图2）。按照年代统计来看，汉代5处。南北朝时期9处。唐代28处。清代10处。民国时期占5处。年代待定占1处（图3）。从所占比例可以看出，烽燧遗址在汉代开始初步修建，唐代发展为成熟时期，清代逐步退出历史舞台。其中，24%的烽燧在历史上有原址沿用、修葺。

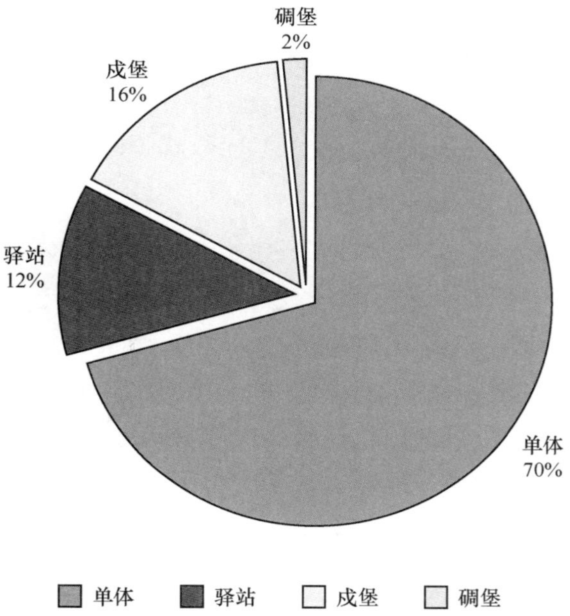

图2 烽燧设施类型统计图表

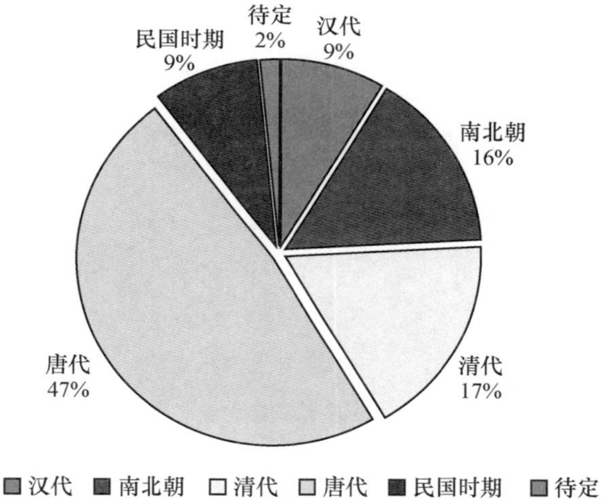

图3 烽燧遗址年代统计图表

二、保存现状调查

通过对吐鲁番烽燧遗址的分布情况统计调查，吐鲁番市22处，鄯善县17处，托克逊县19处（图4）。遗址一般都分布在河流、沟渠的中下游区域，并且依附在水系周边；交通线路主要以高昌故城、交河故城、柳中古城、蒲昌城址等为中心，呈放射状向外延伸的交通线路防御体系；烽燧之间的分布在20～30km。从吐鲁番烽燧保存状况分布来看，位于地势较高的台地或戈壁保存较好，人为破坏较小；靠近村庄的遗址，由于人们开垦荒地和建房屋，部分遭受严重破坏，甚至有的完全不存（图5）。

吐鲁番盆地烽燧遗址所用材料，一般采用当地的泥土、杂草制成土坯，垒砌而成（图6、图7），或则采用当地的泥土、杂草、木材夯筑而成（图8、图9）。烽燧一般有墩、台、梯、坞，主要用于观察敌情。这类烽燧顶部见方，剖面呈梯形，有的筑有宇墙，但都没有楼梯，有的烽燧则与驿站合建。

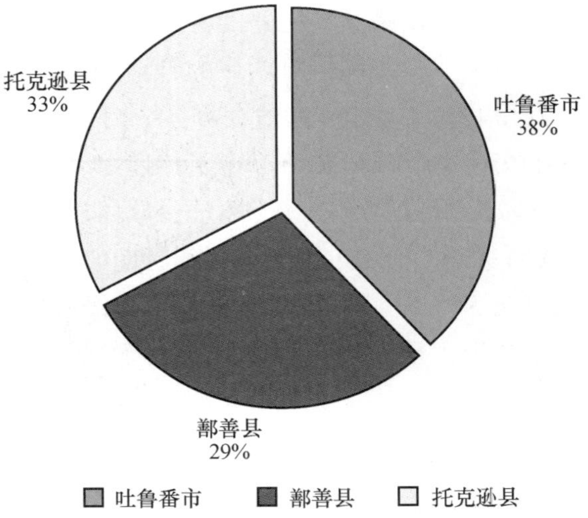

图4　各县（市）烽燧分布统计图表

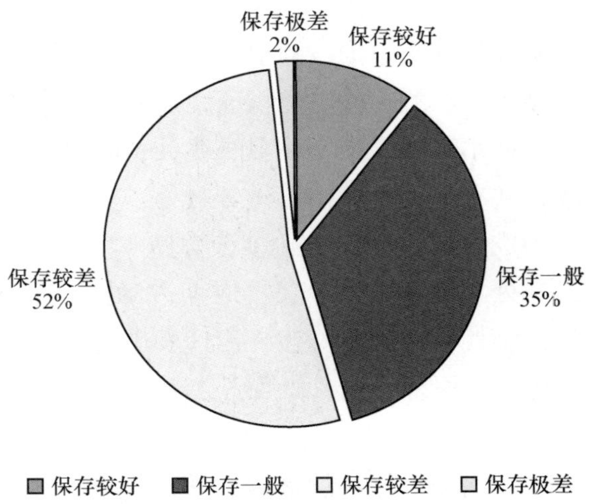

图5　烽燧保存现状统计图表

图6　连木沁大墩烽燧（土坯垒砌）

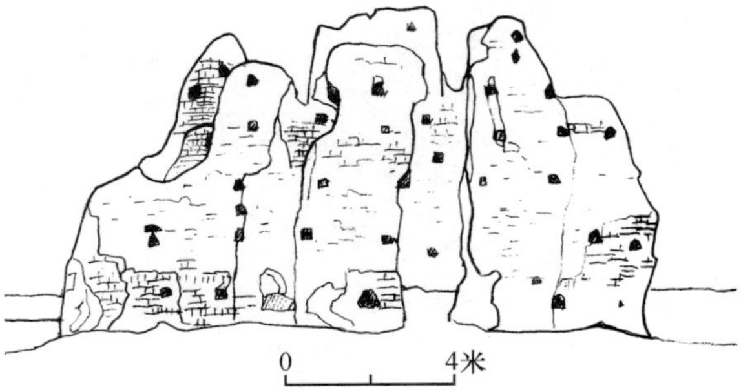

图7　线描图（自西向东）

图8　霍加木阿勒迪烽燧（夯筑）

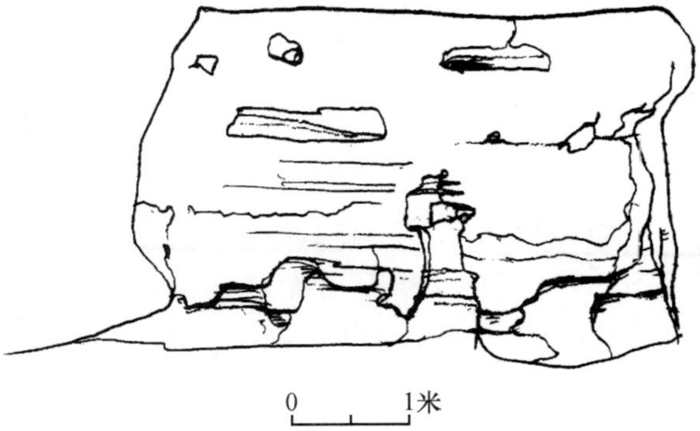

图9　线描图（自南向北）

吐鲁番烽燧作为古代传递信息的一种军事建筑设施，其建筑形制一般为生土坯结构建筑，平面呈方形、菱形、不规则形。这些烽燧绝大多数采用夯筑或土坯垒砌而成，有实心式和空心式两大类。

实心式：①夯土筑成，一侧有阶梯，可达顶部；②基底夯筑，上以土坯砌成；③整个建筑黄土夯筑，顶部平台有房屋建筑（图10）；④内部夯筑，外围砌一周土坯，一侧有阶梯可达顶部（图11）。

图10　色格孜库勒烽燧（夯筑）

图11　汉敦夏大墩烽燧（土坯）

空心式：①基底夯筑，上部以土坯砌成空心式（图12）；②整个建筑为土坯结构，基础以上用土坯垒成券顶式建筑，外部有放置式台阶可达顶部；③土坯结构，内分上下二层，第二层屋顶即烽燧顶部平台，由房屋内上至顶部（图13）。

图12　煤窑沟戍堡（空心式）

图13　七泉湖萨依烽燧

烽燧是吐鲁番重要交通路线的历史载体。盆地外部的周边地区及盆地内的几个中心区域多以干道连接，与盆地内的小城镇及个别的外部线路也有许多支道连接。干道和支道共同组成了一个十分严密、成熟的军事防御体系和交通路线。主要的四个交通线路是：高昌故城—木头沟—煤窑沟警戒线；高昌故城—恰特喀勒—安乐古城—交河故城的警戒线；七克台—鄯善县—高昌故城的警戒线；高昌故城—交河故城—托克逊县—阿拉沟的警戒线（图14）。

除此之外，在吐鲁番盆地对内、对外的交通路线还有很多。根据敦煌文书《西州图经》的记载，吐鲁番盆地通往外部的交通路线共有11条，沿线路都分布着大量的烽燧。正是这个交通线路促进了辉煌的吐鲁番古代文明的发展、延续和交流。

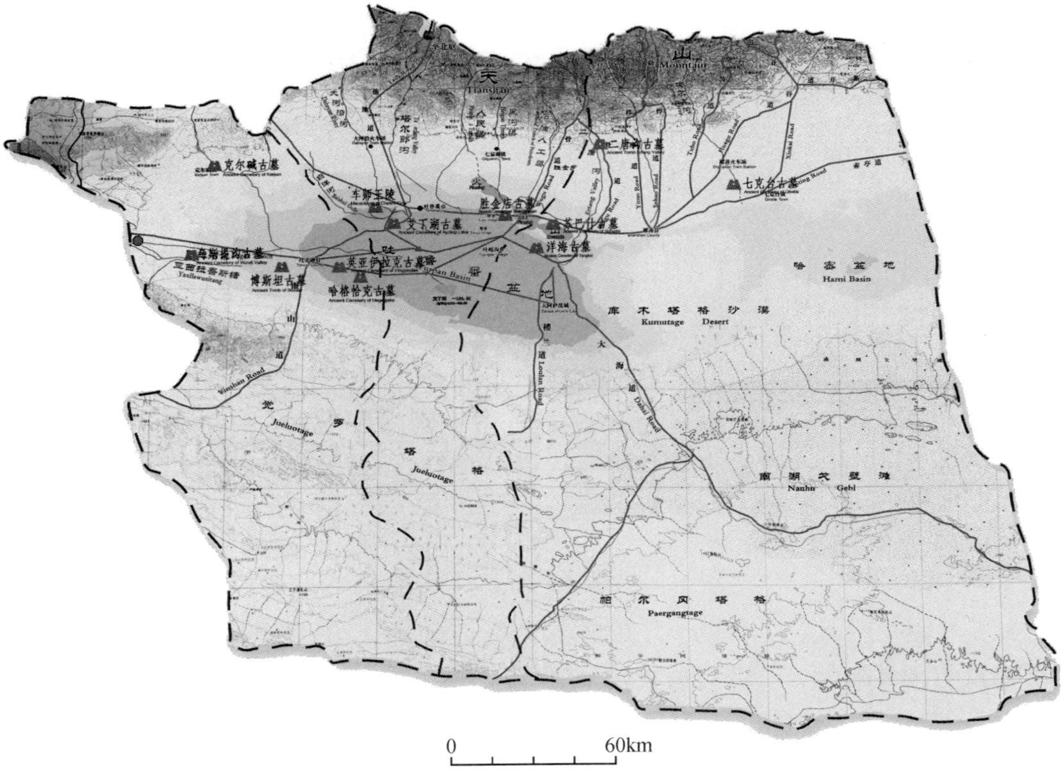

图14　吐鲁番盆地警戒及交通线路分布图

三、主要危害及其成因

以实地调查来看，每一处烽燧遗址遭受破坏的原因不同，破坏程度也不同，与第二次全国文物普查进行对比发现，20年之间，许多遗址破坏严重或变为平地。这主要与遗址赋予环境、建造所用材料和工艺有密切的关系。烽燧的病害主要有以下四种情况：

1）烽燧遗址分布在空旷的野外，长期遭受洪水、日晒、大风、冰雪、地震等自然环境的反复破坏，如烽燧墙基及迎风面均呈现出严重的风雨剥蚀凹损，尤其以墙基根部最为严重，多以“棒槌”型表现。

2）人为破坏。屡禁不止的各种文物盗掘、劫掠活动，当地村民在烽燧遗址周边取土和居住，村民及游客随意攀登、踩踏，其损坏程度不亚于自然损坏。

3）吐鲁番境内的烽燧多位于戈壁荒漠及较偏远区域，基本处于无人管理的状态，基本是无任何防护和保护状态，对烽燧遗址造成极大的破坏。

4）烽燧遗址生土建筑顶夯部分所用土料含砂量过高，夯筑密度不足，版筑墙人为孔洞的木结构支撑作用不完全，破坏了应力的平衡。

四、保护思路及措施

通过对吐鲁番烽燧的全面调查和分析得知，吐鲁番烽燧遗址数量多、分布较广，保存现状较差，存在严重安全隐患和病害。因此，急需采取有效的工程措施，达到防坍塌、保护文物本体原样，增加烽燧本体工程的寿命，延长赋予其中的历史信息的目的。

根据吐鲁番烽燧遗址的保存现状和病害情况分析，距离人类活动区越近，受到人类活动破坏的程度越严重，且保存越差。因此，保护工作应按照位置、保存状况分步进行。位于村落及农田中的遗址列入第一阶段，如艾西夏烽燧、吐尔买来烽燧、霍加木阿勒迪烽燧、乔拉克烽燧、阿瓦堤烽燧等遗址受人类活动影响大，保存较差。位于交通及河流附近列入第二阶段，如大墩烽燧、胜金口烽燧、艾丁湖塔什烽燧等。位于沙漠及戈壁上的列入第三阶段，如七泉湖萨依烽燧、二塘沟烽燧、恰特喀勒烽燧等。

针对烽燧遗址保存状况和主要病害，结合本地区2012年完成的5处烽燧遗址保护工程项目，主要应制定以下保护措施：

1）考古清理发掘。在保护加固工程之前，对烽燧遗址保护范围进行考古调查和重点清理发掘，对周围的地表及地下遗迹进行清理，以免在工程施工中造成考古信息的流失。

2）遗址四周设围护栏进行隔离防护，并设置大门和标志牌进行管理。保护围栏和标志牌建设不仅明确遗址保护范围，而且能有效阻断周边建设活动的持续破坏，而本地区烽燧遗址保护围栏基础设施建设完成率仅占8.6%，有待进一步提升。

3）烽燧保护加固工程在本地区先期示范，各项保护措施在遗址中成功应用，取得较好效果。对于岌岌可危的烽燧墙体采用土坯和改性土坯填补的方法补填缺损凹陷的墙基是行之可行的，有效保护了遗址本体，并且具有可逆性，成本也较低。随保护加固技术的发展，如果有更好的保护加固方法时，可以对支顶的土坯进行拆除后采取新的保护方法。

4）烽燧遗址本体开裂部位及生土墙基的根部凹陷部位在工程经费满足的情况下采用锚固与注浆材料对本体锚杆锚固。该方法是有效可行的，而且在文物保护工程中技术非常成熟，应用也广泛。

5）烽燧遗址为土遗址，具有自身的脆弱性，风蚀破坏大。每年的风蚀作用，造成遗址墙体土层大面积脱落。对风化程度较轻，裂隙相对较少的部位，可采用PS材料渗透加固，对墙体表面风化严重的采用小竹铆钉锚固与注PS浆液相结合的工艺进行加固。

6）烽燧遗址分布于吐鲁番盆地，洪水冲击对遗址造成很大的破坏。遗址四周设置护坡和引水渠能有效保护遗址的进一步破坏。

7）制定科学有效的吐鲁番地区烽燧保护规划，积极争取项目资金有效保障工程项目的顺利实施。

作者单位：周欣、徐佑成、路莹，吐鲁番地区文物管理局

可移动文物保护

吐鲁番鄯善县洋海墓地M149出土黄地红蓝绎毛长衣修复报告

陈天柱

内容提要：吐鲁番鄯善县洋海墓地是新疆考古近几年发现的较大规模的墓葬群，出土了大量精美的纺织品文物，值得深入保护和研究。2010年，新疆纺织品文物修复培训班给洋海墓地纺织品文物的修复保护提供了契机，本文将结合实际操作对此次参与修复保护的洋海墓地二号台地M149出土的一件长衣的修复保护工作做详细的论述说明。

关键词：洋海墓地　出土长衣　修复保护

新疆鄯善县洋海墓地位于火焰山南麓的荒漠戈壁之上，北距鄯善吐峪沟乡政府5km，东南距洋海夏村四组2km。地理坐标东经89°39′～89°40′，北纬42°48′～42°49′。墓地总面积5.4万㎡，主要分布在三块相对隔离的台地上，分为一、二、三号墓地[①]。洋海墓地是近几年新疆发掘规模较大的古墓群，发掘者认为三个墓地的时代分别为春秋、战国至西汉和东汉时期。墓群出土大约400多件用毛纺织物缝缀的服饰和毛织物残片。这些毛织物向我们展示了洋海人的物质生活及其毛纺织手工工艺，为了解该时期毛纺织工艺的演变提供实物佐证[②]，对了解和研究新疆早期的物质文化生活、毛织物手工工艺的发展、东西方文化交流和古代人们的活动具有重要意义。

洋海墓地出土毛织衣服的种类比较单一，仅有衣服、裤子、披风、披巾等。衣服有长衣、短衣、披风。长衣较多，尤以一号墓地为最，共发现16件，可分析的14件，其中M149出土的黄地红蓝绎毛长衣基本形制清晰，可修复价值较高。2010年11～12月，新疆纺织品文物修复培训班共修复9件文物，第一组负责修复洋海一号墓地M149出土的这件长衣。本文结合实际操作，详细介绍修复过程。

一、文物基本信息

这件黄地红蓝绎毛长衣出土于鄯善洋海一号墓地M149，衣长112cm，宽95.5cm，厚

① 吐鲁番文物局：《吐鲁番考古新收获——鄯善县洋海墓地发掘简报》，《吐鲁番学研究》2004年第1期。

② 贾应逸：《鄯善洋海出土毛织衣物的特点》，《吐鲁番学研究——第三届吐鲁番学暨欧亚游牧民族的起源与迁徙国际学术研讨会论文集》，上海古籍出版社，2010年，231～238页。

0.068cm，缂毛袖片长26.5cm，袖口宽15cm，袖头宽18cm，文物编号为03SY1M149：1，藏于吐鲁番博物馆。文物从吐鲁番博物馆库房取出时，长衣分为三部分，平放在棉布铺垫的木板上，双层部分中间衬有一层棉布，上面用一层棉布遮盖。

二、文物保存状况

M149位于一号墓地，出土的这件黄地红蓝色缂毛长衣糟朽破损严重，脏污程度较重，但衣服服饰花纹较为精美，急需保护。出土时为了便于揭展以及使文物能够得到更加妥善的保存，吐鲁番文物局已进行适当的整理和初步的清洗、展平（图1、图2）。本次修复是在第一次现场保护需要进行清理的基础上进行的修复保护，目的是把残损长衣拼接缝合为一体，达到展出要求。

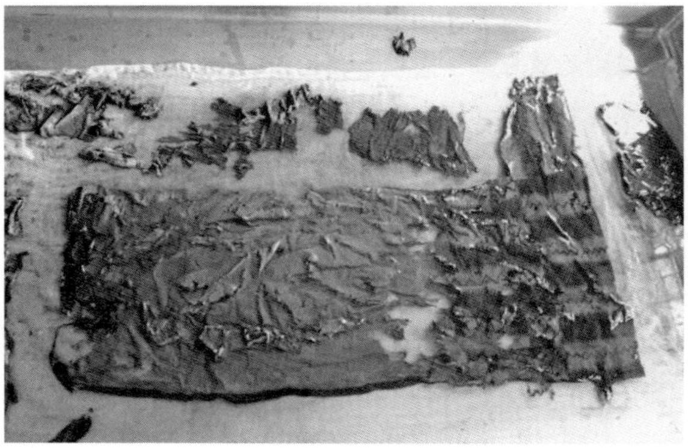

图1　长衣出土时保存状况

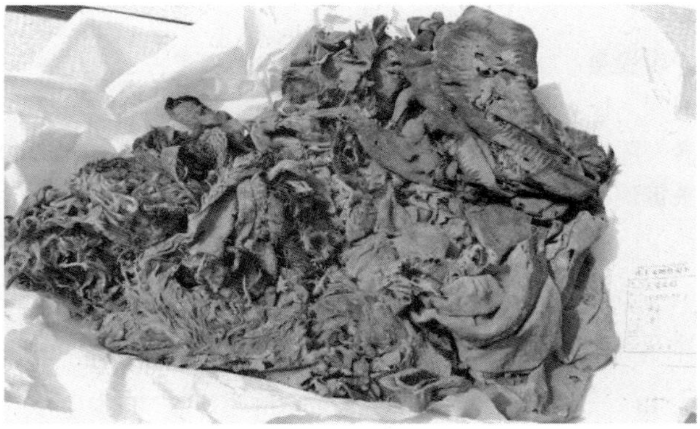

图2　长衣清洗时整体状况

长衣打开后，修复组先进行文物相关信息收集，包括出土时相关情况了解，现场考古保护处理，各部分相对位置的确定，尺寸大小的测量，现场拍照，信息记录等。对整件文物有整体认识后，开始分区域进行病害分析，绘制病害图，并详细记录文物现有的相关病害情况（图3～图6）。

三、长衣修复前状况

这件黄地红蓝色缂毛长衣糟朽破损严重，脏污程度严重，总体保存状况较差，残损严重，分成三部分，其中一个衣袖与主体分离，右半部分残损较重，衣服背面残损严重，仅保存部分残边和连带残片，但整件衣服形制相对完整，可拼接为一件，缂毛纹饰也较为清晰精美（图7～图12）。

四、工 艺 特 征

洋海墓地出土衣服多用“织成”缝缀；织物的组织法主要有平纹、斜纹、缂毛、栽绒毯等；经线加捻较紧，纬线加捻相对蓬松等特点。一号墓地出土毛织物的经纬线都是使用木制的

图3　长衣左上病害图

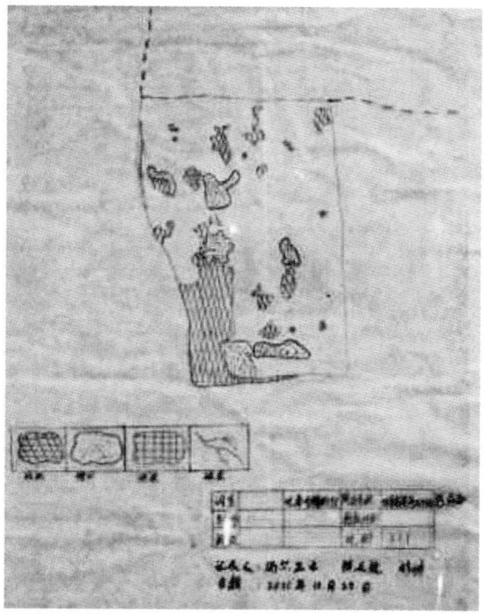

图4　长衣左袖上病害图

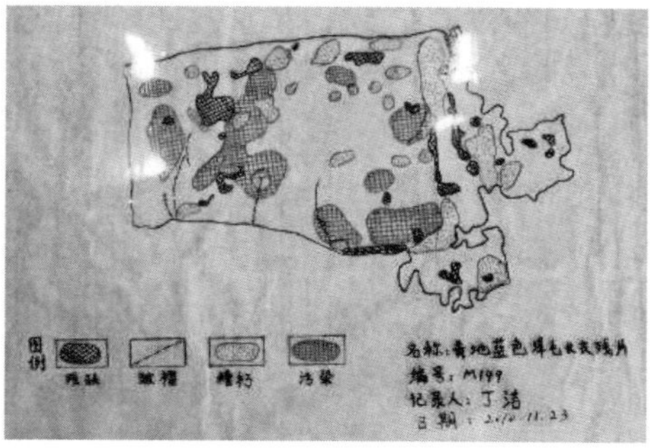

图5　长衣右上病害图

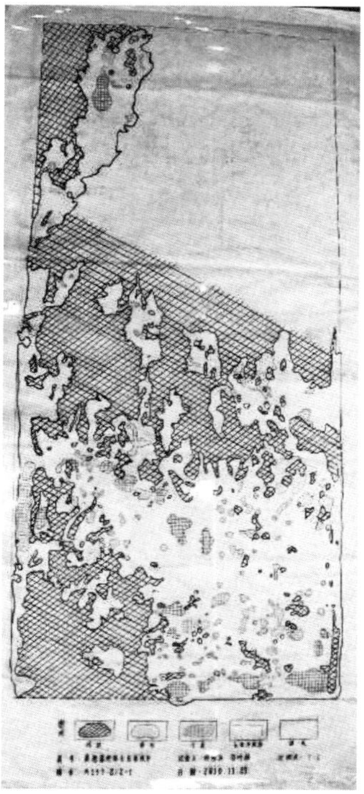

图6　残袖上病害图

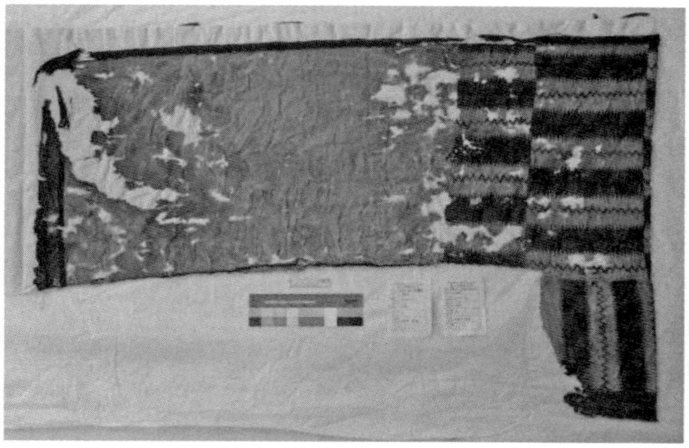

图7　长衣左半正面

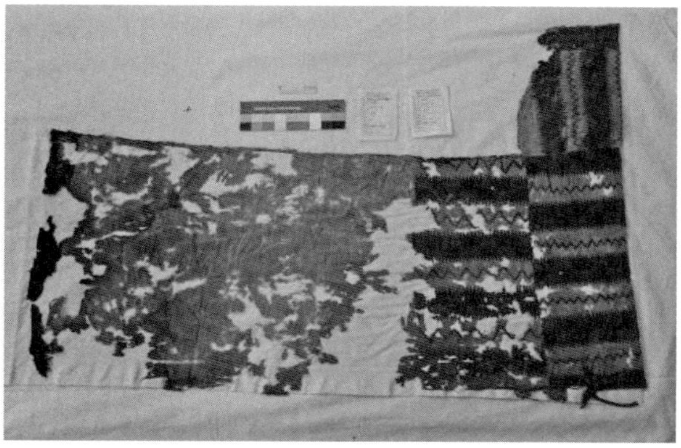

图8　长衣左半背面

图9　长衣右半正面

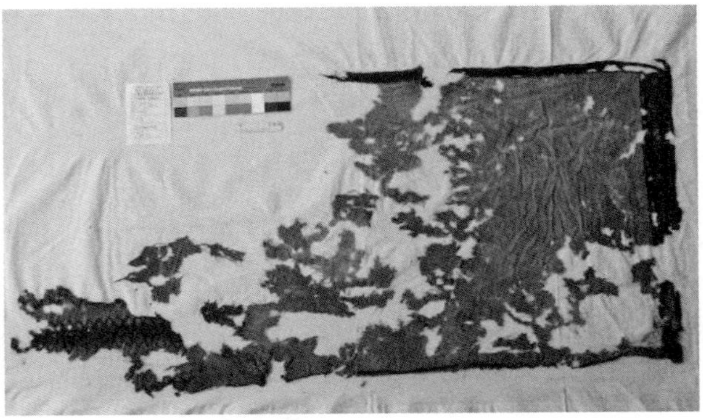

图10　长衣右半背面

图11　长衣脱落残袖

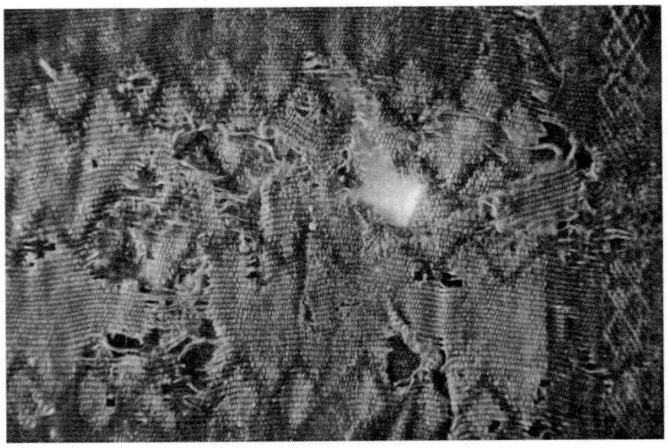

图12　长衣残袖局部

纺砖加捻而成的，捻向“Z”向或“S”向，经纬线一般以单股进行交叉；出土长衣的基本形式是长及膝下，前身正中开襟，通体肥大[①]。在衣服下摆、袖口处缂织边饰，领口、两前襟、腋下前后身接缝、袖头处都装饰有编织带和彩色压绦，少数后身接缝处也缝有压绦。

M149出土的这件长衣是分别织出两件等幅长的毛织物，将两幅布的部分对折缝合成后身，然后缝缀两只预先织成的袖子。长衣左半身是黄地红蓝色长方格和折线纹缂毛，右半部为蓝色宽条和折线缂毛，两侧图案色泽不同，但组织法一致，衣服仅在上部和袖子上缂织出图案，下半部分仍是黄色平纹织物[②]。山普拉出土有一类短袖套头长衫，袖长仅30cm，与肩接缝处宽于袖口，两肩通宽90cm，把两袖与肩宽相加其长度约150cm，如穿在身上，两袖口可达腕部上下，肩部则有一部分搭在上臂处[③]。这件长衣单肩宽46cm，袖长25cm，通长112cm，和山普拉这类长衣在肩袖连接处有相似之处，所不同的是山普拉这类长衣开领，而M149这件长衣不开领，这和03SY1M26：9黄色条纹斜褐开襟长外衣相似，在修复过程中可有一定参照。

① 贾应逸：《鄯善洋海出土毛织衣物的特点》，《吐鲁番学院研究——第三届吐鲁番学暨欧亚游牧民族的起源与迁徙国际学术研讨会论文集》，上海古籍出版社，2010年，231～238页。

② 贾应逸：《鄯善洋海出土毛织衣物的特点》，《吐鲁番学院研究——第三届吐鲁番学暨欧亚游牧民族的起源与迁徙国际学术研讨会论文集》，上海古籍出版社，2010年，231～238页。

③ 新疆文物编辑部：《新疆文物》，1992年第1期。

五、修复方案

根据长衣残损情况和相关资料分析，结合实际情况，确定了如下修复方案：除尘→局部清洗→拆除一侧缝线→平整→针线法修复。因长衣是双层折叠，而且残损严重，部分边饰松散残破，一只衣袖脱落，文物自身相对脆弱，经过一次清洗后残留都是不易清除的污染物。虽然拆除边线有悖于文物修复最小干预原则，而且不能恢复，但在进行全面衡量后，确定拆除边线，将文物展成平面状时才能进行有效的修复操作。

六、修复材料

本次修复材料大部分为中国丝绸博物馆从杭州提供，包括针线、被衬材料、剪刀、镊子、工作服等；部分材料为老师带来，学员自己制作，如缝制的磁块、修复铁板等；部分为根据标准当地采购，如化学染液，植物染料等。修复过程中，使用的被衬材料和丝线为深黄色，经过染色固色处理而成，以便和文物自身较好融合，协调一致。

七、修复过程

在对整件长衣有清楚认识和整体把握的基础上，根据修复方案，主要按以下步骤修复文物：除尘、清洗实验、局部清洗、绘制文物病害图、拆线、展平、回潮、平整、修复、拼合文物、内部平整、整体装盒。整个修复过程工序复杂，技术难度相对较大，在中国丝绸博物馆楼淑琦老师全力参与指导，毛慧琴亲自参与下，由来自不同单位的9名学员共同协作完成。

1.除尘

除尘前先进行分析和吸尘器吸力测试，以防吸力过强对脆弱纤维造成损伤。由于织物残损部位相当脆弱，所用吸尘器是纺织品文物专用设备，作用于织物的力非常轻，只能吸掉文物上极轻的灰尘，不会伤害到纺织品。用镊子夹起不能复原的散落的纺织品碎屑，留做标本，为后期更加专业的检测分析，更好地采集文物信息，深入研究服务。整件长衣破裂为三部分，经过清洗后仍有残余污染物，除尘的目的是清除衬里和边角处积淀的灰尘，织物上附着的沙土，以便于进一步修复（图13）。

2.局部清洗

M149长衣出土时比较脆弱，为了方便保存保护，吐鲁番文物局已经对其进行过一次清洗，考虑到整体重复清洗会让文物流失部分信息，对文物最大限度地保存历史信息产生不利后果。本次修复的主要目的是文物重新展示其完整性，达到展示效果，所以采取局部清洗的方式。局部清洗前，先进行清洗实验，清洗的重点部位是残留的沙尘污染和尸液污渍，清洗采取的方式是棉签吸取酒精和蒸馏水，不采用化学试剂，对文物基本不产生不良影响或造成二次破坏（图14）。

图13　除尘操作

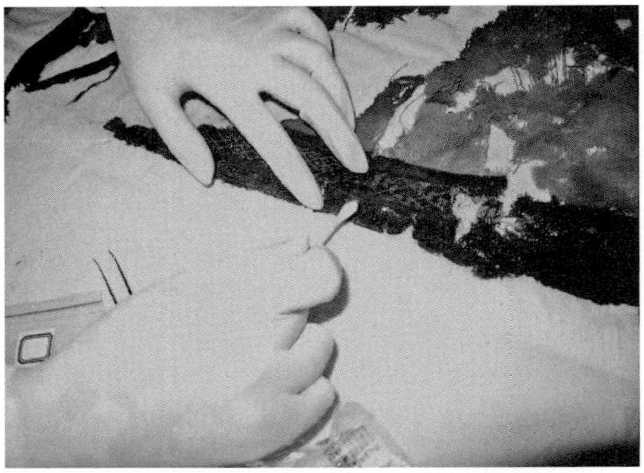

图14　局部污渍清洗

3.拆线

拆除长衣一侧的缝线，将前后两片打开。拆线时，用剪刀小心剪断缝线，以镊子夹取线头轻轻抽出，避免伤及文物主体。由于缝线已老化，剪断拆下后无法再重复利用，可收集为标本供分析检测使用。拆时应注意缝线线迹的位置，以免缝合时缝痕消失，无法确定缝线的位置。这件衣服的缝线较粗，针孔相对较大，线迹位置明显，所以最后整合时应能清晰辨出。关键部位的位置确定至关重要，这件衣服袖下6cm处有未缝合开口，疑为衣服丝带的缝接处，因未见丝带残留物，拆除中以打线钉的方法予以标示，以便后期拼合时确定位置。长衣接缝处饰有毛绦边饰，边饰部分残损，在拆除过程中，采用边拆边缝的方式进行，防止对毛绦边饰造成应力性损害。此方法虽然有些操作不可逆，且对文物造成一定程度的损害，但是综合各方面因素，要达到修复后的整体效果，此法也是综合衡量后相对合理的操作（图15～图18）。

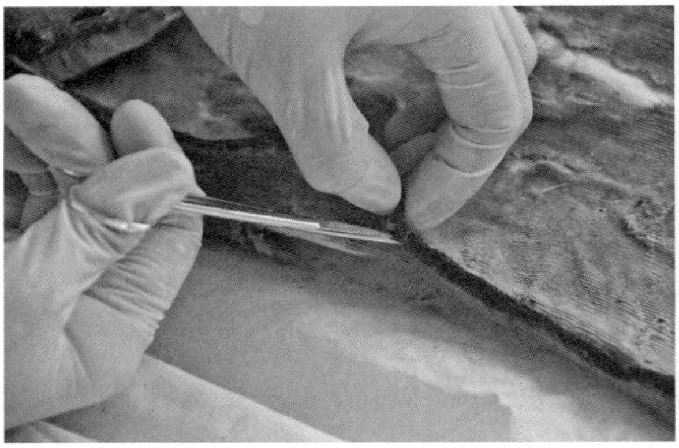

图15　边线拆除

图16　全面数据测量

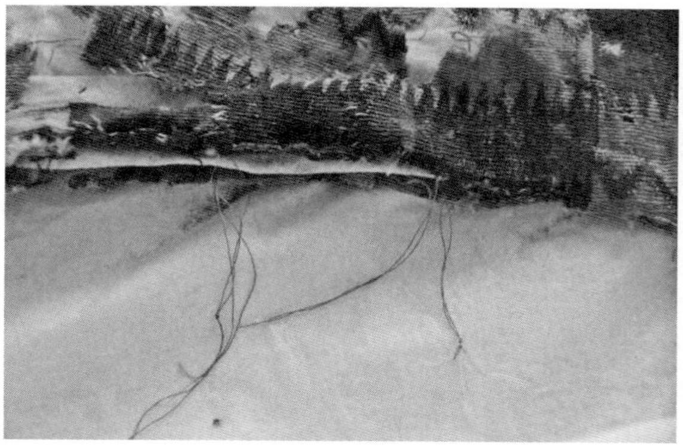

图17　关键部位记录（线钉法）

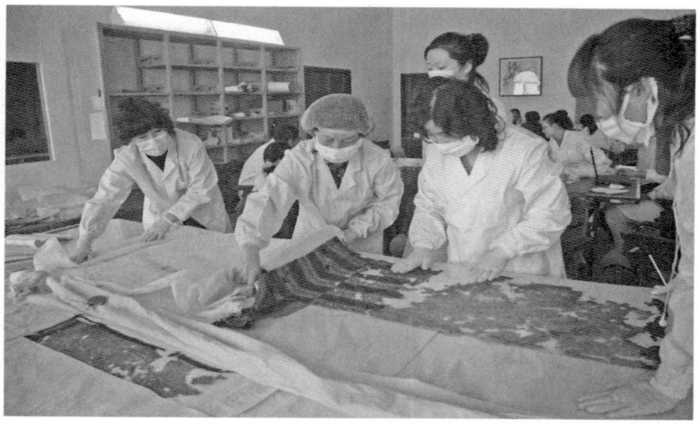

图18　边饰缝缀

4.文物展开

M149出土的长衣，分为三部分，各部分都有不同程度的残损，其中右半部分残损程度极其严重，衣袖朽断，背面几乎无存，正面残留约1/3。对于残损如此严重的长衣半边若要有效地拼接缝合，技术难度较大，实际操作也十分困难，因此需要打开展平文物，以便进行有效的修复保护。展开后采用宣纸卷曲法，先轻轻卷起文物内侧的衬布至一端，再圈起文物底层托衬宣纸，然后反向展平，操作时动作要轻，文物可根据实际情况进行适当回潮处理，以方便操作，避免对文物造成损伤（图19）。

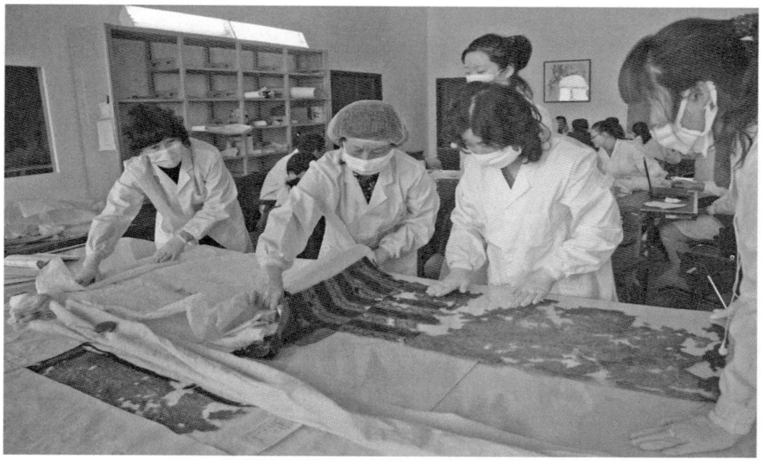

图19　卷曲法展平文物

卷曲法展开长衣时，先采用横向卷曲法把文物从棉布上提取，把工作台面清理整洁后，反向展开，将长衣置于工作台面之上。卷曲法操作时注意手法要轻，动作要规范，散落的文物碎片要恢复到原位，以便于展开后进行平整操作。若织物纤维脆化严重，可适当回潮后再采用卷曲法卷取。

平整完成后，采用纵向卷曲法将文物从工作台面卷取，置于背衬之上，进行下一步修复。根据实际情况采用的这种纵向卷曲法操作难度比横向卷曲难度大，但对脆弱文物物理损伤较小。该长衣是单幅织成，对折缝合而成，展开平整后需要立即进行下一步修复，采用纵向卷曲将文物置于背衬之上，平整后即可进行针线修复（图20）。

图20　长衣左半展开时情况

5.文物平整

这件长衣虽然经过初步清洗平整，但由于是出于考古现场保存保护的需要，时间仓促，皱褶现象仍比较明显，而且部分折皱比较严重，所以在修复前均需进行平整。

先对文物进行回潮处理，待文物未完全干透时，进行仔细地平整。将折皱处展平，理顺散乱的经纬线，平整时一般遵循从中间向两边过渡的原则。整理时注意力度不能太重，以免损伤织物。理好后用磁块压住，至干燥，如干后仍有不平整处，可再适当回潮织物，重新整理，直到平整为止。

平整过程中，长衣上半部分位置变形严重，平整难度较大。左下残破处毛纤维强度较差，纤维凌乱，时有脱落现象，处理时采用多次回潮，磁铁固压等方式展平错乱残片，调整经纬线。平整时，随时测量两侧幅宽，尽量使两侧宽度接近，保证长衣左右幅宽不因多次回潮而变形（图21、图22）。

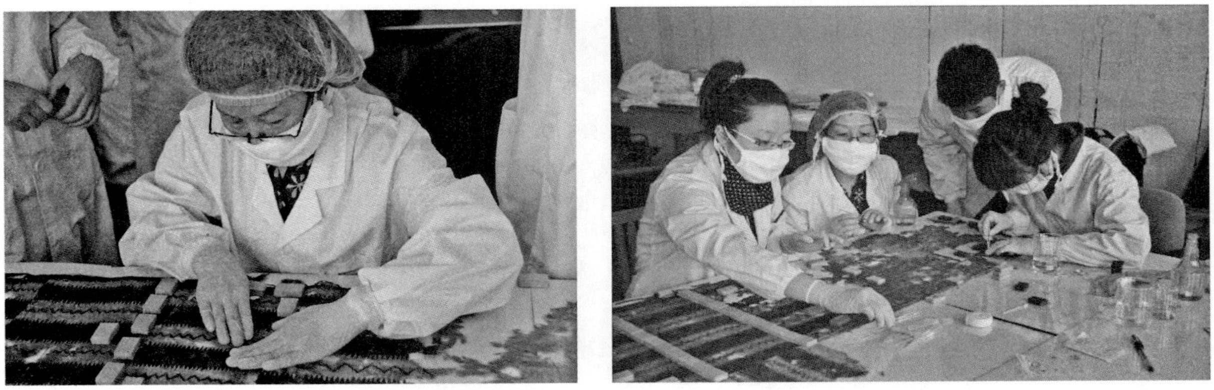

图21　平整操作

图22　文物整体平整

6.文物背衬

此次文物修复所使用的背衬材料为中国丝绸博物馆从杭州带来，经现场染色处理而成。染色前经过多次颜色实验，以确保背衬材料的选择和使用尽量和文物自身相协调。染色后，衬布的裁剪平整使用手抚和磁铁固压的方式，不能使用电熨斗烫平，以防止将来衬布收缩对文物造成伤害。衬布平整完之后，将需要修复的文物附于衬布之上用针线法进行固定修复（图23～图28）。

图23　背衬材料染液配比

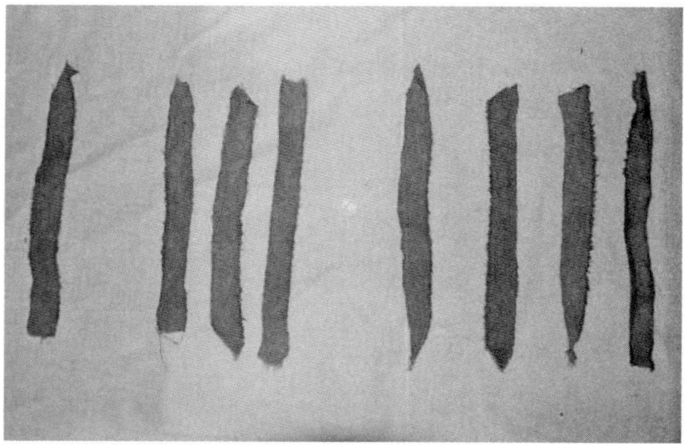

图24　染液颜色实验

图25　染色后背衬材料

图26　背衬材料确定

图27　卷曲法提取展开文物

图28　背衬上文物

7.针线修复

背衬加固法是在平面丝织品背后用黏合、缝合等方法加上一层支持物起到加固丝织品的作用。它分为托裱法和针线缝合法两种（贾文忠的《古玩保养与修复》）。

此法的优点在于真正做到采用同材质材料加固，背衬可以更换，且没有引入有害物质，可再处理。该法的局限在于修复使用的丝线强度高于文物织物纤维，操作不当时，缝制产生的应力会给丝织文物造成一定损伤。

自展开长衣的中心部位往左右两边修复，沿文物内部破损部位边缘及裂缝部位用铺针、顶针将文物与背衬缝合，文物内部和外缘全部用跑针将上下两层缝合。非工作状态时，用宣纸覆盖长衣表面，防止灰尘污染文物。此件文物部分区域残损严重，修复时应注意施针手法和针线过渡，缝缀绛毛边饰时应注意和织物原有针法和阵脚距离尽量保持一致。因该文物分为三部分，分区域修复时应注意保持各部分的协调合作，两相邻修复人员应保持合适距离，以保证操作规范及相互合作（图29～图34）。

图29　背衬上文物平整

图30　分区域针线修复

图31　修复过程记录

图32　针线修复

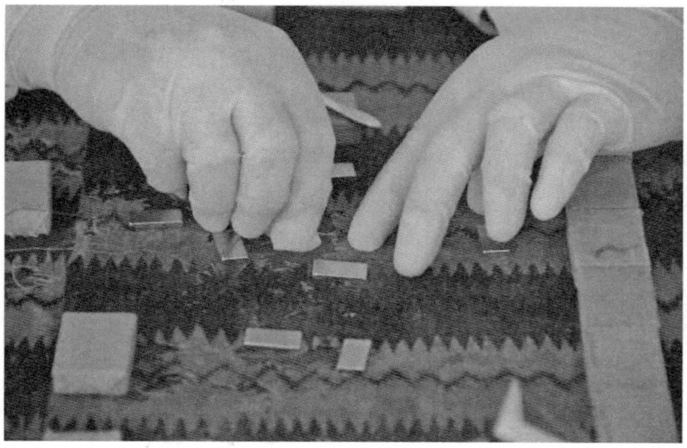

图33　针线修复局部

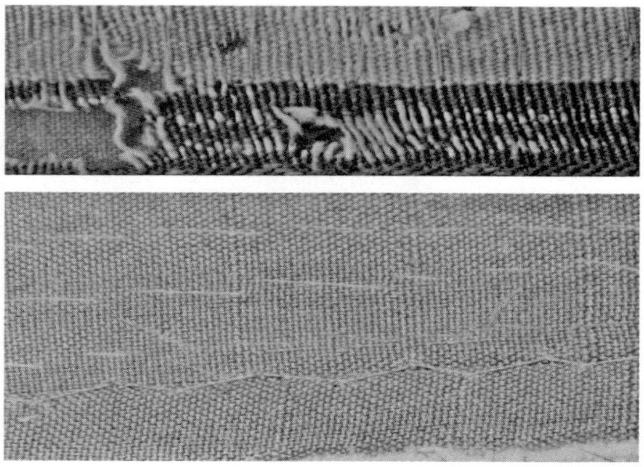

图34　针线法

平整及针线修复时，应注意织物残损严重、经纬线疏松糟朽处，施针时不应用力过大，避免拉力过大损伤织物经纬线，造成二次破坏。施针时，遵循由中间向两边，从上至下，从左至右的原则，保证修复过程中随时调整经纬线及整体平整度，针法及针脚距离尽量和织物原有状态保持一致。针线修复的优点在于能真正做到采用同材质材料加固，背衬可以更换，且没有引入有害物质，能进行再处理，是现有条件和水平下对此件长衣修复使用的最佳方法。

8.文物拼合

文物拼合前经过详细的数据记录，拆除时线钉的作用是确定关键位置，加上详细的数据记录，确定拼合的具体操作步骤。先把两片缝合在背衬上的织物对折成拆线前状态，再把两半衣物拼接缝合（图35～图37）。

文物拼合时，先将两片展开的织物调整好位置，根据记录的详细数据及线钉确定残袖的缝缀位置，予以初步固定，调整好绛毛边饰及下摆位置，进行缝合操作。长衣缝合后，裁剪多于背衬，处理好衣袖及下摆处背衬物，进行内部平整操作，是长衣保持平整状态（图38～图44）。

拼合后长衣经过细部位置调整，能充分展示其整体性和精美纹饰特征，基本能达到预期修复效果，支撑模具制作完成后，即可以装盒保存（图45～图49）。

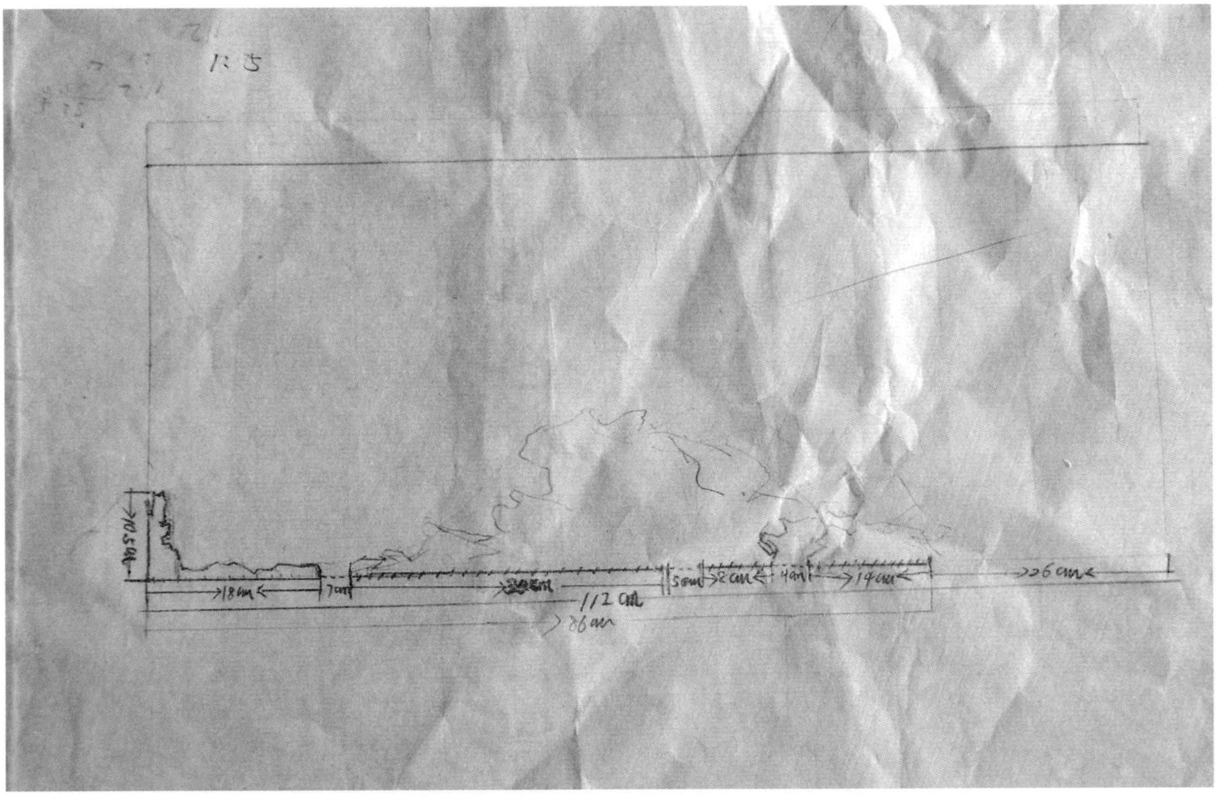

图35　拆线时的数据记录

图36　测量定位

图37　线钉位置确认

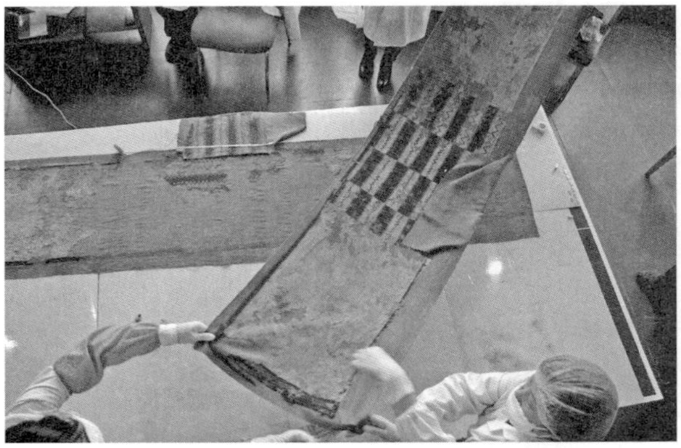

图38　位置调整

图39　长衣正身拼合

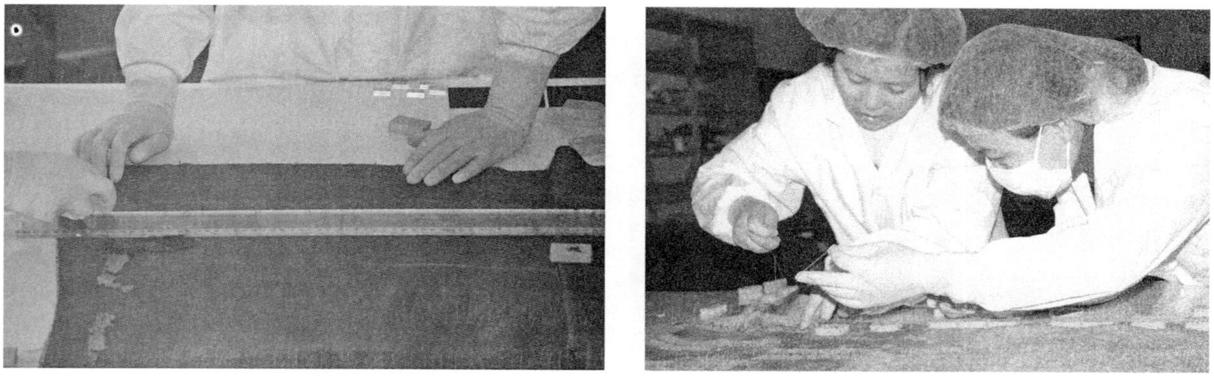

图40　平整缝合

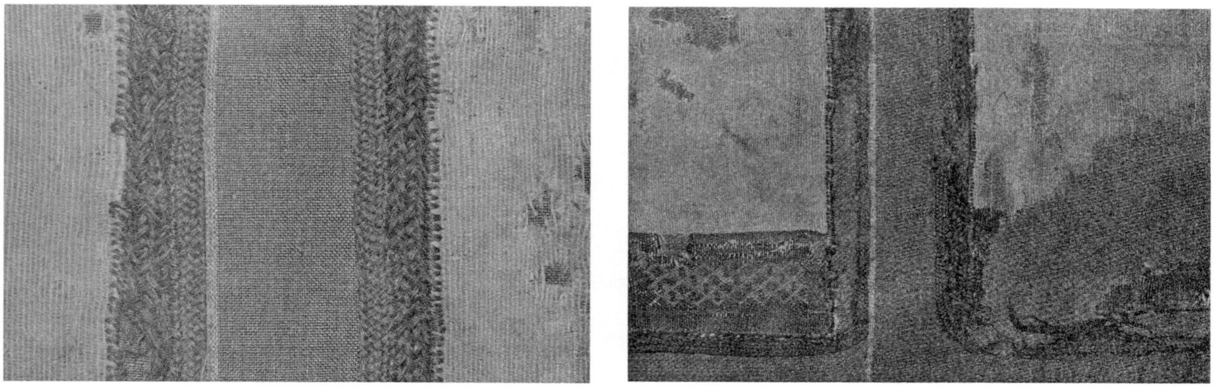

图41　拼合后两片对比

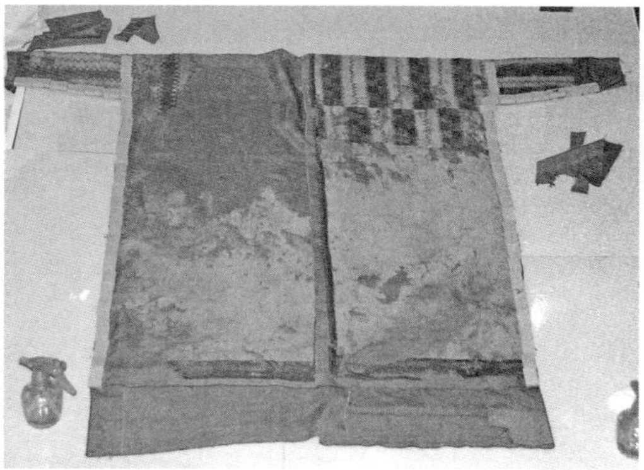

图42　拼合后整体状况

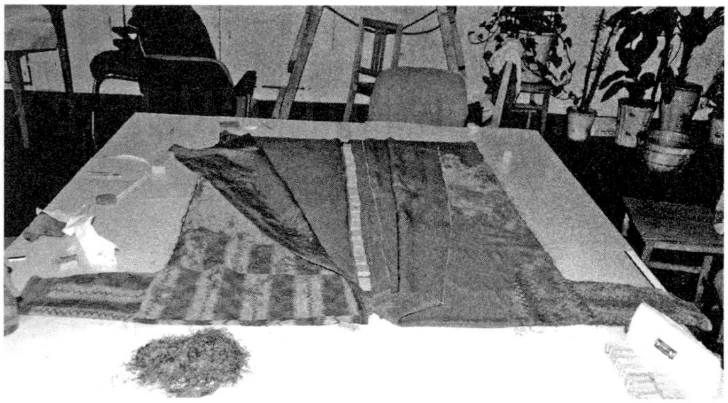

图43　内部平整

9.修复效果

修复后，残破的三部分被固定在背衬织物上，拼接成一件能达到展览标准的长衣，使长衣基本恢复整体性视觉效果。缂毛部分精美的纹饰基本得到较好展示，基本满足观众审美和展出要求。

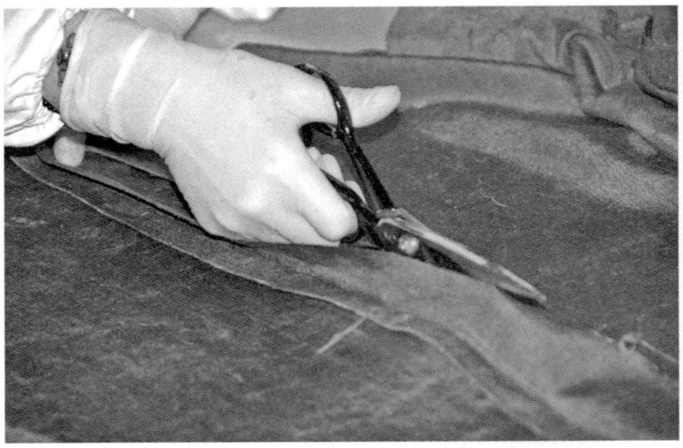

图44　裁剪多余背衬

图45　修复后长衣

图46　支撑模具使用

图47　装盒

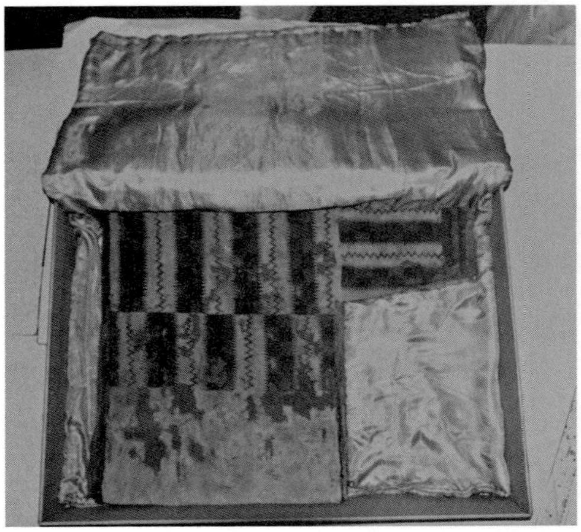

图48　装盒效果图

图49　修复组成员

八、分析讨论

1.有关长衣细部位置的讨论

文物从库房取出时，M149出土的这件长衣部分位置残破严重，由于对出土时整体保存状态了解不清，在对文物自身经过一次清洗后，导致对右半残破位置的部分残片位置定位不明确。经过小组讨论和分析，从长衣右半残破的接缝处（连带残片），明确长衣残破区域零散残片的位置。长衣袖下约10cm的无缝合痕迹开口，经过讨论，初步认为长衣腰带的缝合连接处，因未见丝带残留，还有待发掘更多的佐证。

2.有关长衣形制的讨论

对于长衣形制的分析，经过修复组详细讨论，初步认为该文物是单层织物对折缝合不开领开襟长衣，这从保存相对较好的长衣左半比较容易看出。对于残袖部位与左半衣袖缂毛处不同的纹饰，经过分析讨论，认为虽然缂织纹饰不同，但织物组织技法一致，出土时收集为一件衣服，而且残袖和衣服有明显的可拼接痕迹，确定为长衣右半残袖。整件衣服的形制，经过资料查阅，参照03SY1M26：9黄色条纹斜褐开襟长外衣的形制和山普拉出土的短袖套头长衫的形制特点，结合保存较好的长衣左半，对整件长衣形制有明确的定位后，进而确定相应的修复操作。

九、结　　语

修复过程中，前期准备工作主要在王淑娟和滕开颜老师指导下进行；实践修复中楼淑琦老师、毛慧琴老师全程参与修复、指导，关键的技术性操作主要在楼淑琦老师参与指导下进行；吐鲁番文物局玛利亚提供了文物出土时的相关背景资料及照片；刘甜、马叶桢在清洗除尘，背衬染色过程中做了较大努力，并协助采集编制修复方案所需的文物信息；何丽萍、丁洁、杨志杰、古丽努尔在整个文物平整，针线修复过程中，贡献较大，本组成员徐东良在整个培训班后期模具制作，包装展示方面给予了大力的技术支持；文物摄影由杨志杰、陈天柱共同完成。由于此件长衣的修复操作程序复杂，时间短，工作量大，修复组成员分工各有侧重又通力合作，每个人都全程参与，亲自操作，才使得修复工作顺利完成，圆满完成修复方案修复目标，达到预期效果。

参考书目

［1］ 新疆吐鲁番学研究院：《吐鲁番学研究——第三届吐鲁番学暨欧亚游牧民族的起源与迁徙国际学术研讨会论文集》，上海古籍出版社，2010年。

［2］ 新疆文物考古研究所、吐鲁番地区文物局：《吐鲁番考古新收获——鄯善县洋海墓地发掘简报》，《吐鲁番学研究》2004年第1期。

［3］ 新疆文物编辑部：《新疆文物》1992年第1期。

［4］ 中国文化遗产研究院：《天衣有缝——中国古代纺织品保护修复论文集》，文物出版社，2009年。

作者单位：陈天柱，新疆师范大学历史与民族学院

和静县小山口出土部分铜器的保护修复

佟文康

内容提要：2010年，巴州和静县小山口二级水电站建设区域内的汉晋时期古墓葬出土了铜刀等铜器小巧精美，但是锈蚀、裂隙等病害发育严重。本文以这批铜器为研究对象，完整记录了用物理和化学方法保护修复它们的全过程。

关键词：汉晋古墓　铜器　保护修复

一、引　　言

巴州和静地区历史悠久，自古就是游牧民族理想的聚居地之一，留下了丰富多彩的生产生活痕迹，因此，出土文物也呈现出种类繁多、形制多样的局面。2010年6～8月，新疆文物考古研究所对位于巴州和静县小山口二级水电站建设区域内的汉晋时期的古墓葬（考古编号为二号墓地）进行了抢救性发掘[①]。

本次发掘出土了一批文物，尤以数量不菲的铜刀引人注目。不言而喻，保护修复这批文物，能为研究东西方文化交流，还原新疆地区古代历史提供更形象完整的实物资料，具有重要的学术价值。本文所论就主要围绕这部分铜器的保护修复而展开。

二、墓葬及文物出土概况

图1　二号墓地出土部分文物

墓地位于巴州和静县哈尔莫墩乡西南约19km处，东直线距离和静县城约47km。此次发掘的二号墓地处开都河北岸二级台地上；台地呈东西向长条形，地势比较平坦，地表为洪积的戈壁角砾石堆积，罕有植物生长。文物大都出土于墓底层，埋藏环境含碱性较大，文物的保存状况较差，锈蚀程度不同，腐蚀产物较为复杂。墓地发掘出土文物有铜器、铁、陶器、金、木、骨、石、料等，其中以各式铜刀最多。铜刀形状不一，体积较小，长度均为30cm左右，宽度4～5cm，小至15cm左右，小巧精美，制作工艺繁杂，形状繁多（图1）。

① 新疆文物考古研究所：《和静小山口二级水电站建设古墓葬考古发掘结项报告》。

三、建立修复档案信息

通过对这些铜器的认真观察，我们了解了它们的制作背景、风格特征、工艺技术及保存状况。随后在确保文物历史真实性的基础上进行详细的记录，如各器物的编号、名称、质地、年代、尺寸、形状、纹饰、出土地点等，为今后的保护修复处理及其研究提供比较科学的资料和数据。

四、器物保存现状

各种器物出土时残损程度不同，表面锈蚀产物基本为粉状锈、蜡状锈、红锈，有的器物上有坚硬的瘤状物，通体锈蚀。其中所有铜刀除了腐蚀病害外，刀刃和刀背都有较宽的裂隙，有的连同刀柄一体裂开；裂隙中长满了有害锈，质地脆弱（图2）。

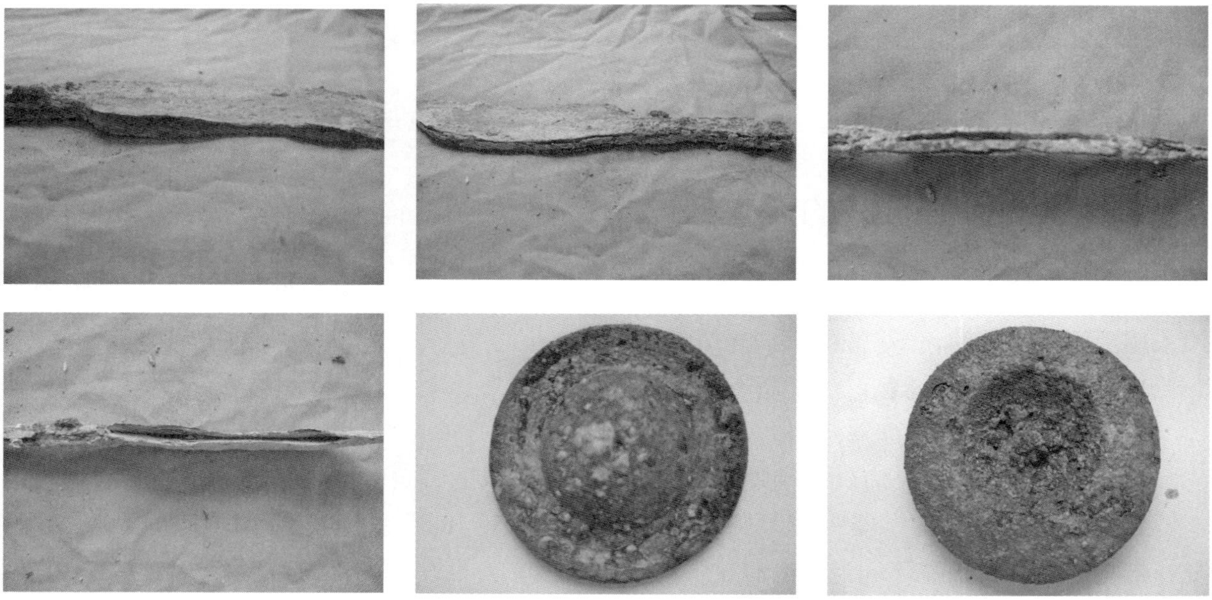

图2　二号墓地出土铜刀等铜器病害情况

五、制定保护修复的初步方案

1）登记照相、观察铜器本体上是否有纹饰及铭文。

2）观察记录铜器保存现状。

3）绘制病害图（图3）。

4）记录修复过程中所发现的有关考古、艺术信息。

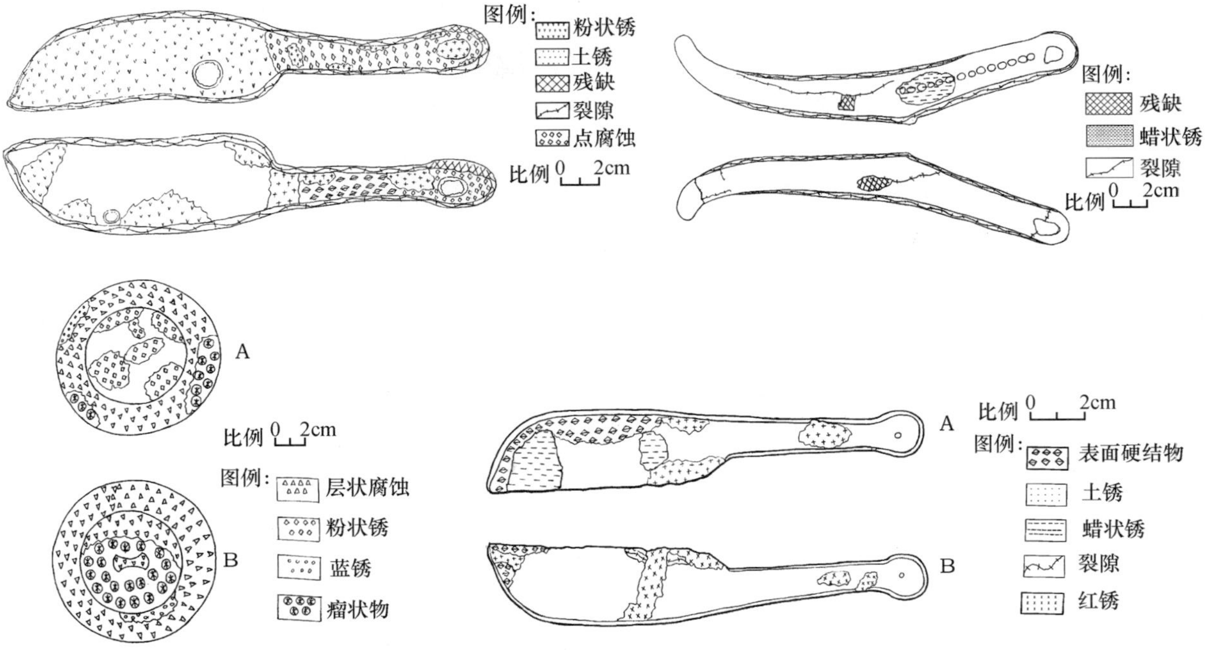

图3　二号墓地出土铜器病害绘制图

六、检测铜器的腐蚀产物，选择合理有效的修复方法

由于各种因素的制约，无法使用现代科技方法进行透视分析以及铜器表面矿物成分检测，便采用了简单科学的化学测试方法进行有害锈检测。

1）用手术刀刮开锈色，观察是不是灰白色。

2）用硝酸银及稀硝酸滴定法，观察是否有白色沉淀[①]。

当检测出有害锈后，有针对性地对铜器进行不同方式的有效修复和保护。

经仔细观察，这批铜器中的刀具没有范铸批缝，有的尚存锻打痕迹，故推断均为锻打制成；带扣、饰件、铜棒等均为范铸而成。

七、保 护 修 复

1.清洗铜器表面泥土和有害腐蚀物

清洗可以说是修复过程中最关键的一个步骤，因为它是一个不可逆的操作过程，既要去除侵蚀文物的有害物质，又要确保文物不受机械损伤。此次修复选用了物理方法及化学方法两种方案进行。

1）物理方法：用手术刀等工具去除泥土锈及疏松的粉状锈，并将绿锈下覆盖的蜡状锈深挖

---

①　韩英：《汉代青铜连枝灯病害分析研究》，《文物保护研究新论》，文物出版社，2010年。

干净，直至看到器物本体，因为蜡状锈并非像粉状锈那样在器物表面裂变粉化，而是牢牢地附着在器物上并硬化，逐渐向器物内部侵蚀，它的锈蚀力度强，且在内部向四周漫延穿透，直至将器物蚀穿，所以必须将其深挖干净。对于表面硬结的瘤状物，由于非常坚硬，采用微型钻进行去除。

2）化学方法：由于锈蚀物覆盖了器物通体，无法观察是否有铭文及纹饰，所以对锈蚀产物坚硬、质地坚牢的器物则采用了化学置换的方法，用缓释溶液除锈（图4）。

图4 铜器清洗除锈

2. 黏接加固和补缺

铜器清洗处理后，其器形及本体状况一目了然，断裂及脱落下来的残片用树脂胶黏接，对较宽的裂隙及残缺处用双阻份树脂胶作填充材料进行加固和补缺，使器物有一定的牢固度，并阻止腐蚀产物生存环境。由于树脂为无色透明状，与器物的颜色反差大，影响器物的整体美观，所以，在树脂中加入了矿物颜料，调配成与器物颜色基本一致的色泽。24小时后，将手术刀在酒精灯上一边加热一边剔除多余部分加以修饰，使之符合修复美学要求，达到和谐美观的博物馆展览效应（图5）。

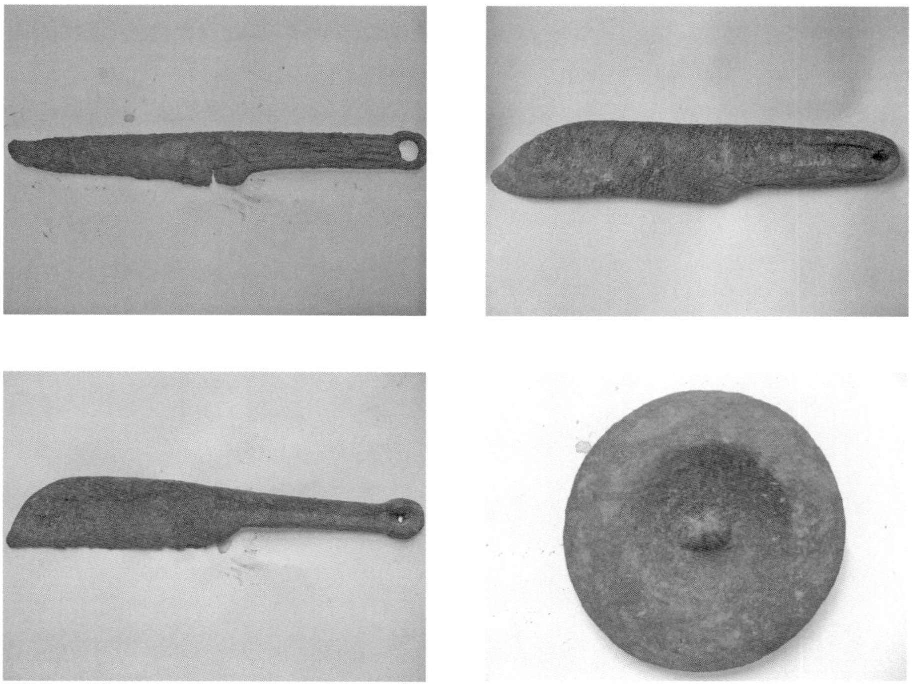

图5 铜器修复后

八、修复后的保存条件建议

修复后，铜刀的保存，不仅仅需要适宜的地点和环境，还需要一个安全性能好、能体现文物自身价值的保存容器，因此为这些珍贵的青铜文物专门量身定做陈放盒非常有必要，这样可以有效避免外界空气中有害物质及灰尘的污染侵蚀，又有利于文物的长期保存，延长文物的寿命。文物修复后，无论是存放在文物库房还是在博物馆陈展，都要实时监测室内的温湿度变化，控制光照，调节参观的客流量，使文物保存环境处于良好状态[①]。

九、结　　语

和静县小山口墓地有墓葬330座，出土文物数量多、类型多、形制多。此次修复的文物主要为二号墓地出土的部分铜刀等铜器，文中所描述的只是其中具有代表性、特征鲜明的一小部分。在科技手段无法实现的情况下，不能只依赖高科技仪器的检验，更要做到认真细致地观察分析，充分利用科学合理的传统方法，在科学的分析研究与实践经验有机结合的前提下，找出文物本体存在的有害物质，做出正确的判断，制定科学严谨的修复保护方案，才能保证保护修复的实际效果。

作者单位：佟文康，新疆文物考古研究所

① 王云：《新疆吐鲁番阿斯塔那唐代彩色编织鞋的保护修复》，《新疆文物保护工程》2011年第1期。

新材料Technovit5071在铁质文物保护修复中的应用

王　云

内容提要：本文介绍新型黏接加固材料Technovit5071的特性，并结合工作实际，就新材料Technovit5071在铁器文物保护修复中的应用做初步的探究。实践证明，新材料Technovit5071使用效果良好，值得推广应用于铁器文物加固和黏接上。

关键词：新材料Technovit5071　铁质文物　黏接加固

铁器的使用贯穿了我国几千年的历史，包含各个时代文化、政治、军事、生活等方面的信息，在研究历史和科技发展方面起着重要的作用。但由于铁质文物在潮湿空气中易发生腐蚀，能够保存下来的完整铁器少之又少，铁质文物的保存与保护工作一直是文物保护中的重点和难点。以下结合工作实际，就新材料Technovit5071在铁器文物保护修复中的应用做初步的探究。

一、铁质文物的特点

考古发掘出土的铁质文物，腐蚀严重，其结构一般比较脆弱，有的因氧化变形，难以辨别其本体形状，表面覆盖的泥土和土锈导致文物开裂、局部分离，有的已成碎片或碎渣散落。

为了及时有效地保护和阻止这些珍贵文物的粉化消失，保护修复人员研究并实践了一种新型材料Technovit5071。

二、Technovit5071材料介绍

Technovit5071是一种双组分——粉状和液体——冷镶嵌树脂，呈透明绿色，其主要成分是甲基丙烯酸甲酯（Methyl Methacrylate），用于铁质文物的加固和黏接处理。它的特点，一是固化后能被丙酮、三氯甲烷再溶解，而不残留于器物上；二是具有极好的表面润湿性①。

① 陈志亮：《文物保护研究新论（二）》，文物出版社，2010年。

三、Technovit5071材料的应用

因树脂颜色与铁质文物有明显差别的缘故，为改善修复后的视觉效果，按一定配比把四氧化三铁（Fe_3O_4）粉末混于Technovit5071粉剂中，使用前，需进行粉液调配，后滴注于欲黏接加固部位。Technovit5071会很快渗透到裂缝内，5～10min基本干燥，另将调配好的如膏状体填补在缺失较大部位，补全和加固。

四、铁质文物修复

在对2010年阜康臭煤沟汉代墓地出土的铁马蹬、铁剑、鹤嘴锄（图1～图3）的修复中，我们尝试使用了Technovit5071材料。

图1　铁马蹬

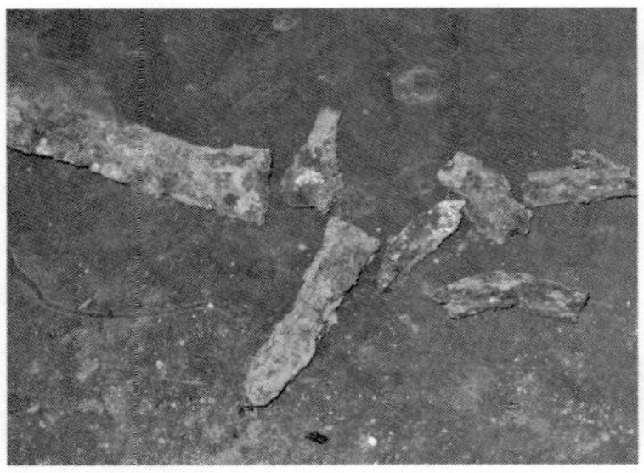
图2　铁剑

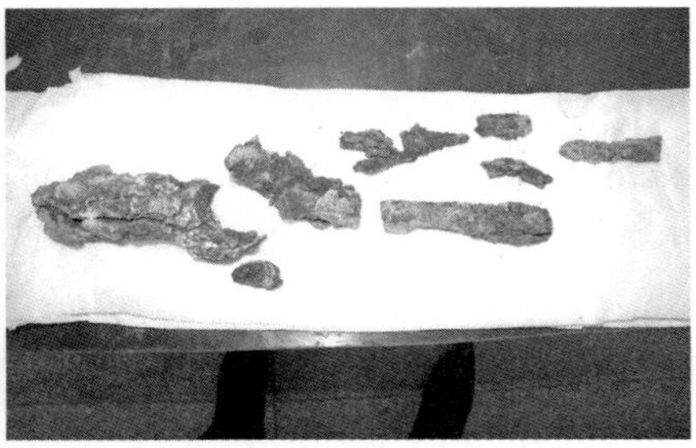
图3　鹤嘴锄

五、出土器物信息资料

阜康市地处天山山脉东段北麓，准噶尔盆地东南缘，地形南高北低，由东南向西北倾斜，形成辽阔的山冈丘陵地带，其间分布有冰川、盆地、森林、草场、戈壁，中部平原，地形平坦，土层深厚，为洪水冲积地带，地下水丰富，北部沙漠地区覆有固定半固定沙丘。臭煤沟位于南部五工乡上斜沟村，北距上斜沟村约5km。本次发掘的墓葬主要位于三煤矿矿井口及矿区的建设用地范围以内。墓室内填土较为疏松，包含有大量的页岩，土色黄褐色[①]，器物在这种复杂环境下遭受多种矿物质侵蚀，发生脆弱酥松，断裂成若干碎块。

六、器物修复流程及Technovit5071材料的使用

由于铁的氧化物与泥土所形成的土锈异常坚硬，只能使用牙科钻去除文物上面覆盖着的有害物。对于锈蚀严重的铁质文物有时无法分辨出器物和土锈，为了不损伤文物本体，在科学检测条件受限的情况下，采用了传统的磁铁检测，这种检测方法简单快捷且安全，对文物没有任何干扰和损伤（图4）。

如果有磁性反应，说明器物的核心还未被完全腐蚀；如果没有磁性反应，说明这一部位已

① 新疆文物考古研究所：《阜康臭煤沟工地发掘简报》，2010年。

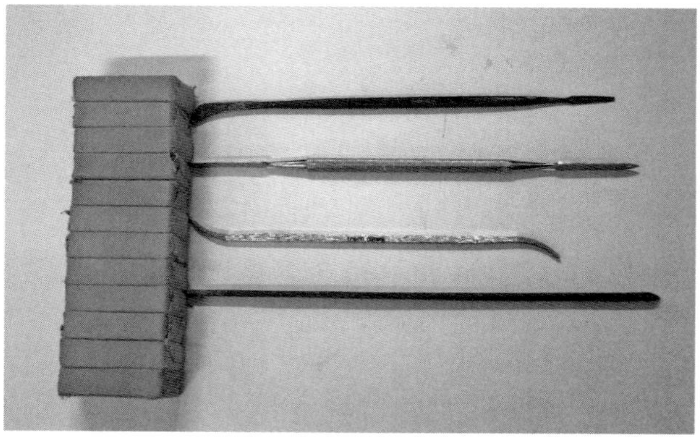

图4　磁铁检测工具

被腐蚀殆尽；如果磁性反应微弱，说明附着物较厚或本体残存较少。用磁铁逐个测试，根据测试的磁性强弱，使用小型牙科钻去除文物上坚硬的土锈、石渣等有害物。操作时要根据锈蚀深浅程度来掌握轻重和力度确保万无一失。

七、对铁器的初步加固

清除附着的土锈后，可以清楚地看到铁器的器形及本体，器物局部有松脱。此时，配兑出较稀的Technovit5071液体，滴注在裂缝及碎块上对铁器进行初步加固和黏牢（图5）。

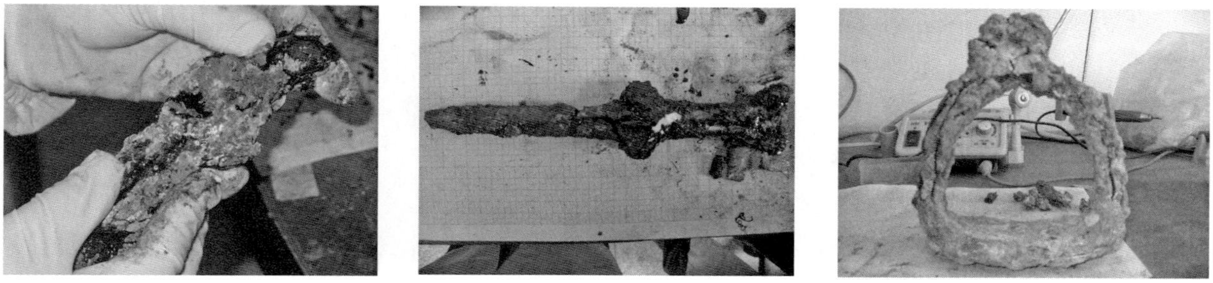

图5　初步加固的铁剑和鹤嘴锄

八、对铁器文物的二次加固及补缺

器物经过初步加固黏接复原后，有了一定的稳定性，此时再配制较之前要稠的膏状Technovit5071，填补在器物的缺失部位，待干燥后再进行整修（图6）。

九、器物修复完成后的封护保护

修复完成的铁器，经去锈去污等一系列稳定处理后，为了确保铁器在自然环境条件下的安全保存，还需要进行封护处理。我们选用3%的丙烯酸树脂、Paraloid-B72丙酮溶液进行封护保护，以隔绝保存环境的污染。封护后的铁器产生了眩光，再用棉球蘸丙酮溶液轻轻擦拭，消除眩光。这样做既符合考古研究应用，也达到了博物馆展览要求（图7）。

图6　二次加固后的铁器

图7　修复完成后的铁器

十、结　　语

在实际操作中，我们发现Technovit5071具有良好的渗透性、可逆性、操作的简易性和快速的聚合作用，不但有强力的黏接作用，还是一种具有柔韧性和稳定性的填充材料。据资料介绍，此材料在国内外文物修复行业应用广泛。此次铁器文物的修复，我们初次尝试使用了Technovit5071材料，感到效果良好，值得推广应用于铁器文物加固和黏接上。

另外，在对铁马蹬、铁剑及鹤嘴锄的修复中，我们事先还进行了盐分检测试验，选取了器物上脱落下来的铁渣，用硝酸银溶液进行测试①，发现没有氧化物生成，所以未做脱盐处理。

新材料Technovit5071的成功应用，为今后铁质文物的保护与修复探索出一条新路。

作者单位：王云，新疆文物考古研究所

① 宋迪生：《文物与化学》，四川教育出版社，1992年。

新疆博物馆馆藏文献古籍及其保存现状

安尼瓦尔·哈斯木

内容提要：本文在实地调查的基础上，对新疆博物馆所收藏的文献古籍的种类和数量作了介绍，对与之相关的研究情况作了评述。此外，还对这些文献古籍的收藏条件与保存环境以及保护管理中存在的问题做了有益的探讨。
关键词：新疆博物馆　文献古籍　保存现状

新疆博物馆作为全区最大的综合性博物馆，自20世纪50年代建馆以来，在逐步完善和健全自身体系的同时，通过一系列的考古调查、发掘和有规模的文物征集活动，获得了大量珍贵的古代和近现代文化遗产，丰富了馆藏。目前馆藏各类文物近4万件，其中文献古籍占有非常重要的位置，而且也是博物馆的特色藏品之一。

一、新疆发现文献古籍的种类和数量

新疆是“丝绸之路”必经之地，在历史上随着中外使者、商旅和游客等频繁往来，使得东西方文化荟萃交融、相互影响，导致世界著名的文明源流——古代中国、古代印度、古代希腊、阿拉伯文明；世界三大宗教——佛教、基督教和伊斯兰教；各种语言——印欧语系、阿尔泰语系、汉藏语系以及闪含语系的语言，都在这里交汇、融合、发展，极大地丰富了文化内涵，并衍生出包容并蓄的当地文化。

新疆古代文明由于带有多元的色彩，自汉代起，其独特且使用多种文字的文化结构开始成型。由于历史的变迁，许多文字因不同原因被人们放弃，变成了死文字和半死文字，直到19世纪末20世纪初，随着外国人在新疆地区从事的一系列探险活动逐渐被发现。新中国成立后，中国考古工作者在新疆地区进行考古发掘与调查，从天山南北的古墓葬与古遗址内，除发现丰富而珍贵的文化艺术精品外，而且还发现了多种文字的木简、木牍、纸质文书、金铭石刻、印章、钱币和书籍等，其中古籍基本为清代以前的刻印、抄写版本，内容相当广泛，涉及经济、政治、军事、文化、宗教、历史、文学、法律、医药、历法等诸多方面，所涵盖的内容极为丰富，已成为历史文化遗产不可分割的一部分。

对于新疆发现的古文字，从实物来看，可分为三大文字系统，即汉文字系统、阿拉美文字系统和婆罗米文字系统。属于汉文字系统的有汉文、西夏文、契丹文和日文；阿拉米文字系统的有佉卢文、波罗钵文（亦称帕赫列维文或巴列维文）、粟特文、摩尼文、突厥文、回鹘文、希伯来文、阿拉伯文、哈卡尼亚文（亦称喀拉汗文，来自阿拉伯文）、波斯文（来自阿拉伯文，增加了一些字母）、回鹘式蒙文、叙利亚文、察合台文、满文和托特蒙文；婆罗米文字系统包括梵文、焉耆–龟兹文（亦称吐火罗文A-B）、于阗文、疏勒文（书写据世德语，为婆罗米文之变体）、吐蕃文、吐火罗文式回鹘文、八思巴文等。另外，新疆出土的贵霜钱币铭文是希腊文，东罗马金币之铭文则是拉丁文。语言主要属印欧、阿尔泰、汉藏和闪含四大语系。印欧语系的语言有塞语（有于阗、扜弥、据世德等方言）、吐火罗语（有龟兹、焉耆－高昌语等四种方言）、犍陀罗语、粟特语、梵语、据世德语、大夏语、婆罗钵语、帕提亚语、波斯语和贵霜钱币、拜占庭金币铭文表达的语言；阿尔泰语系的语言有突厥语（包括回鹘语）、契丹语、蒙语、满语和察合台语；汉藏语系的语言有汉语、古藏语和党项语（即西夏文所表达的语言）；闪含语系的语言有阿拉伯语（包括叙利亚语）和犹太波斯语。

在众多的古语言文字中，汉文在新疆发现的古文字中时代最早、分布区域最广、数量最大、类别最多，仅自吐鲁番阿斯塔那-哈拉和卓古墓葬区出土的纸本文书就有2026个号，4056件。这批文献除有一部分以文书形式直接随葬的衣物疏、地券、功德录、告身及一些契约保存的较为完整外，大多是当做废纸或被用来制成葬具而埋入的，如纸靴、纸冠、纸带、纸钱、纸俑、纸衾、纸棺和剪纸等。按经、史、子、集和宗教分类整理，内涵亦非常丰富，儒家经典有《论语》《周易》《礼记》《尚书》等，此外，还有史籍、传记、法律、地理、姓氏、诸子、类书、启蒙书、书仪、科技、药学、占卜，以及佛教、道教、摩尼教和景教等；社会经济文献中有籍账、赋役、契约等制度的第一手记载，其中社会日常生活和寺院经济方面的信息都是官方史书没有记录的真实材料。另外就是佉卢文、粟特文、焉耆文、龟兹文、婆罗米文、于阗文、吐蕃文、回鹘文、阿拉伯文、哈卡尼亚文、叙利亚文和察合台文等非汉文文献，有1000余件（册）。汉文文献内容丰富，研究价值极高，而民族古文字文献，除有与世俗有关的官府文书、契约、公私往来信函等之外，宗教文献颇多，其中佛教文献居重要位置。

在汉文文献中数量较多主要有社会文书和宗教文书。佛经中有代表性者为《妙法莲花经》《金光明经》《法句经》《道行般若经》《添品妙法莲花经》《大方广佛华严经》《大宝积经》《佛说无量清净平等觉经》《摩诃般若钞经》《佛说阿弥陀三耶三佛萨楼佛檀过度人道经》《观世音菩萨授记经》《大般涅槃经》《贤劫经》《佛说佛名经》《维摩诘所说经》《佛说首楞严三昧经》《合部金光明经》《金光明最胜王经》《三法度论》《大智度论》《菩萨善戒经》《大般涅槃经义记》，与道教有关的《道教符录》等文书；而社会文书有《论语》（郑氏注）、《三国志·孙权传》、《严苟仁租葡萄园契》、《石染典过所》和《唐律疏义》等。《妙法莲花经》抄本残卷，1965年发现于吐鲁番安勒故城佛塔遗址，是一部重要的佛教典籍，时代为南北朝，经整理残存有第二、第三、第十、第十三、第二十二和第二十四品，墨书，每行存16～18字，抄本分行布局，整齐缜密，结构工整严谨，用笔精劲含蓄，轻重适度匀和，为从隶书过渡到楷书的抄本。《金光明经》抄本残卷，1965年，自吐鲁番安勒故城佛塔遗址出土，时代为北朝，现存第二和第十一品，尺寸为26cm×（53～92）cm，每行有16～18字，抄本分行布局，整齐缜密，结构工整严谨，有隶书余风。《三国志·孙权传》残卷，1965年自吐鲁番安勒故城佛塔遗址出土，用隶书书写，时代为晋，尺寸22cm×72cm，存文40行，570余字，现存建安二十五年（220年）的后半部分和黄武元年的前三分之二部分，第一行仅存“巫”字右侧残笔画，是原文中“是岁刘备帅军伐巫山归”的“巫”字左半部分，最后一行是

"诸军但深沟高垒"中的"高"字。《三国志》为西晋时期的陈寿所撰，而成书后的《三国志》极短的时间内在西域地区传抄，说明了当时内地与西域的密切关系。《论语》在吐鲁番阿斯塔那墓葬出土的较多，尺寸7cm×27cm、32cm×26.5cm、4cm×7.5cm、12cm×26.5cm、13.5cm×13.5cm、15cm×24cm、42cm×27cm、9.5cm×25.5cm、24cm×23.3cm、5cm×55cm、13cm×27cm，可谓大小不一，主要分贾忠礼和卜天寿抄本，时代为唐；以唐开元四年贾忠礼抄《论语·郑氏注》而言，其1964年出土于吐鲁番阿斯塔那27号墓，文书中注明抄写者为"高昌县学生贾忠礼"，本卷为小楷，结构合理，笔法稳健、端庄清秀，表现出很高的书法艺术水平，同墓出土的还有《论语》第二卷的《雍也》《述而》《泰伯》《子罕》《乡党》等残卷以及唐景龙二年卜天寿抄《论语·郑氏注》中的《雍也》《述而》《泰伯》《子罕》《乡党》。《论语》在吐鲁番地区的发现，表明在唐代时高昌国在文化教育上与中原地区基本一致，展现了国家统一和民族团结的景象。《唐律疏义》1959年出土于吐鲁番阿斯塔那532号墓，时代为唐，已残为大小几片，尺寸为5.5cm×8.6cm、39.5cm×28cm、6cm×17.5cm、45cm×29.3cm、3cm×2cm。现所残存的是律疏卷六名例中"称日年""称众谋"与"称加减"条之各一部分，共计41行。在第9、10、29和31行中部分别有"西州都督府之印"的朱色印记。《唐律疏义》为唐长孙无忌所撰的一部重要的唐代法典，该残卷在吐鲁番地区的发现，说明唐朝颁布的法典，在当时就已传入西域，并开始运用。发现的虽然是残卷，但与流传至今之传本进行对比，研究唐朝的政律有着重要的史料价值。当然，除了这些还有许多重要的汉文古籍，在此就不一一赘述。

在非汉文文献古籍中，最有代表性者为焉耆文《弥勒会见记剧本》，回鹘文《弥勒会见记》、《大般涅槃经》北本残页、《药师琉璃光七佛本愿功德经》木刻本残卷，粟特文《买卖女奴文书》和哈卡尼亚文《请伯克赐财物书》。焉耆文《弥勒会见记剧本》是一部用焉耆语（亦称吐火罗语A）书写的大型分幕剧作。剧本内容是，年已120岁的婆罗波离在梦中受天神启示，想去拜谒释迦牟尼如来佛，但因自己老态龙钟不能亲身前往，故派其弟子弥勒等16人，代表他拜谒佛致敬等事项。据目前所知，这是我国最早的舞台剧本。该剧本1975年出土于焉耆锡克沁佛寺遗址，共发现44叶，时代为唐，最大者31.5cm×18cm，最小者为8.4cm×6cm，其两面墨书皆为婆罗米字母拼写的古代焉耆语言。这一佛教文学剧本的发现，表明戏剧这一文学体裁在中国新疆的兴起，比内地约早数百年之久。回鹘文《弥勒会见记》剧本是古代维吾尔佛教剧本的雏形，加序文共二十八章，现存前二十五章及序文，共277叶，文字从右至左竖写，两面均墨书，每叶书文三十回31行，呈梵夹式。该本是由毗婆沙师（Vaibhasika）圣月（Aryacandra）由梵文改编成吐火罗语，再由回鹘僧人羯摩师（Karmavacaka）智护（Prajñāraksita）译为回鹘语的，主要叙述了佛祖释迦牟尼的姨母摩诃波阇波为佛祖做衣服等事项。该剧本1959年自新疆哈密脱米尔底佛寺遗址出土，时代为宋，最大者48cm×21.5cm，对于研究古代回鹘人的语言、宗教、戏剧形成史等方面具有很高的学术价值。回鹘文《十业道譬喻鬘经》残卷，1959年与回鹘文《弥勒会见记》同时发现，为16叶，这是一部大型故事集。根据德国本残卷中的跋文，此书是从龟兹语译成吐火罗语（即焉耆语），又从焉耆语译成回鹘语的。回鹘文《大般涅槃经》北本残页，1978年自新疆吐鲁番木头沟佛寺遗址出土，正反两面均墨书回鹘文，字体为写经体，时代为北宋，尺寸为23cm×19.5cm，文字为从右至左横写，正面有16行，背面有14行，是根据昙无谶（Dharmaksema）所译汉文本（即《北本》）译成的，其中心内容讲述的是佛身常在和“一切众生，悉有佛性”等大乘思想。回鹘文《药师琉璃光七佛本愿功德经》木刻本，新疆吐鲁番出土，时代为元代，长151.6cm，宽26.5cm。该木刻本折叠式，上下各有一粗一细横道，单面印字于上下横道之内，每页有汉字页码标注，分四栏，每栏印有6行字，为墨书，文字间夹写有婆罗米字母。纸质较厚，呈土黄色，字体素大、工整、清晰易读，是以义净所译汉文本为底本翻译的。粟特文买卖女奴文书，1969年自吐鲁番阿斯塔那135号墓出土，纸本，呈灰白色，时代为唐代，长28.3cm，宽463cm，正反两面均墨书粟特文，正面24行，背面1行。这份契约立于高昌延寿十六年（639年），记述的是女奴买卖情况，内容完整，字体整洁美观，是研究高昌历史和丝绸之路上的经济、民族状况的珍贵资料。哈卡尼亚文《请伯克赐财物书》，1959年，巴楚脱库孜沙来古城遗址出土，时代为宋代，长29.1cm，宽14.cm，上书文字13行。叙述的是一个叫古鲁喀尔麻奇的人央求伯克老爷赐给他一些财物，使他能娶妻的事情。自11世纪开始，新疆南部逐渐采用阿拉伯字母拼写当时的维吾尔语，这件文书对于研究喀拉汗朝时期的社会关系，具有一定的价值。

当然，非汉文古籍，从数量和内容上而言，也不仅仅只有这些，出土的非汉文古籍中，宗教文献较多，历史文献较少，但不管怎么说，我们可以从这些民族古文字文献中管窥已消逝的西域民族文字风格、宗教信仰，以及当时民间语言文字的相互影响与融合情况。由于因篇幅所限，这里只择其较有影响者给予了介绍。此外，新疆博物馆还收藏有400余册察合台文、阿拉伯文和波斯文手抄本和木刻板印本，其类别和内容也极为丰富，截至目前仅有少量的已整理出版，还有大量的文献仍处于待整理之中。

目前，焉耆文《弥勒会见记剧本》，回鹘文《弥勒会见记剧本》、《大般涅槃经》北本、《药师琉璃光七佛本愿功德经》木刻本残卷，《三国志·孙权传》抄本、回鹘文写经、古写本隋薛道衡《典言》残卷，《妙法莲华经》，写本《唐律疏义》名例律残卷，开元四年写本《论语》郑氏注“雍也”“述而”“泰伯”“乡党”残卷，《金光明经》卷第二、比丘法槃经和察合台文四卷本诗集，已先后列入国家珍贵古籍名录。

二、新疆发现之文献古籍的研究概况

出土文献是中华文化遗产的直接载体，其门类繁多，内涵丰富，由于反映着一个时代文化的盛衰过程，极大地补充和丰富着后世所不能见到的文献，修正着一些错误的观点和看法，在进一步扩充文化内涵，追寻古代文明方面，无疑有着珍贵的历史文化价值。新疆出土的各类文献，因涉及官私书籍、文件档案、公私信函、遣册文书、稀有墓志碑刻、民族文字等，既有学术价值，也有历史文化遗产价值和书法艺术价值，故成为研究古代新疆乃至我国的历史、文化、文学、宗教等领域不可缺少的资料。因此，古文字文献资料自发现以来，我国的文物考古与语言文字学专家，及国外的语言学家就开始了对这些珍贵文献资料全方位、多层次、多角度的研究，截至目前取得了许多可喜的研究成果。

对于新疆博物馆藏吐鲁番出土的汉文文书，早在20世纪70年代由国家文物局文献古籍办公室组织以唐长儒教授为主的整理小组，进行了系统的整理，并先后出版了十卷本《吐鲁番出土文书》和四卷本的《吐鲁番出土文书》影印本。同时，由于吐鲁番文书具有很高的学术价值，因而自发现以来，就吸引了众多国内外专家学者的关注与研究，也取得了许多重要的研究成果。尤其是中国和日本学者从20世纪末期开始，对吐鲁番文书的整理研究，已走在了国际吐鲁番学领域的前列，两国学者，不仅关注本国所藏，而且也关注着其他国家和地区的收藏和整理，并出了许多新成果，主要有《吐鲁番出土法律文书》《新发现的吐鲁番文书》《中国古代籍账研究》《斯坦因所获吐鲁番文书》《吐鲁番出土高昌文献编年》和《新获吐鲁番文书》等，这些专门性研究成果相继出版。

从研究情况看，吐鲁番出土汉文文书说明，隋唐时期高昌（西州）统治集团的人物，大多是河西大族的后裔，他们来到高昌，往往是以家族为单位迁徙的，因而高昌国自建国以后，在盆地居住着大批汉族人民，通行汉语，尤其是从汉代开始直至南北朝时期，因各种因素导致一批又一批汉人的到来，逐渐了构成了高昌国以汉族为主体的民族状况，但也有许多汉化程度不同的各民族居民，其中除来自西域本土各国的居民外，也有来自北方草原和西北地区的古代民族成员，甚至还有昭武九姓人等。

随着大量汉人为躲避战乱移居高昌，中原地区传统的道教文化也传播到这里。当然，中原佛教在高昌地区的影响从吐鲁番地区发现的大量汉文佛教文献中亦可得到证明。此外，由于汉语言文字从统治阶层到民间均得到广泛使用，故而所遗留的文化遗产极为丰富，如在阿斯塔那古墓群出土的文书中，已发现有许多《尚书》《诗经》《论语》《孝经》《急就篇》《千字文》《三国志·孙权传》和《唐律疏义》及中药方剂、针经与官私学塾的学生习字等许多写本，这些亦从一个侧面说明晋到高昌国时期，汉文化在高昌地区的流行情况。另外，吐鲁番文书中存在的大量买卖契券，则表明这种契约关系已发展到租佃、雇佣、借贷等经济生活多种形式之中，在高昌民间已形成了比较完善的契约制度，各种契券都有一定的程式，这说明商业发达的高昌亦产生了比较发达的商业文化。有些文书可补史籍记载之缺略，有的则可辩证史书记载的误正。更重要的是，文书中不少年号，过去鲜为人知，其中有的根本不见史书记载，有的则与史书所记年号之干支不符。通过对一些年号的研究，弄清楚了某些历史上的疑团。

吐鲁番文书以大量官私文书为主，具有丰富的社会内容和鲜明的特点。它涉及当时的政治制度、经济措施、军事行动、文化教育、意识形态以及生活习俗等各个方面，从重大的历史事件，著名的历史人物到平民百姓的生活琐事，文书中都有反映。它不仅为我们研究吐鲁番盆地乃至整个西域历史地理、社会经济生活等诸多方面提供了极为丰富的材料，而且所留存的文书对于研究当时的语言文字的使用情况、书法艺术等都是不可多得的重要资料。

除了汉文文书，我国学者在焉耆文、回鹘文、吐蕃文、于阗文、佉卢文和察合台文方面进行了许多研究，也取得了显著的成绩，其中在焉耆文、吐蕃文、回鹘文、佉卢文和察合台文方面所取得的成果较为明显，出版的专著和发表的专题文章也比较多，如专著类有季羡林等《中国新疆博物馆藏焉耆文〈弥勒会见记剧本〉残页研究》、王尧等《吐蕃文简牍综录》、耿世民《维吾尔古代文献研究》、林梅村《沙海古卷》、伊斯拉菲尔·玉苏甫等《回鹘文弥勒会见记》、《回鹘文契约文书》等，而专题研究文章也很多。相对于回鹘文，察合台文古籍的整理研究成果就更多了。

对于文献的整理是一个既需要耐心，又很令人兴奋的事情，在弄清了每件残片尤其是类似残片的文字内容、文献题名后，通过对它们的内容、书写风格、用纸等特征的反复比对，再进行拼缀是一项难度很大的工作。仅以佛经而言，早期的佛教写经，从用纸尺寸、行款字数等形制及书体来看，尽管时代地域有差别，然而，通常还是有一定的规制或规律可循，这点自出土的汉文和非汉文文献中也能看出。无论从哪个层面上讲，不论是对出土文献残片的整理和认知，还是对时代相对较晚之手抄本的释读转写，这些都是相关专家学者鼎力合作的结晶。

总之，新疆地处丝绸之路既是东西方贸易中转站，又是宗教、文化和知识的交汇处，这里的历史，涉及当时的佛教、道教、摩尼教、景教乃至伊斯兰教等宗教信仰，完整地展示着上千年间经济、文化、科技等社会生活场景的流传演变。因而，从这里发现的古文字文献，对于进一步研究和探讨古代新疆多元文化特色的形成，起着重要的作用，所以围绕各类文献的研究工作之不断的深入，研究队伍亦在不断的壮大，成果也在不断的增多，许多空白在逐步被填补。

三、文献古籍的收藏条件与保存环境

古代新疆以其独特的地理风貌孕育了具有自己特色的文化景观，遗留下大量的文化财富，这是西域各民族在长期的历史发展进程中，不断吸收周围诸民族、诸地区文化精华并结合自身固有的文化发展需要形成的。它不但促进了本地区各民族历史文化的发展，也为我国光彩夺目的历史文化宝库增添了重要内容。为此，很好的保护和利用好这些人类文化遗产，无疑是博物馆最重要的职责之一。

众所周知，博物馆作为历史文化的殿堂，所藏文物不仅是研究一个国家乃至一个地区历史、艺术、技术、科学、文化、民族和宗教等各项问题的原始资料，而且也是博物馆开展各项活动的物质基础。因此，为了有效地保护好国家的珍贵文化遗产，从建馆之初新疆博物馆就非常重视文物保存环境的改善，并于1983年利用国家专项拨款建成了面积为2300m^2的文物库房，使得文物藏品的保存环境，从安全设施到技防设施等方面均得以明显改观。就文献古籍的分类保管而言，自20世纪80年代末开始，利用有限资金，不仅在柜架的配备、专库的划分等方面进行了探索，而且针对纸质和木质文献的特殊性，根据每件文物的特点采取了有目的地保护措施。譬如，对双面均有字的纸质文献采用防紫外线有机玻璃夹固，对单面有文字进行了册页式和卷轴式装裱，同时进行了防虫、防潮、防霉处理；对木简和木牍则根据实物制作囊匣，分类保管。这些做法在一定意义上减缓了纸张类文物，因纤维组织脆化而产生的破损，纸张及墨迹的褪色与漫漶及木质类文物的变形、糟朽、虫蛀和字迹的磨损等问题。同时，近年来本着有效保护与合理利用之原则，经多方筹措经费，还定做了一批用于存放纸本文书，内夹层为樟木，可起到防虫作用的特制金属柜，这在一定程度上可谓进一步加强了对文献古籍的保护力度，从长远来看，也有利于文献类文物的妥善保管。

在改善装具和存储条件的前提下，为防止室外的空气污染物和尘埃等进入文物库房，除必要的通风口之外，对文物库房的门窗等进行了密封处理，目的是为了有效减少有害气体和尘埃等微颗粒污染物对这些珍贵文物的损害。此外，还对文物存放环境温湿度进行了监控，通过适时监测所掌握的数据，随时对存放环境温湿度进行必要的调整和采取相应的保护措施。

新疆博物馆现有的文物库房设施虽然相较发达地区的现代化博物馆，还不够完善，尤其在科技保护方面，从设施到手段比较简陋，缺乏必要的检测设施和对材质非常科学的分析数据，没有专为文物保存环境制定的空气污染物标准，更无有效的有害气体控制手段和空气污染物净化装置，对发生病害原理无法做出科学的判断和制定相应的解决方案，但多年来，由于一直致力于文物收藏环境的改善，并为此进行了尽可能多的投入，可以说在现阶段这些珍贵的文献资料保存的还相对完好。从另外一个侧面看，长期以来的投入和在文物保护方面体现的积极态度，亦收到了预期的一些效果。

四、文献古籍保护管理中存在的问题

博物馆收藏与保护之文物虽然种类很多，质地各异，但收藏保管的目的就是在做到防雷、防盗、防虫、防潮、防霉菌、防干、防光、防尘和防污染等前提下，极力在各方面做到要适合各类不同性质藏品的安全收藏、科学保护的需要。只有这样文物库房才能满足和保证藏品的安全、有利于藏品的科学保护、便于藏品的日常管理和利用等要求。

就新疆博物馆而言，虽然建造了文物库房，规范化管理制度也在不断完善，但修建时由于受资金限制，未能充分考虑新疆地区冬季寒冷、降雪多，夏季炎热、干燥，昼夜温差变化悬殊，且风沙大、灰尘多等自然条件和特殊的地理环境。因此，文物库房的功能在设计上存在许多缺陷，特别是因经费原因时至今日，应配备的空气清新与过滤系统，恒温恒湿装置和中央空调系统等文物保护基本设施，一直未能配备，所有的文物均处于自然存放状态之中，这显然不利于文物的长期有效保护和合理利用。

除了缺乏科技保护基本配套设施外，就建筑本身而言，文物库房经过多年的使用，不仅其功能老化，而且从当时设计理念上看与当今高速发展变化中的社会也有着较大的差距。由于当时在设计文物库房时对建筑本身功能要求不是很高，因而现在看来有许多不足之处，有许多方面与现代意义的文物库房存有一定的差距，这无疑影响了对馆藏文物的保护管理和有效运用。

再者就是从事文献类文物保护专业技术人员缺乏，保护工作基本处于被动局面，对新材料、新技术的应用有待于更深入的研究，各种保护材料的性能表征和保护效果检测手段尚待完善。另外，文献类文物的保护是个长期性工作，需要根据情况不断处理，不能想象一次保护处理而一劳永逸，还应定期观察，根据新情况提出相应的处理措施，要控制好环境的温度、湿度、保持环境清洁，切断文物的污染和危害源，同时，还要防止由于操作失误导致的人为损害。文献类文物的保护加固材料是一个非常庞大、不断进化、日新月异的体系。体系进化的内在动力在于理论研究与实践相结合，对传统文物保护中使用的已有材料之优点和缺点的愈加明显，肯定其优点，改进其不足，提出对优良性能材料乃至新材料的要求，并通过研究和实践使理论与方法变为现实。也就是说，将先进、成熟的理念、技术、材料和检测分析等方法，合理地运用到文献保护工作中，同时，加大与社会各界多学科、多专业间的广泛合作，围绕实际物品进行综合研究攻克难题，这无疑是今后在文物保护领域需要探索和尝试的方向。

改革开放以来，随着社会经济的快速持续发展，新疆维吾尔自治区也相应加大了文物保护工作力度，投入额度呈逐年增长态势，这也为新疆地区的文物博物馆事业得以长足的发展营造了良好的条件，但由于新疆地区文博事业起步较晚，各方面基础相对于发达地区要薄弱，因而存在的问题也比较多。就自治区博物馆而言，近年来，在极力争取中央和新疆维吾尔自治区文物保护专项经费的同时，也积极挖掘自身的潜力，加大了文物科技保护投入力度，取得了一些成绩，然而随着当今社会的高速发展，在旧的问题得以解决的前提下，新的问题又在不断地产生，这无疑是在今后的实际工作必须高度重视和加以解决的方面。

总之，新疆由于自古以来就是多民族聚居、多元文化并存的地区，是我国领土神圣不可分割的一部分，这里发现的文献古籍不仅数量大、内容丰富、而且种类也很多，不仅历史学、考古学、哲学、宗教学等皆离不开出土文献的重新定位、客观支撑与有机结合，而且它们对于进一步研究和探讨古代新疆多元文化特色的形成，起着重要的作用。另外，出土文献是文化遗产一个不可分割的整体，我们有责任开拓视野，借助出土文献这一历史记忆平台来推介新疆古代文明。保护和利用好这些弥足珍贵的文献古籍，对于正确阐述新疆历史、文化和民族宗教发展演变问题，维护祖国统一以及以现代文化为引领，促进民族地区的长治久安和跨越式发展，有着巨大的现实意义和历史意义。

作者单位：安尼瓦尔·哈斯木，新疆文物考古研究所

新疆文物考古研究所藏出土文献古籍及保存现状

安尼瓦尔·哈斯木

内容提要：新疆自古以来就是多民族、多文化、多宗教的汇聚之地，新疆曾先后出土过包括汉文在内的十余种文字的书简或纸张，新疆文物考古研究所珍藏大量文献古籍，我们就这些古籍的保护状况进行相应的研究。

关键词：古籍　文献　保存现状

新疆地处祖国西北边陲，地域广阔、物产丰饶，为丝绸之路的东段，自古就是民族众多、各种文明交融荟萃之地。新中国成立以来，伴随着考古调查与发掘出土的汉文、佉卢文、梵文、龟兹-焉耆文、粟特文、回鹘文、吐蕃文、于阗文、哈卡尼亚文、阿拉伯文、波斯和察合台文简牍和纸质文书等越来越丰富，也在不断地印证着这一历史事实。文化是民族的血脉，是人民的精神家园，是一个国家软实力的真切体现。因而文化遗产的保护，对于促进一个国家、一个地区乃至一个民族文化的繁荣和传承，有着深远的历史和现实意义。

新疆文物考古研究所作为新疆唯一具有团体发掘资质的科研机构，由于长期以来承担着全疆范围内的田野调查和考古发掘任务，因而发现和收藏的出土文献也比较丰富。除20世纪50～60年代发掘所获现基本收藏于新疆博物馆的文书外，70年代至今从若羌县米兰遗址、尼雅遗址、楼兰古城、营盘墓地以及吐鲁番交河古城沟西沟北、孜克里克千佛洞和胜金口佛寺遗址等地所获出土文献目前基本均存放于研究所内。种类有木简、木牍、墓志、纸本文献和有铭文的纺织品等，文字主要有汉文、佉卢文、粟特文、回鹘文、梵文和吐蕃文。其中除汉文外，基本为死文字和半死文字，而且它们的出土状况也不尽相同，基本都残缺，不仅面临着清理、修复、拼接、加固等技术手段方面的保护，而且还面临着释读与辨别等研究领域的复杂工作，可以说对出土各种质地文献古籍的保护是一项难度非常大的工作。即使这样，自建所以来立足文化遗产保护角度，对出土各类文物包括文献古籍均采取了保护措施，在现有的条件下，也取得了一些成效。然从发展的眼光看，目前的状况与当今社会高速快效发展是不相适应的，尤其在出土文献古籍的保护整理和刊布等方面，与国内诸多文博单位存在着很大的差距。鉴于此，为使新疆文物考古研究所出土文献古籍保护工作能质的飞跃和改善，下面就基本情况、存在的问题及今后的保护工作做一阐述。

一、出土文献与古籍保护基本概况及存在问题

新疆文物考古研究所创建半个世纪以来，在全疆范围内开展了一系列的考古调查和发掘工作，获得了大量珍贵的各类文物，包括大量文字性文物。尤其是这些出土文献，从民族学、语言学和文献学的角度，较全面地揭示了新疆自古以来就是多民族聚居、多元文化交融荟萃和多种宗教流布的历史事实，为人们了解古代新疆异彩缤纷的历史画卷，提供了可靠的依据。近年来随着西部大开发号角的吹响和中央援疆工作座谈会的召开，新疆的各项事业均步入快速发展的轨道。就以文物考古工作而言，几年来新疆文物考古研究所配合基本建设、定居兴牧、富民兴边、保障性住房建设、交通、水利与各种能源建设以及丝绸之路大遗址保护所开展的田野考古调查与发掘任务越发繁重，因而每年都有许多重要的考古发现呈现在世人面前。

且不论其他文物，仅以出土文献而言，这几年就出土了许多古代文献，其中以吐鲁番柏孜克里克千佛洞、胜金口佛寺遗址和米兰遗址出土的文书和木简数量和种类较多，最具代表性。这些文献书写在各种材质上，从语言学类别可分为汉文文书、胡语文书和胡汉双语文书。在各种材质文献中，仅以作为当时主要记载工具的纸质文书而言，数量上以汉文为最多，内容也较为丰富；胡语文书以回鹘文最多，此外，还有梵文、粟特文、吐蕃文和阿拉伯文等。时代跨度较大，从唐代到元代以后均有出土。书写形式分手写本和印刷本，为单面和双面书写或印刷，字体亦很多样，它们记录下了许多辉煌的历史篇章，成为印证历史的重要佐证。众所周知，造纸术的发明是我们祖先对人类的伟大贡献之一。自汉代造纸术发明以来，纸张就普遍应用于书籍、书画及文献之中。据考古发现，我国的造纸发明可追溯至西汉时期。到了东汉原兴年间也就是105年，蔡伦在前人实践的基础上，探索出一种以树皮、麻头、破布、旧渔网等为原料的造纸工艺。用这种新的造纸工艺所生产出来的纸张，被称为“蔡侯纸”。唐宋时期，我国造纸业得到了进一步发展。正因为东汉以后，我国已形成一套完整的造纸工艺，纸张的质量和产量也有了很大提高，因而纸张从魏晋南北朝以后开始在新疆大量出现。吐鲁番作为丝绸之路的中枢，由于这里较早就具有了相对发达的农业文明，故手工业亦非常发达，尤其在唐西州时期工匠地位高于普通民众，分工日益精密，涌现了不少能工巧匠，出土文书中就保存有大量有关官府工匠的记录。值得关注的是，吐鲁番出土文书中出现了纸坊的记载，这说明西州有官办造纸作坊，并出现了掌握造纸工艺的匠人。吐鲁番出土的大量纸质文献，也表明了纸张当时在这里得以大量使用的历史事实。

据目前的考古发现看，自吐鲁番地区出土的各种文字古代文献极为丰富，其中纸质文献所占比例很大，既有世俗文书，也有宗教文书。先期从这里发现的文献经整理刊布后，已引起国内外学者的广泛关注，在一定程度上推进了西域历史文化乃至吐鲁番学研究的进程，解决了许多历史疑难问题。而近年来的发现，同样也会为研究吐鲁番地区古代文化生活特别是佛教文化提供宝贵资料的同时，对深入研究吐鲁番地区的佛教文化，中原与西域佛教间的关系以及印刷术、版本学等方面具有重要的价值。

然而，这些纸质文献存在的一个巨大问题，除极个别相对完整外，基本残缺，表面有污渍、均存在折痕、褶皱、变形、断裂、黏接、脆化现象，有些甚至存在被涂抹、火烧和动物齿

咬的痕迹。从字迹看，在长期的埋藏过程中，由于受到环境因素的影响，存在字迹模糊或漫漶现象。当然出土文献的损毁与病理原因是多方面的，不仅有自然因素，也有人为因素。

以自然因素而论，一般情况下影响纸张类文物的外界因素包括温湿度、光照、粉尘、微生物等几方面。恒温状态是纸张类物品得以长期保存的有效条件之一，因为在高温情况下，纸张内固有的水分会快速蒸发，使纸张中纤维素分子的聚合度降低，纤维素分子量减少，必定导致其纤维组织老化，强度和柔软性降低，使纸张出现发黄和脆化问题；而存放环境湿度过大，不仅会影响纸张的耐久性和抗张力强度，除使纸张出现黏接、字迹漫漶等外，更主要的是随着时间的推移，会产生霉菌等病理现象。再说污染问题，即使在密封的墓室内或掩埋在倒塌的洞窟和寺院建筑内，依然存在污染现象。这些污染物肉眼难以察觉，包括有害病菌、微生物、灰尘及粉尘，都会对其造成损害。人为因素是指这些文献在当时的流通，以及出土以后的保管过程中，造成的污损和损坏等。

二、出土文献的保存环境及保存手段

新疆文物考古研究所由于承担着新疆的野外调查的发掘研究任务，多年来即使有许多文物被相继分配给各级文物收藏单位，有力地支持了新疆文博事业的良性发展，为正确阐释新疆的历史文化、民族宗教演变脉络做出了积极的贡献，但为了自身研究工作、调查与发掘报告之需要留存下来的以往发现，以及近年来新发现的文物标本依然很多，其中就包括各种文献古籍。可是从保管和保护方面而言，因历史和现实的因素，存在的问题比较多，而最主要的是文物标本收藏环境与科学规范的保护和管理。从发展的眼光看，这显然不利于文物的保护和最大化地发挥其社会效益，为当前乃至今后的社会发展服务。鉴于此，为了有效地保护古代文化遗产，使其为人类社会的发展进步做出应有的贡献。近年来投入大量资金对文物标本收藏环境进行了升级改造，随着投入使用，使得文物藏品的保存环境得到明显改善。

保存环境对纸质文物保护的影响最为直接，改善保存环境，具有投入低、应用面广、可操作性强的特点，是纸质文物预防性保护的重要内容。鉴于此，需多方筹措资金，对文物收藏环境和设施进行了整体改造。

可是从我们目前所具备的保护条件和设施来看，虽然经过改造升级，现在和过去相比有了很大的改善，但与国家珍贵文献古籍保护要求和标准相比相差甚远。就自然环境而言，新疆地区属于温带大陆性干旱气候，昼夜温差大，寒暑气温变化剧烈，这种客观外部环境总体上对非常脆弱的出土文献的保护是极为不利的；反观保存环境，由于过去在指导思想和认识上存在的误区，考古发掘单位基本没有建设规范的文物标本收藏库房，现有库房功能不全。由于文物保护经费短缺因素，始终没有配备必要的空气自动调节和控制、监测、空气净化、防尘、除尘、防日光与紫外线辐射以及温湿度调控等设施，保护设施缺乏，保存环境较差，文物基本处于自然存放状态。另外，由于出土文物众多，导致保存空间狭小，各类文物都处于混放状态。仅依出土文献而言，因为出土文献基本书写在木、纸张与布帛之上，均属于有机质物品，其所需要的温湿度要求不同，由于现有条件下无法分类存放，故保护难度有所增加。对于出土文献的释读、拼接、加固和归类问题，这也是一项难度极大的工作，其不仅需要提供必要的技术支持，同时也需要从事古文献和古文字研究的专家学者介入，释读并确定这些文献的属性，只有做好了此项工作，才可以更好地保护和有效地发挥它们的价值。但从现状来看，目前由于我们缺乏这方面的力量，对于出土各类文献的整理、释读与保护工作还无法全面展开，所以这是当前存在的最大问题之一。

三、出土文献保护规划及设想

出土文献蕴含着深厚的历史与文化价值，从某种程度上说具有其他东西无可替代的优点。据已经释读研究和得到有效保护，并已列入《古籍保护名录》的文献，其蕴含的信息是非常丰富的，尤其对于我们了解古代西域的历史文化、民族宗教等方面具有重要的意义，因而对这些珍贵文化遗产的保护显得尤为重要。

我所所藏文物的保护与整理问题是一个难点问题，也是需要我们今后投入较大的人力和物力来解决的事情。这些文献由于质地的不同，埋藏区域自然环境的差异，埋藏时间不同等因素，保存状态完全不同。除少量简牍，主要为未开启的佉卢文简牍、于阗文木函和部分吐蕃文木简字迹清晰，保存基本完整外，绝大部分保存状态较差，尤其是纸张类文献更是如此，纤维组织脆化且许多已成碎片，对其拼接和完整释读有很大的难度。此外，还存在有些简牍字迹模糊或漫漶，难以释读。总之，若想很好地发挥出土文献的作用，用这些历史信息正确阐述新疆历史文化发展脉络，就必须做好保护工作，如仅以纸张类而言，对其进行科学保护，就需要开展以下两方面的工作。

其一是改善保存环境。由于纸质文献不仅会因收藏条件不好，如在光照污染、潮湿等因素影响下，会失去光泽变暗、硬化乃至脆化，甚至会出现霉斑和虫蛀等一系列病理问题。尤其是纸张老化或硬化后，会逐渐失去原有的机械强度，开始出现脆化现象，病害严重的最终会脆化或粉化。同时，如果没有很好的防虫措施，纸张会遭到虫蛀，其在导致纸张表面出现圆形或曲线形孔洞的同时，也会使部分文字缺失。为此，在改善收藏环境硬件设施，制作相应的装具和进行必要的加固等前提下，存放环境最好应具有良好的密闭性，并严格控制温湿度，使文物处于恒温恒湿的环境下，以及进行必要的杀虫处理。当然，如果有条件可以采用低温冷冻法进行杀虫。

其二是要关注纸张的酸化程度。纸张的酸化是影响文献得以长期保存和有效使用的重要因素。造成纸张酸化的因素是多方面的，但主要原因乃纸质品自身酸性逐渐增强所致，因为随着时间的推移，酸性物质将对文献带来极大的危害。其测定依据为pH值的不正常。一般情况下纸张中的pH值越低其酸性则越强，如果pH值达到4以下，纸张就会出现严重的脆化，这是极其严重的一种病害现象。导致纸张酸化的原因是多方面的，但最主要的不外乎环境污染。因为相对纯净的空气是由氮气、氧气和少量的二氧化碳等组成的，其不含有酸性气体，但目前环境污染是非常严重的，相对纯净的外部环境的创造是一件难度很大的工作。社会的高速发展和工业化进程的加快，导致环境污染日益严重，特别是酸性气体排放量呈上升趋势，这也直接影响着出土纸质文献收藏环境。从目前所采取的保护措施看，我们依据现有的条件，虽然认为也做了一些工作，但总体上还是有相当大的差距，这无疑是今后需要继续加以改进和提高的方面。

当然，出土文献的保护并不仅限于对纸张类文献的保护，其他材质的文献同样有着很大的技术保护难度，都需要科技保护手段的大力支持，尤其是对现代科技手段的充分运用。由于出土各类文献古籍，在长期的埋藏过程中，本身就已非常脆弱，有些甚至已遭受很大的损害，所以出土文献更需要良好的保存条件和严格的保护措施。如果有可能，在加强修复保护的同时，尽量能单独存放，尤其是纸张类和简牍类文献，能在相对恒温恒湿的环境里存放，并采取防火、防水、防潮、防虫、防霉和防盗措施，进行有效的保护与合理的利用。出土文献古籍的保护，是传承和发扬民族文化遗产，正确阐释新疆历史文化与民族宗教演变进程的重要工作，其意义是“功在当代，利在千秋”。

作者单位：安尼瓦尔·哈斯木，新疆文物考古研究所

新疆博物馆馆藏纸本类文物的现状及其保护问题

伊斯拉菲尔·玉苏甫　安尼瓦尔·哈斯木

内容提要：纸质文物是新疆博物馆馆藏的重要组成部分，多为出土或传世的多种文字文书，另有部分剪纸和绘画作品。全方位地展示古代新疆历史文化、民族宗教、社会生活，对研究古代西域文化有着重要作用。纸质文物不易保存，容易蛀蚀，有效的保护是充分研究的前提。本文针对光藏纸质文物其现状和保护进行探讨。

关键词：纸质文物　现状　保护

新疆博物馆作为全区最大的综合性博物馆，自20世纪50年代建馆以来，在逐步完善自身体系的同时，通过一系列的考古调查、发掘和不间断的文物征集工作，获得了大量珍贵的古代和近现代文化遗产。在丰富馆藏的同时，通过举办各类展览有效地宣传了新疆古代和近现代文明，正确地阐释了新疆地区的历史文化和民族宗教的发展演变进程。

目前馆藏各类文物40 000余件，其中纸质文物占有非常重要的位置，而且也是博物馆的特色藏品之一。从类别上看，收藏于新疆博物馆的纸本类文物主要为出土或传世的多种文字之文书，其次则为剪纸和绘画作品。这些文物作为反映古代新疆历史文化与民族宗教等方面内容的重要史料，在研究古代新疆历史文化与民族宗教等方面，发挥着巨大的作用，但是由于掩埋于地下或在民间流传年代过久，出土或征集时均已受不同程度的受损。虽然多年来我们依据自身的条件，采取了一些保护措施，也取得了一定的效果，但随着时间的推延，尤其是外部环境的不断劣化，有些纸张类文物开始出现纤维组织脆化、褪色及酸化等问题，这无疑为现阶段纸张类文物保护工作所面临的新问题。若想有效地保护，在采取一定的保护措施之前提下，必须首先研究纸张类文物受损的原因与规律，力求最大限度地延长它的生命。基于这点，本文围绕新疆博物馆纸质类文物的发现情况、保存现状和保护问题进行了初步的探讨。

一、纸质类文物发现情况及其现状

自我国发明了造纸技术以后，纸张就成为主要的载体材料，并被广泛地运用，保留下来的纸质类文物数量庞大、内容浩繁。新疆是丝绸之路的东段，在历史上随着中外使者、商旅和游客等的频繁往来，使得东西方文化在此荟萃交融、相互影响，导致世界几大文明——古代中国、古代印度和古代希腊的文明，以及波斯、阿拉伯文明，世界三大宗教——佛教、基督教和伊斯兰教，各种语言——印欧语系、阿尔泰语系、汉藏语系及闪含语系的语言，都在这里汇合，极大地丰富了当地文化。因而新中国成立后，我国考古工作者在新疆地区进行的一系列考古发掘与调查，在天山南北的古墓葬与古遗址内，除发现丰富而珍贵的文化艺术精品外，而且还发现了多种文字资料，同时作为载体使用的材料种类也很多，但其中纸质类所占的比重很大。

从目前所获得的考古资料看，元代以前的纸质类文物，主要分布在天山以南和以东的吐鲁番、哈密、焉耆、库车、巴楚、莎车、若羌、且末与和田等地区的阿斯塔那–哈拉和卓墓地、柏孜克里克千佛洞、胜金口佛寺遗址、高昌和交河故城遗址、脱米尔底佛寺遗址、锡克沁佛寺遗址、苏巴什佛寺遗址、脱库孜沙来故城遗址、图木休克佛寺遗址、米兰佛寺遗址、楼兰故城、尼雅遗址、扎滚鲁克墓地、苏博斯坎遗址和瓦石峡遗址等处。文字有汉文、梵文、佉卢文、吐火罗文A-B（焉耆–龟兹文）、于阗文、粟特文、回鹘文、吐蕃文、哈卡尼亚文、阿拉伯文和察合台文等，其内容相当广泛，涉及经济、政治、军事、文化、宗教、历史、文学、法律、医药、历法等许多方面，所涵盖的内容极为丰富，具有代表性者汉文有《妙法莲花经》《金光明经》《论语》《三国志·孙权传》和《唐律疏议》等，非汉文者中有粟特文《买卖女奴文书》、焉耆文（吐火罗文A）《弥勒会见记剧本》、回鹘文《弥勒会见记剧本》和哈卡尼亚文《请伯克赐财物书》等。

纸质类文物从发现量来看，当属吐鲁番阿斯塔那–哈拉和卓古墓葬为最多，仅自这里出土的纸质类文物就有2026个号，共4056件。吐鲁番文书之得以保存到今天，当然还由于当地具有降水量少，气候干燥等自然条件。这些自然条件不仅我国其他地区少有，甚至连新疆乃至吐鲁番盆地也并非到处都具备，就以交河故城附近的艾丁湖一带的墓葬为例，由于地下水位较高，比较潮湿，有机物很难保存下来。吐鲁番地区之所以能够保存如此丰富的纸质类文物，我们认为除了该地区特殊的自然气候外，当时的丧葬习俗也是一个主要的原因。这些纸质类文物都是考古发掘品，都有发掘记录，有一些如衣物疏、地券、功德录、告身、契约等以文书形式直接随葬的较为完整外，大多数是当做废纸被用来制成死者的服饰或是一些俑的构件，所以多已残缺。这种以纸为服饰乃至葬具的习俗，虽然真正的原因目前还无法给予确切的答案，但是如此丰富的史料，赖于这种葬俗得以保留，的确是值得庆幸的一件大事。

总之，古代新疆以其独特的地理风貌孕育了具有自己特色的文化景观，遗留下大量的文化财富，这种文化不是孤立发展和形成的，而是西域各民族在长期的历史发展进程中，不断吸收周邻诸民族、诸地区文化精华并结合自身固有的文化发展需要形成的，它不但促进了本地区各民族历史文化的发展，也为我国光彩夺目的历史文化宝库增添了重要财富。为此，很好地保护和利用这些人类文化遗产，无疑是博物馆当前乃至今后最重要的职责之一。

博物馆作为历史文化的殿堂，所收藏的文物不仅是研究一个国家乃至一个地区历史、文化、艺术、科学技术、民族和宗教等各项问题的原始资料，而且也是博物馆开展各项工作的物质基础。因此，为了有效地保护与合理地利用好国家的珍贵文化遗产，在建馆之初新疆博物馆就非常重视对文物保存环境的改善，并于1983年利用国家专项拨款建成了面积为2304m^2的文物库房，使得文物藏品的保存环境得到明显改善。就纸质文物的分类保管而言，自20世纪80年代末开始进行专人专库管理的同时，利用当时有限的资金，制作了专门存放纸质文物的柜架，而且根据纸质文物的特殊性，依据每件文物的特点采取了有针对性的保护措施，如对于双面均有文字的纸本文物采用防紫外线有机玻璃夹固，单面有文字的进行册页式或卷轴式装裱，对于能解读的碎片进行拼对等，也进行了防虫、防潮、防霉处理。这些做法在一定意义上减缓了纸质类文物因纤维组织脆化而产生的二次破损，以及紫外线辐射导致的纸张及墨迹褪色与漫漶等问题。为了更好地保存这些纸质类珍贵文物，目前又多方筹措经费，定做了一批用于存放纸本类文物、内夹层为樟木的特制金属柜，这进一步加强了对纸质类文物的保护力度，从长远来看，也有利于纸本类文物的妥善保管与合理利用。为防止室外的空气污染物和尘埃等进入文物库房内，除必要的通风口之外，我们对文物库房的门窗等进行了密封，目的就是减少有害气体和尘埃等污染物的侵袭。此外，还对文物存放环境的温湿度进行了监控，通过所掌握的数据，随时进行必要的调整和采取相应的措施。

虽然新疆博物馆现有的文物库房及其设施，相对于发达地区的博物馆在许多方面还不够完善，尤其在科技保护设施方面还比较简陋，但多年来，由于一直致力于文物收藏环境的改善，并为此进行了尽可能多的投入，因而可以说达到了现阶段所预期的效果。

二、纸质类文物发生病变的原因

纸质类文物的损坏原因与其他质地的文物一样有内因和外因。内因一般指纸张的性能和耐久性；外因则指周围的环境因素、生物因素和人为因素，如不适宜的温湿度、光辐射、空气污染物及病虫害、霉菌等有害生物。因此，我们既要研究纸张受损的内部因素，还应研究外部因素。要解决这一问题，必须坚决地推行文物的预防性保护理念，全面开展预防性保护实践。

因城镇化、工业化建设步伐的加快而造成的环境恶化，给馆藏文物保护工作带来了严峻的挑战，馆藏文物的保护难度虽然进一步加大，保护任务更趋繁重，但由于针对纸质类文物保护的理念、措施和技术手段随着经济社会的发展也在不断地更新和进步，因而对纸质类文物保护科学规律地探索和认识也在逐步加深。

就新疆博物馆而言，虽然建造了文物库房，而且到目前还是新疆地区最好的文物库房，所收藏与保护之文物种类很多，质地各异，规范化管理制度也在不断完善，可以说在硬件建设主要包括馆藏文物的储存空间和防护设施，软件建设主要包括馆藏文物的管理理念和管理方式方面，均加大了投入力度，但由于当时修建文物库房时受资金以及功能理念方面的限制，未能充分考虑新疆地区冬季寒冷、降雪多，夏季炎热、干燥，昼夜温差变化悬殊，且风沙大、灰尘多等自然条件和特殊的地理环境，文物库房在设计理念上存在许多缺陷，使用功能不是很完善，应配备的空气清新与过滤系统、恒温恒湿装置和中央空调系统等文物保护基本设施，一直未能配备，所有的文物基本均处于自然存放状态之中。另外，为在冬季保持文物库房内的相应温度，便于库房保管人员的正常工作，在文物库房内安装了暖气设备，然而供暖后，暖气片在散发热量的同时，也散发着呈气体状的油脂类污染物，这种污染物一般不易防范，对文物尤其对纸张等纤维类文物构成的危害也很大，有些危害在短期内还不易发现。从长远来看，这显然不利于文物的有效保护和合理利用，特别是纸本类文物，更容易在这样的保存环境中发生许多变化。

纸质类文物发生病变往往是在环境因素的作用下产生的，因为在不适宜的环境下纸张的主要化学成分发生化学变化，从而使纸张性能下降，并产生一系列的病变。在发生的这些变化中，除遭虫蛀、水浸泡、焚毁等外，纸张老化是最常见的一种。纸张老化主要是在酸、光、氧、水分、霉菌和空气中存在之有害物的作用下发生的一种变化。一般情况下，纸张发生老化后，在微观上表现为其纤维素、半纤维素等化学分子结构发生变化；而在宏观上，直接表现为纸张颜色发黄和强度下降，甚至脆化或成为粉末状，各种性能发生改变。

新疆博物馆所收藏的这些纸质类文物，由于纸张质地不同，除部分保存状态较好者之外，绝大部分出土时色泽已发黄并脆化，有些甚至断裂成碎片。进入博物馆后，虽然条件有限，经过多年的探索和采取了一些必要的措施，在一定程度上减缓了其劣化进程，但即使这样经过细致的观察，还是可以发生一些细微的变化，这主要表现两个方面：一是纸张本身所具有的有害物质在与外界接触后发生变化，加速纸张的老化过程；二是因温湿度、光线、酸、氧化剂和微生物等环境因素以及保存环境未达到保管要求，而引起或加速的纸张老化。新疆作为干旱少雨的地区，纸质类文物收藏环境的温湿度通过中央空调系统和恒温恒湿装置一般还容易控制，但光的辐射则很难防范，而且对有机材质都会造成危害。光的种类很多，有太阳光和各种照明光线即可见光。光有极强的穿透力，它的照射不仅会导致颜色改变，而且还会导致强度的改变，表面的劣化；而纸张作为有机材质，同其他书写载体一样，对于各种照明光及紫外线辐射特别敏感。通过多年的观察，发现虽然紫外线辐射和可见光辐射都会造成色彩的变化和表面损害，但在各种光辐射中，除紫外线辐射之外，可见光造成的损害更大，如对于有文字的文物而言，光在赋予字迹一定的色泽，也就是说，光照射到字迹后，通过字迹材料对光的吸收、反射及透射而显现出色泽之同时，通过辐射又能改变字迹色素结构，破坏字迹原有的色泽之稳定性，最终导致字迹褪色，从而降低纸质类文物的使用价值。

当然除了光对纸质类文物会造成极大的危害外，大气环境污染带来的负面影响也是非常大的。空气是由多种气体及固液微粒组成的混合物，空气的成分随着地理、环境、季节的不同而变化。环境污染在现实生活中是一个社会性大问题，是伴随着社会生产力的迅速发展，现代工业与城市化进程的加快，而形成的一个社会性公害，是长期以来为世人所关注的问题。新疆地处欧亚大陆腹地，远离海洋、高山环绕，境内有大片沙漠和戈壁的地区。纬度高，日照时间长，辐射量大，年降雨量低，蒸发量大，气候变化剧烈，大陆性气候非常明显，水土流失和土地沙化问题日益严重，使环境劣化问题愈发突出。改革开放以来，随着工业化程度的迅速提高，经济的快速高效发展，城市环境污染现象也日趋严重，这种污染不仅影响着人们的身心健康，而且对博物馆所收藏的文物，也构成着相当大的危害。

在这样的环境因素中，尘埃对纸质类文物产生的不利影响较大。尘埃的成分十分复杂，主要有沙土、煤烟、煤屑、盐粒、金属粉尘、花粉、石灰和碱末等不同数量的混合物，是一种粒子状物质。尘埃对文物有着很大的破坏作用，它渗透到博物馆的文物库房和陈列展厅，在一定温湿度的促使下，对存放于室内的各种不同质地的文物藏品起着污损、磨损、黏结等副作用，当降落并沉积在各类有机质文物表面时，便形成一层难以祛除的外层，这不仅很适合于各种霉菌等微生物的寄生和繁殖，尤其会导致和加速纸张、丝棉毛织品和皮革制品等文物的纤维组织老化、脆化和断裂。

博物馆收藏保管文物的目的，就是在做到防雷、防盗、防虫、防潮、防霉菌、防干、防光、防尘和防污染等前提下，极力在各方面做到要适合不同性质藏品的安全收藏、科学保护的需要，但综观上述，不难发现，在内外各种因素的影响下，各种有害物的微观运动，不仅使纸质类文物的外观形态变异，且常引起质量劣化，导致损坏和失去原有的价值。因此，当前文物工作所面临的一个最重要和急于解决的问题，就是如何防止有害物进入博物馆的文物库房和陈列展厅，以及怎样创造一个理想的文物收藏与保护环境。

三、防止纸质文物发生病变的措施与方法

纸张发生病变最终导致损害的因素很多，情况也很复杂，它不仅有内在的因素，也有外在的原因。知道了纸质类文物发生病变的缘由，在实际工作中就能采取相应的措施来延缓其损坏的程度，尽最大的可能来延长纸张的寿命。

新疆博物馆的文物收藏、保存和展示条件，到目前在全疆是最好的。可是，严格地从现代化博物馆的要求以及保存科学的角度来分析和看待，现状并不十分令人乐观。我们在实际工作中发现，由于环境的劣化，目前收藏和展示中的各类文物，都或多或少在发生着一些微妙的变化。因而，为了减少环境污染对文物造成的各种损害，通过科学实验，寻找出文物的最佳保存条件，确定出一套系统科学的文物保护措施，在文物保护工作中贯彻“预防为主，抢救第一”的方针，以及建立一个较为理想的、保存文物的小环境是必要的，它既是当前应该重视的研究课题，也是今后本区文物博物馆事业得以向前发展的方向之一。

就纸质类文物而言，导致纸质类文物发生病变的因素有很多，可从目前的现状来看，对文物造成危害较大的主要有光辐射、环境污染和微生物的侵害等，对此前文已有所提及。因而若想使纸质类文物得到有效的保护与合理的利用，我们认为在今后的工作中必须采取以下几方面的措施。

1. 采取必要的防光措施

纸质类文物在利用和包换过程中不可避免地受光的作用，光对纸张的破坏是必然的，因此采取必要的防光措施，尽量减少光的危害显得尤发重要。博物馆的文物库房和陈列室是存放和展示文化遗产的场所，对光的要求很高。就文物库房而言，首先要根据库房的功能要求进行合理的照明设计与配置；其次是展示和观摩纸质类文物的场所，除选用防紫外线玻璃和采用遮阳措施外，照明灯具也应采取防紫外线措施，通过使用冷光源和防紫外线灯罩，来减弱光对纸质类文物的辐射；最后是尽量减少纸质类文物在展览或研究、整理、拍摄等利用过程中的光照时间，避免长时间暴露在一定的光环境中，同时还要尽一切可能减少使用次数。我们只要在日常工作能够按照上述这些要求，并采取切实可行的方法，就一定能尽量减少光对纸质类文物的破坏作用。

2. 改善文物收藏和展示环境，防止污染物的侵害

纸质类文物的保存和使用都是在一定的环境中进行的，但不同的环境也必然会使其耐久性受到相应的影响。从这个角度出发，选择周边环境良好的地方建造博物馆的陈列室和文物库房，可谓防止污染物的侵害之最简便且经济有效的措施之一。绿色植物不仅对污染物具有较强的净化作用，而且还具有隔热和降温的作用。博物馆周围良好的绿化环境，虽然能净化环境，减少大气污染对文物的破坏强度，但是配备必要的空气过滤与净化设施也是十分必要的。有害气体和尘埃等对纸质类文物的破坏是很明显的，仅依靠建筑本身及其环境是难以防止危害发生的，因此若想杜绝有害气体的侵害，必须配备空气过滤与净化装置，因为使用这类设施可以使进入文物库房或陈列室的有害气体和粉尘等其他污染物得以净化和过滤。另外，还要对文物存放和展示环境进行必要的封闭，力求最大限度地杜绝有害气体和物体的侵害。与此同时，要根据新疆地区气候干燥，风沙大，相应的灰尘多这一特点，文物在入藏前除进行必要的清洁处理外，文物库房工作人员应在进出文物库房前，均应更换工作服和鞋，并在文物库房门口安装风浴设备，减少有害物质入库的可能性。此外，规范和健全各项规章制度，定期做好文物库房和展示场所清洁卫生，也能有效地遏止有害气体和有害物质的侵害。

3. 建立预防微生物侵害的长效机制

纸质类文物由于保存与展示环境温湿度等因素的影响，极容易遭受各种霉菌及有害微生物的侵害，所以做好预防和治理两方面的工作是非常必要的。当然预防措施首先是文物库房和展示场所的条件应抑制有害微生物的生长、发育和繁殖。通过我们多年来观察和积累的经验看，温湿度是导致有害微生物在纸质类文物上得以生长的最主要因素，因为有了合适的温度和湿度，微生物就可以滋生，而有机质文物则会为它们提供一定的养分，使其成为微生物繁殖的温床。因此，为防止微生物的生长，博物馆的文物库房和展示场所，必须保持温度与湿度的相对稳定，尽量避免温湿度的急剧变化。当然，为防止有害微生物的产生，在搞好环境卫生、使用防菌害药品，采用有效的防范措施之前提下，还应通过物理与化学手法进行灭菌处理，如冷冻真空干燥灭菌、微波灭菌和环氧乙烷熏蒸等方法，力求将微生物消灭在萌芽状态之中。预防和治理微生物侵害的方法与手段有很多，不论采用哪种方法，只要我们建立了长效机制，措施与方法到位，就一定能收到相应的效果。

防止纸质类文物发生病变的方法有很多种，但不论采用哪一种都应从实际出发，结合本身的特点，针对不同文物的特点和要求来采取防治措施，而不是盲目地采用，只有这样，才能获得最好的效果，也能较好地保护好文化遗产。

总之，新疆地区的文物博物馆事业虽然起步较晚，经济社会的发展也相对缓慢，但改革开放以来，随着社会的发展，新疆的文物博物馆事业也得到了长足的进步，尤其是国家和自治区文物保护工作力度的不断加大和投入额度的逐步提高，困扰博物馆文物科技保护工作有序开展的问题也在逐渐得到改善，文物保护设施也在不断的配备。然而还有许多工作待于开展和落实，科技保护研究工作也有待于加强。因为纸张作为书写载体，保存着大量珍贵的第一手资料，补充和诠释着史书记载和其他考古发掘的不足。由于数量大，内容丰富，它们对于进一步研究和探讨古代新疆多元文化特色的形成，起着重要的作用，因而保护和利用好这些弥足珍贵的文物，对于正确阐述新疆的历史、文化和民族宗教问题，有着重要的现实意义和历史意义。

作者单位：伊斯拉菲尔·玉苏甫，新疆博物馆
安尼瓦尔·哈斯木，新疆文物考古研究所

新疆博物馆馆藏吐鲁番出土文书的日常保护与建档管理

宋 敏 徐 杰

内容提要：吐鲁番出土文书是研究西晋至唐的经济、政治、法律、军事、文化和医药珍贵的文字资料。本文主要介绍新疆博物馆藏吐鲁番出土文书的情况以及库房温湿度、紫外线、病虫害、修补等方面的保护和建档的科学管理。

关键词：吐鲁番文书 温湿度 病虫害 紫外线 修补 建档

新疆吐鲁番在唐代属于西州，当地气候特别干燥，在这里出土了大量记有文字的纸质文书，虽历经了一千多年但仍保留了下来，其中多为官方文书，少量为私人文书，还有少量古籍抄本残页，人们把这些文书统称为吐鲁番出土文书。吐鲁番出土的文书真实记录了当时社会生活情况，内容涉及经济、政治、法律、军事、文化和医药等各个方面，是研究地方史的珍贵资料。由于目前我们对其保护和研究相对滞后，要如何进行科学管理，最大限度地挖掘其文书的价值，都是亟待解决的重要问题。在这里，笔者就吐鲁番文书的库房保护和建账管理浅谈一下自己的看法。

一、吐鲁番出土文书的概况及本馆文书的情况

吐鲁番文书主要出土于阿斯塔那–哈拉和卓古墓群。墓葬年代上起西晋，下至中唐，即3世纪后半叶至8世纪后半叶，历时约500年。文书年代大致亦如墓葬。这段时期可分为晋、十六国、高昌国和唐代西州等三个阶段①。这些文书中有少量是作为随葬品被完整地放在墓里的，如与死者直接有关的公私文书（“随葬衣物疏”“告身”和一些私人券契等）。吐鲁番文书最大的特点是绝大多数文书均被二次利用，多被改作死者的鞋靴、冠带、枕衾乃至棺具等后入葬。由于经过了剪裁粘贴，表层又往往加墨（或朱）色涂染，折揭后多有不同程度的污损，所以大部分已残损不全。即使完整入葬的文书，但历经千余年，完整如初的也不多见。由于吐鲁番地区的历史发展和相邻地区以及整个中国有密切关系，所以它不仅反映了吐鲁番地区的社会生活，也不同程度地反映了其相邻地区乃至当时整个中国社会的某些情况，其意义远远超过了

① 刘海年、杨一帆主编：《中国珍稀法律典籍集成（第四册）》，中国社会科学出版社，1994年。

吐鲁番地区的范围。

吐鲁番文书按其性质，可粗略分为公私文书、古籍、佛道等教经卷四大类：①公文书包括朝廷诏敕、律文、籍账，各级军政机构的文牒数量更多。行之于内地的地方行政区划以及社官分职，军事编制，秀才、孝廉的选举；赋役制度如北凉的计赀制度、各类徭役的征发，以及水利灌溉的重视与管理等方面，文书中都提供了翔实的史料。②私文书包括世俗及寺观所有的各类疏（衣物疏、功德疏之类）、契券（租佃、借贷、雇佣、质赁、买卖等）、遗嘱、辞、启、信牍等，如记载死者随葬品的《衣物疏》疏中有关各类丝织品的记载，有助于了解当时的葬俗和服饰等。最早的买卖契券是前凉升平十一年（367年）的卖驼契。此外还有买卖奴婢、借贷等契。大量辞、启反映了赋役剥削状况。③古籍有儒家经典、史书、诗文、启蒙读物、判集等，如《毛诗关雎序》残页，晋人写本《三国志》“臧洪传”“吴主权传”残页，赵王伦与张华事迹的残页，以及东晋某家所修晋史的抄本。④宗教类有佛教、经论、道教符箓、醮辞、经文，以及摩尼教、景教、袄教等的宗教文书和典籍①。

19世纪末20世纪初，吐鲁番文书先后遭到俄国、英国、德国、日本等国的掠夺。新中国成立后，经科学发掘，新疆考古工作者在吐鲁番获得了大量的汉文文书，目前大都入藏新疆博物馆。现馆藏吐鲁番出土的文书2200多个号，均已被编入到《吐鲁番出土文书》的多卷本著作中。而且，每件文书都进行了拍摄、装裱，并记录在账，为今后的研究、保护、建账提供了极大的方便。

二、吐鲁番出土文书的库房保护

吐鲁番文书属于纸质文物。在文物库房保护方面要注意以下五个方面的问题：一是污染，如油渍、汗渍、茶渍和灰尘等。灰尘常吸附酸性物质、霉菌孢子，这易使纸张酸化、生霉。二是生霉，特别是黑、黄、红、紫等各种产生颜色的霉菌，产生的霉斑极难清除。三是虫蛀。蠹鱼、烟草甲等害虫，往往能把文书蛀蚀得千疮百孔，惨不忍睹。四是光照。一般光源都含有紫外线，紫外线使纸张发黄、发脆。五是潮湿。纸张易吸湿，吸水后纸易生霉长虫、腐烂。除这些自然破坏因素外，人为因素也是主要原因之一。因此，在保护上有许多要求。以下就如何对文书库房进行保存管理进行探讨。

（一）库房的环境保护

库房环境是保护文书的基本条件。文书保护的质量，既取决于其材料质地，更取决于它所存放的环境。创造良好的保存环境，使文书处于适宜的环境中，是阻止或延缓其自然损坏的重要措施。因此，一般要求库房空间大，面积宽敞，库内的柜格不能摆放太密，要留有空隙以便于空气的流通。同时，新疆博物馆还放置了空气清洁屏，进行空气调节。另外，整理文书时，不能用手直接接触文书，因为手上会含有油脂、汗渍、灰尘和霉菌等污染物，所以拿取文书要戴手套，观赏时人与文书应保持一定的距离，以免讲话时唾液飞溅到文书上。

---

① 唐长孺：《新出吐鲁番文书·发掘整理经过及文书简介》，《东方学报》（第54册）。

（二）库房温、湿度的控制

控制库房适宜的温度、湿度，保持库内干燥、通风是防止文书的霉菌生长、发育的前提。文书保护环境温度以15～20℃为宜，湿度50%～60%。在这种条件下，文书的自然退化速度慢。博物馆库房的温、湿度随着室外温、湿度的波动而相应变化，季风、日照、降雨等因素也会影响室内温、湿度的升降，因此控制库房适宜的温、湿度，首先需要一个建筑质量良好的库房，具有防水、隔热、防潮、避光、通风等功能。新疆博物馆库房在建筑时要求墙体加厚，并在朝阴面增加隔温板，房门也用的是厚重实心铁门，达到与外界隔离的目的。在有条件时，要安装空调系统，使库房的温、湿度控制在标注范围之内。这是创造博物馆适宜环境的有效手段，也是博物馆最常用的一种调温、控湿的方法。目前新疆博物馆尚未全部安装空调系统，而是采取自然通风的措施来控制和调节库房的温、湿度。自然通风不仅能降低温度，也能相对降低湿度。新疆气候比较干燥，对保存文书是具有良好的条件。目前，新疆博物馆把文书保存在带樟木的铁皮柜中，既能防火也能预防病虫害。有些地区也会使用吸湿剂来降低库房的湿度，效果也不错。

（三）库房内的紫外线防护

光线能直接造成纸张中的纤维素受到破坏，纸张的机械强度降低，其危害是客观存在的，而采光照明是观赏、研究藏品所必需的，因此在库房内对自然光的控制要从建筑的角度着手，新疆博物馆采用密闭式的库房，从根本上解决了防日光辐射的问题。

文书库房的照明设施应从是否有利于文物保护的角度考虑，既要满足欣赏、研究工作的需要，又要最大限度地减少光对其的危害，严格控制光源的照明强度①。在库内应采用无紫外线荧光灯，或采用感应电源降低整个陈列室的总照明，即空间暗、展品亮。但由于条件限制，新疆博物馆尚没有采用这种措施。文书应保存在匣、箱、柜中，避免曝光。

（四）库房内的病虫害防治

虫害对文书危害十分严重，应贯彻“以防为主，防治结合”的方针。对虫害的防治，要着眼于预防，在“防”的方面下工夫，一旦发现虫害，就应积极采取措施进行治理，防止蔓延。

虫害防治首先应保持库房、文书的清洁，人员进入库房必须更换衣服，库内应使用净化过滤装置，以减少灰尘颗粒、霉菌孢子进入库内。由于文书来自于地下，上面蒙有各种污垢和寄生虫卵，进入博物馆库房后，都须进行消毒、清洁处理，要根据具体污迹的性能来决定化学试剂和清洗方法，以防止害虫带进库房。同时库房还须用防虫防霉剂进行防治，其挥发性强，在不与文物直接接触的情况下，就能杀虫防霉，使用非常安全。其次是对存放文书柜架的清洁。存放文书的柜架、囊盒等用材必须严格挑选，预先应对柜架材料进行高温处理，杀灭潜伏的虫害及卵。切记现代橱柜是不适宜存放珍贵文书文物，因为现代家具材料中含有大量的甲醛气体，甲醛不但对人体有毒，而且还会损害文书（图1）。由于新疆地区气候干燥，要采用樟木的柜架保存文书，减少虫害对文书的损坏。

① 国家文物局：《博物馆藏品保管工作手册》，群众出版社，1993年。

图1　文书库房柜架

（五）文书的修补与加固

文书的修补与加固最重要的手段是对文书进行装裱，不仅能增加文书的美观和牢固，也能起防潮的作用，使外界的潮气、热度、尘埃、阳光和有害的物质不易侵入。但由于吐鲁番出土的文书大多残损，成片状。新疆博物馆对于内容相对比较多的文书，采用了卷轴装裱；对于纸张比较小的，采用大于二倍文书面积的加厚宣纸装裱，之后对折直接以宣纸加以保护藏品。对于一些十分残碎的、无法装裱的，可放于绵纸内包裹或是盒中存放，用于技术上的研究。在装裱工艺的发展过程中，人们还使用许多材料来增强文书的防虫防霉能力，从而大大延长了文书的保存时间。

图2　拖裱保护（单面文书）

目前新疆博物馆主要使用传统的托裱法，适用单面有文字的出土文书（图2、图3）；而对于双面的出土文书则采用双面有机玻璃夹住的方法来进行保护（图4）。托裱法常用的托纸都是专门生产的，如料半、连史、川连等。托裱的具体操作方法一般是把须托裱的文书用湿毛巾覆盖在上，或以清水喷湿，使之舒展平整。施以浆水，再把托纸盖在上面，用糊帚把它刷平。在上刷托纸时，左手拿着纸张另一头，时时将托纸和文书轻轻掀松。这需要与右手动作配合，既不能刷得太紧，也不能刷得太松，以不刷出夹皱为度，待全部刷好后，再翻转放到一张干纸上，用糊帚排刷，使之黏结牢固。在托裱加固前最为重要的一点，也是很容易忽视的一点，就是一定要对原文书进行拍照，这样可与装裱后的文书进行比较，来确定文书的装裱的质量和修补的地方，作为以后查找的根据。

目前文书的修补与加固方法有很多新的技术。“蚕丝丝网加固法”，即蚕茧经抽丝纺织织成一定规格的单丝丝网，然后在网上喷上热熔胶，用热压的方法将丝网与纸张黏合在一起，特

图3 存放柜架中保护（单面文书）

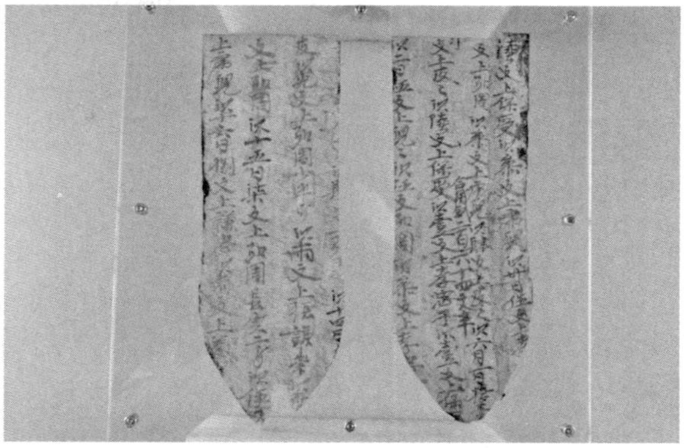

图4 有机玻璃保护（双面文书）

别适用于两面有文字的脆弱纸张的保护加固。“新型纸浆修补法”，适合于残破脆弱的纸张，即利用古代手工造纸的原理，在纸张破损的部位直接加入纸浆，让其成纸，成纸的大小与破损面积相等，厚薄基本一致，不仅美观还能起到加固保护的作用。

三、吐鲁番出土文书的建档管理

（一）纸质藏品档案的建档管理

近年来，博物馆数字化建设，计算机藏品管理系统的开发应用，大大方便了藏品档案的查询、复制，提高了工作效率，促进了“资源共享”的进程，但这并不意味着信息化藏品管理系统可以取代纸质藏品档案，相反地，却增加了纸质藏品档案的重要性及不可替代性。纸质藏品档案与信息化藏品管理系统共同组成了博物馆的藏品资料系统，服务于博物馆的各项活动。纸质藏品档案是围绕着藏品而建立的，是藏品在征集、鉴定、登记、管理、保护、研究、使用等一系列活动中的真实记录，揭示藏品的历史、科学、艺术价值。吐鲁番出土文书的信息化管理首要工作是纸质藏品档案的建立，因为要进行信息化管理必须有作为“蓝本”的信息化资料进行规范化记录，才可正规地进行计算机录入。而且，就目前国家文物局对馆藏文物尤其是馆藏一级品文物的工作情况来看，也是首先要求建立纸质文物藏品作为原始资料，在此基础上进一步开展信息化管理工作。纸质档案建立首先应有一件一本的藏品档案记录。从广义来说，一般应包括如下的信息：①有关藏品的本身信息的记录，指藏品本体的相关资料，如文物馆名、藏品名称、藏品级别、总登记号、分类号、档案编号、制档日期、制档人、原名、时代、作者、制作时间、数量（按《博物馆藏品管理办法》规定“单位藏品编一个号，按一件计算”。在括号内注明其组成部分的实际数量，以便查对或统计）、质地、色泽、用途、来源、尺寸或重量、入藏日期、入馆凭证号、形状内容描述、铭记题跋、鉴藏印记、著录及有关资料书目、鉴定意见、修复、装裱 、复制记录、现状记录、备注、附录、照片等。②藏品参展档案，如展览目录、展览地、照片录像、相关的文件以及相关新闻媒体的报道等信息。③与藏品相关的业务活动档案，如科研项目的开发，其他学科对本藏品的直接、间接研究以及各种有关吐鲁番出土文书的学术会议等信息。

只有这样完整的藏品档案才可以在不提取文物时对其信息全方位的了解从而达到对出土文书的保护以及对为今后博物馆的科学研究、陈列展览、社会咨询、对外交流等各项业务活动提供更多的方便，完善并提高藏品的利用价值。藏品档案整理是一项繁琐而细致的工作，因此要求从事此项工作的人员要细心和高度的责任感。

（二）信息化的建档管理

吐鲁番出土文书信息化管理系统是以其藏品档案为基础而建立起来的一个立体系统。它以藏品档案为主线，兼顾其他一些信息。具有纸质档案不具备的优点：①利用档案资料方便，检索简便，准确率高。文书管理首先应按照墓葬号一一排列，进行清洗、装裱后再进行整理。但是实际工作中由于文书数量过多，登账的时间不尽相同，文书分类账可能造成墓葬号不是一一排列，文书保管从搜集到入库、登账制卡、分类排架、编目、建档，再到提用，需要经过无数道程序，是一项十分复杂和繁琐的工作，并且是有大量的重复性的劳动。若以纸质档案管理工作，进行查找信息比较缓慢，而且容易造成遗漏，从而导致档案利用工作方面的许多问题，如档案利用率低下，查找效率不高、查准率较差，这就严重影响了档案信息资源的利用率。采用信息化管理系统可以在任何时候按照藏品的名称、时代、作者、总登记账号等不同的索引迅速、准确地查找出与之相符的信息，这样可以减少实物提取、藏品保管的工作量，极大地提高文书档案管理与利用的质量、精度和效率，实现文书档案管理工作以及服务水平质的飞跃。②利于遗漏文书信息的补漏增缺。纸质文书档案有时由于种种原因造成信息的不齐或遗漏需要增补档案，但由于档案有时已按顺序填写或无空隙来进行大量信息的补充，使得信息无法及时补充进来，给管理人员增添了许多麻烦。在信息化管理系统中，文档按“件”整理，信息的插入就十分方便了，只需按几下键盘，增加文书的照片、修复、装裱、现状等项目，文书档案就会更加完备，为以后的工作提供了方便，也给工作人员以充分地时间去提高业务水平。③微机管理有利于提高档案管理工作的质量。档案工作的根本目的在于利用，而要提供可利用的档案，就必须有高质量高水平的建档。文书档案管理进行微机管理后，档案人员可以从繁琐的整理工作中解脱出来，可以把时间和精力放在档案编研和二次信息开发利用上来，从而提高文书档案管理工作的质量和利用的效率，使文书档案的管理在提供利用服务时，能够发挥出更好的时效价值。目前新疆博物馆已经建立了馆藏文物数据库管理系统，已将珍贵纸质文本变成了信息化管理，但其中还有许多资料不完善，还需不断地进行补充，更好地加以利用。

知识经济时代，对文书档案管理工作人员提出了更新更高的要求。文档管理工作人员，必须完成由传统的管理模式向现代的管理模式的转变，由传统的管理理念向现代管理理念转变，同时在管理实践中应用，使文书档案管理工作赶上时代步伐，适应文书档案管理现代化和办公自动化的时代需要，为社会提供更好更有效的服务，使文书档案管理工作发挥出应有的经济效益及社会效益。

作者单位：宋敏，新疆博物馆

徐杰，伊犁哈萨克州博物馆

对新疆博物馆藏察合台古籍保护与修复的思考

买买提·哈德尔

内容提要：本文结合工作实际，介绍新疆博物馆收藏的察合台文古籍的保存现状，分析了引发古籍纸张病害的光辐射、温湿度、酸化、生物腐蚀等因素及古籍修复所面临的问题，并就实际保护与修复提出了有针对性的思考，并简要阐释古籍的修复中的最少干预原则、整旧如旧原则、可逆性原则以及最大限度地保留历史信息的原则。

关键词：察合台文古籍　保护与修复

造纸术是中国古代四大发明之一，对文化的传播发展及人类文明的进步做出了巨大贡献。大量保存至今的历代书籍、书画等就是十分珍贵的纸质文物。这些纸质文物是由纸张材料、字迹材料和绘画颜料以及黏合剂等制作而成的。这些材料承载着文物的历史价值、艺术价值和科学价值。作为文物保护修复人员，必须认识到保护修复工作的重要性，具备强烈的事业心和责任感，才能使这些珍贵文物的价值得到更好的保护和延续。

新疆地处祖国西北边陲，古称"西域"，自古以来就是多民族聚居、多种宗教并存的地方，同时又是东西方文化交流的枢纽。这里曾流行过除汉文以外的佉卢文、婆罗米文、梵文、焉耆-龟兹文、于阗文、粟特文、吐蕃文、回鹘文、突厥文、察合台文等语言文字，内容非常丰富。以上述文字书写的各类文献古籍，承载着丰厚的历史文化内涵，蕴含着各民族特有的精神价值和思维方式，不仅是我国古代新疆各族人民在数千年历史发展过程中创造的灿烂文化的重要组成部分，而且也是全人类的文明瑰宝。

目前，新疆地区少数民族文献古籍收藏概况是：新疆维吾尔自治区少数民族古籍办3400册，新疆社会科学院1650册，自治区博物馆500余册，新疆大学310册，自治区图书馆100余册，自治区档案馆40册，自治区文联6册，乌鲁木齐市民宗委古籍办9册，伊犁哈萨克自治州少数民族古籍办208册，吐鲁番地区古籍办275册，哈密地区古籍办340册，阿克苏地区古籍办33册，喀什地区古籍办1800册，和田地区古籍办475册，还有一部分散落民间。由于历史原因，新疆地区古籍的版本载体较为复杂，收藏分布极为分散，收藏条件也千差万别。存在古籍老化、酸化、生物腐蚀等诸多病害。目前，新疆地区少数民族古籍修复手段落后，保护和修复人才极度缺乏。因此，加强古籍保护和修复工作刻不容缓。

新疆博物馆共收藏500余册少数民族古籍，其中80%是用察合台文书写。下面，笔者就以馆藏察合台文古籍的纸张保护为研究对象，对其保存现状与保护修复工作进行介绍和分析。

一、馆藏察合台文古籍保存现状

察合台文是现代维吾尔文的前身。在察合台汗国时期，随着伊斯兰教的传播，逐渐形成一种以维吾尔语为基础，受到阿拉伯语和波斯语影响的语言——察合台语。它采用28个阿拉伯文字母和4个波斯文字母进行拼写。这种察合台文一直使用到20世纪30年代。在察合台文通行的几百年中，出现了许多著名的思想家、文学家、诗人和科学家，留下了大量用察合台文书写的文献资料。

新疆博物馆自20世纪60年代以来，陆续收藏察合台文古籍约400余册。从当时征集古籍完残情况登记资料来看，这些察合台文古籍入库前就有不同程度的破损。纸张类型大多数为桑皮纸和机械纸，版本有手抄本、石刻本、插图本等。版面设计不规范，有大有小，大的为60cm × 40cm，小的为15cm × 10cm。从内容来看，可分为历史类、文学类、宗教类、教育类、字典等，内容十分丰富。

长期以来，由于修复人才极度缺乏和资金等各方面的原因，这批古籍并没有及时得到修复和保护。新疆博物馆当时购买铁皮书柜，并设立专库存放，对一些破损严重的古籍，制作囊匣进行存放。随着经济的发展、保护理念的更新和技术的进步，使我们有条件对原有的保护手段进行改进和提升。

二、引发古籍纸张病害的因素

1. 光辐射对古籍纸张的影响

光线实质上是一种频率很高的电磁波，它的高能辐射具有积累性。所以，光照对有机文物是有害的。它不仅引起染料颜料的褪色，而且对材料的强度，如纸张和纺织品、黏合剂均有着非常重要的影响。

2. 温、湿度对古籍纸张的影响

温、湿度是馆藏文物保存中的两项重要环境因素，它们既有其独立的影响又有相互关联所起的复合影响。文物材料在自然环境中起化学反应，这就意味着文物受到损害。而化学反应的速度与温度有关，每当温度升高10℃，反应速度增加一倍。30℃对纸张已属于高温，如在100℃下将纸张烘烤三天，相当在常温下保存25年；其他条件相同的纸张在15℃可保存100年，而在25℃下则只能保存50年。因此，通常纸质文物保存在低温条件下较为有利。

纸张老化除与其本身原料、pH、保存温度等因素有关外，湿度所起的作用也是相当明显的。潮湿的环境会使纸张变潮并发生水解，同时还会使耐水性差的字迹洇化褪色，潮湿的环境还有利于有害微生物的生长繁衍。图书、档案中微生物生长繁衍的最佳湿度为70%以上。当空气潮湿时，霉菌生长很快，其分泌物中的有机酸也会使纸张变质。另外，纸张变潮还会加速其他有害物质对纸张的破坏。由此可见，湿度对文物的损害，和由此招致的二次污染（生物腐蚀虫霉的滋生）是文物保存，特别是纸质文物中大量存在和十分严重的问题。因此，控制湿度是防止文物受生物侵蚀的有效途径。最佳保存环境应该是温度20 ± 2℃，相对湿度50% ~ 55%。

新疆博物馆位于新疆乌鲁木齐市，夏季干热，日照时间长，辐射量大，温差大。冬季寒冷，气候变化剧烈。长期以来，由于经费等问题，新疆博物馆所藏古籍保存环境基本为自然环境。古籍库内没有配备恒温空调及控制湿度的设备。这些不利因素加剧了古籍病害的产生和发育。

3. 酸化对古籍纸张的影响

众所周知，纸的主要化学成分是纤维素的组合。纤维素大分子中基环间是葡萄糖苷键，当酸的水溶液作用于纤维素时，使葡萄糖苷键发生断裂，并造成聚合度降低，其结果使纸变质发脆。水解速度随着氢离子浓度成一定比例的增加，也就是pH值越低，酸性越强，水解速度越快。纸的变质表现在宏观上是变色，在微观上便是结构的破坏（即机械强度的下降）。

4. 古籍纸张的生物腐蚀

纸张的生物降解性与造纸的原材料、纸张的生产和使用有关，装订书本所用的材料也有利于微生物的繁殖。但是，墨水和颜料（如含铅的颜料等）却能抑制微生物的生长繁殖。

被物理降解和化学降解的纸张比较容易遭受生物降解。引起纸张生物降解的主要微生物是细菌和真菌。这里指的细菌主要是那些能分解纤维素的细菌，尤其是喜光菌。有些细菌虽然不能使纸张本身的纤维素降解，但它们能利用纸张中的胶、淀粉、绳子、毛发使纸张降解；引起纸张生物降解的真菌主要是空气中普遍存在的菌类，如半知菌中的曲霉、青霉、木霉和子囊菌中的毛壳菌，和细菌一样，一些不能使纤维素降解的真菌也能使纸张降解。真菌对纸张的降解还会产生一种特殊的现象，就是真菌产生的酶能使墨水的主要成分单宁酸盐水解，从而使墨水分解；引起纸张生物降解的主要生物是昆虫，昆虫能以含碳的有机化合物为营养来源，因而会对纸张造成损害。

三、对馆藏察合台文古籍修复的思考

就目前的条件来说，修复这批古籍还面临一些问题。

1）馆藏察合台文古籍大部分是用桑皮纸书写，用羊皮做封面装订而成的。桑皮纸是新疆和田地区特有的一种传承时间很长的手工纸，主要以桑树皮为原料，因而得名。桑树皮有黏性，纤维光滑细腻，易于加工。经剥削、浸泡、锅煮、捶捣、发酵、过滤、入模、晾晒、粗磨等工序制作而成。

由于桑皮纸与起源于中原地区的传统纸张的特性存在很大不同，使得我们不能完全借鉴内地的成熟经验。因此修复之前，我们必须对桑皮纸张的纤维成分和纤维特性进行科学检测和分析，还要对察合台文古籍墨迹分析色素成分和结合性，并检查字迹水溶性，以便为后面的保护与修复工作打下坚实的基础。但是目前，对桑皮纸张的系统检测和分析还基本处于空白，这又使我们不得不完全借鉴内地学者对纸质文物保护与修复的经验。没有科学的检测与分析做基础，也没有太多桑皮纸保护与修复的经验可供借鉴，导致我们的古籍保护工作缺乏科学的指导，古籍修复也常常处在应急阶段，系统、科学的修复更是无从谈起。

2）察合台文古籍和中原地区古籍版本有所不同，所以对着类古籍版本进行研究界定范围，是修复前要做的比较重要的一项工作。目前，新疆地区对察合台文古籍版本没有进行过研究，同时也没有修复过同类古籍。

3）察合台文古籍装订的书皮大多数为皮装，制作方法是以牛羊皮为取材，经过皮料再加工后对皮料进行上色、印制书皮文饰等工艺制作而成，所以在修复过程中对缺损的书皮如何修复和添加和类材料是目前所面临的一大问题。

四、结　　语

修复必须有科学的理论指导，文博界的前辈已经总结出了一套适合中国古籍修复的原则：

1）最少干预原则。就是在古籍的修复中，对不同情况予以不同处理。尽量少的在藏品上添加修复材料，避免因过度修复而造成的保护性破坏，尽量保留古籍文献的各种研究信息。

2）整旧如旧原则。就是在修复中尽可能保持古籍文献的原貌，保留文献的装帧风格。

3）可逆性原则。即修复措施是可逆的，可重复的。如果将来发现有更科学更适宜的保护修复技术，随时可以更换修复材料，回到修复前的原来状态。可逆性原则对于我们改正工作中的失误而尽量不损害古籍非常必要。

4）最大限度地保留历史信息的原则。

参考书目

［1］　郭莉珠：《档案保护技术学教程》，中国人民大学出版社，2000年。
［2］　艾尔肯：《伊明尼牙孜》，《吐鲁番学研究》2008年第2期。
［3］　史金波、黄润华：《少数民族古籍版本——民族文字古籍》，江苏古籍出版社，2003年。

作者单位：买买提·哈德尔，新疆博物馆

如何做好文物藏品在利用过程中的保护

姚书文

内容提要：文物是历史传承的重要载体，是古代人民的智慧结晶。文物对于研究古代社会的政治、经济、文化、社会生活等方面有着重要意义和作用，如何保护文物藏品，如何在利用过程中保护、延长文物生命，保存历史信息，成为文博工作者需要面对的重要问题。

关键词：文物藏品　保护　利用

一、引　　言

文物，是人类社会活动中遗留下来的具有历史、艺术和科学价值的遗迹和遗物，是古代人民群众的伟大创造和智慧结晶，是留给子孙后代宝贵的文化财富。

我国是一个历史悠久的文明古国，保存在地上和地下的历史文物不仅种类繁多，内容丰富，而且数量也非常大，如何有效地保护好这些珍贵的文物，不仅是我们文物工作者的责任，也是全社会的责任。我们对文物实施了有效的保护后，还要对文物实行合理的利用，如果只是强调保护，而不去对文物进行利用，那么对于那些保护得再好的文物来讲，也就失去了它存在的意义。所以，正确处理好文物保护和合理利用的关系，成为新时期文物工作的重要内容。

随着我国改革开放的不断扩大和深入，与世界各国的文化交流日益广泛，反映在文化领域的各种文化信息也将更加活跃。文物博物馆事业的发展随之也加快了步伐，最为显著的特点是博物馆藏品的研究、利用交流和展示活动的频繁，给文博工作提出了新的更高的要求，尤其是如何做好文物藏品在利用过程中的保护工作显得尤为重要，成为我们必须重视并要得到彻底解决的问题。

我们这里所说的藏品的利用，简单说就是指目前越来越频繁的文物交流活动，如出国举办文物展览、国内省际之间的文物交流展览活动（文物外展）以及本馆的基本陈列展览（文物内展）等。展览活动的次数越多，文物的利用频率就越高，对于利用率高的文物，受损的概率也就越大，对其保护非常不利。如何做好文物藏品在利用过程中的保护，就此问题，笔者想谈谈自己的看法，如有不妥之处，请各位同仁批评指正。

二、文物外展过程中的保护

我国是一个发展中国家，经济还不是特别发达，目前正处于市场经济时期，国家给予博物馆事业的经济投入还非常有限，全国大多博物馆都存在着经费不足的问题。对于一个博物馆来讲，它自身要发展，而且要跟上世界发展的潮流，只靠国家每年拨给博物馆有限的经费是远远不够的，博物馆本身要发挥自己的资源优势，增加“造血”功能，抓住机遇，创造机会，想方设法增加经济收入，这样就可或多或少地弥补经费不足的问题。博物馆的资源是什么，众所周知，只能是文物藏品。目前，利用文物进行出国展览创收，已经是全国大多数博物馆进行弥补经费不足的一条主要途径。出国举办文物展览，毕竟是好事，一是进行了国际间的文化交流，向世界宣传展示了我国悠久的历史文化，二是增加了经济收入，解决了博物馆日常工作中遇到的部分经费紧缺问题；可是出国展览的文物在整个展览活动中，从办出库、出国展览，再到撤展、回国、入库的手续和点交环节非常繁多，若在某个细小的环节稍不注意，文物的安全就会出问题。笔者曾参与过文物出国展览工作的全过程，对此项工作的程序以及每个环节的工作状况，有大致的了解，现作一简要回顾，以便引起大家的注意，在文物外展的各个环节中，如何做好文物的安全工作。

首先由对方（文物展览国）来新疆博物馆确定需展览的文物，由工作人员对出国展览的文物逐件进行登记和校对，简要描述其完残状况（如有伤，须在描述中注明是新伤还是老伤）后再进行包装。在以上的环节中，工作人员要直接接触裸露的文物，即从文物囊匣中取出又放进的过程，以及在进行描述时，对文物进行前后左右全方位的触摸、观察，这是第一个环节。将包装好的文物运至北京（一般情况下，出国文物展览的报批、出关等均在北京办理），对方（文物展览国）工作人员与我方工作人员一起，打开文物包装，进行点交，主要是清点数量和检查在运输中是否有文物受损，如无问题，将打开的文物重新进行包装。在此环节中，工作人员同样要对文物逐件进行触摸观察及简要的文字描述，这是第二环节。文物运至展览国后，双方工作人员均在现场打开包装，清点数量，同样要检查在运输过程中是否有文物受损，然后再进行文物的布展陈列工作，这是第三环节。以上是从文物的出库到对方陈列布展工作的完成，共经历三个工作人员直接接触裸露文物的环节和两个中途运输的环节。在文物展览活动结束后，从文物的撤展开始到文物的回国入库，还必须要重复上述所有环节，缺一不可。那么，从文物的一出（出国）、一回（回国），这中间总共要经历六个工作人员直接接触裸露文物的环节和四个中途运输的环节。在如此多的环节中，如何做到不损伤一件文物，使所有参展文物能够安安全全的去，完完整整的回，这是摆在我们面前的一个非常重要的问题，要解决好这个问题，笔者认为首先应做好以下三点：

1）要选派对文物藏品的安全有高度责任心的人员参与此项工作。所有参与外展的工作人员（不论是我方还是对方），在每个细小的工作环节中都要做到严肃认真、一丝不苟，接触文物时要全神贯注，不能有丝毫马虎；在整个文物展览活动过程中，要分工明确，实行严格的责任制度，只有这样才能做到万无一失，才能确保文物的安全。

2）在文物藏品出省（区）、出国的展览活动中，着重要注意的是文物藏品的包装。由于是长途运输，所以文物包装是个关键性的问题，它直接涉及藏品的安全。包装文物的囊匣质量和规格一定要达到要求，不能使囊匣中的文物有丝毫松动，以防止在搬运移动或长途运输过程中产生震动造成文物藏品与包装之间的机械摩擦、磕碰等现象的发生。大件文物藏品在包装箱内的固定一定要牢固，不能有丁点松动，否则就会发生严重的文物藏品损毁情况。

3）为了确保藏品的万无一失，随展人员应自始至终地随车、船、飞机等进行押运、监督，确保运输环节中的安全问题，以防止藏品在车站、码头、机场装卸时，发生野蛮装卸的现象，导致文物的严重受损。

三、文物内展过程中的保护

（一）内展过程中的损害

这里的文物内展是指在本馆展厅内进行的文物陈列展览活动，既然是内展，相比外展，主要是减少了许多点交环节和运输环节，相对来讲，对于文物的损伤概率大大减少了。但是，在内展过程中，文物也不是绝对安全的，即便是不发生大的损毁文物的严重事故，也会有一些轻微的或容易被人们忽视的损害文物的现象存在。主要表现在如下三个方面：

1）文物在出库时，库房保管人员向布置陈列展览的人员点交文物时产生的机械磨损，特别是有部分带彩绘的文物，如彩绘陶器、木器、彩绘泥塑文物等，由于文物历经千年乃至数千年，原色彩中的胶质已发生了变化，色彩本身的附着力已不是很强，在从囊匣中取出或者装入文物的过程中，与囊匣壁发生摩擦，就会导致色彩的脱落。还有部分质地非常脆弱的文物，在搬动时稍有不慎也会造成文物的损坏。

2）在文物陈列布展的过程中，由于工作人员的疏忽以及少数人员缺乏文物保护常识，在对文物进行摆放、调整位置时发生的磕碰、摩擦以及工作人员接触文物时的机械磨损等。

3）经过一段时期的陈列展览，需对展柜内的文物进行替换、调整以及打扫卫生等工作，在搬动和擦拭文物时，由于不慎造成文物的损坏。

以上是文物内展时容易发生的文物藏品被损的现象，如何防止上述现象的发生，确保文物藏品的安全，笔者认为应从以下两个方面做好工作：

1）在文物藏品出库和布展时，尽量减少工作人员的手与文物直接接触的概率，在接触文物时一定要佩戴柔软的汗布手套，以防止汗渍、油污等污物对文物藏品产生的污染。同时，尽可能减少对藏品的机械摩擦，如在摆放文物时，做到轻拿轻放，看好位置和方位，尽量一次性摆放到位，减少对藏品重复性的摆放和移动。

2）文物内展的过程中，无论是对展柜内的文物进行调整，还是打扫展柜内的卫生，都要加强工作人员对文物藏品的安全意识，特别是对于刚刚接触文物工作的新同志，在他们上岗以前，一定要接受文物藏品安全的培训，使他们懂得做好文物安全工作的重要性。在接触文物时，要做到责任明确，藏品一旦发生被损，该谁承担责任的就由谁来承担，决不迁就姑息。

（二）利用过程中的威胁

以上是文物藏品利用过程中在人为因素方面对藏品造成安全威胁的现象以及所采取的一些安全防范措施。在自然因素方面，也要采取一些有效的防范措施。

1）防止自然光的照射。光给人类的生活带来了很多益处，可以减少霉菌和虫害的滋生，但光对文物也有极大的破坏作用，首先是对于有机材质的文物藏品，如丝绸、纸张、棉、麻、皮革、木材等都是非常危险的，长时间照射会导致上述有机质文物质地的脆变，特别是自然光中的紫外线，对文物的彩绘影响非常大，经照射后会造成色彩的变色和褪色，光越强，对文物的危害就越大。在文物藏品的展览过程中，尽量减少自然光进入陈列厅，应采取人工采光的方法进行照明，但人工采光的光线不宜太强，以不影响正常的工作和参观的亮度即可。

2）防止有害气体和粉尘。如今很多城市的空气污染较为严重，在被污染的空气中，会有许多有害气体和粉尘，这些有害气体和粉尘如果长期附着在文物上，也会造成彩绘文物上的色彩褪色和变色，危害很大。所以，文物藏品展出场所，要保持清洁卫生，特别是地面以及展柜要经常进行清扫和擦拭，在清除藏品上的灰尘时，一定要小心谨慎，要根据文物藏品的质地、色彩的牢固程度和污损程度而选用不同的清洁方法，以防藏品被损。在空气污染较严重的地区，文物藏品展出场所的展柜要进行密闭以减少被污染的粉尘进入展柜，对藏品造成损害。

3）温、湿度的控制。对于文物藏品来讲，温、湿度的剧烈变化，对藏品的保护也非常不利。若陈列展出场所干湿度的剧烈变化，会造成有机质文物的反复收缩或膨胀，如木器的变形、开裂，皮革的严重扭曲等；而温度的忽高忽低，也会造成文物藏品的内部结构发生不同程度的变化，使藏品遭到损害。所以，有条件的地区应尽量使用空调设备来调节展厅内的温度，用除湿机和增湿机来调节展厅内的干湿度，以确保展厅内的温湿度达到最佳状态，使文物藏品在展出过程中得到有效的保护。

文物藏品在利用过程中的保护是个极易被忽视的问题，笔者之所以写这篇短文，就是要引起文物工作者以及有关人员的注意，对待此项工作绝对不能马虎，因为笔者曾亲眼目睹文物藏品在利用过程中发生过严重被损的情况。

综上所述，我们在进行文物藏品的利用过程中，对于文物的保护工作，要做到全面，不要忽视任何一个细小的环节，不能只注重利用而疏忽了保护，我们不但要利用好藏品，还要保护好藏品。文物藏品的利用与保护是一对既对立又统一的矛盾共同体，不能将两者简单地割裂开来对待，只要我们在日常工作中不断加强藏品利用中的管理，从每个人、每个细小的环节做起，藏品在利用中的保护工作就会做得更好，就会充分发挥藏品的作用和功能，使文物藏品重新服务于人类。

作者单位：姚书文，新疆博物馆

彩绘灰陶罐罐盖的修复与保护

王　云

内容提要：陶器是重要的考古出土类器物，凝结了先民的生活智慧及审美情趣，对于还原先民生活场景，研究古代历史有着重要作用。但由于陶器不易保存，很多出土时就已经破损，为日后的资料整理、研究、陈展也带来很大的困难，针对陶器的修复与保护势在必行。
关键词：彩绘灰陶陶盖　修复　保护

在考古发掘出土的各类器物中，陶器由于凝结着古代先民的生活智慧及审美情趣，包含着丰富的历史文化信息，占有重要的地位。但是，作为古代人生活必需的器物，许多陶器在考古出土时就已破碎、残缺，给考古发掘的基础资料整理、研究，乃至以后的陈展都带来困难，如果不认真进行处理，就无法让器物蕴涵的文物价值、历史价值、艺术价值等充分表现出来，也无法进行考古、历史研究和博物馆陈列展出，更不用说让更多的普通观众认识和欣赏古代遗物了。所以，及时保护与修复破损陶器，减少器物再次出现断裂和破碎，以利于再现历史真实，研究古代制作工艺，延缓文物的病变进程，就显得极为重要。

北京延庆曾经出土过一件唐代彩绘灰陶罐，器物保存基本完整，仅陶罐盖残损严重（图1）。我们尝试着对陶罐的器盖进行了保护性修复和保护，现将有关修复、保护的情况以及心得作简单地介绍。

一、彩绘陶罐盖的基本情况

陶罐盖圆形，宽沿、圆唇、宝山形盖钮，器盖口径13cm，通高7.1cm，器盖边缘厚4.2cm，钮高3.5cm。器盖粘连很多的泥土，可以隐约观察到通体施有白色陶衣，钮上饰有橙色彩绘，器身弧壁上饰红色彩绘条带，条带下方对称点缀有六个橙色圆点。罐盖残破，盖身断裂成两半，盖钮与盖身分离，盖钮与盖身连接处有两处残损；在器盖口唇部和盖钮部位的白色底绘脱落严重，红色彩绘条带保存状况较好；器钮处的橙色彩绘脱落严重，橙色点状纹饰被泥土覆盖严重（图2）。

图1　唐代彩绘灰陶罐

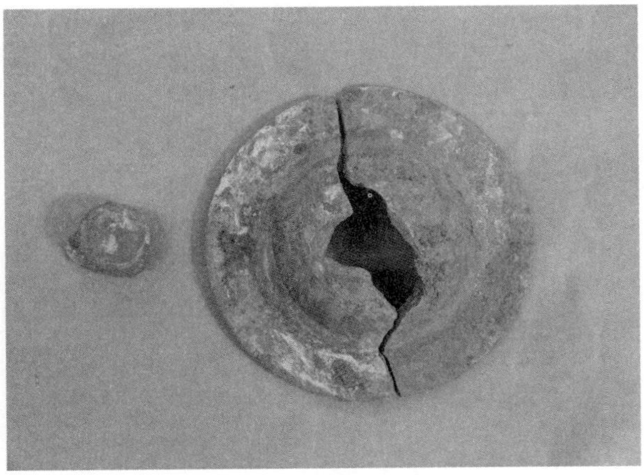

图2　分离的盖钮和盖身

二、资料收集与仪器分析

在实施修复前，我们依据残器盖的保存状况及有关科学分析结果，在充分掌握基础资料（包括考古资料、物理、化学分析结果和其他文字记录、图片资料等）的前提下，与考古学家共同磋商、讨论，制定出修复方案。

1）首先利用已绘制的器物图，将器物的病害位置，用特定病害符号清楚地标注在图上以了解和掌握保存的基本情况，有针对性地研究相应的解决办法（图3）。

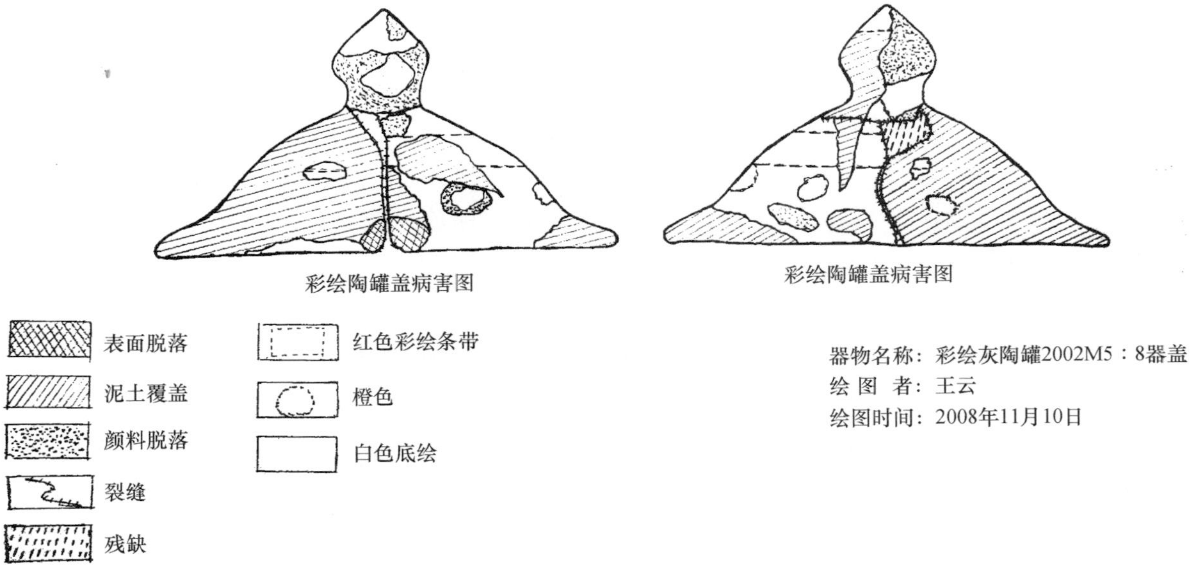

图3　器物病害图

2）采集器物上的彩绘颜料样本，为科学研究提供有价值的数据。一般意义上的彩陶彩绘，是在长期的摸索过程中，人们将颜料涂于未干的陶器表面再压磨，经过这样的工序之后，颜料与陶器表面形成一种镶嵌结构，即彩绘图案嵌入到器表，烧成之后的彩陶彩绘不易脱落。

彩绘陶一般是在制作好的器物上直接施绘，由于矿物颜料直接涂绘于器表后不易附着（当时人们尚未掌握颜料中加胶的方法），所以彩绘经过一段时间之后，就会出现脱落现象。这件彩绘陶罐盖的外表彩绘图案特征及颜料在显微镜下进行观察分析可以看出，颜料粒子很粗，其彩绘的程序应当是在陶坯制作后，进行彩绘的，没有进行二次烧制，是将研磨调和好的颜料直接绘于器表，颜料和器表结合力很差，颜料层与器表结合不十分牢固。由于施绘颜料很薄，故未出现呈片状剥离脱落现象。在修复之前，必须对彩绘的颜料进行采样分析和仔细地观察，以了解其彩绘颜料的成分和施绘的方法及工具等细节情况（图4）。

3）运用科学手段进行检测分析。采集的颜料标本，通过显微镜可以观察彩绘的施绘情况，通过X荧光分析，还可以对颜料成分进行检测分析。对彩绘陶罐盖的制作、特征、颜料物质等方面较全面的认识，可为文物的科学修复保护、研究提供重要的第一手宝贵资料。

经过X荧光方法对彩绘颜料成分分析，我们对三色颜料成分有了清楚的认知：白色以Ca为主，应为白垩$CaCO_3$；红色以Fe为主，应为铁红Fe_2O_3；橙色以Fe、Pb为主，Rh（铑）含量较高，应是铁红与铅丹的混合物。

三、制定修复方案

在采集该器盖的基本信息资料，并且进行理化分析之后，制定修复保护的方案和目标，是很有必要的，虽然这是一件普通的陶器，但是也需严格按照保护规范实施修复。根据此类器物修复的基本规程和此件器物的具体特点，我们在充分了解出土背景情况的基础上，提出修复的目标：对彩绘陶盖进行清洗、黏接、补配，封护陶盖表面的彩绘，恢复器盖原貌（图5）。

图4　陶罐盖上的彩绘颜料

图5　对器盖进行修复

四、彩绘陶罐盖的清洗及对彩绘的保护

陶罐盖彩绘是经制坯、干燥、烧制后在表面敷描的，由于地下潮湿，颜料中的胶结材料已老化，出土后在干燥状况下彩绘颜料脱落严重。地下所形成的相对稳定的环境被打破，大气中的氧、粉尘、紫外线等使得彩绘的稳定性丧失，保护难度加大。对这类器物的修复保护，根据

我们多年的实践经验和业内的常规做法，应先修整，对其表面进行加固后视其强度选择洗涤或纸浆包裹法除盐。针对这件彩绘陶罐盖的特殊性，我们采取了以下处理方法。

1. 表面清理

为了确保彩绘颜料不被破坏，在彩绘表面，我们尝试了多种清洗方法，首先在陶罐盖上选择了一处面积约4cm²污染较严重的部位进行区块清污实验。

由于陶罐盖年代久远，在土中埋藏时间较长，断碴处及残片上覆盖的泥土厚且坚硬，我们配制出了2A和3A共四种化学溶剂，用棉签蘸取试剂用滚粘法反复浸润，以最大限度地避免在硬结泥土被去除的同时，彩绘也随之脱落。经过仔细观察，看出彩绘是采用叠压法施绘的，即先在陶器上遍施白色颜料，在白色底绘上再加绘一条红色彩带或橙色圆点装饰。因此，在保护彩绘的前提下，对器物采用干性清污的方法：用竹木类工具慢慢剥离表面泥土，用竹签掇刺法使器物表面的硬结物及泥土崩解脱落，慢慢处理干净，暴露出泥土覆盖下的几种彩绘颜料，以备取样进行科学检测分析（图6）。

2. 彩绘陶罐盖的黏接、修复

遵照文物修复的基本准则和规范，为达到完美的效果，需将清洗干净封护过的彩绘陶盖进行黏接和修补。补缺材料使用了石膏及环氧类材料CDK520，石膏作为残缺部位的补缺，而CDK520本身具有很强的黏着力，为黏接的好材料，两者结合，可以使器物修复得到较好的效果。修复完成后，根据原色作旧处理，使色调协调统一，最后将修复好的器物表面再涂上一层ParaloidB-72，加以更好地封护保护（图7）。

图6　清洗陶罐盖

图7　陶罐盖的黏接

3. 彩绘的加固封护

在整修过程中，力求不伤及彩绘，稳中求细，基本还原彩绘的真实原貌。为使彩绘层得以充分的保护，我们使用2%的ParaloidB-72丙醇溶剂作为封护材料，用毛笔轻涂或滴渗于彩绘层，达到抗酸、抗腐蚀、防老化、不脱落的保护目的。初步观察显示，加固保护的效果是令人满意的（图8）。

图8 彩绘的加固封护

五、结　　语

本文的彩绘灰陶罐盖的修复保护，在文物修复保护工作中是一件极为普通的事情。然而，我们认为，严谨、科学的态度和方法在此仍然是非常重要的，因为在实施的过程之中，体现着工作人员对于文物保护思路、理念的认识水平。就这件器物具体的修复保护工作而言，对器物本身各项细微、但是极有价值的数据分析，具有重要意义。我们体会到，在修复前和修复中最大限度地做好各种数据的收集和细微的观察记录，可以为下一步的文物研究提供第一手资料。这是今后工作中应该重点注意的问题。

当前，文物保护领域对保护材料的使用，有着很高的要求和规范。我们在修复上述陶器时，使用的ParaloidB-72是一种比较理想的封护剂，一直被国内外文物保护领域普遍使用。在本次罐盖的修复完成后，我们经过大量的对比观察发现，彩绘层相对稳定，未发现有任何变化。

20世纪80年代以来，传统修复技术与科学保护相结合，已经成为我国乃至国际上文物保护与修复的最新理念。如何将现代科学知识和文物保护理念融合到传统方法之中，寻找出适合我们工作对象自身的文物保护之路，在陶罐盖这样一件常见器物的修复过程里体现当代文物保护的科学理念——于细微处见精神，这都需要我们不断学习，加强交流与合作，及时了解国内外先进技术、信息和宝贵经验，并在工作实际中加以实践。

作者单位：王云，新疆文物考古研究所

沙湾县宁家河水库墓地出土铜镜的保护修复

尼加提·肉孜　何　晓

内容提要：宁家河水墓地经过新疆文物考古研究所等单位的联合发掘，出土了众多文物，以铜镜出土较多。我们选取其中一面铜镜进行保护修复，并将修复过程整理成文，供大家参考。

关键词：铜镜　保护　修复

一、引　　言

宁家河水库墓地位于沙湾县牛圈子牧场（乡）桌勒赛村境内，地处宁家河上游东西两岸台地上，此地为牧民春秋过渡草场。为配合自治区"定居兴牧"工程沙湾县宁家河水库的修建，2011年6月22日～8月6日，新疆文物考古研究所、塔城地区文物局、沙湾县文物保护管理所联合组队，对库区内进行了抢救性考古清理发掘，共发掘墓葬15座。经对出土文物和墓葬类型的分析，初步将墓葬分为四期，其中二期为该墓地的主体文化，约为早期铁器时代，出土器物有彩陶、素面陶、带柄铜镜、带钮铜镜、铜刀、磨刀石、金器、骨器等。本次进行修复的铜镜就出土于该期墓葬。

近年来从新疆各地古代文化遗存中发现的铜镜数量较为可观，因各地自然环境有着较大的差异，故出土状况不尽相同，除个别保存相对较好之外，多数存在不同程度的病害现象。沙湾县宁家河水库墓地出土铜镜，对研究该地区早期居民历史文化现象有着重要的价值，但由于长时间埋藏于潮湿的地下环境，保存状况不甚理想。为此，我们对这批铜镜进行保护修复，在修复过程中，我们始终遵循最小干预、可逆性原则。在尊重文物的艺术性、历史性和科学价值的基础上，采用目前所具备的技术手段，进行了有效的保护。其目的，就是尽最大可能保存和恢复文物的艺术和历史原貌，减缓和预防文物病害问题。下面就出土铜镜存在的问题和采取的修复保护措施进行简要说明。

二、器物简介病害现状

宁家河墓地出土铜镜共四枚：①11SNM14：1带柄，尺寸11.8cm×15.5cm，厚度0.2～0.4cm；②11SNM33：2桥钮，尺寸9.6cm×9.6cm，厚度约0.2cm，翻边宽0.8cm；

③11SNM36：1桥钮，尺寸11.6cm×11.6cm，厚度约0.2cm，翻边宽1.3～1.6cm；④11SNM27：1，尺寸11.6cm×10.4cm，厚度约0.15cm。镜面下侧边缘凸出，有穿孔。根据器形推测此镜也为带柄铜镜，柄可能为木质，木柄与镜面间用铆钉或系绳连接，但木柄及连接物出土时已腐烂不存。

四枚铜镜总体保存基本完整，其中带柄铜镜11SNM14：1顶部有长约5cm的裂纹，一侧有一三角形缺口，旁有细小裂纹，镜身和柄之间可见接铸痕迹。11SNM36：1镜背有补铸痕迹，镜面为铜锈覆盖，肉眼难以分辨补铸原因。三枚铜镜表面除遍布大量铜绿（保护锈）以外，均覆盖有薄而均匀的土垢，局部覆有坚硬的黄白色结垢（疑为钙、镁盐沉积）。在未被土质结垢和锈蚀产物覆盖的部位，有比较致密的砖红色氧化亚铜，氧化亚铜与本体合金结合紧密。铜镜两面都不同程度遍布点状腐蚀的粉状锈（即有害锈），以及因粉状锈膨胀作用而形成的小凸包。此现象表明铜镜已开始出现比较严重的病理性损害，这显然是需要我们高度重视的一个问题。

三、铜镜的腐蚀机理分析

一般来说，青铜器的腐蚀过程是十分复杂的，腐蚀类型也是多种多样的。对青铜器而言，其最初的腐蚀产物为氧化亚铜（Cu_2O），其反应机理为：

$2Cu \longrightarrow 2Cu^{+}+2e^{-}$　　阳极

$O_2+2H_2O+4e^{-} \longrightarrow 4OH^{-}$　　阴极

当阴、阳极区域十分接近时，Cu^{+}阳离子与OH^{-}阴离子反应形成氧化亚铜Cu_2O（赤铜矿），覆盖整个器物表面。

$$2Cu^{+}+2OH^{-} \longrightarrow Cu_2O+H_2O$$

由于阴、阳离子的扩散，在氧化亚铜腐蚀产物下，铜离子（Cu^{+}）和电子会穿过氧化层流向外部。在氧化物表面，铜离子（Cu^{+}）可直接形成铜的氧化物（CuO），或间接形成碱式碳酸盐。

反应机理为：

$$Cu_2O \longrightarrow CuO+Cu$$

$$Cu^{+} \longrightarrow Cu^{2+}+e^{-}$$

$$Cu^{2}+CO_3^{2-}+OH^{-} \longrightarrow Cu(OH)_2CO_3$$

青铜器的锈蚀除了与环境因素有关外，还与微区的组织结构以及表面锈层的锈蚀结构有关。从其中两件铜镜粉状锈的产生来分析，具备两个最基本的条件。一是要有潮湿的环境，二是要有可溶氯化物的存在。在具备了这两个条件以后，腐蚀反应通过氧化破坏了青铜合金的组织结构，也就是打破了金属键的结合。但是，在这一过程中，需要足够的能量才能使腐蚀反应继续进行。大量的实验已经证实，锈蚀反应发生的原因，就是从表面以及其他具有较低自由能的部位开始的。这些部位通常就是由铸造过程中形成的缺陷、气孔、浇注不足以及夹杂物等造成合金成分的不均一。对于这些具有较低自由能的部位而言，在其表面往往因缺少自由电子，而富集了大量的受金属键束缚较弱的金属原子，在潮湿的环境中，成为高活性的反应区域。通过吸附作用，使CO_3^{2-}、HCO_3^-、Cl^-、SO_4^{2-}等离子渗入裂缝、气孔中引发小孔腐蚀反应，于是孔内的铜被氧化而失去电子，转变为Cu^{2+}和Cu^{+}①。

$$2Cu—3e = Cu^{+}+Cu^{2+}$$

其中，Cu^{+}与Cl^{-}生成CuCl

$$Cu^{+}+Cl^{-} = CuCl$$

由于在以上两个反应中，过剩的Cu^{2+}使小孔溶液不能处于电中性。因此铜离子就会通过扩散运动而进入青铜器基体的表面溶液中，氯离子进入到小孔溶液中，保持了孔内溶液处于电中性，从而使孔内溶液中Cl的浓度增高。但是生成的部分氯化亚铜（CuCl）很快水解，水解后生成CuO和HCl。

$$2CuCl+H_2O = Cu_2O+2H^{+}+2Cl$$

在这个反应中，生成的氧化亚铜（Cu_2O）和金属周围的O_2、CO_2、H_2O进一步发生反应生成具有审美价值的碱式碳酸铜②。

Cu^{+}不稳定，可以被歧化为Cu^{2+}和Cu。它也可以和Cl^{-}结合生成具有共价性质的氯化铜，但氯化铜（CuCl）极易水解，水解后生成比较疏松的绿色粉状碱式氯化铜［$CuCl_3$·3Cu（OH）$_2$］。碱式氯化铜如果在CO的作用下，还会继续生成碱式碳酸铜[CuCO·Cu（OH）$_2$]。

在此过程中，如果发生的是点状的小孔腐蚀，则会由于碱式碳酸铜的形成，受到孔内粉状锈的膨胀作用，在器物表面形成凸起的小包，一旦小包破裂，有害锈就会冒出来，引发青铜病害的蔓延。如果小孔腐蚀相互渗透以后，便形成大面积的腐蚀，在粉状锈膨胀压力的作用下，则会使青铜器产生层状，使器物表面凸凹不平，一触即溃。通过对青铜器病害机理的分析，对青铜病害产生的“凸起小包”和“层状”现象进行了解释，并从青铜器病害形成过程中，使我们知道了有害锈蚀产物一是白色蜡状的氯化铜，二是结构疏松的绿色粉状碱式氯化铜。

四、修复过程

1. 建立修复档案

用科学的态度和方法建立完善修复档案是文物保护工作的重要组成部分，直接关系到文物的保护、管理和研究。因此，这项工作应贯穿于整个修复过程的每个环节，并力争翔实。

器物的档案记录工作包括：①照片资料，拿到待修的器物，应及时拍摄全方位的照片资料，获取全面的、直观的所有信息，为后期的修复及以后的研究工作提供一个可靠的依据；②综合分析了解器物的历史信息、时代、来源、材料、制作工艺等，从中获得相应的信息，并记录在案；③对器物的保存现状、残损病害程度，进行详细的文字记录说明，并仔细绘制病变图，用不同符号、颜色进行标识、区分器物遭受的不同病变种类（图1）；④在修复的过程中，对修复部位、所用材料、分析测试报告、修复方法和技术等亦做详细的记录。详细填写该文物的保护卡片，记录器物的编号、名称、质地、来源、尺寸、器物的形状、锈蚀状况以及修

① 苏荣誉等：《中国上古金属技术》，山东科学技术出版社，1995年。

② 祝鸿范：《青铜病的发生与小孔腐蚀的关系》，《文物保护与考古科学》1995年第1期。

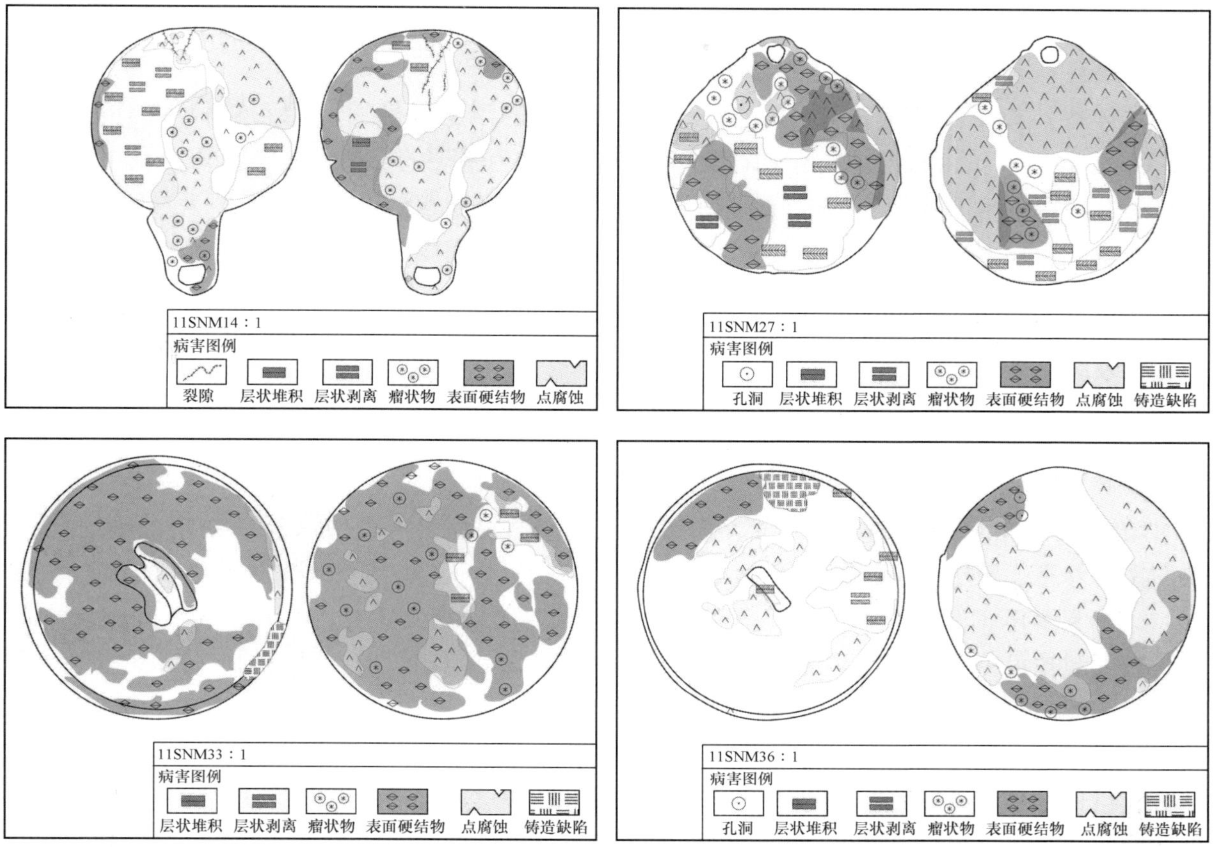

图1 出土铜镜病害图

复方法和修复材料。通过观察和科学分析结果，对器物的铸造工艺及病变现象进行分析，描述器物的制作工艺。在此基础上确定对文物进行干预的方法和程序。拍摄修复前、修复后的对比照片，用录像、拍照的方式记录整个修复过程。

2. 清洗

清洗工作的目的有两个：一是为了更好地去解读青铜器所遗留下来的各种历史信息，还原器物表面及加工的原始面貌，为我们研究当时社会的政治、经济、文化提供资料；二是清除那些不稳定的对青铜器有害的物质。

青铜器的清洗主要分为机械清洗和化学清洗。机械法主要采用手术刀、微型牙钻和超声波震动去除结垢和锈蚀物，也是最基本的清洗步骤。化学法主要是利用化学药品进行反应去除表面结垢和锈蚀，由于可能造成清洗过度或残留物影响，使用时要非常谨慎。

这四枚铜镜保存状况相对较好，在形状上基本完整，都为素面无纹饰，所以我们决定只去除有害锈，最大程度上保留其红绿斑驳，色彩丰富的古锈色。对于有铸造痕迹的部分，做比较彻底的清洗，直至表面非常致密的锈层为止。

对于表面土垢、一些盐类沉积及碱式碳酸铜和氧化亚铜、氧化铜等一些常见的无害锈，主要采用手术刀剔除疏松锈蚀物，辅以乙醇和水的混合溶液（2A）软化的机械清洗方式。对于较为致密和坚硬的钙盐类沉积，则采用微型钻等机械手段进行清理，但是保留非常稳定、而且赋载历史信息和历史美感的碱式碳酸铜和氧化亚铜。

具体操作如下：①首先使用牙刷清洗器物表面的浮土，然后利用乙醇和水的混合溶液（2A）去除器表较为疏松的土垢和盐类沉积；②对较为坚硬的土垢及盐类沉积，利用2A进行疏松后，使用手术刀或微型钻进行剔除；③根据前期病害观察结果，以病害图为参照，针对器物表面锈蚀产物不同成分和特征，对器身较坚硬的锈层采用微型钻清洗法，容易控制力度和强度，且操作方便。

3. 补全及缓蚀处理

因为此次修复的铜镜只有一枚有裂缝及小缺口，并不影响到文物整体的稳定性，本着最小干预的修复原则，暂不做补全处理。

适宜的缓蚀剂可有效地保护古代青铜器，它可与青铜器形成结构致密的缓蚀层，并且不会改变文物外观。使用毛刷涂刷2%BTA酒精溶液对器物进行局部缓蚀处理。

（1）表面保护

表面封护可将青铜器与环境隔离开来，使涂层形成一个连续的、可逆的、防水的薄膜，可保护青铜器在一定时间内免受侵蚀。

ParaloidB72 是现在青铜器保护中效果较好的封护材料，它不会与铜发生反应，有可塑性、无色透明之优点，不溶于水、渗透附着性好、成膜迅速、使用方便，使用后抗老化、抗紫外线性能强。还可以切断水和空气对青铜器表面的孔隙的渗透，将微孔填充，降低外界环境对青铜器的破坏。同时也能起到固定作用。本次修复选用浓度为1.5%～3%的ParaloidB72 进行防护处理，用毛刷均匀地刷于器物内外表面（图2）。

（2）维护与保养

由于文物的保护修复工作不可能一劳永逸，因此，我们应对保护处理后的器物存放环境进行有效控制，也就是对文物进行预防性保护。通常我们要考虑的是保存环境的温、湿度控制，紫外线和红外线的防治以及建立理想的防火防震设施。青铜器受保存环境的影响非常大，即便是对青铜器进行了有效的保护修复，如果没有一个相对安全、稳定的环境，或者经常地来回移动，或者冷热不均和温湿度变化较大，都会使青铜器重新发生新的变化。因此，人们对青铜器的存放应有一个相对独立的小环境，隔绝空气、避免阳光，控制微生物的温度基本恒定①。温差不宜过大，温度保持在15～25℃，相对湿度控制在40%～46%。日常保养、定期观察记录、随时注意温湿度的变化，有利于延长青铜器的寿命。

4. 铸造技术

战国至唐代，古人铸镜全用范铸法技术。所谓范铸法技术是指用模制范，即在陶模上套上框子加入泥料夯制出泥范，经阴干、焙烧成陶范、合范浇铸、后期加工等工艺技术。古代青铜镜是用泥土制范，经过一段时间阴干，将泥范装进窑里焙烧成陶质范后浇铸成铸件，然后进行

① 郭宏：《文物保存环境概论》，科学出版社，2001年。

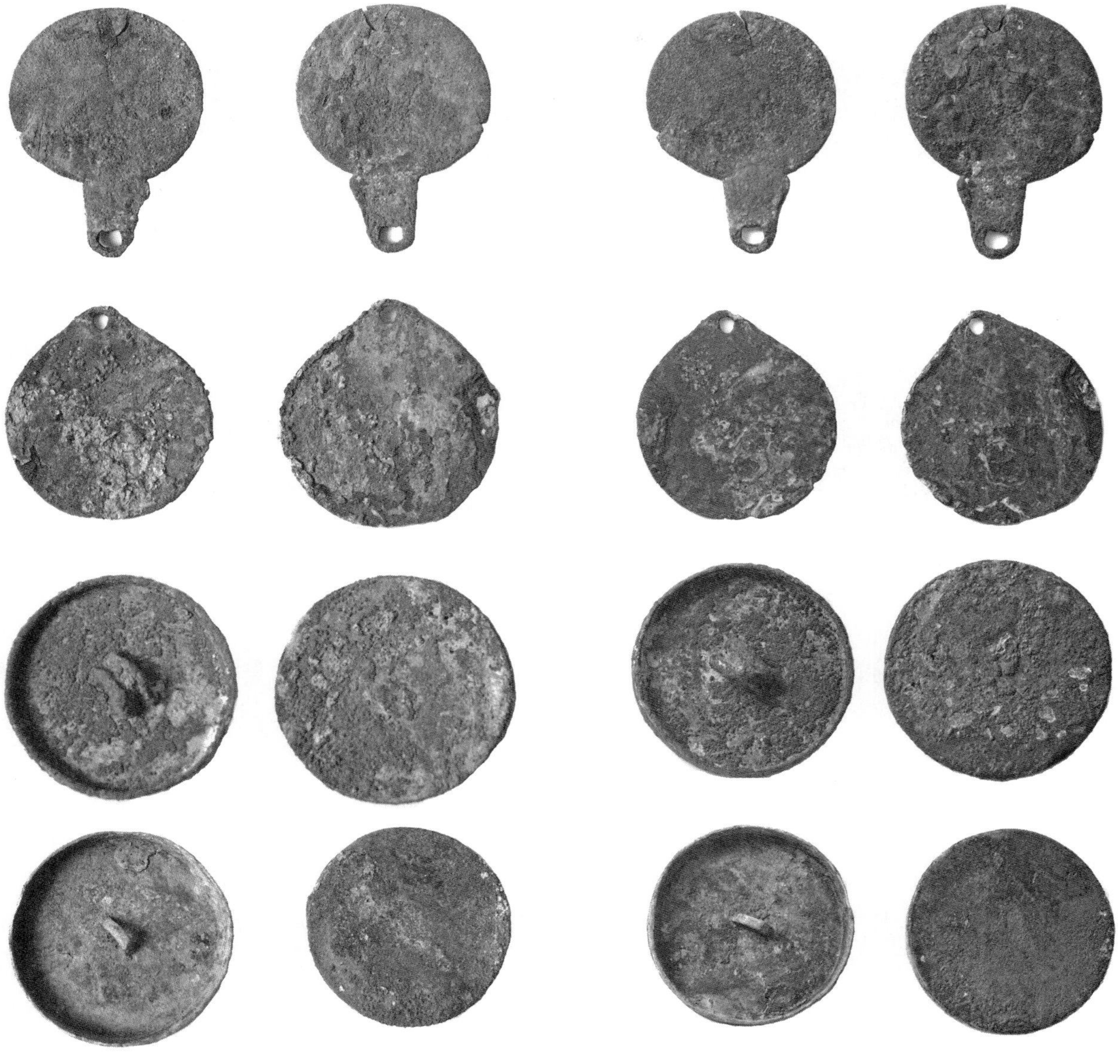

图2　修复前后对比图

后期加工而成[①]。

这四枚铜镜均为范铸，其中两枚带钮镜，钮为分铸，钮与镜背连接处铸接痕迹明显。带柄镜的镜与柄连接处也有明显接缝，属于焊接或者铸接，是铸造过程中的接缝还是因使用而造成的断裂后做的修复，还有待以后借助X光探伤检测等分析得出更准确的结论（图3）。四枚铜镜做工都比较粗糙，都不同程度地存在砂眼、气孔。11SNM36：1铜镜的镜背有一块补铸痕迹，镜面在经过清洗修复后，发现补铸的原因是镜面上的7处小孔（图4、图5）。11SNM33：2铜镜折起的镜缘一周都有明显的打铸痕迹，应为范铸与锻打相结合的铸后热锻的加工方式，先整体浇铸镜体，边缘用捶打的方式折边，打磨。折痕处有漏浇的现象（图6）。

① 董亚巍：《论古代铜镜合金成分与镜体剖面几何形状的关系》，《中国历史博物馆馆刊》2000年第2期。

图3　带柄铜镜

图4　补铸铜镜之一

图5　补铸铜镜之二

图6　边缘捶打

古代青铜镜合金的最佳含锡量应为23%～25%。如果合金里的锡含量小于正常数值，必然会导致熔炼时的温度增高及熔炼时间延长。高于正常熔炼温度会加速锡与铅的大量烧损，延长熔炼时间会增加金属氧化与吸气的机会，而浇注时铜液的温度也必然会高于正常含锡量的温度，温度越高，范面黏结越严重，增加了铸件表面的粗糙度。春秋以前的青铜镜含锡量较低且不稳定，这是造成工艺粗糙的一个重要原因。而新疆地区出土的青铜又多含有砷，如在新疆哈密地区的天山北路、南湾、五堡、焉不拉克、黑沟梁等一大批年代在1500BC～500BC的墓地发现有砷铜制品，其中大部分的砷含量低于8%，有少数砷铜经检测砷含量超过20%。砷铜在强度和硬度方面都不如锡青铜，操作也不如锡青铜易于控制，但砷铜的延展性和热锻性优于锡青铜[①]，这可能决定了如11SNM33：2铜镜锻打折边的铸造方式。这四枚铜镜在铸造上的缺陷，在多大程度上取决于合金成分的配比，还要待今后有了科学的检测分析数据后再作判断。

五、结　　语

此次对沙湾宁家河水库墓地出土铜镜的修复和保护，以Brandi 的《修复理论》为指导，采取了最小干预，尽可能地保存其历史价值、美学价值和科学价值，最大限度地延长其文物寿命的原则。

可以说，通过对这批铜镜的修复工作，使我们充分认识到多学科综合运用是保证文物科学修复与保护的前提。不论对何种材质文物所产生的病变进行正确的修复和保护，始终应遵循科学的技术手段和方法，在科学分析的前提下进行。遗憾的是，限于目前的客观条件，本次修复仅运用肉眼观察和分析法对铜镜保存状况、腐蚀因素、腐蚀机理和制作技术进行浅要探讨，更

① 潜伟等：《古代砷铜研究综述》，《文物保护与考古科学》2000年第2期。

准确深入的答案有待以后有条件做更加深入科学的检测分析后来逐步完善。

另外，从美学角度出发，为保持其历史的真实性和达到展示艺术美感的需要，此次修复对铜镜未做过度清洗，残缺部位未予补全。这种考虑的出发点：一是为研究者留下更多的历史信息和研究空间；二是为观赏者亦提供一种残缺美，以引起他们更多的想象力。

总之，环境是青铜器得以长期保存的关键所在，修复工作完成之后更重要的是建立一个相对稳定的小环境，隔绝空气、避免阳光和微生物腐蚀，保持恒温恒湿，因为目前所有的修复都是暂时的维护，而预防才是长期的保护，预防胜于修复。预防性保护和修复应该是未来青铜器乃至各类文物修复保护的最终方向。

作者单位：尼加提·肉孜、何晓，新疆文物考古研究所

洋海1号墓地出土的编号为03SAYIM90：32三色罽毛残片的清洗保护修复

吴丽红

内容提要：本文介绍新疆吐鲁番地区鄯善县吐峪沟乡洋海墓地Ⅰ号墓地出土文物三色罽毛残片的清洗保护修复的过程。经过修复后，罽毛残片色彩鲜艳，组织图案清晰，达到了理想的保护效果，为今后的研究和展览提供了方便。本次修复、保护的工艺，对今后类似毛织物保护与研究具有参考价值。

关键词：洋海墓地　罽毛　清洗　修复

一、罽毛残片基本信息

洋海墓地位于新疆吐鲁番地区鄯善县吐峪沟乡，是近几年来新疆发掘规模较大的古墓群，根据墓葬分布可分为Ⅰ号、Ⅱ号、Ⅲ号3个墓地。发掘者研究发现认为，其时代分别为春秋、战国至西汉和东汉时期。洋海墓地出土毛纺织物的种类比较单一，有衣物、裤子、披风、披巾等①。该墓葬群出土了400多件用毛纺织物缝缀的衣物和毛织物残片②。Ⅰ号墓地以长衣为主。长衣基本形式是长及膝，前身正中开襟，通体肥大。在衣服下摆、袖口处罽织边饰；领口、两前襟、腋下前后身接缝、袖头都装饰有编制带或彩色压绦，少数后身接缝处也缝缀有压绦。本次修复的文物编号为03SAYIM90：32的残片，可能是衣服下摆或袖口处的罽织边饰，为筒状毛编织带，背面由缝线拼接而成，分为大小两块残片，色彩鲜艳、图案完好，现保存在吐鲁番博物馆内。此文物残损严重，大块残片残长27cm，宽4.5cm；小残片残长5cm，宽4.5cm。从织物表面质感厚重和断面线头推断，此文物为罽毛织物，使用本色羊毛捻线做经纬线。织物组成是整幅布为中间斜纹图案两边是褐色平纹，以褐色平纹边叠折在背面缝合做成的带状物（图1）。

图1　图案局部

这件罽毛织品是通过“通经回纬”的工艺

① 吐鲁番学研究院：《吐鲁番学研究——第三届吐鲁番学暨欧亚游牧民族的起源与迁徙国际学术研讨会论文集》，上海古籍出版社，2010年。

② 吐鲁番学研究院：《吐鲁番学研究》2004年第1期，2006年第1期。

手工织造而成。缂毛技术在我国最早出现在新疆地区，到了洋海墓地时期（距今3000～2000年），技术已至臻完美。通过对洋海墓地出土的缂毛制品的截取修复、保护和研究，为揭示缂毛技术和中国内地缂丝技术的起源提供了重要资料，也对今后国内类似毛织物保护与研究具有重要的参考价值。

二、缂毛残片工艺特征

缂织法的通经回纬织花方法，是我国古代织造工艺中的一朵异花。从文物残片的织物结构看：织物残片为褐色经线，以斜纹为基础，纬线显花组成织物的地纹。在绿、红底子上缂织出黄色三角形和折形图案。图案贯通绿、红底面（图2）。底面上的绿色、红色对半同宽。

从文物的形制看，残片表面分为两部分：一部分是绿地黄色三角形和折线纹缂毛；另一部分为红地黄色三角形和折线纹缂毛。两侧为折边，绿地部分保存较为完整，折边边缘较为完好；而红地部分只残留了少许局部，残留部位的颜色和图案保存完好，折边边缘也较为完好（图3）。背面缝合处有长短不一的缝线断开。

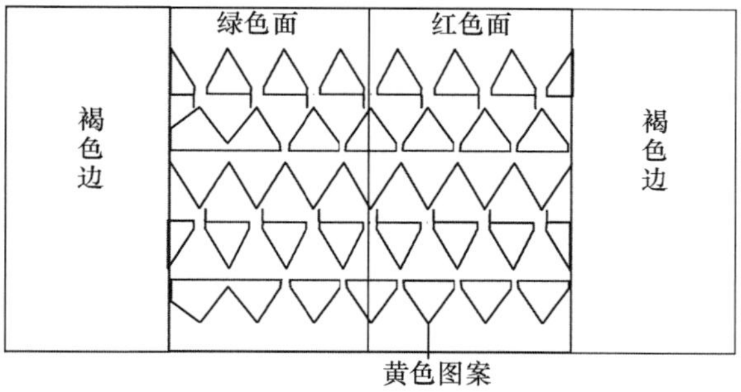

图2　图案构成

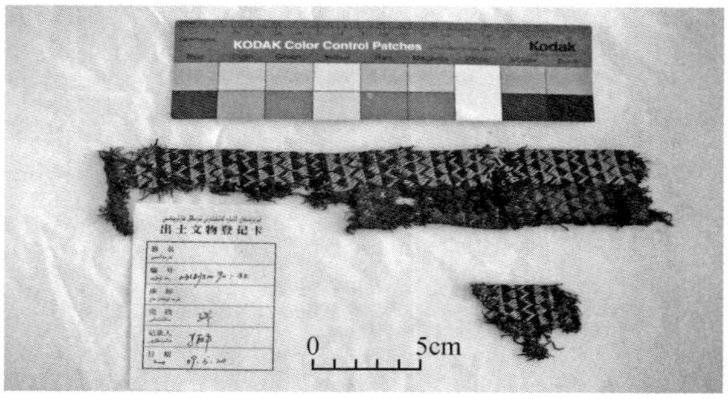

图3　大小两块残片原图

这件缂毛织物中毛纱的捻向为“S”向加捻，经分析织物的组织结构为2/1，“S”中强度右捻，在1厘米范围内经线密度10根、纬线密度18根（表1）。

表1　织物结构

名称	组织结构	经组合			纬组合		
		密度（根/cm）	颜色	捻向	密度（根/cm）	颜色	捻向
三色缂毛织物	2/1斜纹组织	10	褐	S	18	红、黄、白	S

三、残片修复前状况

由于这些出土毛织物的牢固性较差，不仅经过长期穿用，而且又在墓葬中沉睡两千多年，出土后也未采取任何保护修复措施，使得这件文物残片改变了原来的形状，造成了不同程度的断裂、残损和糟朽。

文物面上断裂边缘参差不齐，脆化、断裂、破损严重。织物表面经线、红、绿地分割处只残留了0.7cm，其余全部断裂已不存在，只残留单方向的颈线毛线头断裂面。面料的经纬毛线比较脆化、纰裂较多。一块5cm × 4.5cm大小的残片与主体分离。分离的小残片也只保留了较完整的绿地面，红地面基本断裂。文物背面破损情况严重，大部分呈碎裂状态，部分缝接线处线头断开（图4 ~ 图8）。总之，整件文物缂毛老化程度较大，碰触即易碎。

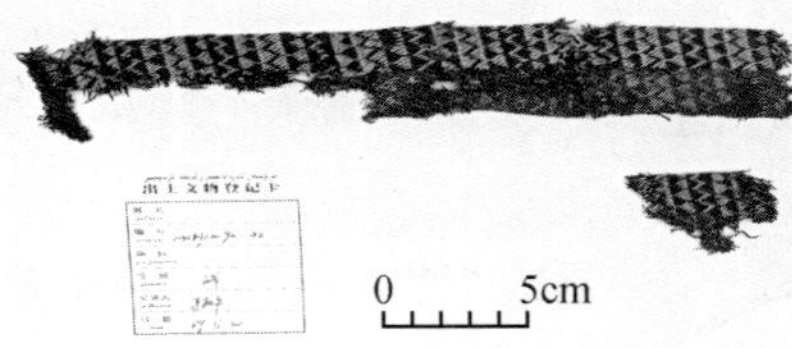

图4　文物正面修复前

图5　文物反面修复前

图6　修复前断裂

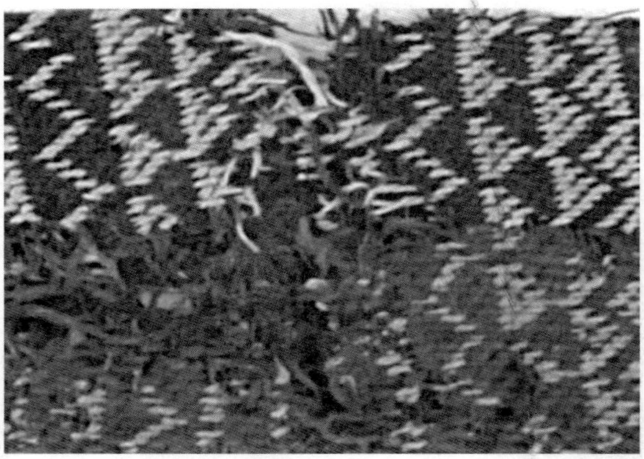

图7　修复前糟朽

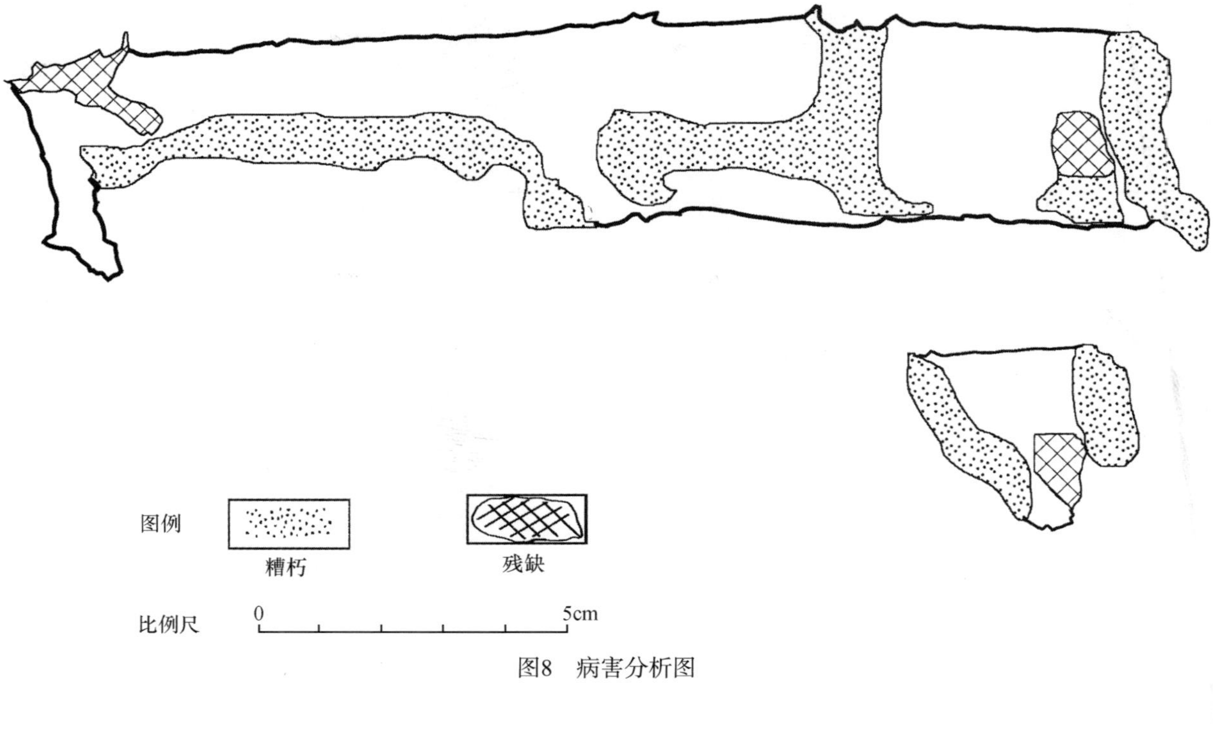

图8　病害分析图

四、修复方案

根据绛毛残片的破损情况及相关资料，确定修复方案如下：初步处理→回潮整形→染布做芯→立体连接→针线法修复→平整→装框保存。最小干预原则是文物修复的原则之一，本方案中第二步对文物的回潮有悖于此原则，在回潮过程中绛毛遇到水后会产生一伸一缩更容易加速脆化，因此决定采用间接回潮的方式。

五、修复材料

1. 里衬材料

本次修复所用里衬材料：真丝丝绸面料一块和医用脱脂棉、蒸馏水。真丝面料为国内市场购买。丝绸面料比较柔软细腻，作文物里衬比较科学不会对文物产生不必要的磨损。白色真丝面料需要自己染色。医用脱脂棉在当地药店购买，做内衬里和填充用的小棉球（注意棉球一定要按文物的大小来做，不可做得过大，以免在填充过程中造成文物变形），蒸馏水是在回潮的时候使用（图9、图10）。

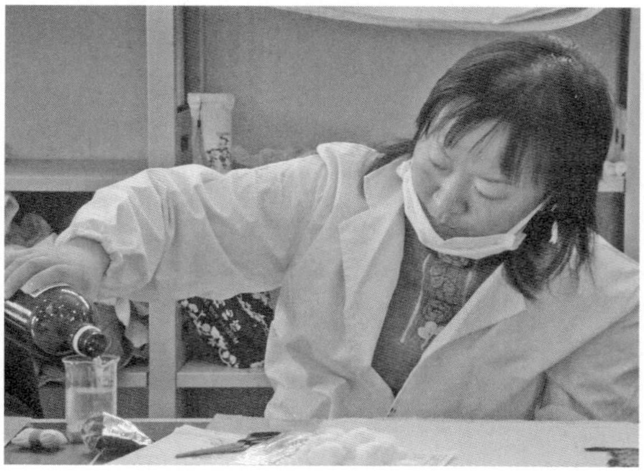

图9　准备蒸馏水

图10　做棉球

2. 缝线

本次修复所用缝线为中国丝绸博物馆楼淑绮老师从意大利所带的染好颜色的hair silk。这是一种呈半透明状的真丝丝线，用于纺织品文物修复时，露在表面的线迹不是很明显，与文物十分协调。用于该绛毛残片修复的丝线为深褐色和深绿色（图11～图14）。

3. 镜框

外框材料是一种普通的白松木。镜框表面是透明的有机玻璃片（图15）。

图11　细线细部

图12　深褐色线

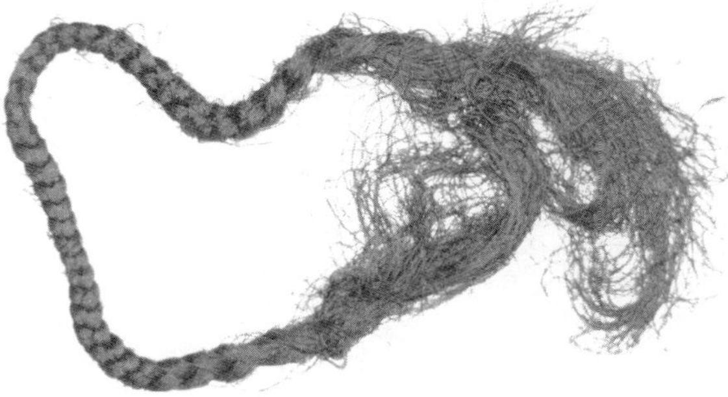

图13　深绿色线

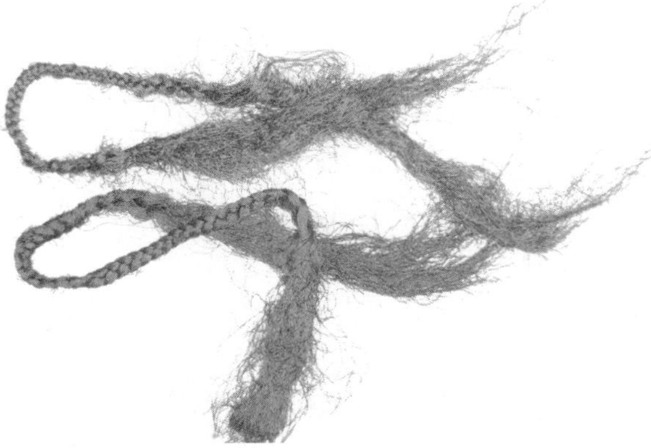

图14　深褐、绿色线

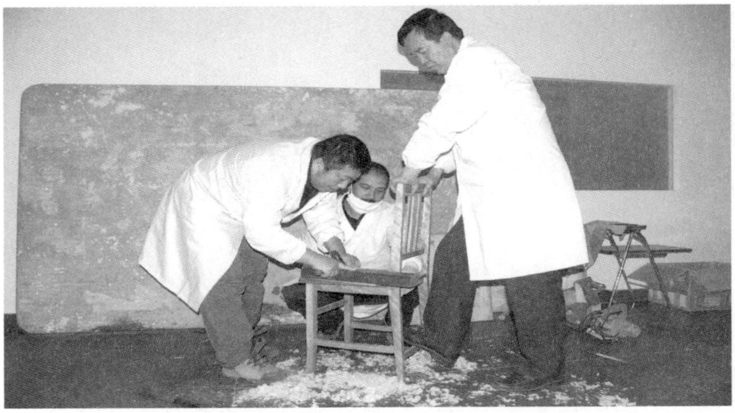

图15　做镜框

4. 外包装袋

本地产的白棉布和楼淑绮老师从内地带来的弹力棉（图16、图17）。

图16　熨平棉布

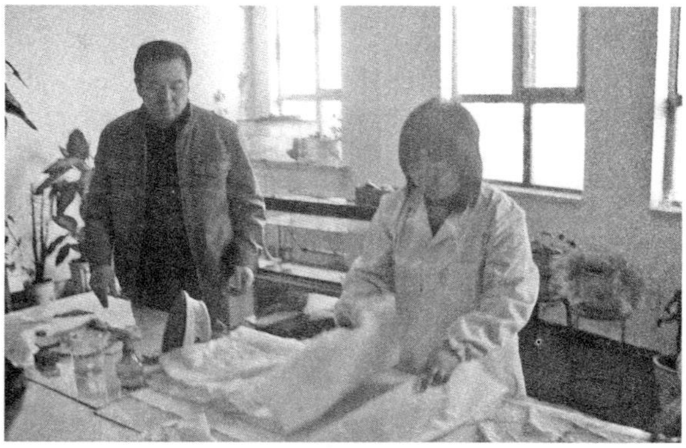

图17　装弹力棉做夹层

六、修复过程

根据修复方案，主要按以下步骤修复文物：初步处理→回潮整形→染布做芯→立体连接→针线法修复→平整→装框保存→收藏。

1. 初步处理

先拣除文物散落下来的织物碎断，放入样品袋中，以供分析研究之用。然后，用软毛刷将文物表面的灰尘及纤维碎屑扫除。由于织物缂线已相当脆弱，作用于织物的力非常轻，吸尘器对文物的作用力过大害怕伤及文物，因此只能用软毛刷轻轻扫掉文物上极轻的灰尘，在刷的过程中还要借助棉签轻轻按住文物，致使文物不被移动，不会伤害到纺织品（图18、图19）。

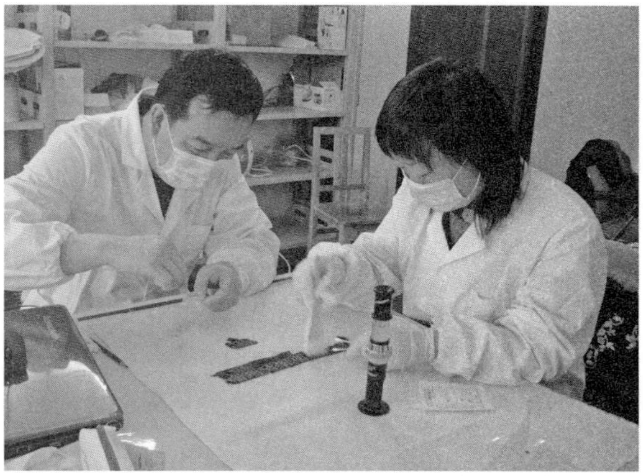

图18　收集残片

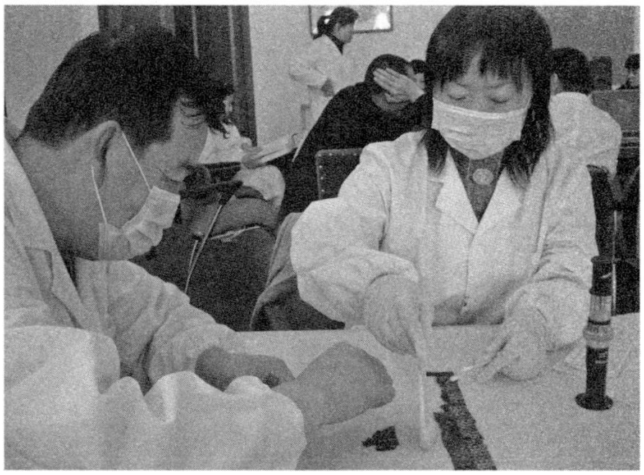

图19　扫掉灰尘

2. 回潮整形

该文物虽已历经千年，但色彩仍然较鲜艳，由于缂毛遇水变软、干后变硬变脆，先要对文物作间接回潮。

但因所修文物为老化程度较大，碰触即易断离本体。若不将文物回潮，则很难对文物进行装芯和平整，再加之文物本身已相当脆弱，不回潮很难对其进行有效的保护修复，反而有可能在修复中造成进一步的伤害。所以，权衡利弊，决定回潮。

1）把宣纸铺于平面工作台上，将文物平摊在宣纸上，正面朝上。回潮前应尽量将织物理平整，把参差不齐的散乱缂毛线头按经纬理顺。从织物中间向两边，往织物里填充带有液体的棉球，这里注意棉球上液体一定要用医用镊子镊至半干为止。塞棉球时要尽量做到左手保护文物、右手拿镊子轻轻镊住棉球放入文物中。边整形边填充棉球。在整个填充棉球的过程中要进行仔细地平整以保证织物不变形保持原状，达到我们需要的效果（图20 ~ 图25）。

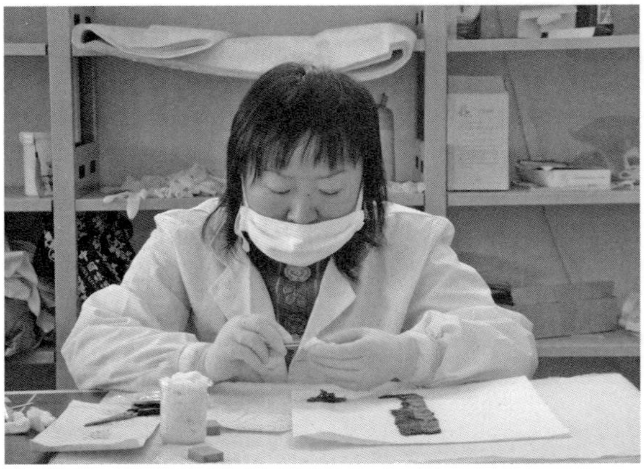

图20　棉球加湿

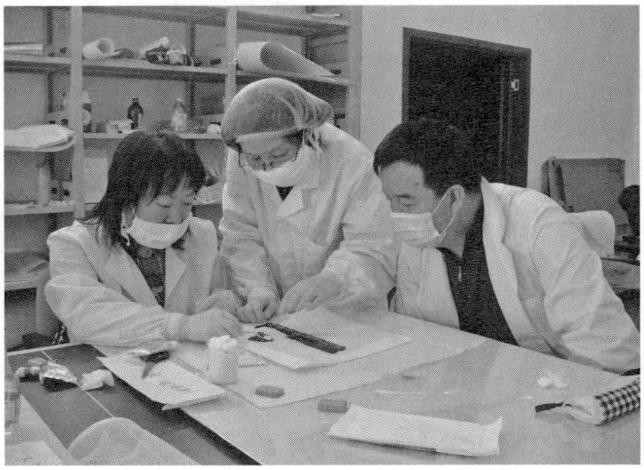

图21　研究棉球的放入法

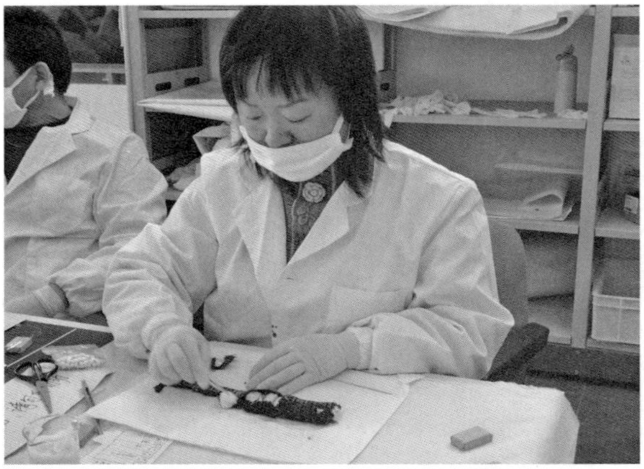

图22　填充棉球中（1）

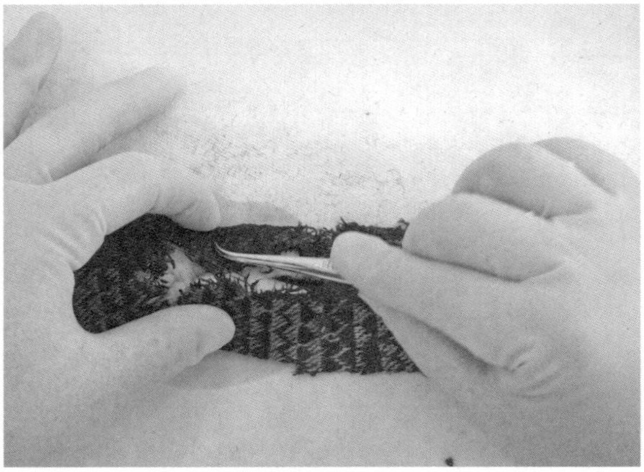

图23　填充棉球中（2）

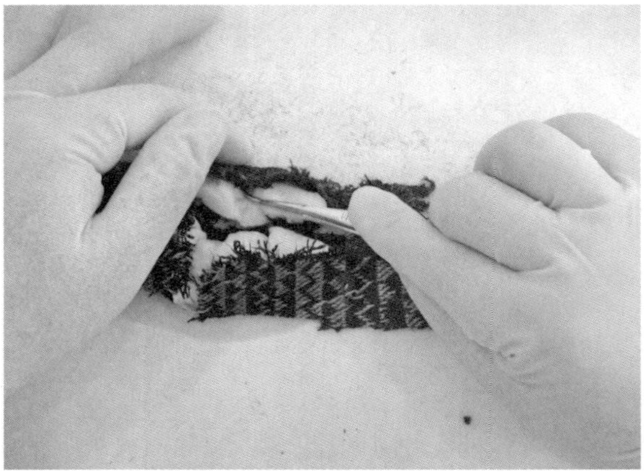

图24　填充棉球中（3）

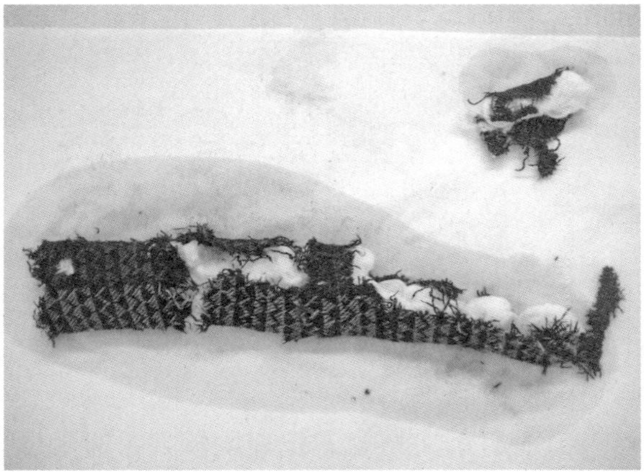

图25　填充完棉球（4）

2）待文物中的填充棉球完全干透后开始慢慢取出，在取出时要求动作缓慢、顺着织物定形后的现状慢慢取出填充棉球，整理时注意力度不能太重，以免损伤织物罽线，如仍有不平整和凌乱处，可稍作整理，直到顺整为止。由于罽毛遇水变软、干后变硬，取出填充物后的文物残片会形成一个带有内空间的固定形状，这是便于后期装内芯而用（图26～图29）。

图26　开始取出填充物

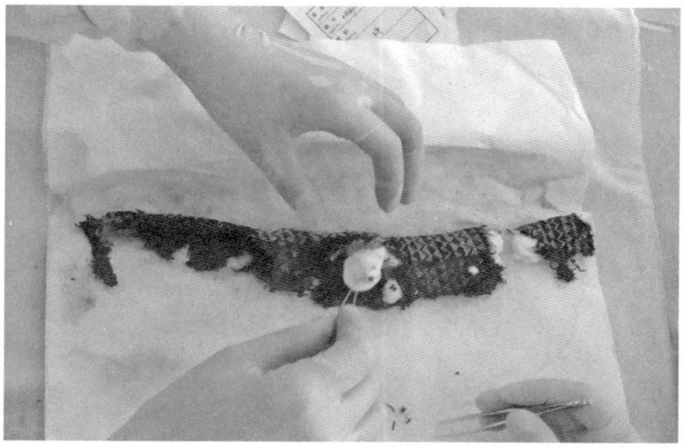

图27　取出填充物中（1）

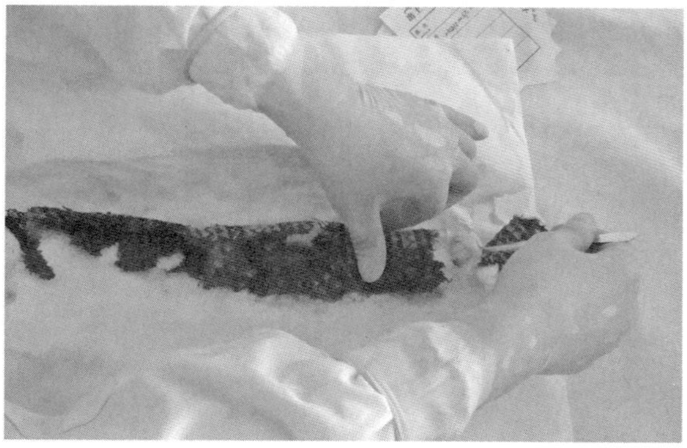

图28　取出填充物中（2）

图29　填充物取完后

3. 染布做芯

文物的保存方式是影响其寿命的重要因素。该文物为筒状，久置两侧易产生折痕，所以应添加填充物将文物撑起。

1）整完形的文物为了便于保留和今后的展出，需要要给文物做一个合适的填充物来支撑。考虑到文物的美观，我们决定给文物做一个红色的内衬。裁剪用作内衬的白色真丝面料一块，将大红色按比例勾兑少许黑色颜料，放入电磁锅去离子水中搅匀烧开，放入白色真丝面料煮沸20分钟，直到染出与文物残片上的残存色相近后，脱水平摊于桌上平整，干燥后备用（图30、图31）。

2）染布干后按尺寸剪裁，缝成长条装入脱脂棉缝制成文物残片的内衬芯（图32～图35）。

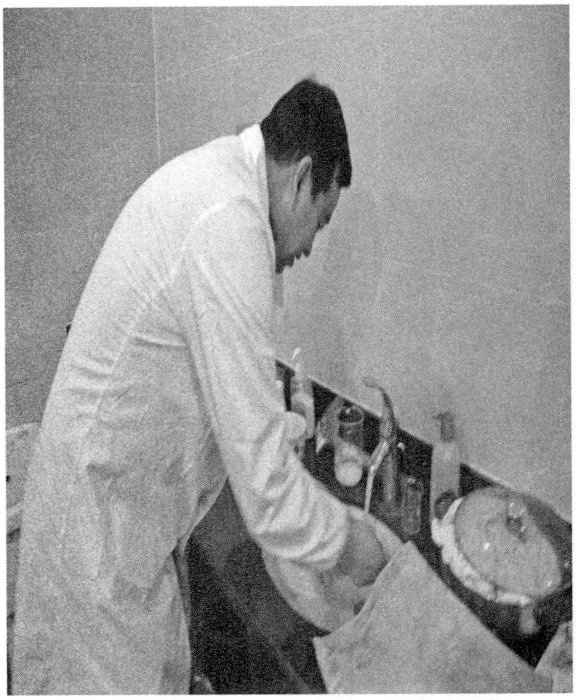

图30　染色

图31　脱水平摊

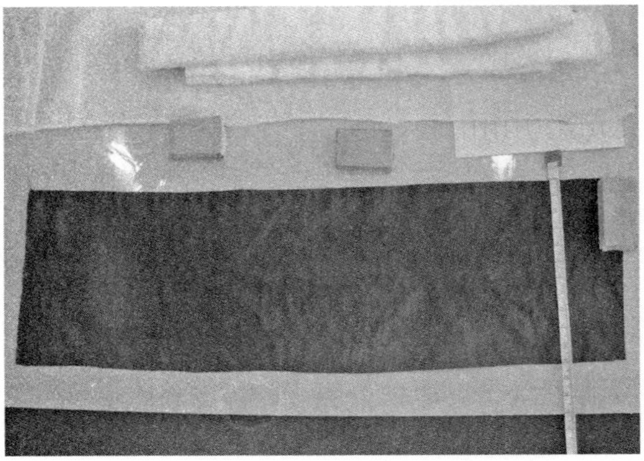

图32　量尺寸

图33　做样品

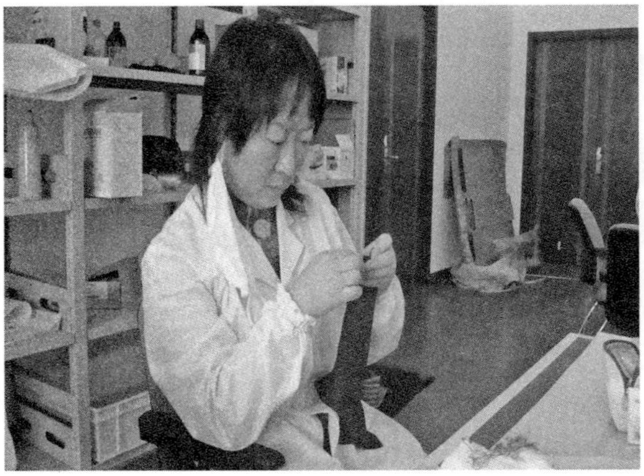

图34　缝内衬

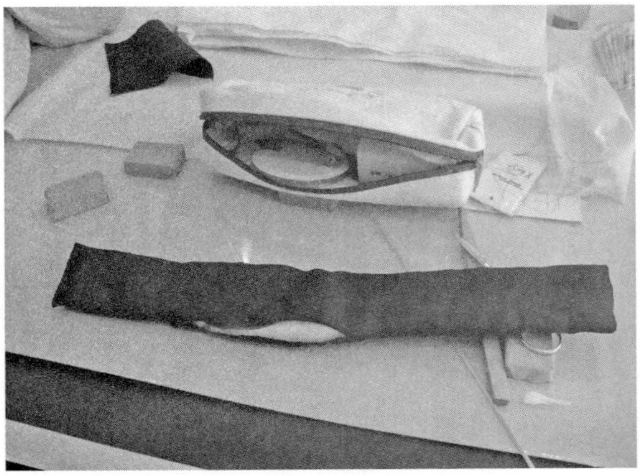

图35　装入脱脂棉

4. 立体连接

内衬芯做好后，要把残片隔着宣纸再重新受潮，以便装芯。装芯完成后立即梳理文物表面的所有缂毛线头和整形，必要时还要重新固型（图36 ~ 图41）。

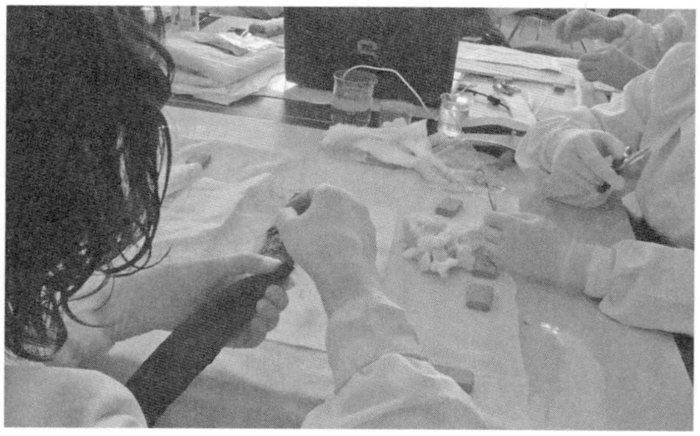

图36 准备装芯

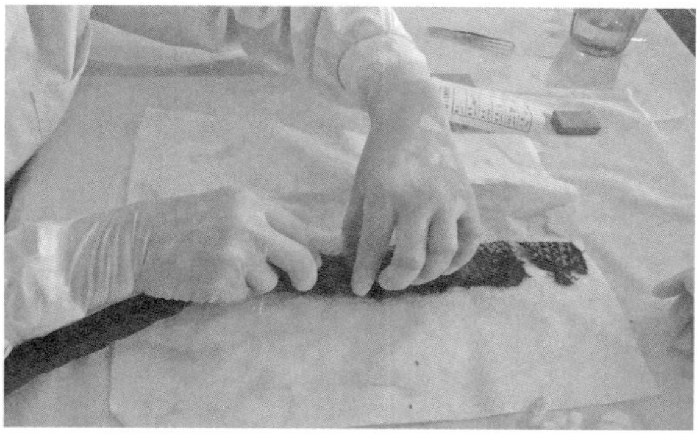

图37 缓慢装入

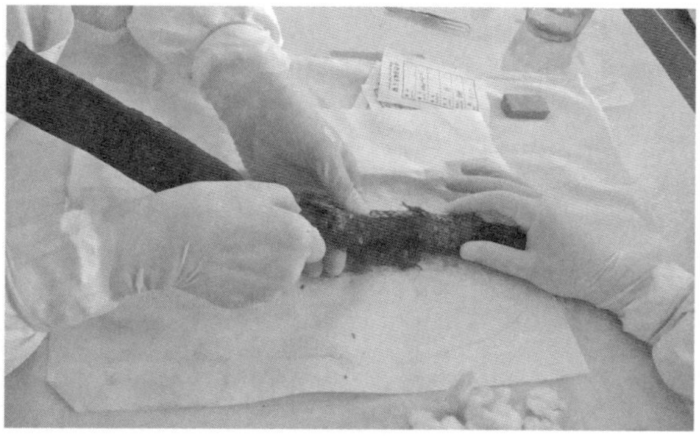

图38 协助装入

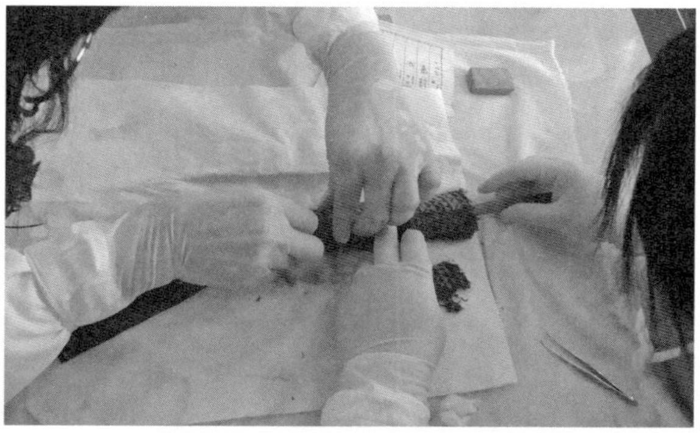

图39 用镊子慢慢拉出棉条

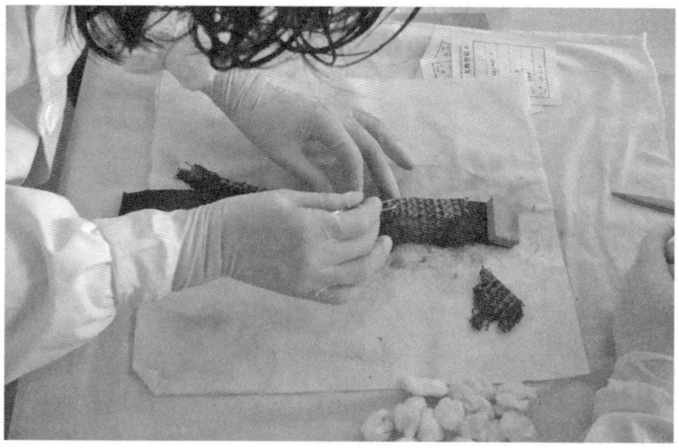

图40 内衬装入后整理

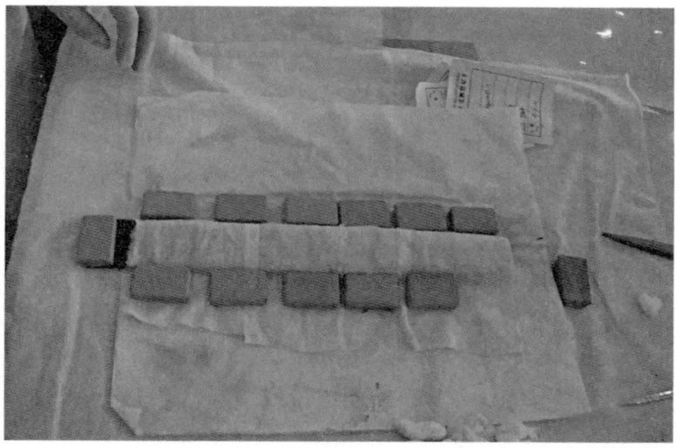

图41 用小块棉布和加压磁块固型

此时，文物已成平面状态，可绘制病害图与纹样图（图42）。病害图主要包括残片的整体轮廓、缝线位置、破损面面积位置等，为下一步修复提供依据。

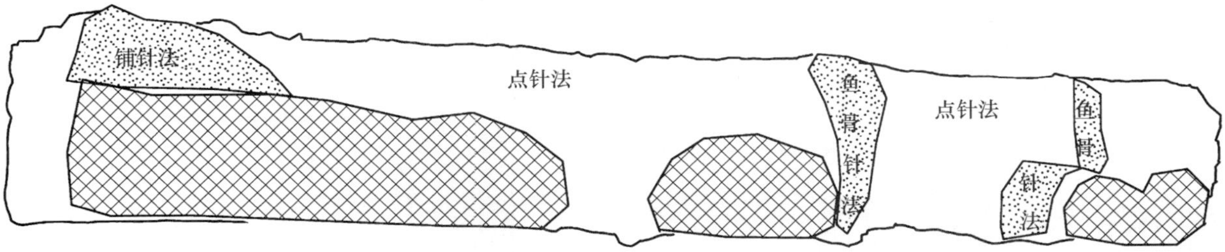

图42　修复针线法

5. 针线法修复

为使残片恢复原貌，使之成为广大观众提供难得一见的缂毛精美展品，固型后，再以针线法修复。

因文物整体已较为脆弱，为避免对织物造成进一步的损害，本次修复秉着尽量少缝的原则，以减少穿针引线对织物的破坏。具体修复步骤如下。

1）先把两块文物残片拼接好，把针线修补的步骤制定好（图43、图44）。

2）针法基本定位断裂的部位用鱼骨针法链接，糟朽的地方用小铺针法，其余用点针法固定（图45、图46）。

3）边织补边矫形，正反面都要兼顾。动作要时刻记住轻柔（图47、图48）。

4）织补完成时要保证文物的经纬横平竖直、完整性强、挺括，针脚隐秘（图49、图50）。

5）为使视觉效果更加完美，反复矫形、平整（图51、图52）。

图43　楼淑绮老师指导针线方法

图44　准备缝补

图45　开始缝补

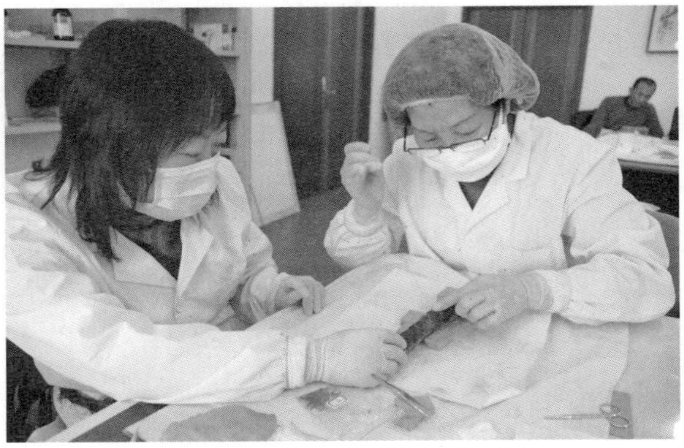

图46　遇到难点

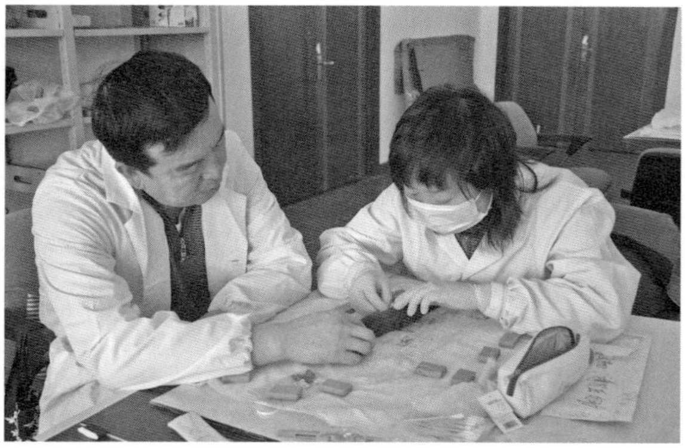

图47　齐心协力

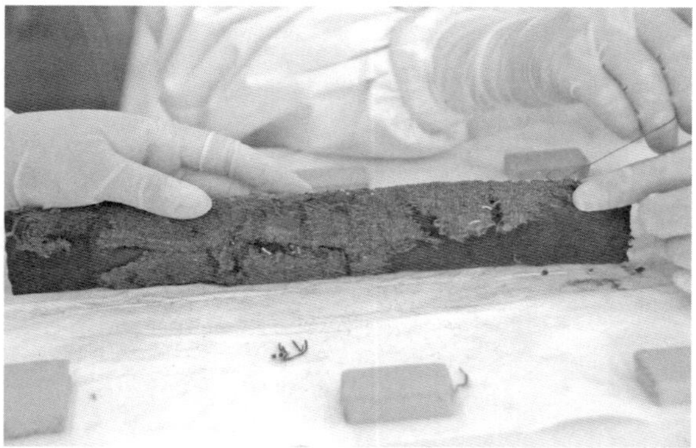

图48　前后对比着缝

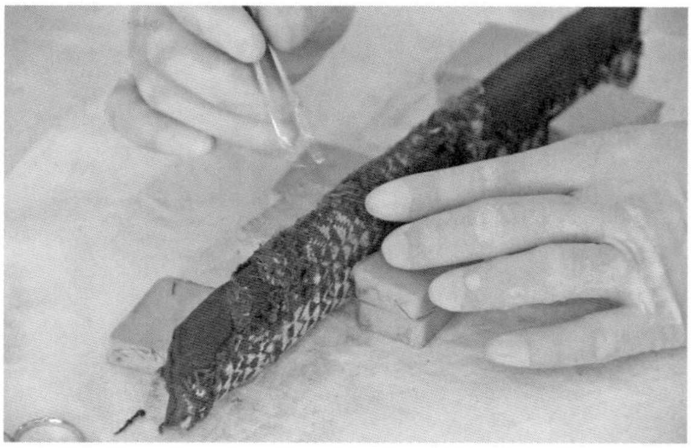

图49　矫形

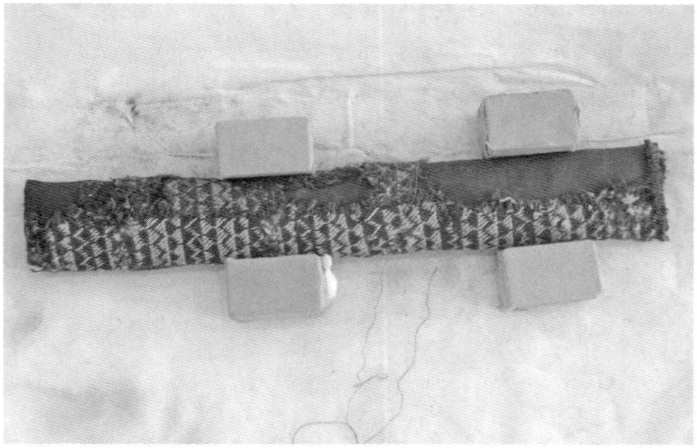

图50　完成织补

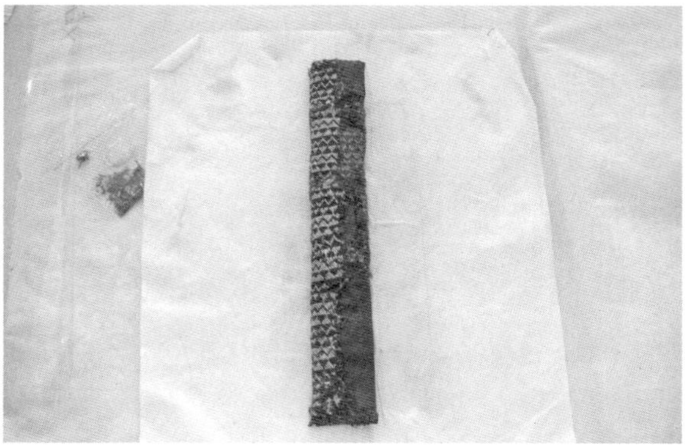

图51　够挺括

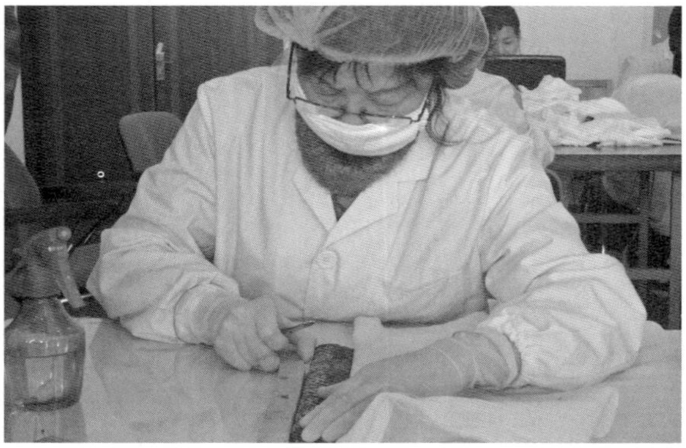

图52　再次矫形

6. 平整

为使出现在人们眼里的文物在镜框内坚挺、平整不留遗憾，以最佳面貌展示，需要严格的矫形过程，才能达到预期效果（图53～图56）。

7. 装框保存

本着保护文物的理念，在今后展出文物时，便于拿进拿出又不碰损的办法，确定修复完毕后装框（图57～图62）。

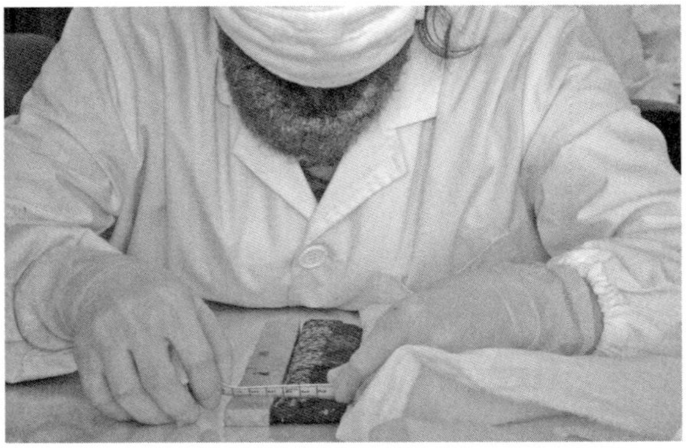

图53　整件文物尺寸匀称

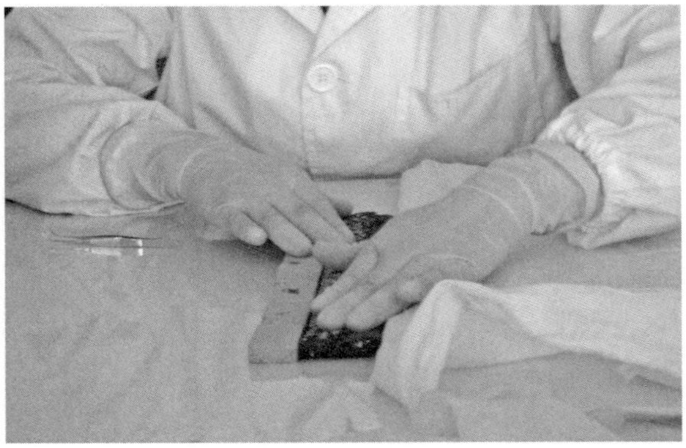

图54　抚平

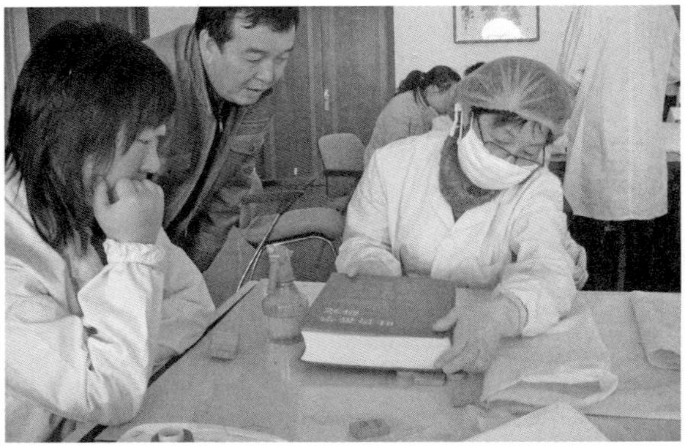

图55　外力平压

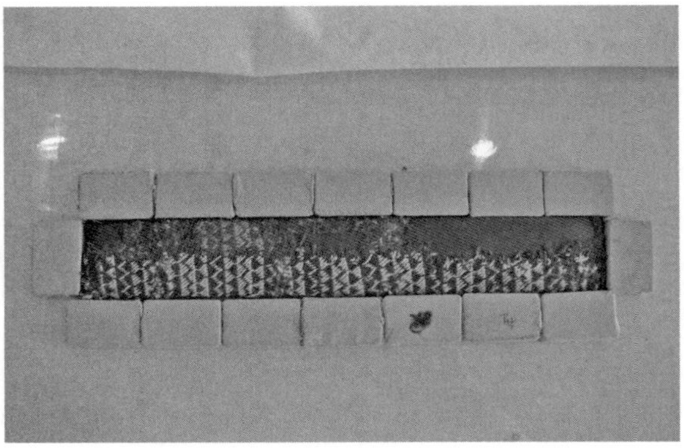

图56　最后效果

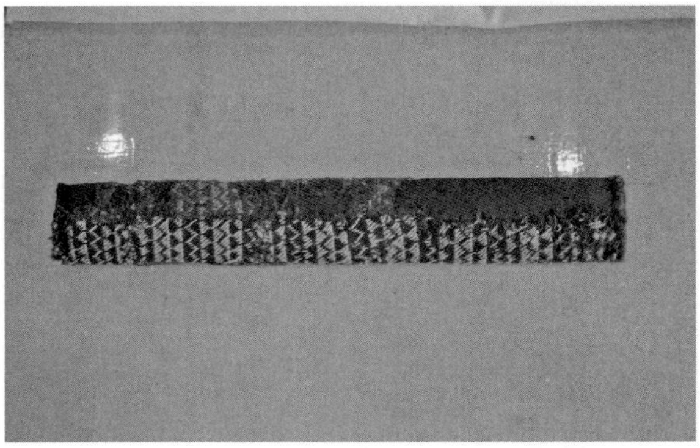

图57　修复完毕

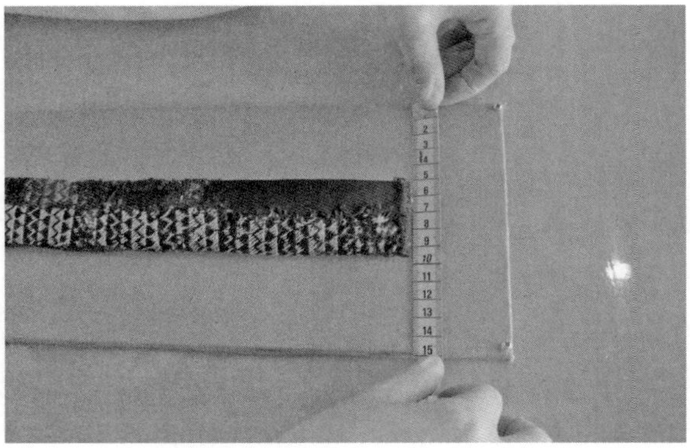

图58　确定位置（1）

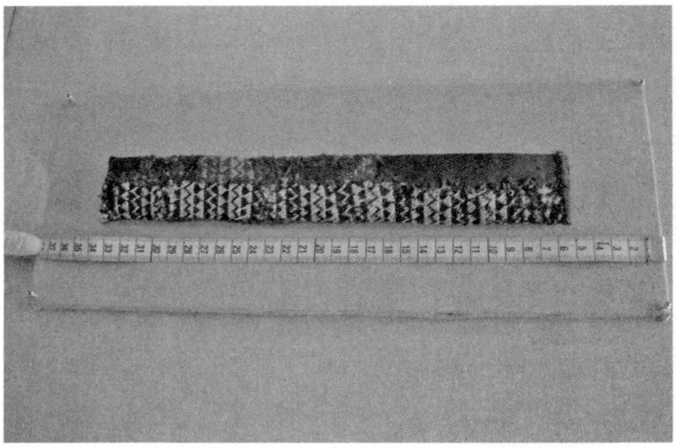

图59　确定位置（2）

图60　准确固定

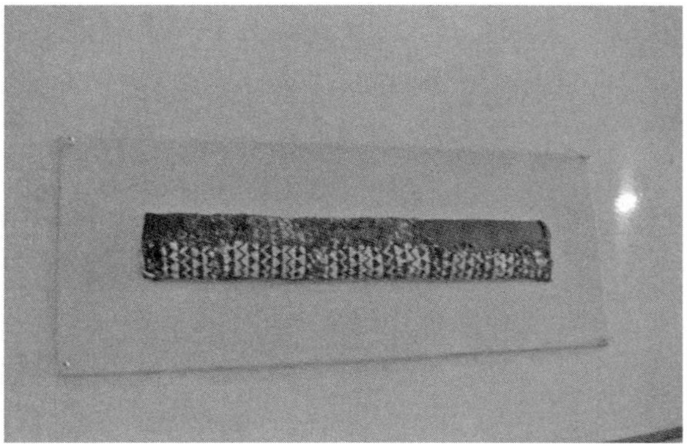

图61 固定完毕

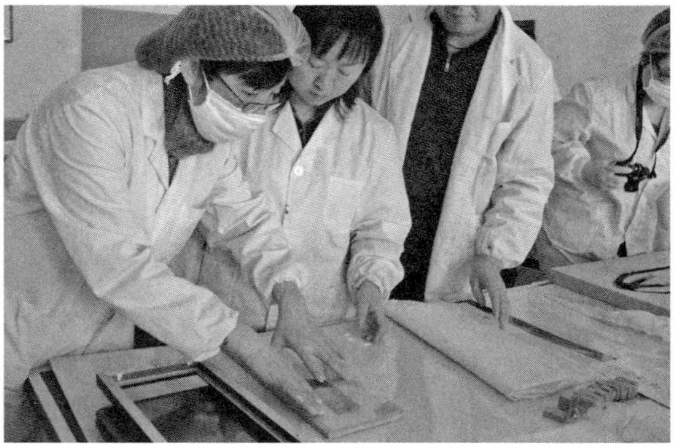

图62 装镜框

8. 制备外包装袋

用白棉布和弹力棉给装好镜框的文物做一个棉质外包装袋，起到保护外镜框不被外来的力量磨损。将量好尺寸的棉布熨平对折把大小合适的弹力棉放入中间缝合好，做成一个袋口有系带的棉质装物袋备用（图63 ~ 图68）。最后把装框完成的文物放进外包装内收藏。

图63 熨平棉布

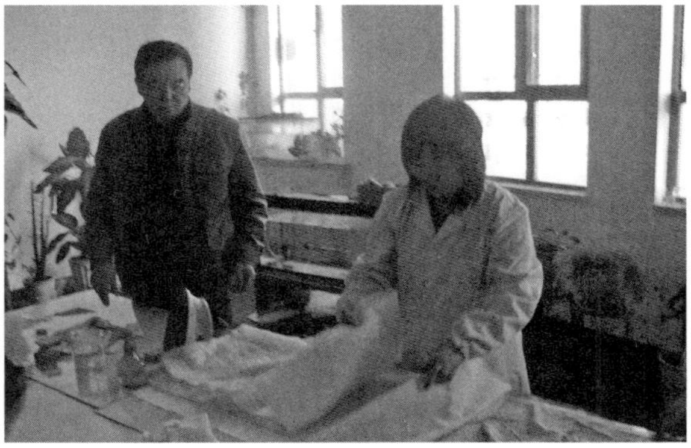

图64 装夹层

图65 缝外包装

图66 完成效果

图67　装入镜框

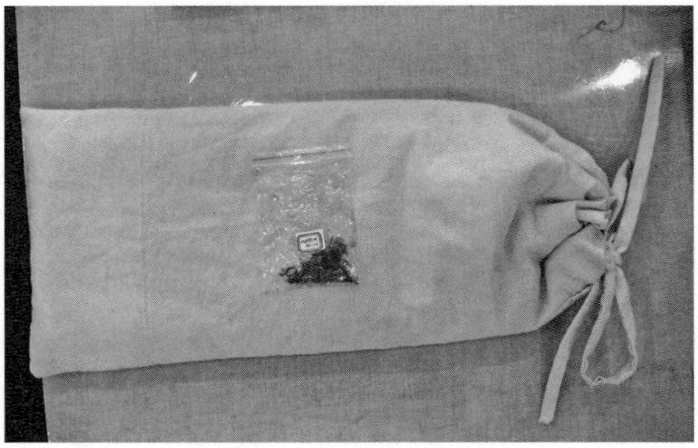

图68　收藏

七、结　　语

罽毛残片修复装框后色彩鲜艳，组织图案清晰，符合陈列展览的视觉、审美要求，而且便于保存运输，基本达到预期修复效果。

本次三色罽毛残片的修复有如下几个特点：以最少的缝针给予了文物最大的保护；用丝线缝补罽毛织物是为了掩盖针脚和保持文物残片的原状；用加芯材料与装框材料相结合的保护方式保护。这种修复工艺是值得推荐和运用的。

作者单位：吴丽红，新疆龟兹研究院

几件新疆古代金器制作工艺的复原探讨

阿里木·阿不都热合曼　尼加提·肉孜　玉素甫·肉孜

内容提要：新疆自古以来民族众多，由于其丰富的草场资源成为游牧民族的乐土。众多游牧民族都喜好金器，因此新疆有大量的金器出土，制作精美，工艺复杂。为了更好地保存出土的金器，保护修复不可避免，在修复过程中摸索出一些工艺，再次进行探讨。

关键词：金器　保护　修复

在古代，金器作为一种身份与地位的象征标志，长期以来都是权贵青睐的对象，因此，匠人在制作过程中都务求尽善尽美，使得许多金器在炫耀财富的同时，也反映出不同时期不同民族的审美旨趣。新疆自古以来就是东西文化交流融合的区域，举世闻名的丝绸之路在此通过，多个民族在此繁衍生息，不同的宗教在此传播，使得新疆古代金器的制作工艺呈现出多样性的特点。本文主要选取了新疆不同区域出土的几件金器作为研究对象，对它们的制作工艺进行复原性探讨。

一、金器的出土地点及种类

本文涉及的金器主要是伊犁吉林台别特巴斯陶墓地出土的金马鹿饰件和金马饰件，吐鲁番交河故城沟北墓地出土梅花鹿形饰件、鹰嘴怪兽搏虎饰件、双峰驼饰件、六叶梅花形饰、筒状虫形饰件，以及阿勒泰富蕴县阿尔济斯河、喀阿尔济斯河两河流域墓葬出土的金箔饰件。

二、金器的概况及制作工艺探讨

上述不同地点出土的金器种类不同，显现出不同的工艺。以下分别述论。

1. 别特巴斯陶墓地出土的金器

2003年，为配合伊犁河流域建设水电站的基本建设，新疆文物考古研究所在伊犁吉林台别特巴斯陶古墓葬开展发掘时，M54号墓出土了一件金鹿饰和一件金马饰。

金马饰件，编号2003ywb M54，高3.4cm，长4.1cm。金马处于准备起身状态，马尾根处有0.1cm钉孔，马嘴角处有0.1cm钉孔。在室内修复时，发现有三处断裂分别位于马头和颈椎接处点、颈椎和马身（椎骨）接处点、马腰处（图1）。

金马鹿饰件，高7.5cm，长7.7cm。金马鹿处于准备起身状态，两角头尖一支从角中分支，整个鹿形上有8处钉孔，分支角中处、嘴角处、前右腿腕骨处、前右腿踢处、后左腿腕骨处、骶骨上处、尾中处、尾艉处（图2）。修复时，发现有两处断裂分别位于马左后腿的支骨中和马尾根处。

图1　金马饰

图2　金马鹿

经仔细观察揣摩，笔者认为这两件金器的制作工艺为：首先拿青铜做成该马形状的模型，然后再拿准备好的金片夹到模型中，按模型边沿反折过去而成。正面的眼、肋和软组织部分是拿木制工具顺模型压制而成。

在实际操作时，应避免使用金属工具，以用木制工具或光滑石质工具为好。否则，容易产生刮痕，影响器物的原貌。这是我们在西安复制交河故城沟北金器时的经验（图3、图4）。

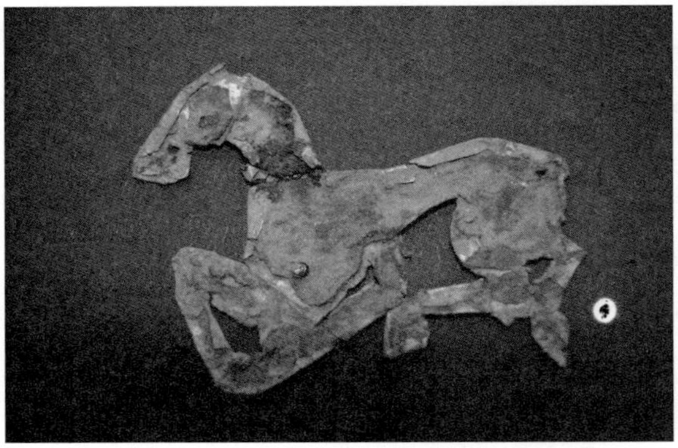

图3　金马饰件背面

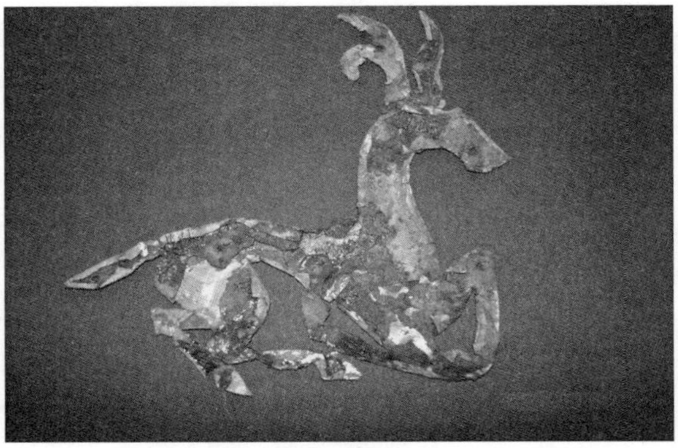

图4　金马鹿背饰件背面

2. 交河故城沟北墓地出土的金器

梅花鹿形饰件，长3.8cm，高3.3cm。由两块金片接合一起形成，四足站立于一体的金片之上，举目远视，有立体感。脖颈挺直，高耸的鹿角上焊以金点装饰，身体修长，臀部肥硕，中空（图5、图6）。

筒状形饰，残长4cm，孔径1～1.2cm。由两块金片接合一起形成筒状饰，长圆形筒状，一

图5　梅花鹿形饰件

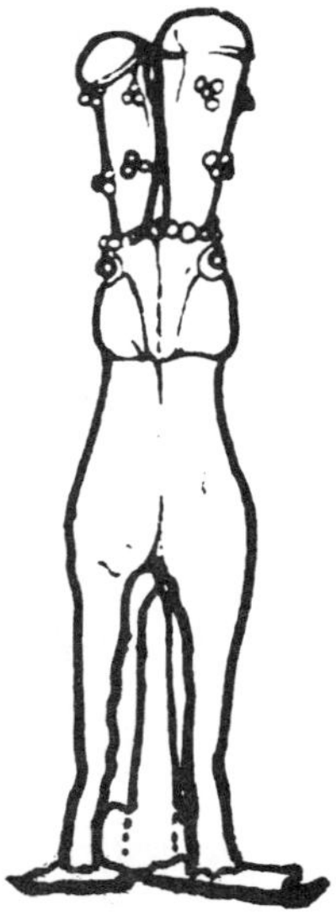
图6　梅花鹿形饰件的后面

端弧圆，封闭，另一端椭圆形口，中空，外壁有凹凸状饰，似为一个怪兽形象。

经观察模拟，这两件金器的制作工艺为：首先用青铜或别的材料做好一个模型，然后在此模型基础上翻出两块同类模子，再铸出器物的左右两半，最后并起来焊成。鹿饰的耳、角上及角根部的小金点是另外焊上去的。

我们在复制上述器物时就试用了此工艺，进行了验证，达到了相同的效果。

3. 交河故城沟北出土的鹰嘴怪兽搏虎牌饰、双峰驼饰件和六叶梅花形饰件

鹰嘴怪兽搏虎牌饰件，编号M01：1。长8.4cm，宽5.75cm。一只长有鹰喙但全身布满圆形鳞甲，3个卷状脊鳍及鹰足的怪兽，飞跃而起口咬虎背，正在搏斗。虎站立，俯首垂尾无抗拒状态。在怪兽二脊鳍上分别有直径约0.1cm的钉孔（图7）。

双峰驼饰件，编号M01：15。一件长2.6cm，高2.2cm，另一件长2.8cm，高2.1cm。双峰驼，在驼的嘴，峰或腿部有4个直径约0.1cm的钉孔。

六叶梅花形饰件，编号M04：6。直径4.9厘米。6片柳叶形叶片，间隔有瓣椭圆形花瓣，叶片上有长圆形凹纹和叶脉纹。中心为齿轮状花芯（图8）。

经观察模拟，这三件金器的制作工艺为下：第一，做好想要饰物的模型；第二，在模型的基础上翻出模子；第三，模子做底再翻出第二个模子；第四，双模间夹事先选好的金片。双模压制成形后再拿木制工具修内角和剪边而成。我们在复制上述器物时就试用了此工艺，进行了验证，达到了相同的效果。

4. 阿尔济斯河和喀阿尔济斯河岸台地幕葬出土的金箔

金箔马头饰件，残，二片金箔并起而成。右半片约5.3%、左半片5.2%牒压，厚约1cm。脖颈部分，长3.4cm，宽2.2cm。马头部分的眼睛、鼻子、嘴部分很清晰，中空（图9）。

金箔鹰头饰件，残，长1.9cm，宽0.8cm。鹰嘴钩饰的鼻子和眼睛很清晰，中空（图10）。

图7　鹰嘴怪兽搏虎牌饰

图8　六叶梅花形饰件

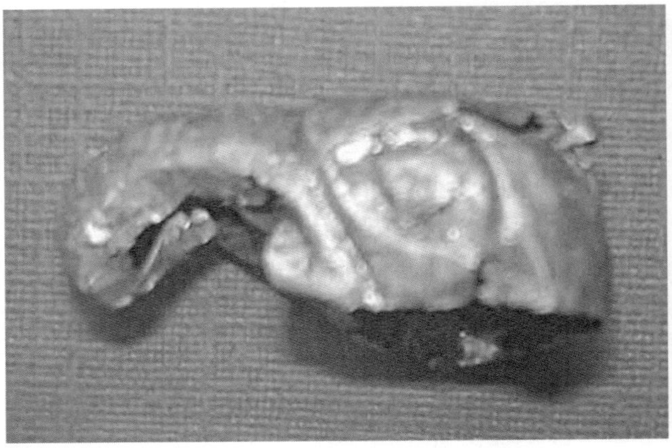

图9　金箔马头饰件

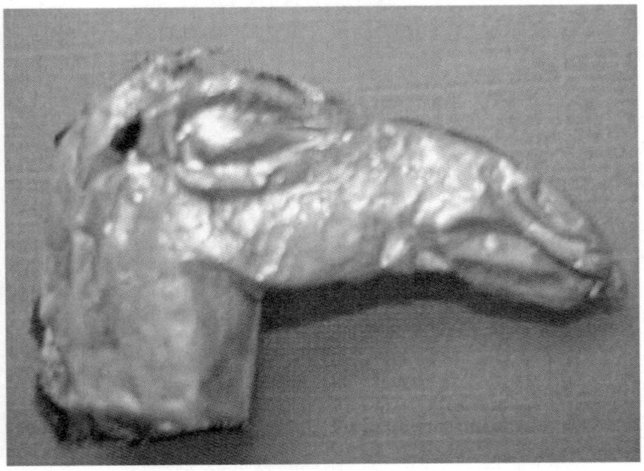

图10　金箔鹰头饰

其他金箔包动物饰件，残长3.7cm，高2.6cm。木制部分后腿及腰部欠缺，前二腿部分残存。头部的鹰嘴和眼清晰，头顶有0.1cm的4个小孔眼（图11）。

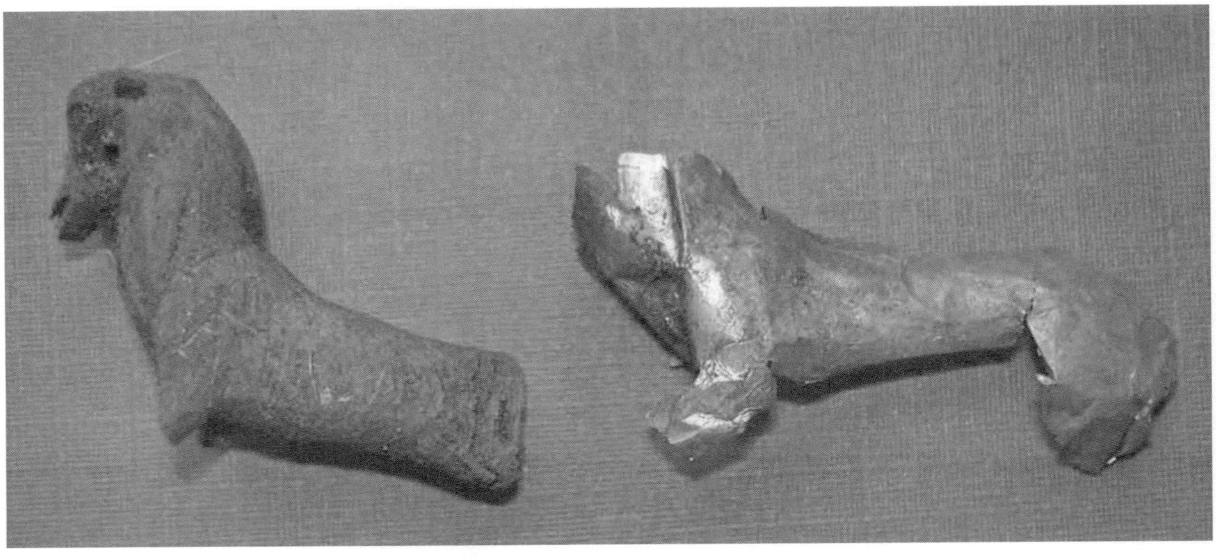

图11　其他金箔动物饰件

经观察揣摩，这些木制抱金箔饰的制作工艺为：首先拿木料刻成需要的器物或动物模样后，再用金箔来包制而成。

三、结　　语

通过观察揣摩以及试用，我们可以推断上述这些金器主要有四种制作工艺：

1）先拿青铜制作模样后抱金。

2）作双模（双模中间夹金片压出该器物形状再并合）。

3）双模中间夹金片压出该器物形状再修边。

4）先拿木料刻成自己所想象的模型后再拿金箔包起。

作者单位：阿里木·阿不都热合曼，新疆文物古迹保护中心
尼加提·肉孜，新疆文物考古研究所
玉素甫·肉孜，巴音郭楞蒙古自治州文物局

几件古籍及字画的保护修复实录

买买提·哈德尔

内容提要：在结合培训和修复工作实践中，本文对于引发纸质文物病害的光辐射、温湿度、酸化、生物腐蚀等因素进行了分析，并介绍了清代线装四本古籍书及古画《口江罢钓图》的修复过程和手段。通过具体的实践，对于如何更好地修复保护纸质文物有了更深的理解，即必须在修复过程中坚持最少干预、修旧如旧、可逆性等基本原则，同时最大限度地保留历史信息。

关键词：古籍古字画　修复　保护　实践

一、引　　言

纸对世界文化的传播发展及人类文明的进步作出了很大贡献，我国历代的书籍、书画等纸质文物大多由纸张材料、字迹材料和绘画颜料以及黏合剂等制作而成，承载着文物的历史、艺术和科学等价值，十分珍贵。在中国文物研究所举办的中日韩三国合作的丝绸之路沿线省份文物保护修复专业人员培训项目中的纸质文物保护修复部分，为我国西部地区从事纸质文物保护的人员提供了良好的学习机会与实践平台。在为期三个月的培训中，中日两国专家除了向学员讲述了关于纸质文物保护的相关问题，还分别传授学员关于传统的古籍和古书画的修复工艺，使我们掌握了纸质文物保护修复的技艺，为更好地延续纸质文物价值的工作打好了坚实的基础。

自纸诞生以来，就有许多种类，大致可分为手工纸和机械纸。因此，修复过程中，要按照纸质的不同，区别对待。

二、纸质文化破坏因素分析

目前，引起纸质文化破坏的因素主要有光辐射、温度、生物、酸化、湿度等。

1. 光辐射

光线实质上是一种频率很高的电磁波，是一种同时具有波动性和粒子性的电磁辐射，称为光辐射的波粒二象性。光是一种高能辐射，具有积累性，对有机文物均是有害的。它不仅能引起染料颜料的褪色，而且对材料的强度、纸张纺织品、黏合剂均产生十分重大的影响。

2. 温度

温度是馆藏文物保存中的重要环境因素，它们对纸质文物既有其独立的影响又有相互关联的复合影响。文物材料在自然环境中发生化学反应，这就意味着文物受到损害。化学反应的速度与温度有关，当温度每升高10℃，反应速度提高2～4倍。因此，通常纸质文物保存在低温条件下是较为有利。

3. 生物腐蚀

纸张的生物降解性与造纸的原材料[①]、纸张的生产和使用有关（动物胶、植物胶、明胶、淀粉等）。常用于装订书的材料更有利于微生物的繁殖，而墨水、颜料，如含铅的颜料等却能抑制微生物的生长繁殖。被物理降解和化学降解的纸张也容易遭受生物降解。引起其生物降解的微生物是真菌和细菌。细菌主要是那些能分解纤维素的细菌，有时不能使纤维素降解的细菌，利用纸张中的胶、淀粉、绳子、毛发，也能使纸张降解；引起纸张生物降解的真菌主要是空气中普遍存在的菌类，如半知菌（曲霉、青霉、木霉）和子囊菌（毛壳菌、细菌）。真菌对纸张的降解还会产生一种特殊的现象，就是真菌产生的酶能使墨水分解（使墨水的主要成分单宁酸盐水解）。除此之外，还有昆虫。这些昆虫能以含碳的有机化合物为营养来源，因而会对纸质文物造成损害。

4. 酸化

纸的主要化学成分是纤维素的组合。纤维素大分子中基环间的葡萄糖柑键。当酸的水溶液作用于纤维素时，使葡萄糖柑键发生断裂，造成聚合度降低，使纸变质发脆。在水解过程中，酸是催化剂，它能降低葡萄柑键断裂的活化能，而提高水解速度。水解速度随着氢离子浓度成一定比例的增加，也就是pH值越低，酸性越强，水解速度越快。纸的变质表现在宏观上是变色，在微观上便是结构的破坏（即机械强度的下降）。

5. 湿度

潮湿的环境会是纸张变潮而发生水解，同时还会使耐水性差的字迹洇化褪色，潮湿的环境还有利于有害微生物的生长繁荣。图书、档案中微生物生长繁荣的最佳湿度为70%以上，当空气潮湿时，霉菌生长很快，其分泌物中的有机酸也会使纸张变质。另外，纸张变潮也加速了其他有害物质对纸张的破坏。纸张老化除与其本身原料、pH值、保存温度诸因素有关外，湿度所起的作用与也是相当明显的。50%RH的纸张强度为1，而同样的温度下相对湿度增至75%时其强度则减少为0.75。湿度对纸质文物的损害，有因其参与导致的化学变化，亦有因其急剧变化，更有因其招致的二次污染，即生物腐蚀虫霉的滋生。这是文物保存（特别是纸质文物）中大量存在和十分严重的问题。

影响文物保存的环境因素从对文物保存最主要的影响因素分析，可分为自然因素，如大气、水、土地、生物等；人为因素，如人类生产、生活活动过程中产生的化学物质、振动、噪

① 由破布造出的纸抗生物腐蚀性要比由木材造出的纸抗生物腐蚀性强，因为其中纤维素、半纤维素的含量多，而木质素含量低。

声、废气等。最佳保存环境是温度在20 ± 2℃，相对湿度为50% ~ 55%，光照强度为50lux，除尘率为80% ~ 85%。许多文物保护专家认识到改善文物所处的环境，比在文物实体上进行处理更为必要。目前这一理念已被国际文物保护界完全接受。

三、修复过程

1. 对古书籍的修复

在培训后期，在中日两方老师的指导下学员对清代线装四本古籍书进行了修复，下面进行简单介绍。

（1）调查

修复前，首先查了要修复的古籍版本，页数等相关信息。我们对古籍进行照相记录，并测试纸张的相关理化数据。这四本书的书口、书背部位均有不同程度的破损、撕裂、霉变，书皮颜色发黄，天地部位均有不同程度的糟朽，纸张pH值分别在4.76 ~ 5.90（说明书页酸化程度很高）。修复时应清洗去酸，修补缺失部位，重新按原装订形式装订复原。修复前图片见图1，修复后图片见图2。

图1　修复前的古籍

图2　修复后的古籍

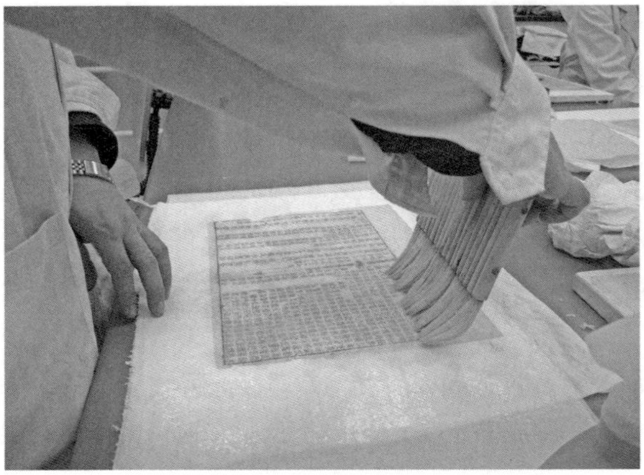

图3　清洗书页

（2）洗书页

在清洗当中采用了日本修复古书籍的传统方法。这种方法对糟朽的古籍清洗比较安全。首先根据书页的大小放一些较厚的吸水纸，在吸水纸上铺一层无纺布，将展开的书页正面朝下铺开，上面再铺一层无纺布，喷纯净水，用排刷轻刷使下层的吸水纸将书页上污渍吸走，再次喷水用排刷刷多重复几遍。在用吸水纸吸取表面上剩余的水分，将洗好的书页连同无纺布防在干净的无纺布上，自然晾干用重木板压平，待干取出（图3）。

（3）补书页

在冷光灯箱桌上，将书页正面朝下展开铺在两层无纺布中间，在破损边缘处涂稀浆糊，将撕下的补纸压边贴上，小心撕去多余部分。脆弱的地方用和纸裁下所需大小贴上，边缘刷浆糊，将补纸粘贴，撕去多余补纸。补洞时应先中间后两边、先不大后补小。脆弱处用薄的染过色的青檀皮纸裁所需大小，刷浆水贴上，然后每页喷水潮湿铺在吸水纸上叠放在一起压平（图4）。

（4）装订

将压平后的书页和护页墩齐，用针锥按原书眼轻轻打透，为避免针眼处有纸翻出，从两面棰打。根据原书的书捻形式订书捻，前后加上压平的书皮，用浆糊在原书捻内点三点，将书皮稍固定，后按原书装帧形式装线即可（图5）。

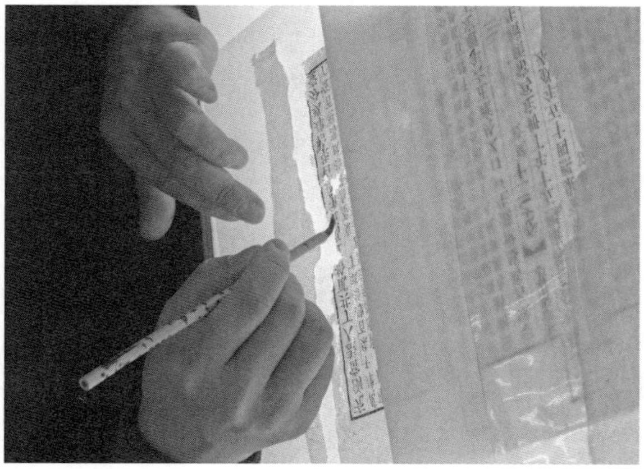

图4　补书页

图5　装订

2. 对古画的修复

在培训期间，学员对《口江罢钓图》也进行了修复。画心尺寸为61cm × 34.7cm，质地酥脆，画心上半左侧部残缺，有破损、断裂较多，霉迹，蝇粪等病害。该画有5处图钉锈迹，部分颜色已脱落。因年代较长，保存不善，再加上曾经修复方法不当，该画现已破烂不堪，无天地头。修复前图片见图6，修复后图片见图7。

（1）清洗和挑刮画心

首先清理画心。在30倍小型显微镜的帮助下把尘点、霉点、虫屎、蝇屎等污用针锥垢剔除（修复中借鉴了日本对古画修复的传统方法）。这种清理方法有免于二次对画心的损伤。检查墨及色的牢固性，确认无误后，使用温水进行清洗。将旧画平铺于案上，以排笔蘸水，笔不沾画心，悬空淋水，待画面浸透后，

图6　修复前的古画

图7　修复后的古画

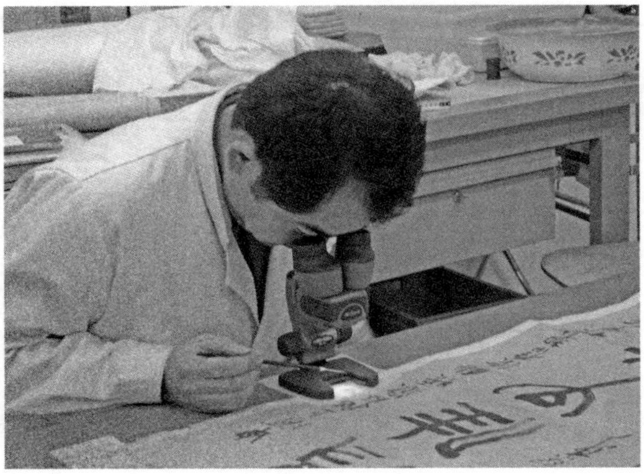

图8　清洗

再以干净的毛巾反复吸去画面上的脏水，特别脏的地方用水清洗几次。通过这种方法的反复操作至其洁净（图8）。

（2）揭背

揭背是指去掉画心后面的旧背纸和托心纸，其中以托心纸对书画的影响最大，因其直接关系书画命运，故又称命纸。揭背是书画修复中的一道极为关键的工序，揭前画案上衬垫稀薄绢，再把画心反扣铺在上面。书画的揭背，既要做到揭得干干净净，又不能使画心受到丝毫损伤，这不仅需要丰富的工作经验，还需具备相应的专业知识和较高的技术水平。在修复中，日本揭背采用了干揭法这种方法避免和缓解湿度对画心短期内出现发霉情况。

（3）托命纸与隐补

在完成揭裱的画心上刷稀浆糊，选优良的单宣作为命纸材料，四周分别宽出画心一寸。经过托芯后，对画面的大小破洞，须进行隐补。从画心背面的破洞地方用宣纸隐补。隐补的宣纸厚薄要合适，隐补的宣纸要大于破洞，多余的部分在隐补后用刀轻轻刮掉。在画的背面折裂、断裂的地方贴条，起到加固折断的作用。托好命纸上上隐距条。画心的折裂部位称“折口”。“折条”则是为了对折口进行加固而采取的一种救助措施。在古旧书画的修复中，画心糟裂的地方都需通过加贴折条予以加固，否则重新装裱的书画虽经覆背研装，做法是在冷光灯箱照明条件下观察背面，有折痕的地方贴上宽2～3mm的宣纸条。

（4）染托心纸（命纸）

配色要接近画心的颜色，但要比画心淡一些。染色材料是通常的国画颜料有赭石、藤黄、墨等加明胶，染前要搅拌均匀，将染的纸放在裱板上用排笔蘸染料往纸上刷，刷的力度要均匀，多刷几遍，使纸的颜色由浅变深，合适为止。目前日本在染托心纸用叶叉五倍子和黄柏等植物作为颜料，染后对染纸进行清水清洗。清洗前水里放入少量的碳酸钾，然后用测纸测量pH值为8～9为最佳，这样起到加固染料和使托心纸变成中性的作用，确保了使用材料的安全性。见（图9）。

（5）全色

全色是一项很复杂的工序。作为一名修复装裱技术人员，首先应了解每幅书画作品时代，懂得一定的美术知识，对每个时代的作品及各家各派的不同风格、特点都应有大致了解。上胶矾是为全色打基础的一道工序，胶矾由白矾和明胶加水勾兑而成，刷于托心纸的后面。对胶矾水的掌握是否熟练，于全色质量有至关重要的影响。全颜色即通过着色的方法对补口作旧，全的含义是使补口与原画品貌一致。在点染小洞和裂缝时，坚持宁浅勿深的原则以便为整体效果的协调留有余地。自始至终坚持逐步到位的全色原则，并在每一笔着色前先在备用纸上反复试涂（图10）。

图9　命纸

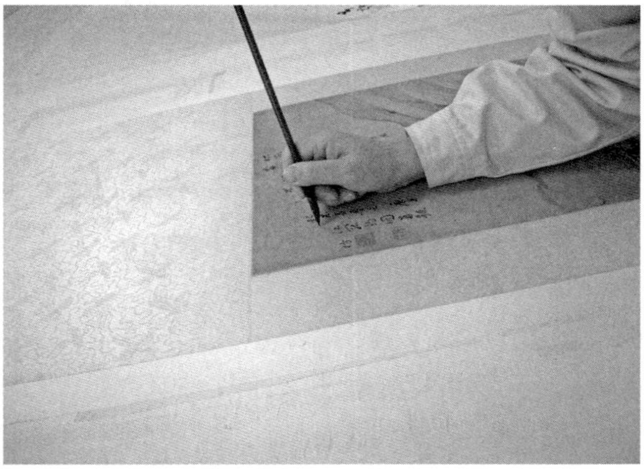

图10　全色

（6）镶绢与覆背纸

镶料是指在经过修复的画心周围粘贴上用以装饰的纸张或织物。绫绢的颜色选择要适当，不要太浅也不要太重；绫绢颜色与画心主体色调既要有一定对比，又要有适当的协调，起到渲染烘托画面气氛的作用，否则就达不到书画与配色的协调，影响观赏价值。对古画的镶料一般采用托染好的绫和绢。在为画心进行镶料后就要对其进行覆背。所谓覆背，就是在镶有装潢材料的画心背部粘贴褙纸，在增加作品的厚度的同时起到对画心的保护作用。褙纸一般分为上下两层，将其覆于画幅，并用棕刷刷平，使褙纸与整幅作品充分粘接，然后在褙纸四边刷上较稠的浆糊，将作品正面朝外，张贴于特制的干燥板上自然干燥。

（7）上天杆地杆

从干燥板上取下，将裱件正面向下平铺在案子上，裱件和案子之间垫一层白纸，然后用小刀将裱件的背面轻刮一遍，剔除褙纸中间的小颗粒，然后在背部均匀涂上蜡，再用砑石反复用力推砑数遍，使作品变得柔软和光滑。最后，将作品两边多余的纸边剔除，并在作品的上方安装天杆、纽和画绳、画带，在作品下方安装地杆（图11、图12）。

该作品经过以上保护清洗和修复后，基本恢复了原来的面目，使作品具有了更好的可观赏性和美学性；同时纸张载体得到了加固，提高了作品的耐久性，对延长作品的寿命起到了很好的保护作用。

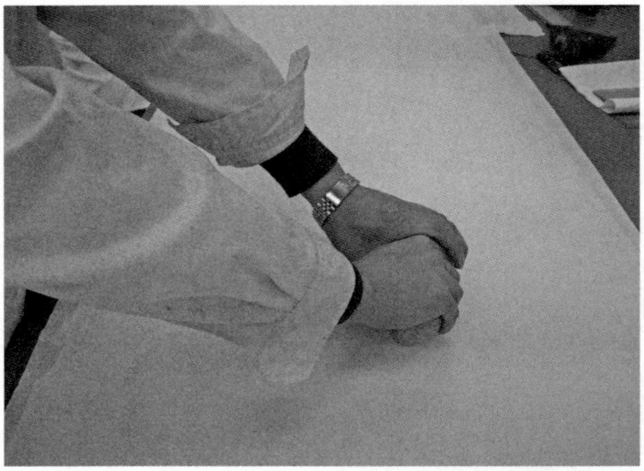

图11　砑石反复推压

图12　上天杆地杆

四、结　　语

前辈已经总结出了一套适合中国古籍修复的原则：最少干预原则。就是在古籍的修复中，对不同情况予以不同处理。尽量减少在藏品上添加修复材料，避免因过度修复而造成的保护性破坏，尽量保留古籍文献的各种研究信息。整旧如旧原则，就是在修复中尽可能保持古籍文献的原貌，保留文献的装帧风格。可逆性原则，即修复措施是可逆的，可重复的。如果将来发现有更科学更适宜的保护修复技术，随时可以更换修复材料，回到修复前的原来状态。另外，可逆性原则对于我们改正工作中的失误而尽量不损害古籍非常必要。 最大限度保留历史信息的原则。

参 考 书 目

[1]　郭莉珠：《档案保护技术学教程》，中国人民大学出版社，2000年。
[2]　故宫博物院修复裱画组：《书画的装裱与修复》，文物出版社，1980年。
[3]　杜伟生：《中国古籍修复与装裱与技术图解》，北京图书馆出版社，2003年。

作者单位：买买提 · 哈德尔，新疆博物馆

科学分析研究

哈密地区游牧民族岩刻画载体变黑机理探索

武　严

内容提要：通过X射线荧光光谱分析和X射线衍射光谱分析哈密地区游牧民族岩刻画载体，分析确定岩石的元素构成和其分子结构，最终得到岩石本体及黑色层的成分结构以及二者的不同。由于本体内所含有的铁元素在环境的作用下，化合形态发生变化而产生黑化，且岩石的黑化对岩刻画这种文化遗存的延续有着直接的影响，所以黑化也是亟待解决的问题。

关键词：岩刻画　载体　黑化现象　机理推论

游牧民族岩刻画作为哈密文化遗存的主要存在个体，其实体所蕴涵的价值对研究哈密地区游牧民族的历史、科学发展以及独特的艺术欣赏角度，起着关键性的作用。变黑现象普遍存在于每一块岩刻画载体之上，随着黑化现象的不断严重，岩刻画也将随之消失。本文通过一系列分析手段，对载体黑化层成分以及黑化过程进行分析，为今后保护手段的实施提供客观合理的指导。

一、岩石本体及黑色层成分分析

1. X射线荧光光谱分析

本次实验选取五个岩石样品的本体和黑化层进行X射线荧光光谱分析，分别编号为1～5号，所得谱图如下（图1）：

通过以上谱图的分析，发现岩石本体和黑化层中均主要含有Si、K、Ca、Ti、Mn、Fe等元素成分，差异不大，但是铁元素在黑化层中的含量大于岩石本体。

元素差别不大，故岩石表里颜色不同很可能是由于晶体结构有所不同。进一步进行扫面电镜能谱分析和X射线衍射光谱分析，以期确定岩石本体和黑化层的不同的化学组成。

2. 扫描电镜能谱分析

在进行扫描电镜以及能谱分析中，本次实验选取了具有代表性的哈密市水亭东岩刻画点的石样，即4号，对其本体以及黑化层进行扫描电镜和能谱分析，所得谱图如下（图2、图3）。

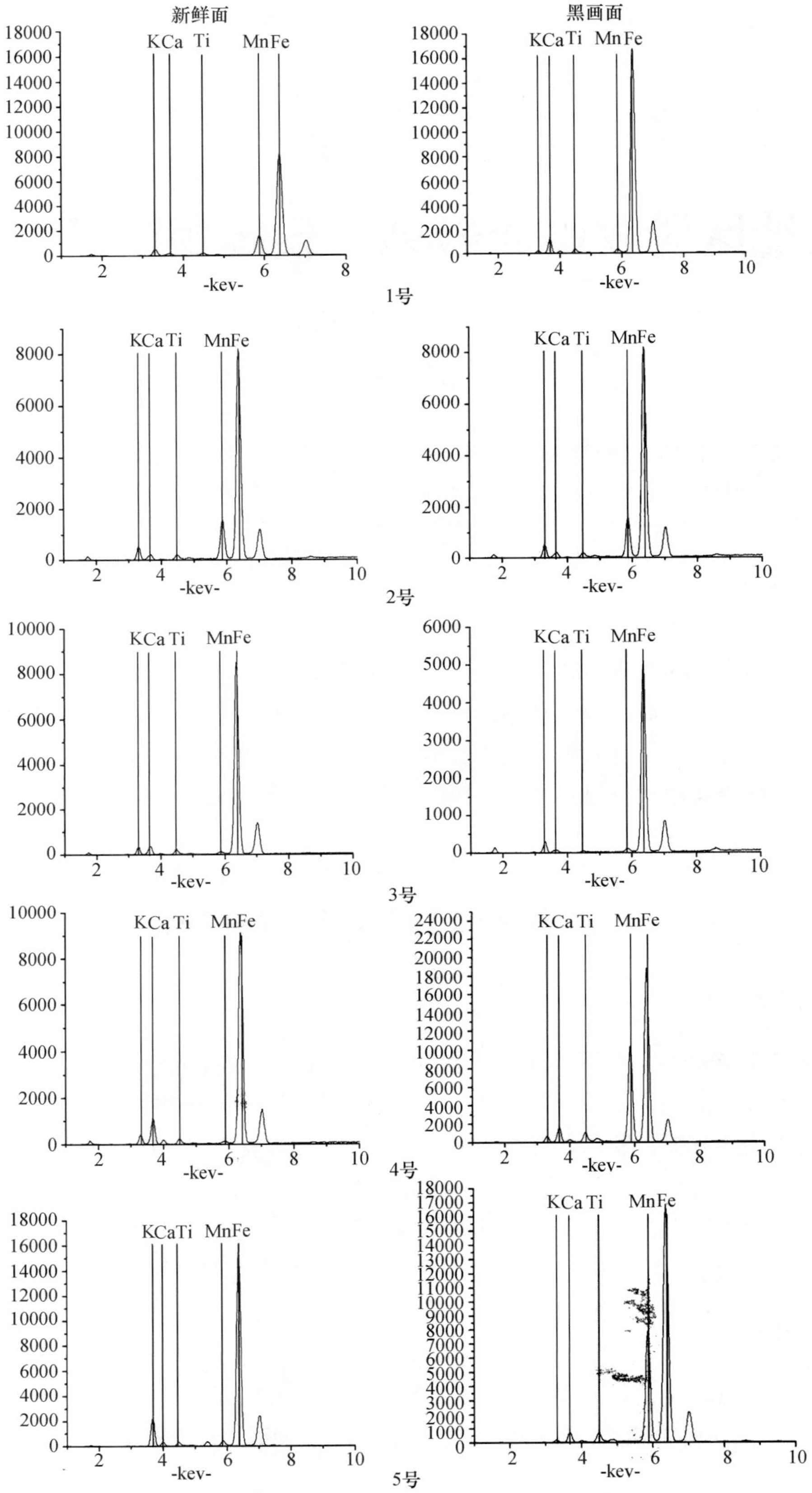

图1　五个岩石样品X射线荧光光谱图

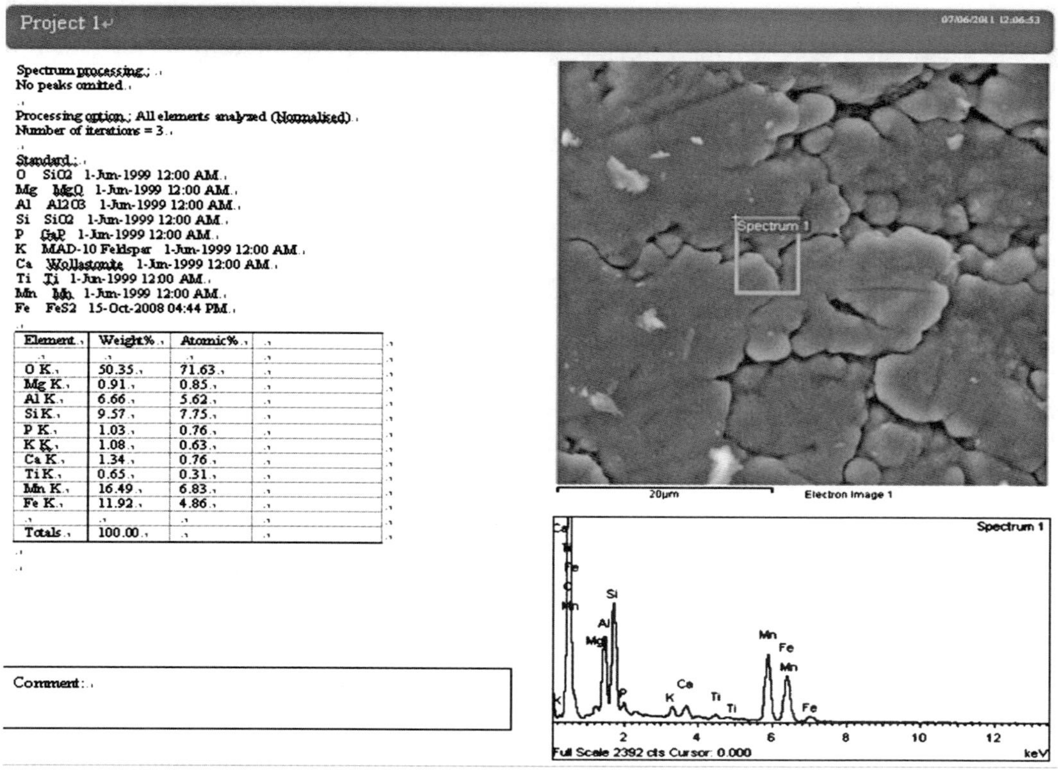
Project 1 07/06/2011 12:06:53

Spectrum processing :
No peaks omitted

Processing option : All elements analyzed (Normalised)
Number of iterations = 3

Standard :
O SiO2 1-Jun-1999 12:00 AM
Mg MgO 1-Jun-1999 12:00 AM
Al Al2O3 1-Jun-1999 12:00 AM
Si SiO2 1-Jun-1999 12:00 AM
P GaP 1-Jun-1999 12:00 AM
K MAD-10 Feldspar 1-Jun-1999 12:00 AM
Ca Wollastonite 1-Jun-1999 12:00 AM
Ti Ti 1-Jun-1999 12:00 AM
Mn Mn 1-Jun-1999 12:00 AM
Fe FeS2 15-Oct-2008 04:44 PM

Element	Weight%	Atomic%	
O K	50.35	71.63	
Mg K	0.91	0.85	
Al K	6.66	5.62	
Si K	9.57	7.75	
P K	1.03	0.76	
K K	1.08	0.63	
Ca K	1.34	0.76	
Ti K	0.65	0.31	
Mn K	16.49	6.83	
Fe K	11.92	4.86	
Totals	100.00		

Comment:

图2 4号黑化面

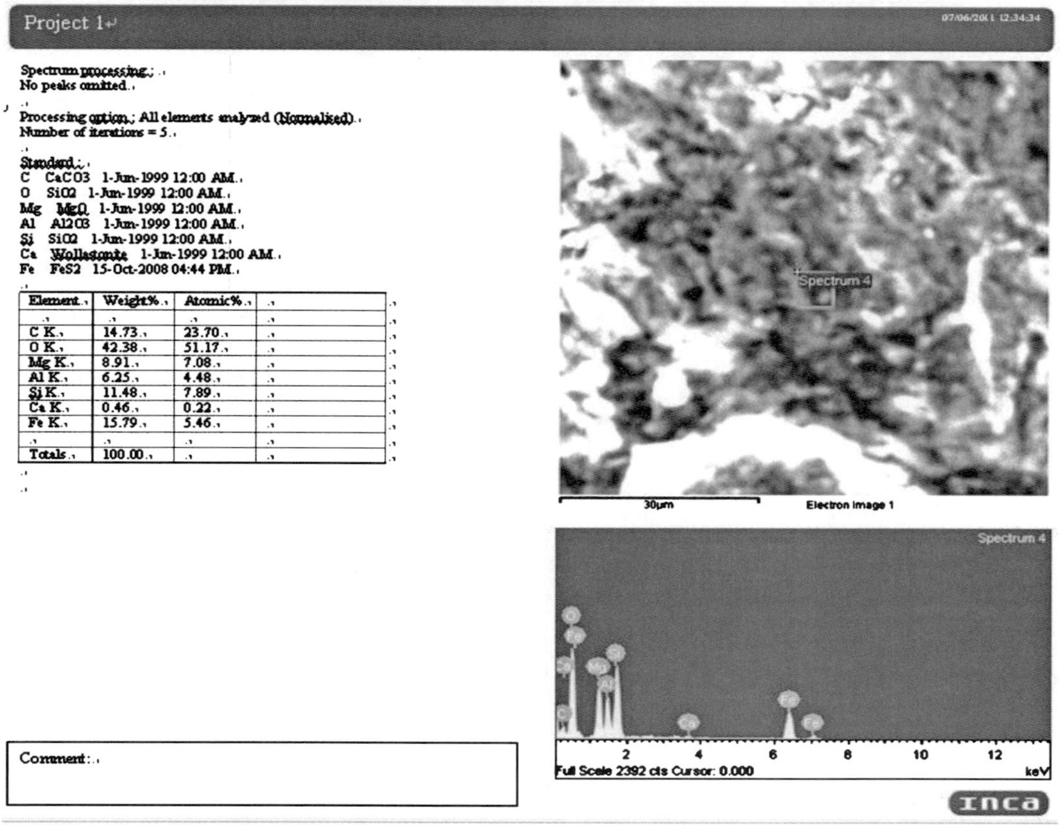
Project 1 07/06/2011 12:34:34

Spectrum processing :
No peaks omitted

Processing option : All elements analyzed (Normalised)
Number of iterations = 5

Standard :
C CaCO3 1-Jun-1999 12:00 AM
O SiO2 1-Jun-1999 12:00 AM
Mg MgO 1-Jun-1999 12:00 AM
Al Al2O3 1-Jun-1999 12:00 AM
Si SiO2 1-Jun-1999 12:00 AM
Ca Wollastonite 1-Jun-1999 12:00 AM
Fe FeS2 15-Oct-2008 04:44 PM

Element	Weight%	Atomic%	
C K	14.73	23.70	
O K	42.38	51.17	
Mg K	8.91	7.08	
Al K	6.25	4.48	
Si K	11.48	7.89	
Ca K	0.46	0.22	
Fe K	15.79	5.46	
Totals	100.00		

Comment:

图3 4号新鲜面

根据图2、图3的图谱发现，该样品中主要含有O、Na、Mg、Al、Si、P、K、Ca、Ti、Mn、Fe等元素成分，不含有C元素。其中Fe元素含量较大，黑画面比新鲜面含有更高的铁元素含量。其他元素含量无明显区别。

3. X射线衍射光谱分析

X射线衍射光谱分析所选用的样品为伊吾县乌勒盖岩刻画点样品，即5号，所得到的谱图如下（图4、图5）。

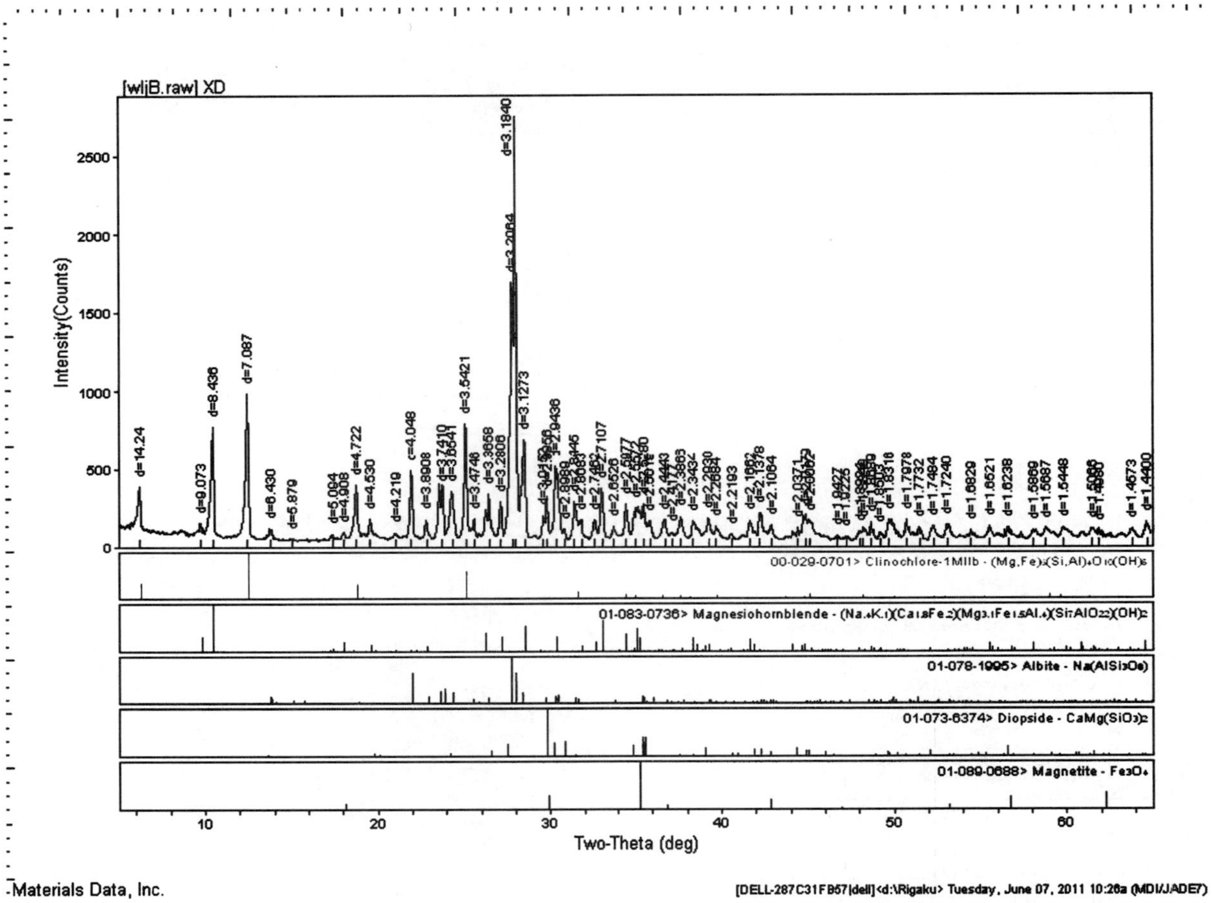

图4　5号黑化面的X射线衍射光谱图

由图4、图5谱图可知，该样品的本体含有绿泥石、角闪石、斜长石、单斜辉石、磁铁矿、石英、钾长石、绢云母等矿物质，而绿黑化层中含有泥石、角闪石、斜长石、单斜辉石、磁铁矿。

4. 微观结构分析

通过超景深显微镜以50倍的倍数分别对所选取的5个样品进行微观形态观察，如图6所示。

通过微观显微观察分析结果可知，黑化现象在岩石表面形成了致密的保护层，保护了岩石

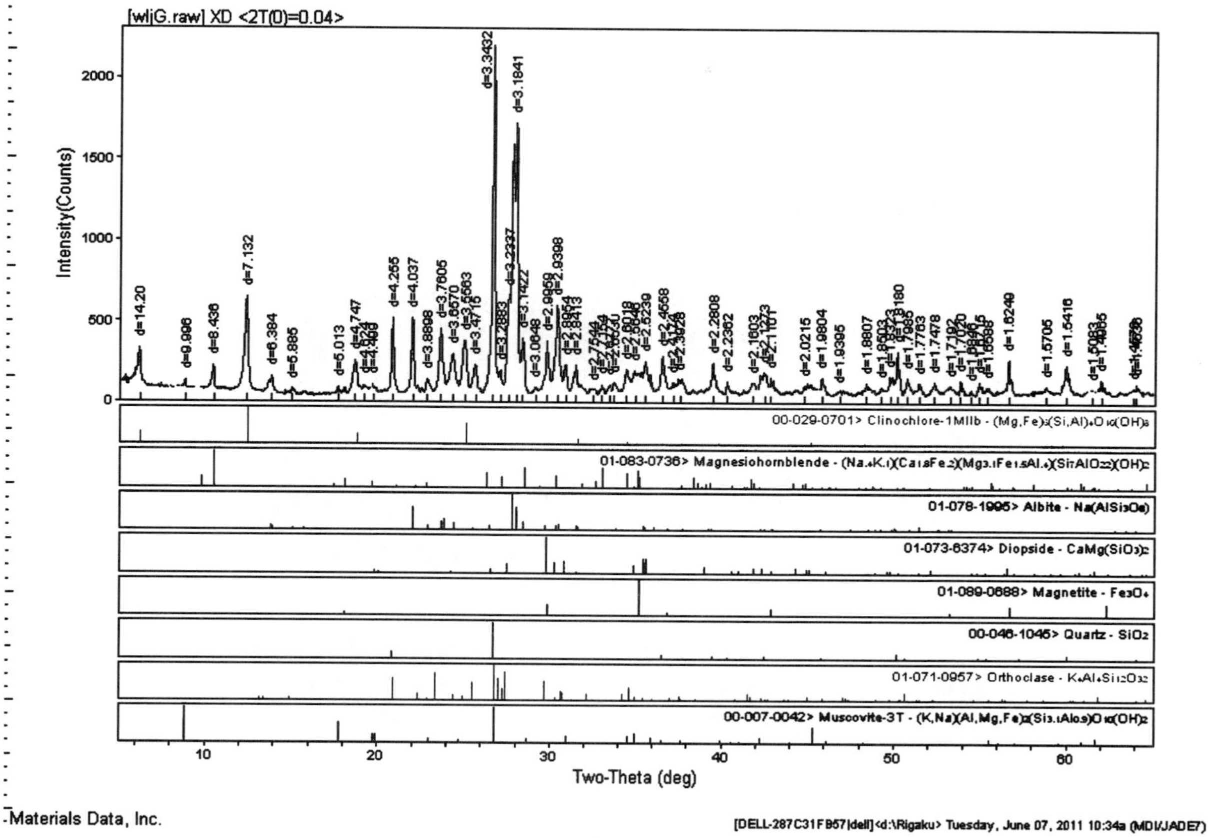

图5　5号新鲜面X射线衍射光谱图

本体不再受环境影响；通过肉眼观察，黑化层与岩石本体的色差较大，经通过敲凿等手段，可以在岩石上留下明显的痕迹，再加上前人的艺术创作，从而形成了岩刻画文化遗存。

5. 成分变化分析

图7中的1号部位为黑化层脱落而裸露出的岩石本体，2号部位为黑化层，3号部位为岩刻画画面。其逻辑关系应为岩石本身由地质变迁等因素客观存在（1号）之后，受自然、气候条件变化等客观条件，发生黑化现象（2号）；又因发生年代较早，在历史长河中，慢慢产生了人类的活动，人类通过敲、刻、凿等方法在黑化层上留下了痕迹（3号），然而人类活动留下的痕迹（即岩刻画画面）继续经历着这种变化，使得当年经敲、凿裸露出来的岩石本体也逐渐黑化，颜色也在继续加深。以一个简单的方式可以表示颜色的深浅度：岩石本体 < 岩刻画画面 < 黑化层。

通过以上分析已经得知哈密地区岩刻画载体中的成分以及结构，其中角闪石、绿泥石、石英等矿物均极稳定，不易发生次生反应，再次变质需要数十倍大气压和600℃以上的温度，且均不为黑色。而铁的氧化物相对活跃，在较低温度（150～200℃）下可以相互转化，且铁元素为呈色元素，不同的氧化态下成不同的颜色。例如图中4号部位，初步分析应为Fe_2O_3所呈现

新鲜面　　黑画面

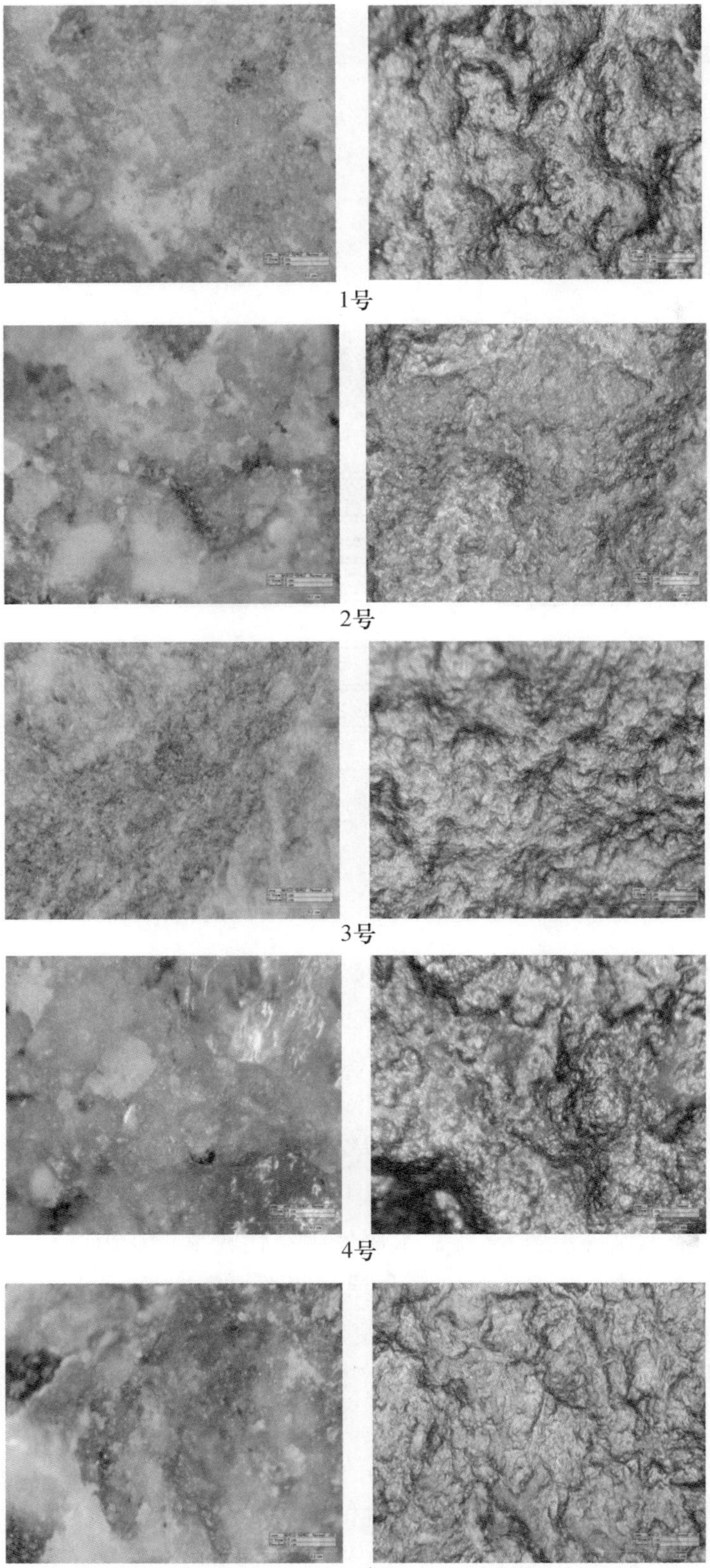

图6　五个岩石样品的微观形态观察

图7 哈密市乌拉台9＃岩刻画

的红色，而2号部位，应为Fe_3O_4所呈现的黑色。故推论该石质表面黑化为铁元素氧化结构变化所致。

根据以上分析可以推断，在组成元素方面，岩石黑化层中相比于本体含有更多的铁；在结构上，黑化层有较多的Fe_3O_4。其他成分含量变化不大。

二、黑化机理推论

1. 变化过程推论

根据上述资料，推论本区岩刻画表面变黑由以下两个方面构成。

A. 新鲜面暴露在空气中铁的低价氧化物FeO被自然氧化为Fe_2O_3：

$$4FeO+O_2 = 2Fe_2O_3$$

B. 在东天山地区自然环境中，Fe_2O_3并不稳定，会还原成Fe_3O_4：

$$6Fe_2O_3 = 4Fe_3O_4+O_2\uparrow$$

反应B的原因有二：

反应A在大气中FeO过量而O_2不足，所以Fe_2O_3不可能长久稳定；Fe_2O_3在高温条件（150～200℃）下可以转变为Fe_3O_4。其中温度条件提供了活化能。在东天山地区，紫外线辐照强烈，可以提供活化能。

上述变化中，反应A可以在一般状态下完成，而反应B需要东天山地区特殊的自然环境条件，如缺氧环境或强紫外线照射。所以，有必要对环境因子进行分析模拟。

2. 环境因子推论

（1）紫外线机理推论

石质中的FeO在紫外线的激发下，经过一系列变化，最终转变为转化为Fe_3O_4。即：

$$6FeO+O_2 \xrightarrow{hv} 2Fe_3O_4$$

（2）缺氧机理推论

东天山岩刻画石质中的FeO元素在空气中氧化为Fe_2O_3，由于海拔较高，大气氧含量低只有地面的83%左右，Fe_2O_3-O_2平衡向氧气方移动而得成黑色的Fe_3O_4。即：

$$4FeO+O_2 \longrightarrow 2Fe_2O_3$$

$$6Fe_2O_3-O_2 \longrightarrow 4Fe_3O_4$$

（3）缺氧-紫外线机理推论

在调查过程中，我们发现岩石刻花图案一般呈棕黄色或者棕红色，根据上述实验推测可能为Fe_2O_3，即石质中的FeO元素在空气中自然氧化为Fe_2O_3，之后由于大气氧含量低，Fe_2O_3-O_2平衡在紫外线激发下向O_2方向移动。即：

$$4FeO+O_2 \longrightarrow 2Fe_2O_3$$

$$6Fe_2O_3 \xrightarrow{hv} 4Fe_3O_4+O_2\uparrow$$

三、结　　论

根据以上谱图结果以及推论，新疆哈密地区游牧民族岩刻画载体变黑主要因素是岩石中Fe元素的变化，岩石本体中所含有的铁元素从Fe^{2+}的白色到Fe^{3+}的红色最后到Fe_3O_4的黑色，这种变化是一个漫长的过程。然而在这个漫长的过程中，也有着其他的影响因素，如微生物的作用，微生物附着在岩石表面，死亡后尸体碳化，也会产生黑色物质。

总结以上所有因素，哈密地区游牧民族岩刻画载体变黑的原因很复杂，主要因素是由于本体内所含有的铁元素在环境的作用下，化合形态发生变化而产生。由于岩石的黑化对岩刻画这种文化遗存的延续有着直接的影响，所以黑化也是亟待解决的问题。

作者单位：武严，新疆文物古迹保护中心

吐鲁番博物馆馆藏泥塑病害的初步分析

李春常

内容提要：本文基于吐鲁番博物馆馆藏泥塑的基本状况，初步分析并统计这些藏品面临的主要病害，提出一些保护措施，为将来开展进一步的文物保护提供必要的信息参考和思路借鉴。

关键词：吐鲁番博物馆　泥塑　病害分析

吐鲁番因其独特的地理位置和气候条件，保存了大量的有机质和无机质的文物，因此，有人称吐鲁番盆地为地下博物馆。自新中国成立以来，经过考古发掘，吐鲁番出土了大量文物，质地门类较多。20世纪60～70年代的阿斯塔那-哈喇和卓出土的大部分文物收藏于新疆博物馆，交河沟西和沟北墓地，以及交河古城内部的出土文物收藏于新疆文物考古研究所；20世纪80年代至21世纪，先后发掘的交河沟西巴达木墓地木纳尔墓地、洋海墓地等出土的文物基本收藏于吐鲁番博物馆。吐鲁番博物馆馆藏文物按照质地可分为陶器、木器、丝毛织品、皮革制品、纸张类、泥塑类、金属类、骨木牙雕类等。其中，泥塑类文物的数量少于陶器、木器、文书、皮毛制品和纺织品等，题材内容较为丰富，在全国也属罕见。目前，尽管藏品保存的大环境较好，但是不少泥塑在出土时就有损伤，亟须尽快采取保护措施，以遏制病害的进一步发展。为此，我们初步分析并统计这些藏品面临的主要病害，提出了一些保护措施，以期可以为将来开展进一步的文物保护提供必要的信息参考和思路借鉴。

一、吐鲁番博物馆馆藏泥塑的基本情况

吐鲁番博物馆馆藏的泥塑来自已发掘的阿斯塔那墓地、鄯善洋海古墓群、巴达木墓地和木纳尔墓地等，尽管交河故城和高昌故城的发掘也出土了较多泥塑，但因其未能收藏在吐鲁番博物馆而在此不作讨论。吐鲁番博物馆馆藏的泥塑所跨时代较长，早到青铜时代至早期铁器时代，晚到隋唐时代，其中青铜时代至早期铁器时代的泥塑较少，而晋唐时代的泥塑数量较多，种类较丰富，除了以人为主体的泥俑外，还包括了众多家畜和生产生活工具等。这些泥塑采用不同的方法制作而成，面临不同的破坏，需要采取不同的保护手段和措施。下面择要介绍一下各个时代泥塑的种类和典型代表。

图1　晋唐时期的泥塑
（03TSYⅡM163：1）

1. 青铜时代至早期铁器时代的泥塑

此时期的泥塑种类数量较少，种类单一。人面泥俑，仅一件，出土于鄯善县洋海古墓群。泥塑保存较好，表面较为光滑，形象生动地表现出人安详的表情。

泥俑，用柳根部做骨胎，外面采用黄泥堆塑，然后处理光滑。泥涌面部扁平，脑门较宽，下巴较尖，细眉高鼻，目、口微闭。通长41cm，面宽17.2cm，厚15.2cm。

2. 晋唐时期的泥塑

晋唐时期的泥塑主要出自阿斯塔那墓地、巴达木墓地、木纳尔墓地和洋海古墓群2号台地等，以及交河故城和高昌故城等遗址。这些俑几乎都集中于某个墓葬中出土，种类分为动物俑、文吏俑、侍女俑、仪仗俑和骑马武士俑等。这些俑中以彩绘俑的种类和数量最多，如文吏俑、侍女俑、仪仗佣和骑马武士俑等；素面的泥俑数量较少，基本采用捏塑而成，有两种制作方法。从泥塑残坏处观察一种泥塑采用手捏而成，身体各个部位采用直接挤压连接而成，泥俑中间没有筋骨作为支撑（图1）；另一种泥塑的做法是采用木杆作为筋骨来支撑和连接身体各个部位，在泥马尾巴采用麻绪做成，而人物俑的头上的帽子装饰中采用木杆支撑。

1）洋海墓地一号台地北部晋唐墓泥塑，主要出土于编号为97TSYM1的墓葬中[①]。

武士俑：5件。均泥塑彩绘。形体特征基本一致。尺寸基本一致，高34.3～39.7cm，宽13.5～16.4cm，厚5.1～7.4cm。面貌也基本一致，高髻，突目，络腮胡须，上身着“V”形领束腰长衣，下着宽腿长裤，左手撑腰，右手握执长木兵器，衣服彩绘红、白相间的条带纹，表情肃穆。

泥马：1件。泥塑彩绘。长体较矮，作嘶鸣状，通体饰粉彩，墨线勾画眼睛，蹄足，红彩绘饰鞍佩、鬃毛，棕麻丝制作马尾。造型逼真，形象生动。高33.3cm，长50.3cm（图2）。

泥勺：圆唇，内圜底，底较薄，头部平面呈椭圆形，柄较粗，整体呈“S”形。长17.6cm。

泥鼎：方唇，敞口，鼓腹，圜底，柱状三足较高，肩部有对称两个横向桥状耳，素面。高19.7cm，口径13.3cm，足高7cm。

2）木纳尔墓地[②]泥塑均出自编号为04TMNM102的墓葬。出土的泥塑包括骆驼俑、马等动物俑，多种姿态的男女俑和骑马俑，以及泥案和泥灯等生活用具。男女俑表面多为彩绘，姿态各异，多为做饭、舂米、磨面等劳作场景。这些泥俑组合反映了此墓主人生前劳作的生活场

① 吐鲁番地区文物局：《1997年洋海一号台地晋唐墓发掘简报》，《敦煌吐鲁番研究（十一卷）》，上海古籍出版社，2009年。

② 吐鲁番地区文物局：《新疆吐鲁番地区木纳尔墓地的发掘》，《考古》2006年第12期。

图2 97TSYM1出土的泥马（M1：16）

景。这批泥塑的大小相当，人物俑部分均用墨线勾画五官和胡须，线条刻画出衣褶，彩绘采用红色、粉色和黑色来刻画出衣物；动物俑则采用黑点和红块色调相结合的方法表现其特征。制作泥俑的原料为泥土中夹杂细细地麻线作为胫骨，塑成各种形状，这从损毁严重的骆驼俑断面就可以看出来（图3）。

图3 04TMNM102出土的泥俑和骆驼（M102：28、M102：18、M102：23）

3）巴达木墓地的泥塑除了少数出自于个别墓葬外，其他的泥塑基本出自于编号为05TBM207的墓葬[①]中。出土的泥塑除人物俑和动物俑外，更多的是泥灯、泥杯、馕托、泥磨等生活用具。另外，发现了镇墓兽。这些泥塑基本采用麻线和泥土搅拌而成，增加泥土的黏合力和可塑性。表面彩绘主要利用线描和矿物颜料填色。

① 吐鲁番地区文物局：《新疆吐鲁番地区巴达木墓地发掘简报》，《考古》2006年第12期。

二、泥塑的功用

青铜时代至早铁器时代，泥俑的功用应该是代替死者，如洋海古墓群二号台地163号墓中的泥俑。该墓葬状况为墓底铺芦苇，人骨凌乱，有两个颅骨，为二人合葬墓，A为壮年男性，年龄25岁左右，B为中年女性，40～45岁。伴随木骨泥俑出土的还有木梳、毛编织带、毛纺织物、木盘、陶单耳罐、皮弓箭袋、长裤、皮条、石杵等，皮包在中南部，皮辔头。从墓葬里混乱状况来看，此墓葬很可能为二次葬，而有着沉睡表情的木俑可能与小河墓地出土的木俑一样，作为死去而找不到尸体的家庭成员迁葬于此。

晋唐时期的泥俑性质与此不同，基本作为冥器而随葬。成组出现的官宦之家包括仪仗俑、骑马武士俑、动物俑等组合；一般贵族家则只随葬家禽俑、泥磨、烙饼案子等生活用具。总之，这些冥器反映了晋唐时期吐鲁番人视死如生的生命观念。从随葬冥器也能反映出墓主人生前的地位和生活状况。

三、泥塑病害的初步分析和统计

馆藏的泥塑主要集中于木纳尔墓地的102号和巴达木墓地的207号两个墓葬，数量达到48件。这两个墓地都是因为附近农田灌溉水浸泡而被发现，所以在发掘的时候，多数泥塑已经被浸泡；如今，进入库房后的环境再次被改变，导致器物表面彩绘易脱落（图4、图5）。

体内采用木棒作为胫骨的泥塑，因移动致使各个部位连接松动。这样会导致泥塑的各个部位容易脱落，不利于保存。

馆藏中的泥塑尽管已经存放在专门的陈列柜中，但是，尚缺乏专门包装，暴露在外。分析认为，多次挪动而无包装是造成泥彩俑表面颜料磨损和损耗的主要原因（表1）。另外，出土时候就已损的泥塑在缺少包装和临时处理情况下，经常挪动对它会造成进一步损毁。

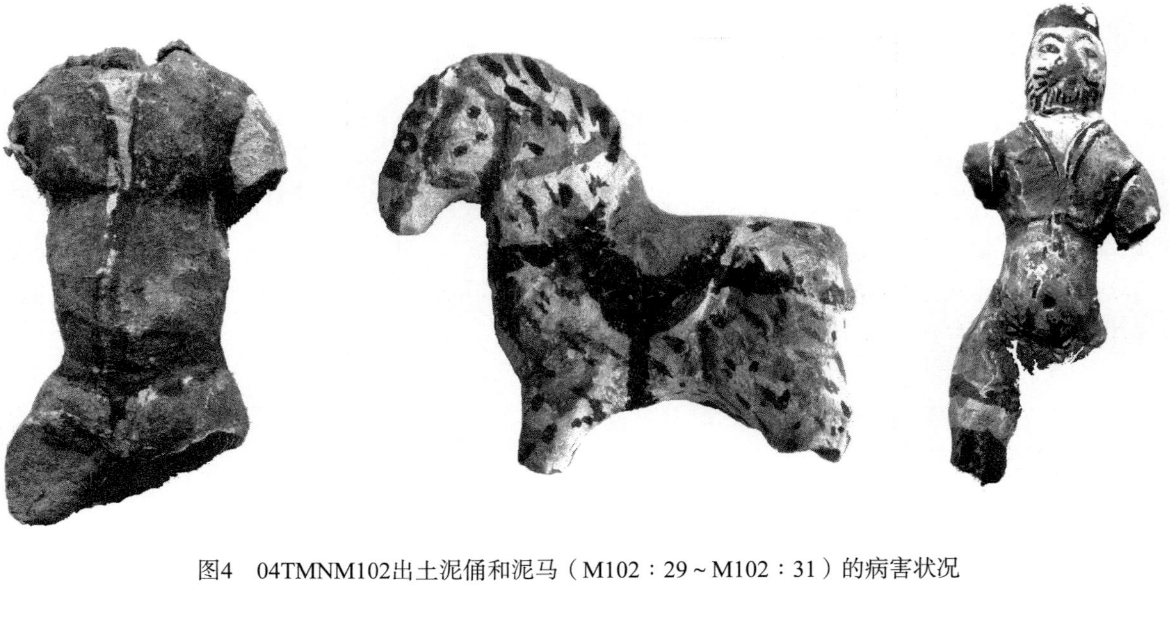

图4　04TMNM102出土泥俑和泥马（M102：29～M102：31）的病害状况

图5　05TBM207出土泥塑（M207：26、M207：11、M207：9）病害状况

表1　吐鲁番博物馆馆藏泥塑病害状况统计表

墓地名称	泥塑名称	数量（件）	残损程度	病害现状描述	
				肢体	彩绘
洋海墓地	武士俑	5	严重	上肢和颈部断裂，采用胶粘接	轻微剥落
	泥马	1	严重	颈部和四肢都断裂，现已采用石膏修复加固	轻微剥落
	泥勺	1	保存较好	柄部断裂	
	泥鼎	1	轻微	三只腿和横耳断裂，只采用胶粘接修复	素面
木纳尔墓地	跪坐俑	3	严重	脸部和上肢部分缺失	
	泥俑	1	严重	四肢和头全部缺失	大面积脱落
	骑马俑	3	严重	个别头和四肢缺失	大面积脱落
	骆驼	1	严重	头和四肢缺失	大面积脱落
	泥马	1	严重	后肢缺失	局部脱落
	泥灯	1	严重	形制模糊	素面
	泥案	1	严重	一般缺失	剥落
巴达木墓地	泥俑	4	一般	一个泥俑头已丢失，腿部断裂	素面
	泥马	2	严重	身体缺失	局部脱落
	泥牛	1	较好	身体裂纹较多，后腿缺失	局部脱落
	泥鼎	1	较好	通体黑色	局部脱落
	泥勺	1	一般	通体裂纹	
	泥灯	1	较好	较好	素面
	泥磨	1	较好	较好	局部青色脱落
	馕托	1	较好		局部彩绘脱落
	镇墓兽	1	严重	身体缺失	彩绘脱落
	小泥杯	14	保存较好	2件残坏	
	泥方形器	1	保存较好		素面
	泥案	1			
合计		48			

注：因每个墓地中出土的泥塑面临同样的环境破坏，故按照墓地统计病害，比较妥当。

四、结　语

针对上述病害分析，我们正在考虑测定泥塑上彩绘颜料的成分，用配比后的颜料来复原和保护泥塑。此外，在对泥塑进行临时加固处理的同时，参考新疆博物馆的成熟修复技术，我们计划采取的主要保护措施有三个方面。第一，采用泥浆中添加一定比例的黏合剂的方法，通过灌浆来加固木骨和泥质本体的强度；第二，通过加固剂来固化泥塑表面的彩绘，让它们能够抵御潮湿环境因素的影响和防止虫蛀；第三，对这批泥塑进行进一步加固保护和修复处理后，制作专门的囊匣来包装收藏。

作者单位：李春常，吐鲁番地区文物局

新疆博物馆征集文书纸材、工艺及成分研究

郭金龙

内容提要：为了探明新疆博物馆新征集纸质文物的保存现状、原料成分、制作工艺及病害等详细信息，现选取九件文物，采用纤维测量仪、扫描电镜-能谱分析等分析方法进行全面的分析检测，初步探明了这批纸质文书的纤维成分，制作工艺等问题，为保护研究提供科学的依据。

关键词：纸质文书　仪器分析　结构分析　成分测定

一、绪　　言

新疆维吾尔自治区地处祖国西北边陲，面积1660 000km^2，占全国面积的1/6，是我国最大的行政省区。地处欧亚大陆的中心，我国东南沿海湿润气流很难到达新疆地区；此外第三纪以来不断隆起的珠峰，阻隔了由南部印度洋输入的湿润气流，因而形成了新疆地区干燥的气候条件。

新疆是古代丝绸之路交通要塞，是世界古文明交流和往来的核心地带；中原文化、印度文化、希腊文化、阿拉伯文化在这里交流荟萃；繁衍生息在这片热土上的各族人民，在保持和发扬本民族的优秀文化和生活习俗的同时，不断吸收和融合其他先进的文化，从而创造出了博大壮美而又独具特色的新疆历史文化①。

新疆博物馆作为新疆最大的文物收藏和研究机构，馆藏文物非常丰富。2009年，新疆博物馆征集纸质文书111件，数量可观，种类丰富，按文字分类，可分为汉文、婆罗米文、佉卢文、吐蕃文、龟兹文、察合台文等，在内容上涉及宗教、法律、政治、民俗、工商等诸多方面，史料价值很高。

为了探明这批纸质文物的保存现状、原料成分、制作工艺及病害等详细信息，我们选取了九件文书（表1；图1、图2），采用纤维测量仪、扫描电镜-能谱分析等分析方法进行全面的分析检测②。针对其现状及病害情况，制定出科学的修复方案及预防性防护措施，以期有效地保护这批珍贵的纸质文献。

---

① 贾那布尔：《新疆百科全书》，中国大百科全书出版社，2002年。

② 龚德才、奚三彩、唐静娟：《纸质文物保护研究》，《东南文化》1997年第4期。

表1　样品信息

序号	文物编号	文物名称	外观现状
1	09ZJ0027	汉文文书	棕褐色，双面都有字，部分已缺损，破裂
2	09ZJ0043	汉文文书	棕褐色，上有白色异物，污染严重、有破损和起皱
3	09ZJ0063	汉文文书	淡黄色，有明显皱褶和折痕，部分边缘破损和卷曲
4	09ZJ0064	汉文文书	棕褐色，表面似乎生有霉斑及其他污染物
5	09ZJ00108	洪宪汉文文书	单面文书，有折痕，部分有皱褶，边缘卷曲
6	09ZJ00121	察合台文书残片	有折痕、有轻微破损、污染
7	09ZJ00124	婆罗米文书残片	单面婆罗米文书残片，有皱褶，背面有污染物
8	09ZJ00130	婆罗米文书残片	双面文书，上有土和白色小突起、有皱褶、破损
9	09ZJ00133	婆罗米文书残片	双面文书，表面覆盖污染物，皱褶明显，字迹模糊

图1　09ZJ0043

图2　09ZJ00121

二、分析方法与结果

1. 纸张纤维的测定

（1）仪器和方法

利用纤维测量仪对纸张的纤维种类进行鉴定。

测试方法为采用碘–氯化锌染色剂对样品染色后，放在纤维测量仪下观察染色后纤维的颜色及形态，判断纸材的纤维种类。

（2）检测分析结果

对于09ZJ0027，在纤维测量仪上观察其纤维的形态，看到纤维多数已经断裂，有成堆的絮状物出现，老化非常严重（图3）。

由于09ZJ0043样品量太少，没有做纤维观测。

对于09ZJ0063，在显微观测仪下几乎见不到完整的纤维，大都被剪切成几截，且分丝帚化比较严重，有许多絮状物质。

对于09ZJ0064，通过纤维测量仪分析可知，纤维有分丝帚化现象，许多已经断裂，有些纤维表面边缘已经模糊不清，有许多絮状物质脱落。

对于09ZJ00108，通过纤维测量仪测定纤维的形态知道，该纸的纤维呈扁平状，宽且短，纤维壁上纹孔（图4）。

对于09ZJ00121，在纤维测量仪下观察到的纤维显棕红色，细且长，表面十分光滑，保存完好，无分丝帚化现象。纤维外壁有一层透明胶衣，在端部尤为明显，并且有横节纹（图5）。

对于09ZJ00124，在纤维测量仪下观察到的纤维呈酒红色，分丝帚化比较明显，纤维外壁有明显的纵向条纹且外壁没有透明胶衣。

对于09ZJ00130，在纤维测量仪下观察，纤维显棕酒红色，有分丝帚化现象，纤维壁上有明显的横节纹，表面无胶衣（图6）。

对于09ZJ00133，通过纤维测量仪观测，纤维分丝帚化比较严重，大部分纤维表面有横节纹，且都已起毛，脱落。此外，大部分纤维都以被切断，很难见到完整纤维。

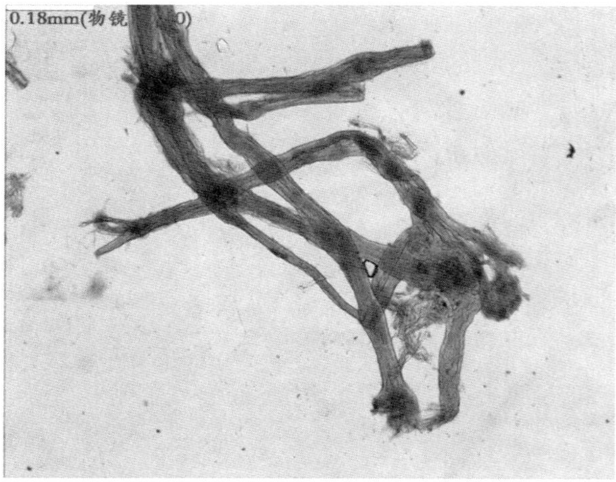

图3　09ZJ0027显微图

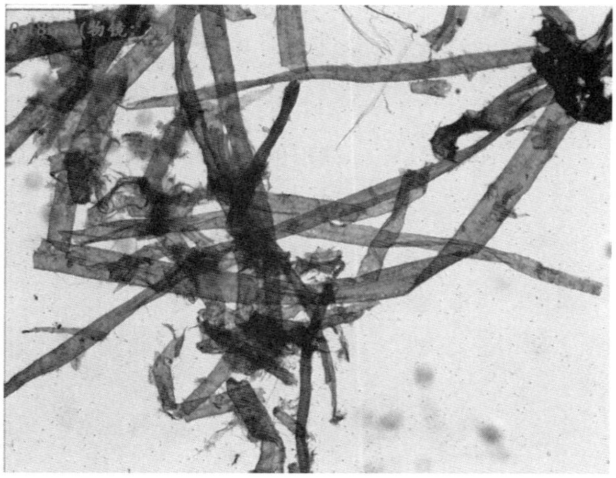

图4　09ZJ00108显微图

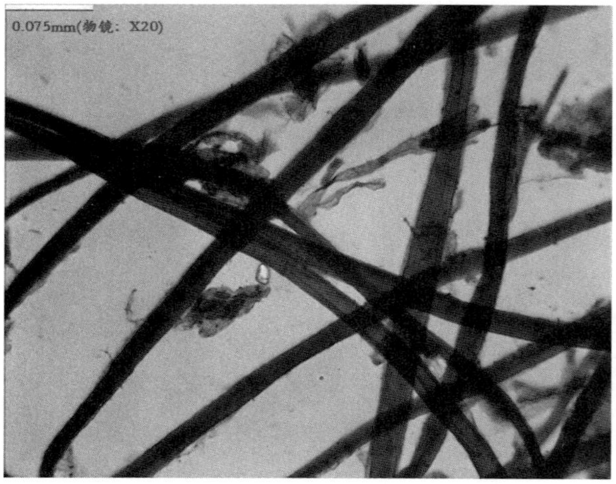

图5　09ZJ00121显微图

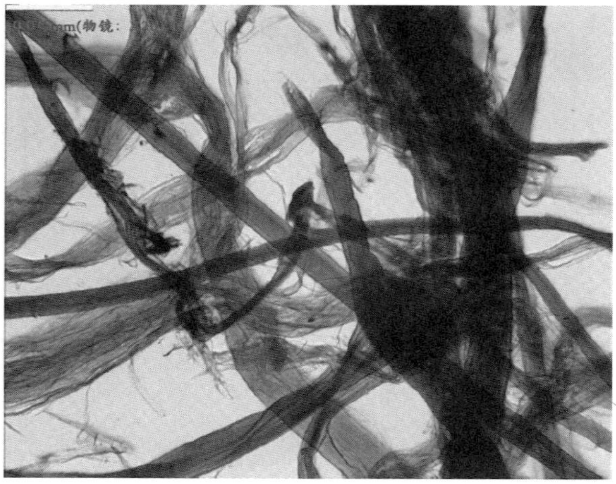

图6　09ZJ00130显微图

2. 扫描电镜–能谱分析

（1）分析设备及条件

VEGA 3型扫描电子显微镜和INCA x-act ENERGY-250能谱仪。测试条件为SEM加速电压为20kV，工作距离WD是15mm 。

（2）分析结果

样品09ZJ0027，由扫描电镜能谱分析知，Si 、Ca的含量很高，判断填料可能为碳酸钙、二氧化硅；同时检测出Al、S、K的含量也比较高。

样品09ZJ0043，由扫描电镜能谱分析知，Al、Si 、Ca的含量很高（图7）。

样品09ZJ0063，通过SEM-EDS分析知，Ca的含量相对较高，初步推断造纸时加填了一些高岭土、碳酸钙等填料。

样品09ZJ0064，SEM-EDS显示，其元素种类较少。

样品09ZJ00108，通过扫描电镜图片（图8）可知，在纤维的表面覆盖着一层固体；由能谱分析知，Si 、Ca的含量很高，判断填料可能为碳酸钙、二氧化硅。

样品09ZJ00121，SEM-EDS显示，Zn的含量较高，有少量的Ca，推测氧化锌可能是主要的填料。

样品09ZJ00124，由扫描电镜能谱分析可以看出Si、Ca的含量很高（图9）。

样品09ZJ00130，电子能谱分析显示Ca、Si的含量较高，其次Al的含量也较高。

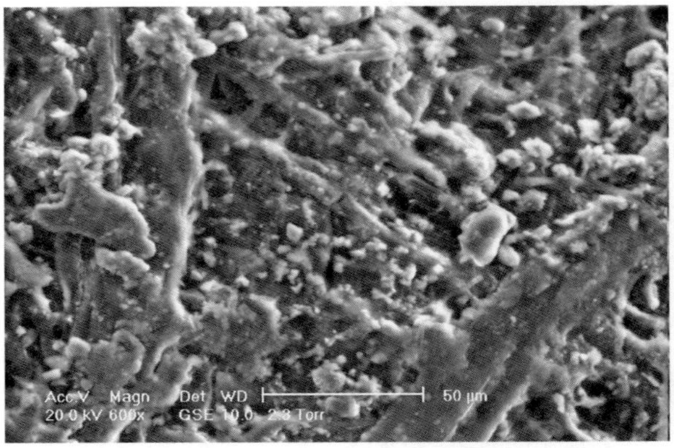

图7　09ZJ0043电镜照片

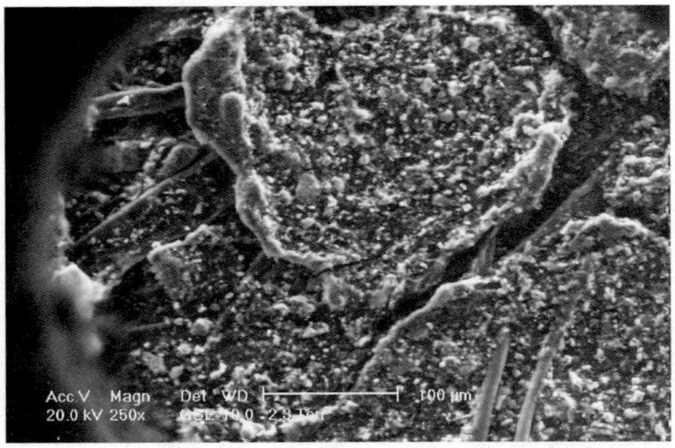

图8　09ZJ00108电镜照片

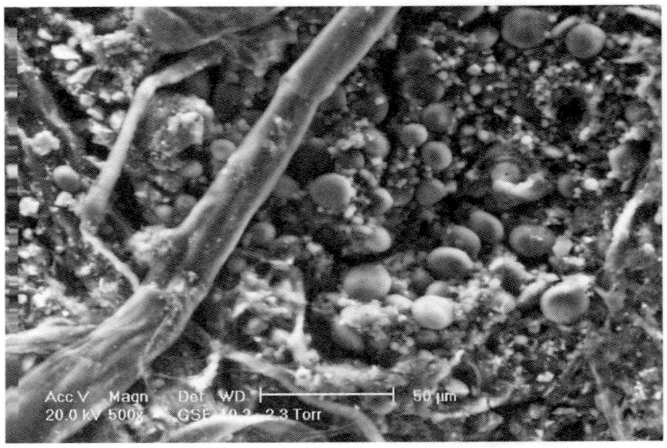

图9　09ZJ00124电镜照片

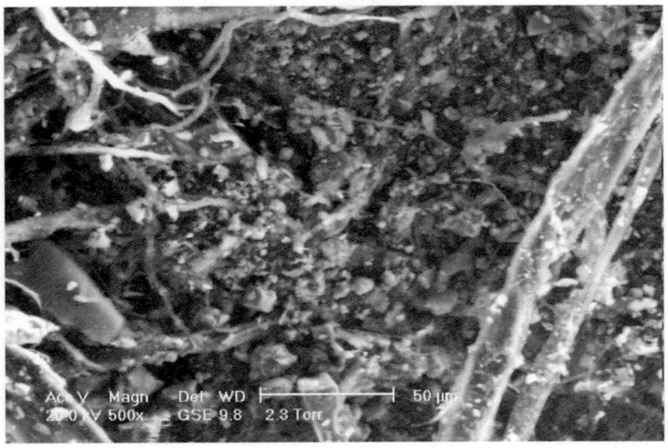

图10　09ZJ00133电镜照片

样品09ZJ00133，SEM-EDS分析显示，Ca、Si的含量很高，其次Si的含量也很高（图10）。详细分析结果见表2。

表2　纸张样品中重量百分比（%）

名称	ZJ027	ZJ043	ZJ063	ZJ064	ZJ108	ZJ121	ZJ124	ZJ130	ZJ133
C K	50.05	39.29	51.44	64.03	61.73	50.98	24.30	29.49	34.57
O K	34.88	36.02	26.93	18.86	25.61	16.24	40.10	25.77	19.27
Na K	—	0.73	1.55	1.18	0.98	—	2.04	—	—
Mg K	0.56	1.35	0.92	—	0.42	—	0.86	—	0.56
Al K	1.33	2.18	0.79	—	1.42	—	3.92	1.07	1.39
Si K	3.52	7.22	2.38	—	2.24	0.51	18.26	2.54	17.76
Zn K	—	—	—	—	—	14.64	—	—	—
S K	0.30	1.40	3.53	0.54	0.60	—	0.56	1.68	2.75
Cl K	—	0.62	1.41	1.68	1.91	0.29	—	4.86	—
K K	0.46	1.22	1.27	—	0.96	0.43	0.64	1.61	3.93
Ca K	2.95	2.65	3.21	0.99	1.18	1.17	3.17	19.91	4.05
Cu K	4.06	3.66	5.10	12.72	2.10	15.75	4.26	10.62	9.63
Fe K	1.89	3.64	1.47	—	0.84	—	1.89	2.44	6.10

三、结果与讨论

1）样品经纤维测量仪观测纤维多数已经断裂成短的纤维段，几乎很难见完整的纤维，且有成堆的絮状物出现，表明纸张保存状况不佳。从纸张的外观上也可以看出，纸张呈棕褐色，有的已经残破不堪。

2）样品09ZJ0027、09ZJ0063、09ZJ0064、09ZJ00124、09ZJ00130、09ZJ00133纤维表面呈现若干纵向条纹且无透明胶衣，壁上有明显的横节纹，纤维分丝帚化现象比较严重。结合文献调查①，麻纤维的特征是纤维外壁无纹孔而有较明显的横节纹，没有胶衣，碘–氯化锌染色后多数呈酒红色（黄麻为黄色），经过打浆后比较容易分丝帚化。通过以上分析，断定这六件样品全部为麻纤维。样品09ZJ00108，通过纤维测量仪测定观测到纤维（图4）呈扁平状，宽且短，纤维壁上有纹孔，结合木纤维的形态结构推断可能为木纤维。样品09ZJ00121，在纤维测量仪下观察到纤维（图5）显棕红色，细且长，表面十分光滑，保存完好，无分丝帚化现象。纤维外壁有一层透明胶衣，在端部尤为明显，并且有横节纹。结合文献②③，断定是皮纤维。

3）在典型的造纸工艺过程中，木灰、石灰被用于蒸煮试剂，原材料也通常在阳光下进行漂白处理，在W.J. Barrow对古纸进行的能量分散X射线实验中发现纸张含有碳酸钙，表明了石

① 冯乐耘、李鸿健：《档案保护技术学》，中国人民大学出版社，1991年。

② 张清志：《文献纸张自然老化的机理特点和规律》，《档案保护》1998年第2期。

③ 武化魁、周春生、刘风华等：《纸质文物保护的新技术介绍》，《陕西师范大学继续教育学报》2000年第17期。

灰浆的老化稳定性较优良；而现代造纸采用大规模的机器生产，所生产的纸张都经过数种乃至十几种化学助剂的处理，这些残留的化学药剂给纸张的性能带来许多副作用，使纸张耐老化性大大降低，较难长久保存。古代纸张由于造材考究，制作精细，基本未添加化学助剂，因此以上的危害较小。查阅文献可知①，古代造纸一般加入高岭土（$Al_2O_3 \cdot 2SiO_2 \cdot 2H_2O$）、滑石粉（$3MgO \cdot 4SiO_2 \cdot H_2O$）、白垩（$CaCO_3$）等作为填料，以提高纸张的平滑度、白度、不透明度和均匀度，改善吸墨性，降低吸湿性。

通过扫描电镜图片（图6、图7、图10）知，样品09ZJ0043、09ZJ0063、09ZJ0064、09ZJ00130、09ZJ00133纤维之间被许多矿物性细小颗粒充填，由于有这层物质的掩盖，致使在电镜下拍照时，只能隐约看见纤维。由此判断在造纸过程中加入了填料，除了Si和Ca的含量比较高之外，Mg的含量较高，据此推断填料为高岭土（$Al_2O_3 \cdot 2SiO_2 \cdot 2H_2O$）、碳酸钙（$CaCO_3$）和滑石粉（$3MgO \cdot 4SiO_2 \cdot H_2O$），而样品09ZJ00121中Zn的含量较高，判断其填料为氧化锌。

样品09ZJ00108，通过扫描电镜图片（图8）可知，在纤维的表面覆盖着一层固体，而电子能谱分析纸张中含有Al、S、K，从而推知该纸可能用胶矾施过胶；由扫描电镜能谱分析知，Si 、Ca的含量很高，判断填料为碳酸钙、二氧化硅。

样品09ZJ0027、09ZJ0043中Al、S、K的含量相对比较高，结合电镜照片（图3、图7），结合文献②③推断该纸可能用胶矾水（动植物胶和明矾的混合，其中明矾是$KAl \cdot (SO_4)_2 \cdot 12H_2O$）施过胶，目的是为了堵死纸面纤维间存在的毛细管，避免下墨时发生晕染、走墨现象。

样品09ZJ00124所测得的高含量的Al、Si及Ca表明其填料也是高岭土（$Al_2O_3 \cdot 2SiO_2 \cdot 2H_2O$）、碳酸钙（$CaCO_3$）。在扫描电镜下（图9）观察到许多球形的颗粒状物质，结合元素含量可知此颗粒状物质为植物淀粉粒，由此推知该纸用植物淀粉作为施胶剂。

四、结　　论

通过本次实验，探明了这批纸张主要是以麻纤维为主，因纤维的氧化降解，纸张的强度明显降低。在这批纸张的制作过程中，所使用的填料主要是以高岭土、碳酸钙和滑石粉为主，部分纸张经过了施胶处理，与文献记载一致。建议采用控制库房温湿度④及丝网加固⑤等方法来保护这批珍贵的纸质文书⑥。

作者单位：郭金龙，新疆博物馆

① 天津轻工业学院造纸研究室：《酸碱性物质对档案用纸老化的影响的研究》。

② 陈夫山、陈玉放等：《纸的老化及其耐久性能》，《北方造纸》1997年第3期。

③ 原丽、郑殿春、刘丽华：《纸纤维聚合度的测定方法》，《黑龙江电力技术》1999年第21期。

④ 周耀林：《温湿度协同效应的初步探讨》，《档案学通讯》1996年第5期。

⑤ Feeller Williams R.L. Stages in the Deterioration of Organic Materials, Preservation of Paper and Textile of Historical and Artistic Value Ⅱ, American Chemical Society, 1977.

⑥ 周春生：《纸质文物老化化学阻抑研究现状》，《商洛师范专科学校学报》2002年第16期。

新疆兵团军垦博物馆纺织品文物的病害类型及成因初步分析

马治花

内容提要：新疆兵团军垦博物馆于1988年筹建，1995年正式对外开放。馆藏的纺织品文物主要为解放军进疆、建设新疆、发展新疆过程中使用和穿戴过的物品，如军装、军大衣、手套、锦旗、军用毛毯等，数量达到431件。但由于新疆特殊的自然环境，纺织品文物的损害比较严重，再加上文物保存条件简陋、人为因素破坏等原因的影响，大量的纺织品文物受到各种病害侵蚀，这就需要区分其类型，分析其成因，从而到达最好的保护。

关键词：新疆兵团　军垦博物馆　纺织品文物　病害　分析

新疆兵团军垦博物馆于1988年筹建，1995年正式对外开放。随着博物馆的扩建壮大，馆藏文物日渐丰富，主要分为古代历史和近现代历史两部分，尤其以近现代文物藏品种类繁多、文物分类具体，主要有劳动生产工具、生活用品、各类证件、奖章纪念章、重要文献等具有历史价值和重要意义。几大类文物中，纺织品类文物在征集时候，大多受到不同程度的病害侵蚀。

军垦博物馆馆藏的纺织品文物，主要从解放军进疆到新疆建设发展过程中使用和穿戴过的物品，如军装、军大衣、棉衣、手套、锦旗、马褡子、绑腿、军用毛毯、印花被单等，数量达到431件。这些文物的留存，对新疆的屯垦戍边历史研究具有举足轻重的意义。但是由于新疆特殊的自然环境，降水稀少、气候干燥，对馆藏文物保护的有不利因素，特别是对纺织品文物损害尤为严重。再加上文物年代久远，保存条件简陋，人为因素和保护意识淡薄，大量的纺织品文物受到各种病害侵蚀，如糟朽、霉斑、虫蛀等，破坏极为严重。

一、军垦博物馆纺织品文物出现病害原因概述

纺织品文物在未征集回来之前，都是由老军垦自己保存或由家属代为保管。如果是老军垦自己保存的纺织品大多较为干净、整洁，因为是本人亲身经历并穿戴使用过的物品，老人家如数家珍般，每件文物都能说出它的来龙去脉和流传经历。如果是家属代为保管的，大多都有灰尘，因受天气影响，有些衣物都有受潮、霉斑的现象，加之后期没有及时处理造成文物受损较为严重。新疆建设初期物资匮乏、经济落后，战士们劳动强度大，经常超负荷工作，使得衣服磨损较为严重，常常是“新三年、旧三年，缝缝补补又三年”，正是当时这种特殊的环境，使

得军垦战士的衣物鞋袜补丁落补丁。本来就“破旧不堪”的衣物，再加上后期没有得到很好的保管，加重了病害的破损程度。现通过纺织品的四大分类，具体介绍如下。

纺织品是由经、纬两组纱线交织之后形成的织物，主要有纤维、织物、服装、装饰品四大类。

1. 纤维类

纺织品的原料，可以是呈线状的，也可以包括丝绵等在内，如博物馆收藏的棉线毛毯、马褡子（搭在马背上托运物品）、绑腿、医药布袋、莫合烟袋、绣有“自力更生”字样的红色丝面围边、标兵牌、李庄食堂餐证等。有些文物没有得到很好的保护，导致病害严重。例如棉线毛毯和马褡子，工作人员去老军垦家里征集时，这两件文物被当作废旧物品堆放在自家搭建的草棚里，长期经受风吹日晒、雨雪水侵蚀，未能及时晾晒，使文物受潮后泛黄并且霉变；又如绣有“自力更生”字样的红色丝面围边，织物印花表面有蓝墨水印记，表面有多处破损，原本织物密度均匀处经、纬线稀疏断裂，另外折皱、褪色、泛黄也较为明显（图1、图2）。

图1　红色丝面围边

图2　印花床单

2. 织物类

所有的呈平面状的织物均在收藏之列，这里包括单一系统纱线制成的织品，如针织品（包括经编和纬编等织物）、蕾丝（又称花边）、网布等；经纬双向系统织成的各种织物，这里可以分为织物、印花产品、纺织物等，也可以按照其保存状况或大小尺寸分为残片、标本、匹料等，如博物馆收藏的有王震将军使用过的沙发巾、军垦战士使用过的印花被单、床单等。有些被单征集回来时带有补丁，质地较柔软，显然是长期使用，磨损较为严重。床单也有破损，破损面积较大处已补过补丁，有些破损则是长期使用、频繁使用，造成磨损，原本较硬较厚的床单，磨损的发白褪色，有些部位几乎看不到纬线部分，只剩经线支撑（图3～图5）。

3. 服饰类

各种服装，包括袍、衣衫、裤、裙、盔甲、帽子、鞋、袜、手套等；各种饰品，包括包、袋、眼镜盒、名片盒、扇套、香囊、荷包等。例如，馆藏的军大衣（里衬带毛）、民族军军装、棉军帽（带毛）、戏服兰官衣、兰团花箭衣、毡筒、陶峙岳将军的眼镜盒、针线袋、通讯包、军挎包，还有带毛棉军帽，马裤呢质地的军装等，这些物品成分都含毛，所以容易被虫

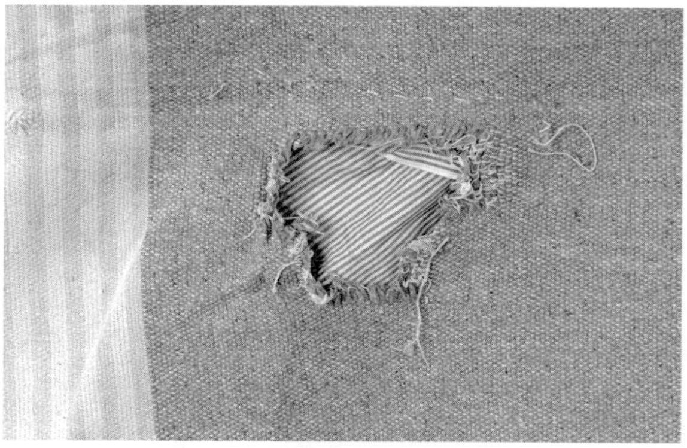

图3　军用毛毯残缺破损

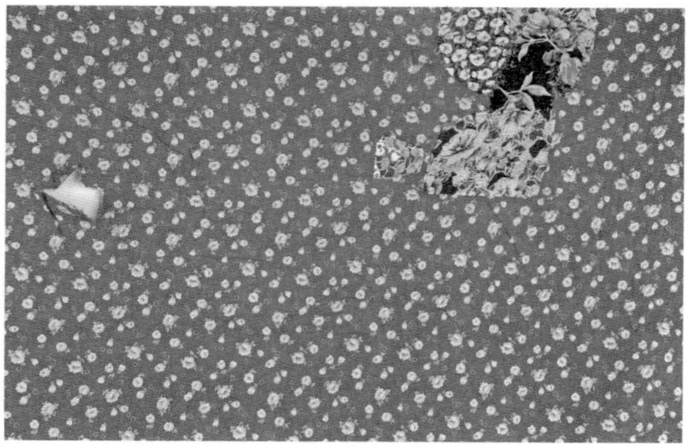

图4　印花被单残缺破损

蛀，都带有虫卵，如果不及时处理，很容易传染其他纺织品，更不便保护和存放；又如戏服兰官衣，袖口处磨损严重，衣服表面有化妆时沾染上的戏剧颜料，织物刺绣图案有断线等现象（图6～图9）。

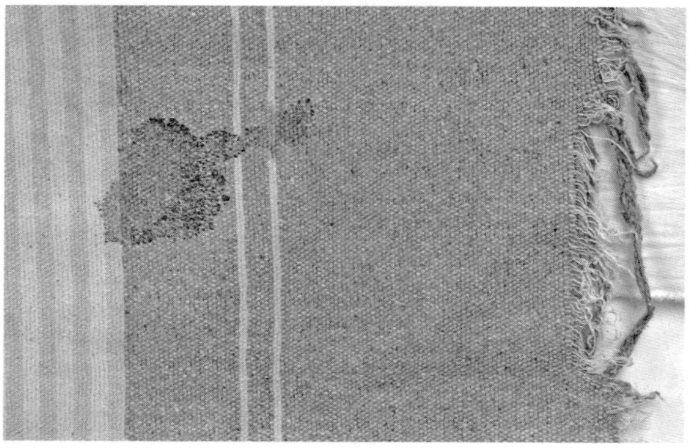

图5　军用毛毯污渍

4. 其他饰品

虽然是平面，但往往是较大型的挂毯、地毯、绣毯、毡毯等。宗教的纺织品包括唐卡、佛幡、旗帜、裤子、枕头、椅披、拼缝物和镶饰物，旗帜和锦旗、窗帘、门帘等；室内装饰品包括装饰画、缂丝、绣片、屏风等，如毛泽东丝绸头像、“保卫人民军队、保卫生产建设”锦旗、“人民的军队、人民的榜样”锦旗、“永远是建设社会主义和共产主义的一面鲜红的旗帜”锦旗等。以上锦旗全部有残缺、破损、折皱、污渍等病害。尤其是“永远是建设社会主义和共产主义的一面鲜红的旗帜”的这面锦旗，由于正面四边有花边装饰，花边又是用浆糊固定在锦旗上的，花边脱落处凡是有浆糊的地方，都有被虫蛀的现象，且较为严重。这些都是人为因素使文物受到不同程度的病害侵蚀，再加上老百姓对军垦类文物的界定很模糊，很多提供者因为经历过这段历史，对旧物品的怀念和不舍之情才使得这些纺织品没有销毁或遗失。但从保护的角度讲，只是缘于感情的因素，没有科学的保存和保管，导致大批文物不同程度受损（图10～图12）。

二、军垦博物馆纺织品文物的主要病害类型及成因初步分析

经调查分析，博物馆内收藏的纺织品文物的主要病害类型包括霉腐、霉菌、退色、泛黄、水渍、泥渍、破损。

图6　民族军军装

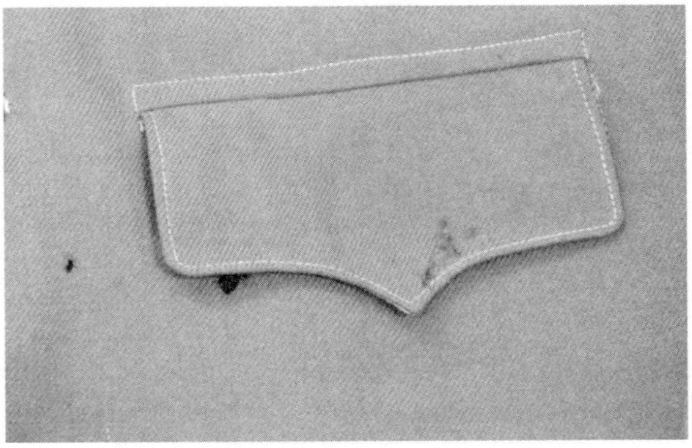

图7　虫蛀

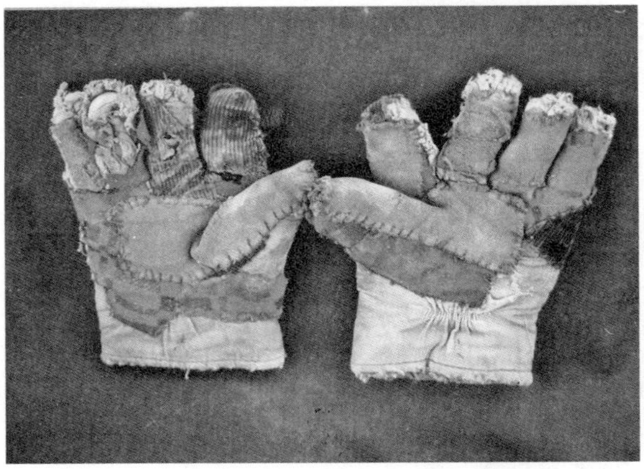

图8　手套

图9　军大衣

图10　生产建设兵团锦旗

图11　生产建设兵团锦旗

1. 霉腐、霉菌

霉腐微生物分布极为广泛，堪称无孔不入，因此文物遭受霉腐的可能性普遍存在。霉腐微生物在常温常湿条件下最易发生的是霉菌，因此霉菌对文物的危害最大。这也是新疆兵团军垦博物馆纺织品面临的首要问题。凡生长在营养基质上形成绒毛状，蜘蛛网状或絮状菌丝体的真菌，统称为霉菌。霉菌对纺织品文物有多方面的危害，主要体现在：将纺织品材料本身作为养分分解利用，满足生存需要，从而直接引起破坏；霉菌在代谢过程中产生的有机酸使纺织品文物在酸性环境下加快劣变速度；霉菌在代谢过程中产生色素，会将织物表面污染，并因菌体本身堆积或自身产生的黏性物质，致使腐烂部位高度吸湿、变软、发潮、发黏、散发霉味；因霉菌是好氧微生物，能将一些有机物经三羟酸循环彻底的氧化，在此过程释放出的能量部分满足霉菌自身活动能量需求，其余将以热的形式散发，因而导致局部升温和湿度加大，进而促进霉菌生长繁殖，加快文物裂变速度，形成恶性循环。

图12　支援救灾锦旗

2. 褪色、泛黄

在一定条件下，光照、温度、湿度、微生物、害虫、空气污染物等都会对纺织品文物造成危害。光辐射尤其是紫外线会导致纺织品文物发生光老化，使文物褪色、泛黄、酥脆，纤维强度降低，结晶区比重升高；温度升高会增加发生霉菌和虫害的可能性，并使纺织品纤维材质中的分子因获得较多能量而成为具有活化能的活化分子，导致纺织品纤维老化；大气中的有害气体会导致织物染色、颜料褪色或变色；粉尘中含有极微细的形状尖锐的硬质颗粒，与湿气结合降落并沉积在织物表面，诱发细菌和霉菌等微生物的寄生 ，还可能会引起复杂的病害；微生物在生长过程中以文物材质本身为载体和营养源，分泌出多种酶类、有机酸、核酸及有害毒素。这些物质对文物本身都有劣蚀作用，使文物褪色、泛黄、材质受损。

3. 污迹

污迹是由来自外界的污染物与纺织品相结合而形成的，如军棉衣、裤上的食用油、机械油、泥渍、水渍、灰尘等。污染物渗透到纤维毛细系统的进程中，水溶性污染物因其表面张力较大而被阻止在纤维表面所留下的沉积物或痕迹。尤其纺织品一旦沾染上食物残渣，随着时间的推移，食物残渣中的淀粉、蛋白质、无机盐等成分发生降解，生成各种产物。这些产物与纺织品纤维相互作用，逐渐形成特殊的污迹，时间越长，年代越久，污迹就越顽固，越不容易去除。

4. 破损

纺织品在长时间使用过程中，容易磨损，如衣物、手套在劳动过程中，有磨损破烂没有及时缝补，有的甚至在缝补过的补丁上又磨烂，直到不能穿戴使用为止。

三、结　语

纺织品病害的成因是复杂的综合作用，如与保存的条件以及后期的保管环境和保管方式都有密切的联系。依照工作流程，文物征集回来后首先入库登记，其次进行消毒灭菌。目前新疆兵团军垦博物馆使用的低温和自控式档案杀虫防霉机设备，可根据文物的质地和破损病害程度不同分类进行消毒。低温消毒，可以达到既杀灭害虫、抑制微生物生长又不损害纺织品文物，是一种简单有效的物理方法。自控式档案杀虫防霉机采用的是真空消毒原理，杀虫机工作后，工作室内迅速绝氧、失压、缺水，在达到近乎绝对真空环境时开始杀虫，藏品内的所有有害生命，包括成虫、虫蛹、虫卵、嗜氧菌在8小时内杀灭率达100%。

目前新疆兵团军垦博物馆在文物保护工作方面，只做了最基础的工作——文物消毒灭菌。要将这项工作做得更好，就需要加大库房硬件设施的投入，引进先进设备和专业技术人才力量，使文物保护工作更科学规范，将文物受病害侵蚀程度降至最低。

作者单位：马治花，新疆兵团军垦博物馆

阿斯塔那彩绘泥塑文物修复材料的筛选实验及应用

姚 敏

内容提要：阿斯塔纳墓地出土了大量的泥塑，不仅包括大型的镇墓兽、骆驼、马等塑像，更出土了大量的仕女、依仗俑等，特征明显，具有极高的科研价值。出土的泥塑大多有程度不同的损坏，如何修复这些文物成了工作的主要任务，而修复材料是修复的关键。

关键词：阿斯塔纳 泥塑 修复材料

一、引 言

2012年8月，我们承担了“吐鲁番阿斯塔那出土彩绘泥塑文物保护修复项目”的修复任务。

对于彩绘泥塑文物的修复，从20世纪80年代起，我们的前辈曾用传统的修复方法和材料，修复了大量泥塑文物。虽然被修复的泥塑文物至今已经过去了几十年，期间也经过了充分的利用，但保存状况依然很好。

随着我国科技的进步和经济的发展，国家对文物保护工作也越来越重视，投入的财力一年比一年多，用于文物保护修复方面的新方法和新材料也层出不穷，对该项工作的顺利开展起到了积极的推动作用。

为了能使此次保护修复项目的顺利完成，我们有针对性地对彩绘泥塑文物的修复材料进行了多次试验，最终选择了新型材料和传统材料相结合的办法作为本次修复彩绘泥塑文物材料。其中在断面渗透加固材料、黏接材料和修复填充材料上，我们进行了多次的筛选和试验，尽量选择使用相对适合修复泥塑文物的材料，不因使用了不恰当的修复材料而使泥塑文物的本体发生某些不良变化，使文物受到损害。

二、修复用泥的选择

吐鲁番阿斯塔那墓葬出土的泥塑文物，其制作材料主要是当地的黄土、木棍、芦苇、麦草以及棉花状的细纤维等，其中芦苇、麦草这两种材料只在较大型或大型的泥塑文物中使用，而在小型泥塑文物中却未见使用这两种材料。我们这次所修复的均为小型泥塑文物。

经仔细观察，制作泥塑文物的黄土是一种浅黄色、含砂量小、杂质较少的黏土，为了使修复文物的材料能更接近文物本体的材质，我们特地从吐鲁番阿斯塔那及高昌古城附近的各种黄土中选择了其中一种黄土，作为修复泥塑文物的基本材料，其颜色和成分与泥塑文物原作的黄泥非常接近（图1、图2）。

图1　黄土

图2　实验用泥块

为了慎重起见，首先用被选择的黄土制作了试验用的泥块，内部不添加其他任何添加物，作为渗透加固和黏接的实验用对象。

三、断面渗透加固液的选定

作为渗透加固材料，其实有多种，我们这次实验选用了两种渗透加固剂：一种是以前修复彩绘泥塑文物上使用的酒精虫胶溶液，配比为10%～15%；一种是用100mL的蒸馏水加1mL的有机硅改性丙烯酸加助渗剂（以下简称有机硅丙），配比成1%渗透加固剂。将两种不同的渗透加固剂分别滴注在两块一样的试验块上，经观察，因虫胶渗透加固剂中含有酒精，所以渗透的速度比有机硅丙渗透加固剂要快（图3、图4）。

将有机硅丙的浓度增大到1.5%，放置24小时，待实验块表面完全干透后，用修复工具刻画实验块的渗透表面，发现其硬度不是很理想，实验块表面有粉末掉落，随后我们又在其他实

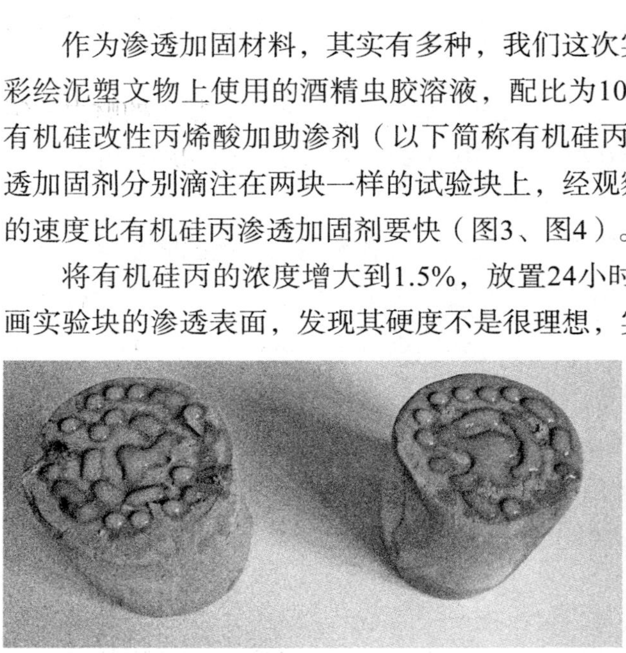

图3　有机硅丙的第三遍渗透

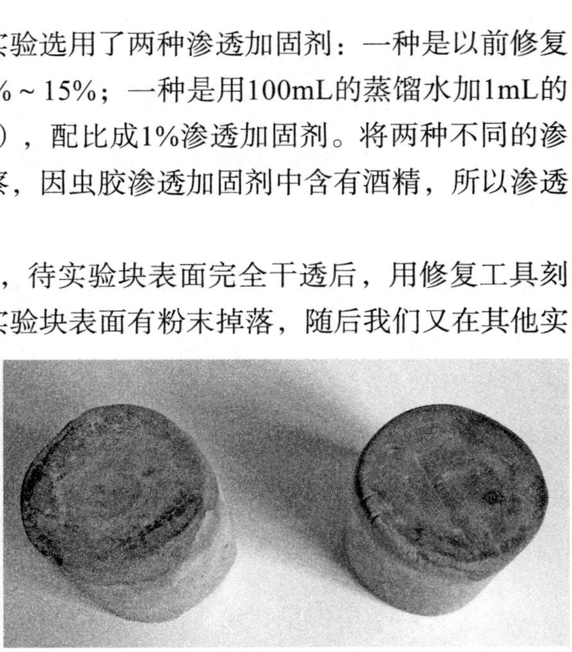

图4　虫胶乙醇的第三遍渗透

验泥块上加大了渗透液的浓度，每次以0.5%为浓度差，当浓度加到4%时，渗透的速度非常缓慢，干透后实验块的渗透面硬度仍不是很理想。而虫胶渗透加固剂在实验块上干透后，用修复工具刻画渗透面发现，渗透后的硬度要明显大于有机硅丙渗透加固液的硬度。

根据上述实验结果表明：

1）虫胶乙醇溶液的渗透速度快，且易挥发，对文物残断面进行渗透加固时，对文物的本体不会因长时间浸泡而造成泥胎的膨胀酥松。乙醇经挥发、虫胶干透后，断面的硬度较适合下一步的黏接。但由于虫胶乙醇的渗透速度较快，一不小心渗透液会渗到文物本体的表面，造成污染且很难去除，故只能作为大快断面的渗透加固。

2）有机硅丙是用水作为溶剂，渗透速度慢，且不易挥发，在对文物的残断面进行渗透加固时，由于长时间对文物本体的浸泡，会造成文物本体断面的膨胀和酥松，有机硅丙虽经干透，但其硬度仍不是很理想，达不到黏接的预期效果，故只能作为小块断面的渗透加固，且用量要少。

四、黏接材料的选定

在黏接材料筛选试验过程中，我们还是在传统修复材料与新型修复材料上进行了多次试验，在其中选取一个相对较适合彩绘泥塑修复的黏接材料。

1. 环氧树脂

作为黏接剂，在20世纪80年代环氧树脂被广泛用在文物修复上。它是一种高分子材料，使用时须与乙二胺（固化剂）、二丁酯（柔软剂）按比例适量调配。我们这次在进行黏接实验时，首先将调制好的环氧树脂胶涂抹在渗透加固后的实验块表面，与另一块实验块面对面对接，待胶质彻底固化后，发现黏接力度相当高，要用力才能将实验块掰开。从断裂处观察，裂面是从渗透加固剂未达到深度的泥层处断开的，可以看出环氧树脂胶的黏接强度太高，硬度已经大大超过了文物本体。按照黏接材料的硬度不宜过于大于被黏接物硬度的要求，用环氧树脂黏接泥塑文物不太适合的，故放弃了使用环氧树脂作为黏合剂的常规用法。

2. 改性丙烯酸乳液

改性丙烯酸乳液是一种新型的黏接材料，在使用时用纯净水作溶剂按比例调配成所需的溶液，目前在壁画修复方面使用的较多。这次在做黏接实验时，首先将丙烯酸（未用溶剂）涂抹在分别渗透有虫胶和有机硅丙烯酸加固液的实验块上，与相同的实验块进行黏接，待纯丙烯酸干透后，不用力即可将渗透有有机硅丙烯酸的实验块掰开，发现断裂面是从实验块表面处断裂；同样，渗透有虫胶的黏接实验块，不用力也可将其掰开。用改性丙烯酸乳液黏接后的力度很小，根本未起到黏接的作用。究其原因，我们发现涂在实验块表面的丙烯酸乳液干透后形成了一层干膜，而且碎裂成鳞片状，与黏接面结合非常不牢固，用工具轻轻一拨即掉落（图5）。这是因为丙烯酸乳液属于水溶性液体，在干燥过程中其水分蒸发，使纯丙烯酸不断收缩而造成的这种现象，故使得黏接极不牢固。用纯净水稀释后的纯丙烯酸，由于其黏稠度下降，

图5　纯丙烯酸乳液干透后形成的鳞片状

涂在被黏物的断面处，形成的胶层很薄，对黏接面级不平整的断碴进行黏接，同样起不到黏接的作用。

为了解决上述用纯丙烯酸黏接不牢固的问题，我们又做了以下黏接实验，从中选择相对合适的黏接材料和方法：

1）用100%的改性丙烯酸乳液加适量细黄土，将其调拌成膏状对实验块进行黏接。放置24小时后经观察，干透后的膏状体虽有一定的强度，但表面有许多细小的裂纹，同样这也是改性丙烯酸乳液中的水分散失后，在干燥过程中形成的现象。这种裂纹现象，对于被黏物的牢固程度会有一定影响，其结果是黏接不牢固。

2）用100%的改性丙烯酸乳液加适量石膏粉，将其调拌成膏状对实验块进行黏接。放置24小时后经观察，虽然干透后的膏状体强度高，表面无裂纹，但使用的是纯石膏粉，其颜色过于发白，与土黄色的被黏物反差太大。另外，由于干透后的强度过高，对于下一步的休整打磨也非常不利。

3）用100%的改性丙烯酸乳液加黄土和适量石膏粉，比例为两份黄土加一份石膏，将其调拌成膏状对实验块进行黏接。经放置24小时后用金属工具刻画表面，干透后的膏状体较硬，其强度略高于被黏物（包括准备黏接的泥塑文物），且表面无裂纹，颜色也非常接近泥塑文物，其硬度也不是很高，便于修整打磨。

图6　黏接材料的实验

最终我们从上述三种黏接实验中选定了第三种方法作为本次彩绘泥塑文物的黏接材料。

五、断裂缝隙修复填充材料的选择

在对断裂的文物完成黏接后，黏接处会有宽窄、长短不等的缝隙，对于这种缝隙的修补，我们放弃了原先一直沿用纯石膏作为断裂、黏接缝隙填充材料的做法，经过对材料进行反复调配实验，从中选择较适合的填充物。

1）用细黄土加100%有机硅丙渗透剂，将其调拌成膏状体对缝隙进行填补，干透后发现膏体有裂纹，硬度也过强，不便于修整打磨。

2）用50%有机硅丙渗透剂与纯净水，再加细黄土和石膏粉，后两者的比例为1∶1，将其调拌成膏状体对缝隙进行填补，干透后发现膏体虽无裂纹，但颜色浅于被黏物（文物胎体），硬度仍然过强，不便于下一步的修整打磨。

3）用6%有机硅丙渗透剂与纯净水，细黄土和石膏粉的比例为2：1，将其调拌成膏状体对缝隙进行填补，干透后发现膏体无裂纹，颜色与被黏物（文物胎体）非常接近，其硬度也较适合修整打磨。

根据上述实验结果，决定采用第三种配方对黏接缝隙和小面积的残缺部位进行填充补缺（图7）。

图7 缝隙填补和补缺

六、复原部位材料的选择与制作

在大部分彩绘泥塑文物中存在“零部件”缺失的现象，如骑马俑、人俑等，有缺一只胳膊的或缺一条腿、半条腿的。遇到这种情况，为了使修复后的文物从外观上看能够成为一件完整的器物，须对缺失的部位进行有根据的复原。

1. 材料的选择

首先对小型彩绘泥塑文物的断裂部位进行仔细观察，发现其泥中添加有很细的纤维状物质，形同棉花的纤维。为了使复原部位材料的成分与文物本体材料相接近，我们选择了吐鲁番高昌古城附近的黄土，还有普通棉花和纯净水。

2. 制作塑泥

先将黄土砸碎，然后过细筛，除去黄土中的砂粒和杂质，将过筛后的黄土放入容器中加纯净水浸泡数小时，再将浸泡后的黄泥置于木板上，把适量的棉花平铺在黄泥上，用木锤将上述材料反复锤砸，制成软硬合适的泥膏状塑泥，参照文物的原件部位，对残缺部分进行复原处理（图8）。

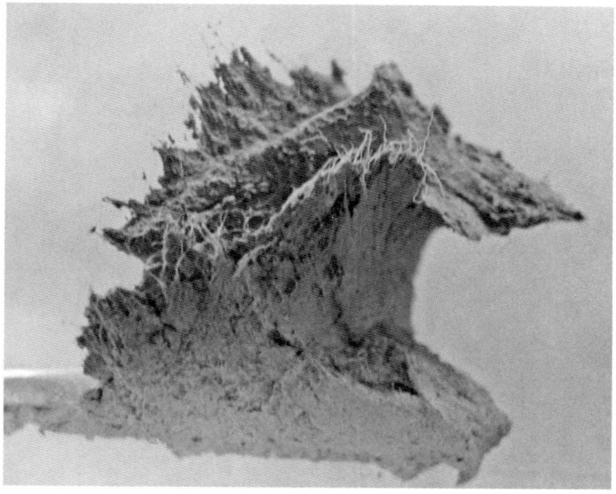

图8 复原所用的软黄泥

七、颜料的选择

经黏接、修补、复原处的塑泥，其颜色与文物本体反差较大，从外观看很不协调，达不

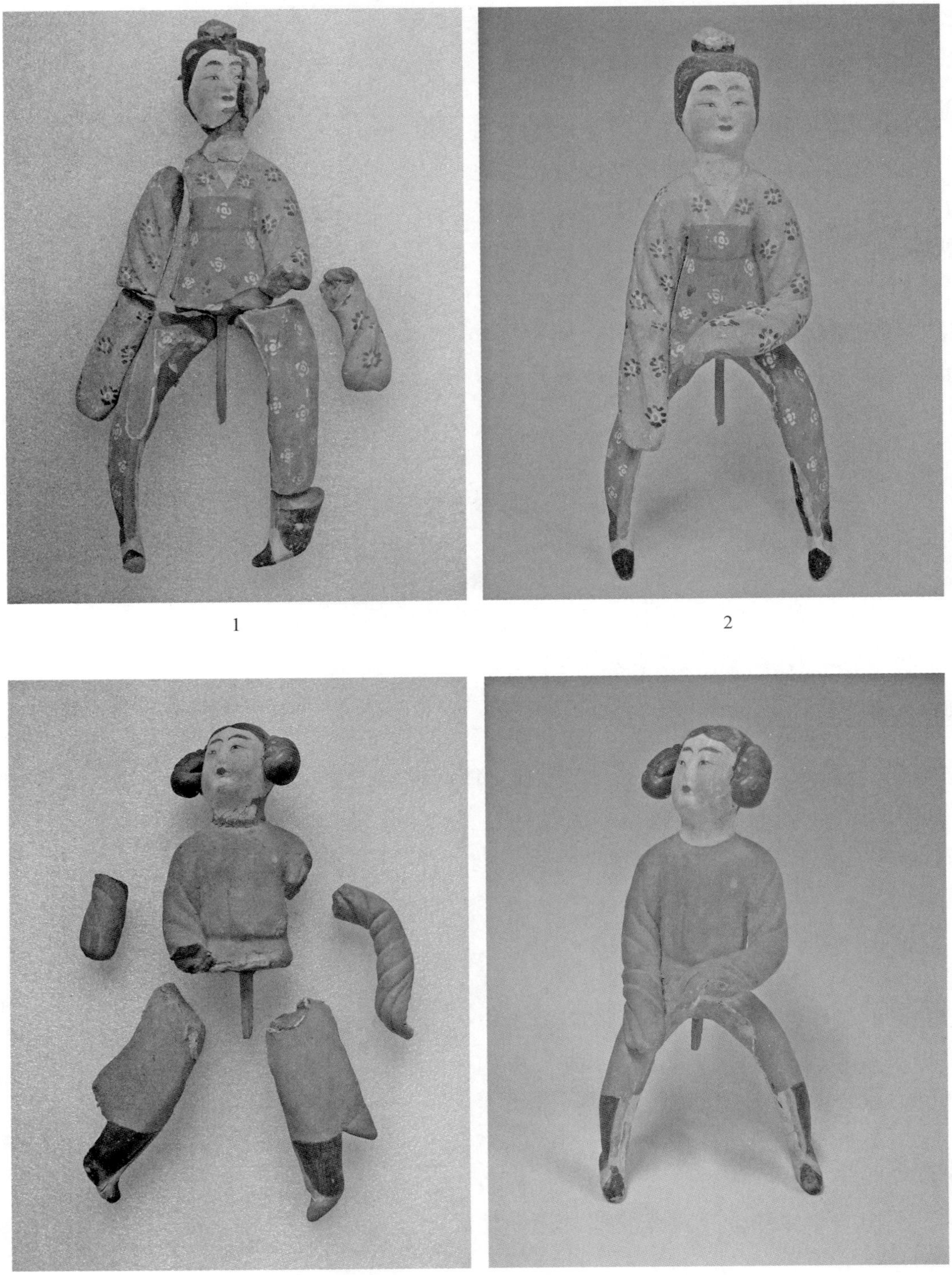

图9　修复前后的对比照

1、3. 修复前；2、4. 修复后

到统一的整体效果。为了使塑泥颜色与文物本体的色彩相接近，我们特地选购了各种矿物颜料（经检测，文物本体表面的色彩均为矿物颜料），用纯净水再加适量黏合剂调拌均匀，对修补的部位施以所需的色彩，然后再进行适当做旧，修复工作即告完成。

八、修复前后的照片对照

我们选取了两件阿斯塔那彩绘泥塑文物，修复前后的对比照（图9）。

九、结　　语

根据上述试验结果，我们从中选取了最佳的修复材料，修复了阿斯塔那彩绘泥塑文物20余件。我们对此次修复后的文物效果比较满意。

新材料的应用对于文物修复来说是一个新的挑战。我们以保护文物和不损害文物为目的，在新、老材料中不断地探索、筛选，发现新型材料时选取其优点补充老材料的不足，甚至替换一些已经不适合当前修复文物的老材料。随着科学技术的进步，我们还会一如既往的摸索、探寻文物保护修复所用的各种不同类型的新材料和新方法，为进一步做好文物保护工作做出积极努力。

作者单位：姚敏，新疆博物馆

新疆博物馆藏阿斯塔那彩塑颜料分析研究

高愚民　姚书文　姚　敏

内容提要：为探明新疆博物馆藏阿斯塔那出土彩塑的颜料成分，本文拣选了22件无法修复拼对且无原始号的文物小残块进行颜料检测，利用XRD、偏光显微镜、拉曼光谱仪对其显色物质进行了科学全面的分析检测。

关键词：阿斯塔那　彩塑　颜料分析

一、引　　言

古代新疆是四大文明交汇最为集中、影响世界发展的地区，其痕迹可以在新疆发现的大量遗址和众多文物中觅见。吐鲁番阿斯塔那古墓群是古代高昌王国官民的公共墓地，东西长约5km，南北宽约2km。新疆文物考古工作者对阿斯塔那古墓群进行了13次较大规模的抢救性发掘，共发掘清理墓葬400余座，出土了一大批晋至唐代时期的陶器、木器、金属器、文书、织物、纸画、绢画、俑类等文物。其中的彩绘泥塑文物，其数量之多、内容之丰富，在新疆地区实属罕见。由于自然塌陷和人为盗扰，彩绘泥塑在不同程度上受到损坏。近期新疆博物馆开始对阿斯塔那古墓出土的彩绘泥塑进行全面调查，并着手这批彩塑的科学修复保护工作。

为了探明阿斯塔那出土彩塑的颜料显色物质，特选取22件无法修复拼对且无原始号的文物小残块进行颜料检测，以期获得相关数据资料，为后期的文物修复保护提供理论参考（表1）。

二、分析方法与结果

1. X射线衍射测试

（1）仪器型号与测试条件

仪器型号：D8 ADVANCE X射线衍射仪

测试条件：管压管流：40kV、20mA，测试时间：0.3s。

（2）X射线衍射检测结果

送检样品22个，根据样品彩绘颜料的不同，共做31项XRD单项检测（表2）。

表1　颜料样品统计表

样品编号	样品名称	样品照片
1	蓝色样	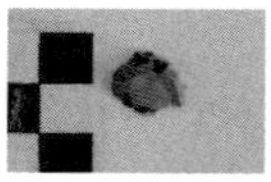
2	灰白色样	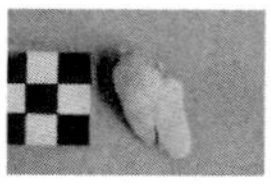
3	淡红色样	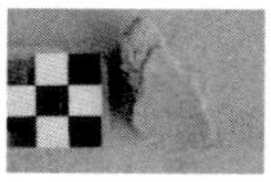
4	暗红色样	
5	白色样	
6	桃红、淡红色样	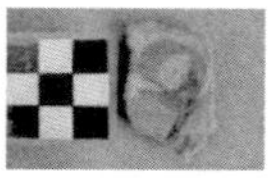
7	黄色、黑色样	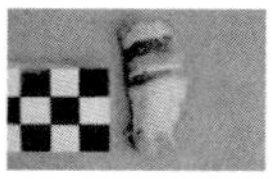
8	绿色、白色样	
9	绿色、黑色样	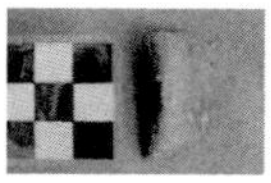
10	咖啡色、白色样	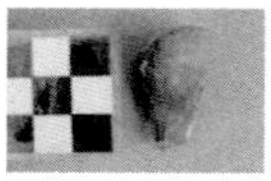
11	黄色、白色样	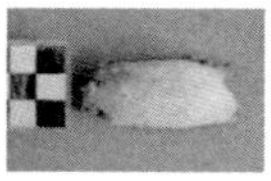
12	赭色、灰色、黑色样	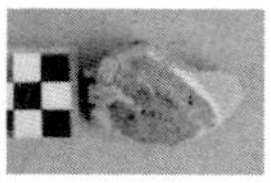
13	橙色样（木质）	
14	橙色样	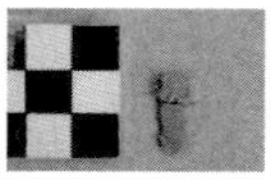

表2　XRD检测结果

样品编号	样品名称	样品照片
15	蓝色样	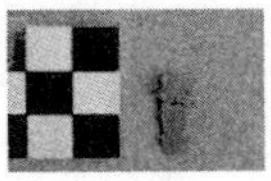
16	淡蓝色样	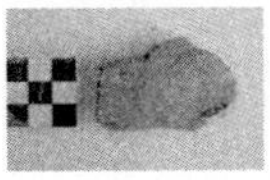
17	赭色、蓝色、黑色样	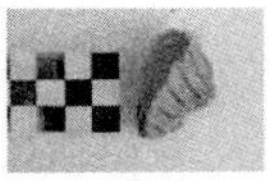
18	橙色、蓝色样	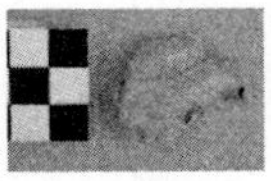
19	橙色、灰色样	
20	白色样	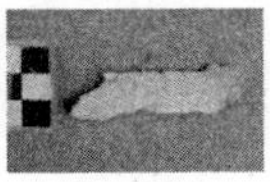
21	黑色样	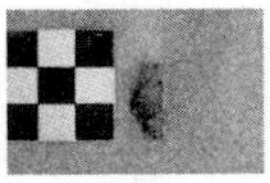
22	蓝色、花样	

注：X射线衍射分析结果中各物质对应化学分子式为：硫酸钙（$CaSO_4$）、二氧化硅（SiO_2）、碳酸钙（$CaCO_3$）、铅丹（Pb_3O_4）、朱砂（HgS）、赭石（Fe_2O_3）、墨（C）、雄黄（As_2S_2）、一氧化铅（PbO）、碱式氯化铜［$CuCl_2 \cdot 3Cu(OH)_2 \cdot XH_2O$］、石青［$Cu_2(OH)_2CO_3$］。

2. 偏光显微镜

（1）仪器和材料

挑取粉末颗粒样品于载玻片上并固结在盖玻片下，采用Leica DMLSP 偏光显微镜观察。

（2）偏光显微分析过程及结果见表3所示

表3　偏光显微分析过程和结果

样品名称	具体描述	结果
白色样品	白色晶体共有两种：一种晶体呈圆形颗粒状，晶体边缘较为清晰，晶体＜15μm，折射率＜1.662，强消光，四次消光；另一种晶体边缘清晰，晶体＜10μm，折射率＜1.662，正交偏光下颜色发白，强消光，四次消光	硫酸钙+碳酸钙（图1）
红色样品	红褐色晶体团聚在一起，晶体＜1μm，折射率＞1.662，弱消光	铁红（图2）

续表

样品名称	具体描述	结果
灰蓝色样品	深蓝色晶体边缘较为清晰，晶体大小均一，大小＜1μm，折射率＞1.662，全消光	靛蓝（图3）
灰蓝色样品	深蓝色晶体边缘较为清晰，晶体大小均一，大小＜1μm，折射率＞1.662，全消光	靛蓝（图4）
深红色样品	鲜红色晶体团聚在一起，大小＜1μm，折射率＞1.662，强消光	染料（图5）

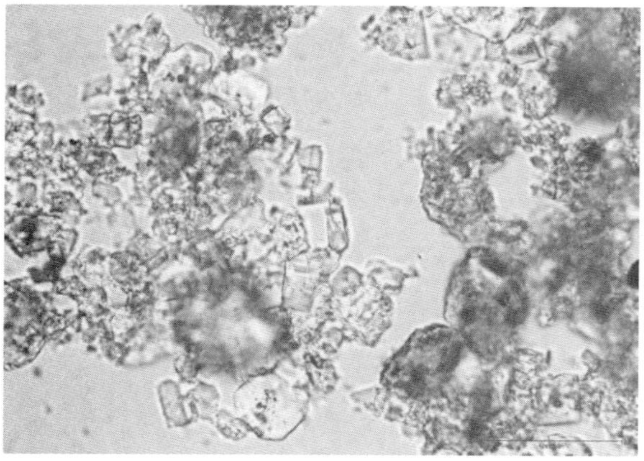

图1　白色样品偏光显微分析图

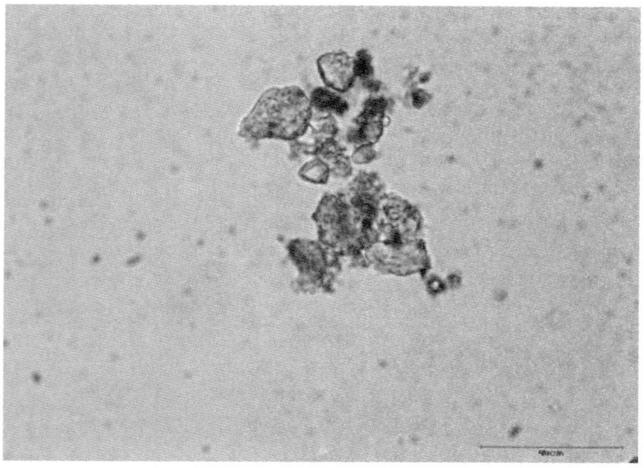

图2　红色样品偏光显微分析图

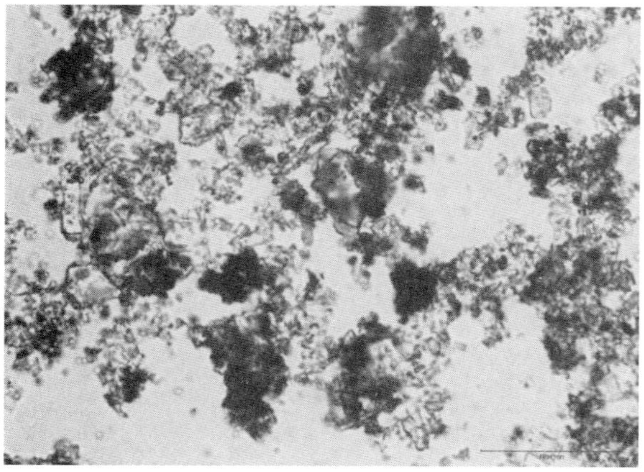

图3　灰蓝色样品偏光显微分析图

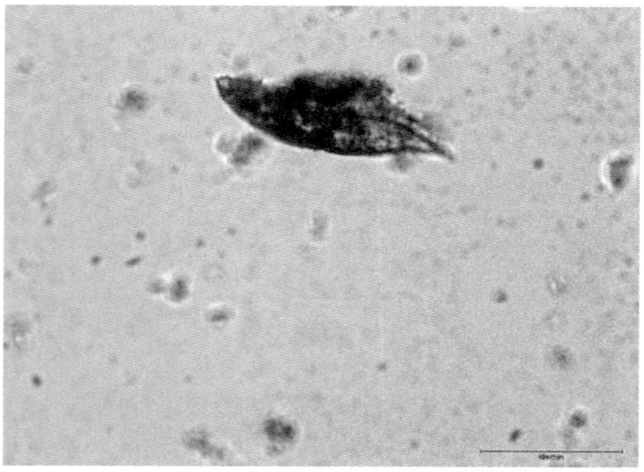

图4　灰蓝色样品偏光显微分析图

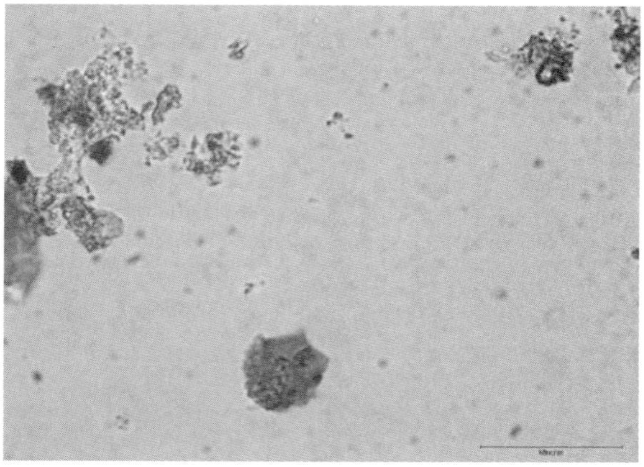

图5　深红色样品偏光显微分析图

3. 显微拉曼光谱分析

（1）方法和仪器

仪器型号：Renishaw inVia-plus，配备有Leica DM2500M显微镜；激光器：785nm；50×物镜；狭缝 100，孔径 300mm，光栅 1800，根据不同颜料选用3×10秒、5×20秒等扫描频次。

（2）显微拉曼光谱分析过程及结果见表4所示

表4　偏光显微分析过程和结果

样品名称	具体描述	结果
白色样品	415m，620m，1008vs，1133m	硫酸钙+碳酸钙（图6）
红色样品	225s，290s，408m	铁红（图7）
灰蓝色样品	252m，544m，1572s	靛蓝（图8）
灰蓝色样品	252m，545m，1574s	靛蓝（图9）

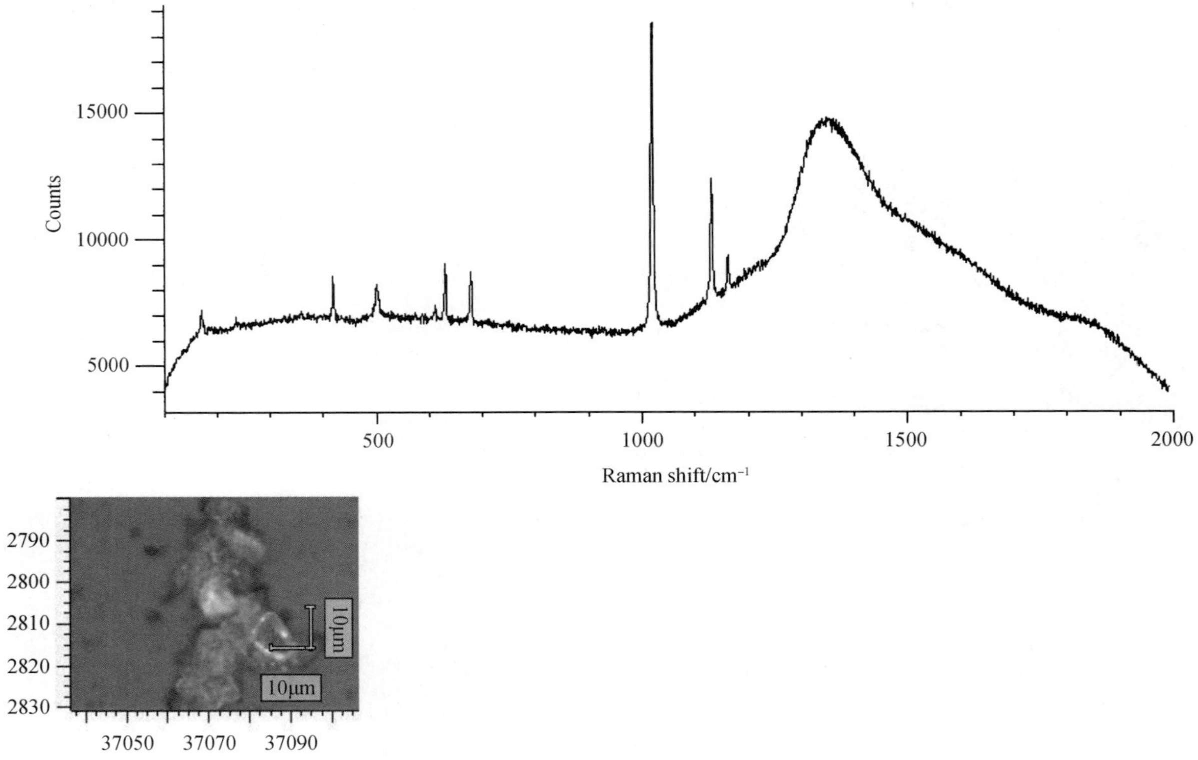

Ac auisition1　　Filename：wxd94.tmp　　Date：2013-1-9 13：24：09　　Opetator：Raman
Laser：785nmedge　　Beampath：Grating　　Grating：1200 1/mm（633/780）　　Focusmode：Regular
Spectralrange：99.98 to 2，000.61　　Acquisition time：10　　Accumulations：5　　Cosmicrayremoval：False
Description：Asingle scan measurement generated by the WiRE2 spectral ac quisition wizard.

图6　白色样品显微拉曼光谱分析图

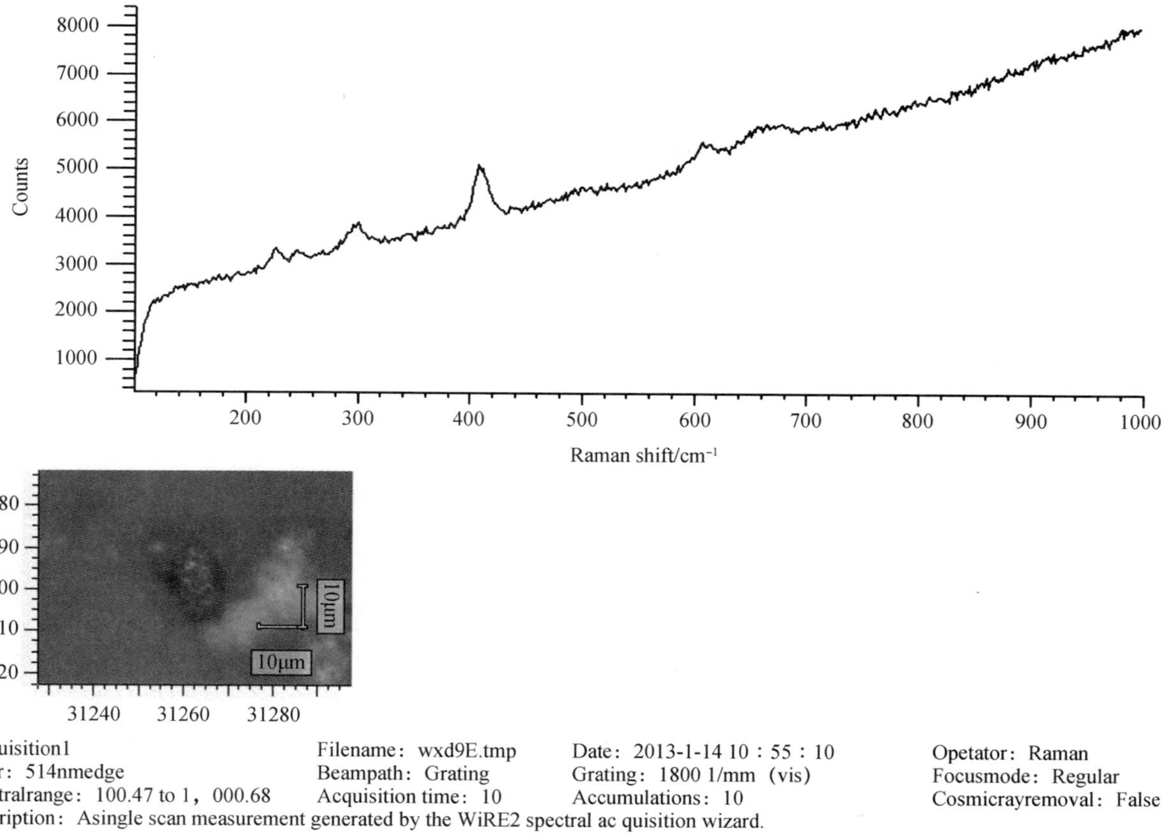

图7　红色样品显微拉曼光谱分析图

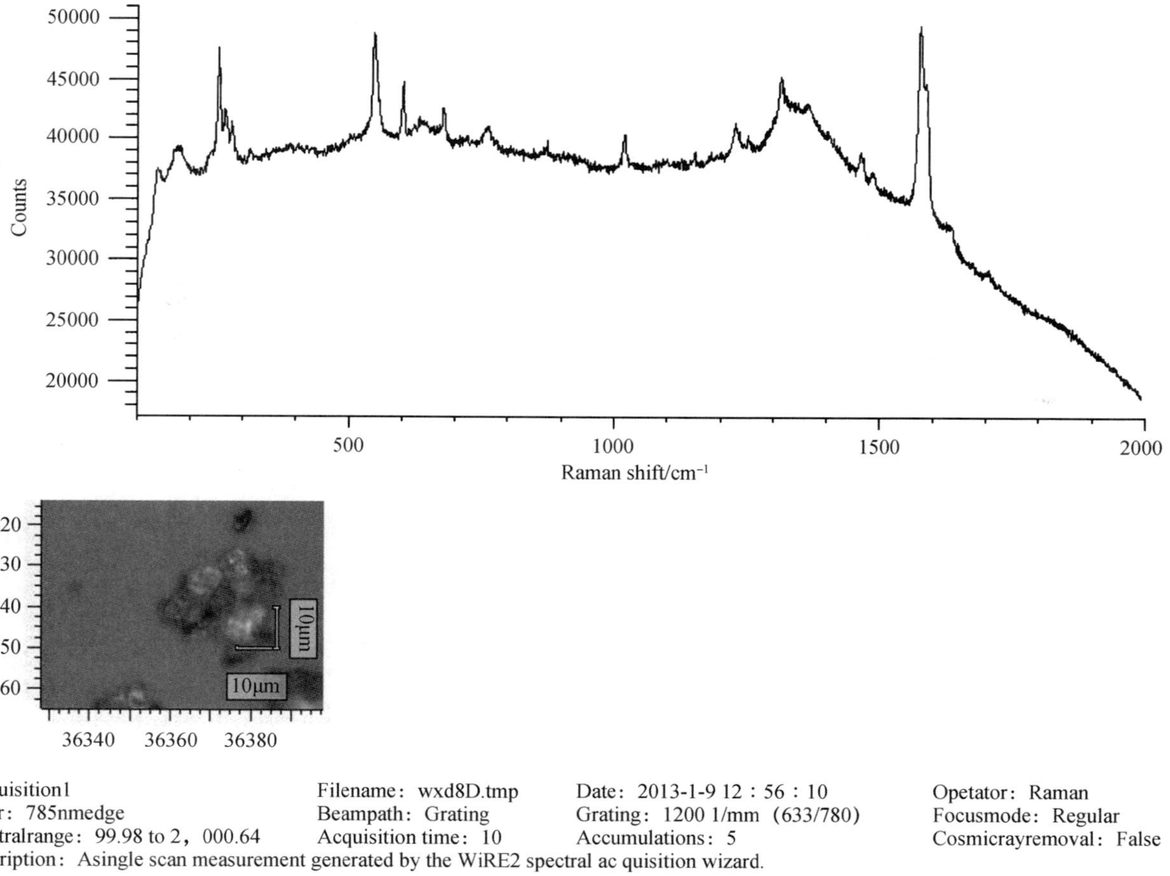

图8　灰蓝色样品显微拉曼光谱分析图

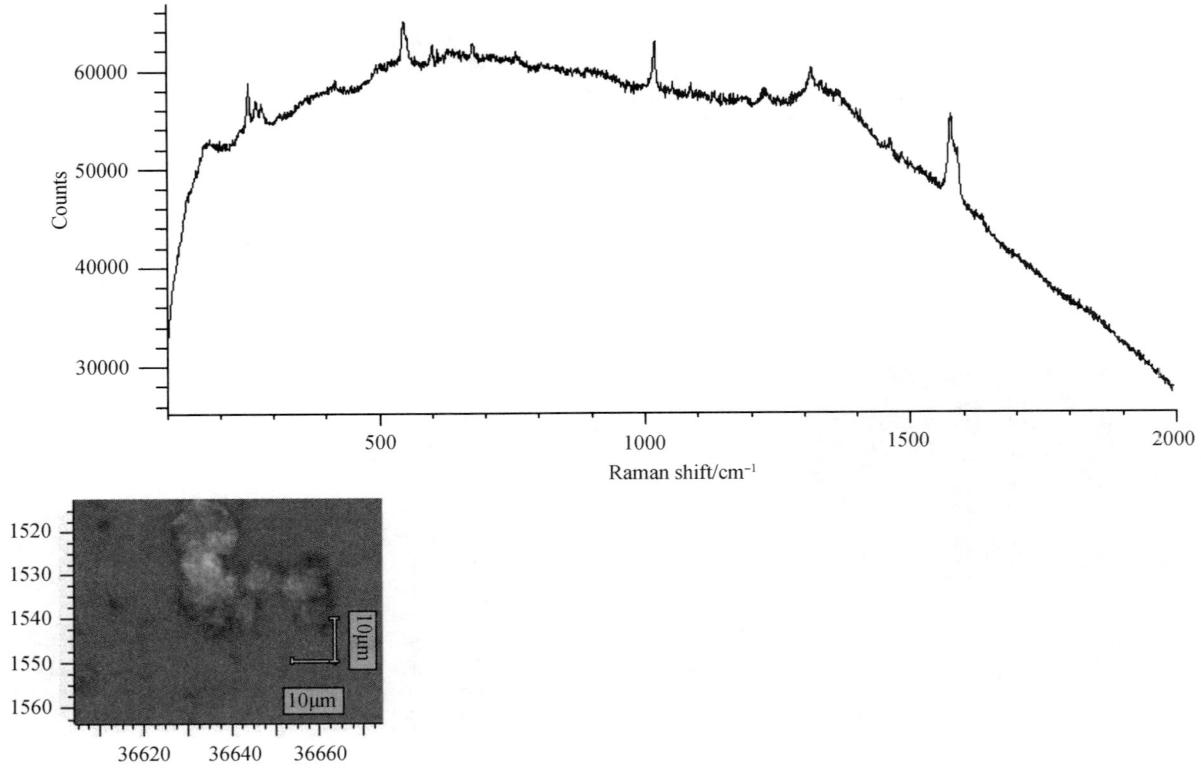

Ac auisition1　Filename：wxd8F.tmp　Date：2013-1-9 13：06：03　Opetator：Raman
Laser：785nmedge　Beampath：Grating　Grating：1200 1/mm（633/780）　Focusmode：Regular
Spectralrange：99.98 to 2，000.64　Acquisition time：10　Accumulations：5　Cosmicrayremoval：False
Description：Asingle scan measurement generated by the WiRE2 spectral ac quisition wizard

图9　灰蓝色样品显微拉曼光谱分析图

三、结　　论

1）在对22个样品的XRD检测分析中发现编号为1、15、16、18、22的5个样品中蓝色颜料未检测出显色物相，疑为有机颜料。其他颜料检测结果明确：红色颜料显色物相为铅丹、赭石、朱砂；绿色颜料显色物相为氯铜矿；白色颜料显色物相为石膏；黑褐色颜料显色物相为铅丹变色后的颜色；黑色颜料显色物相为墨；黄色颜料显色物相为雄黄。

2）通过偏光显微镜及拉曼光谱仪的分析，探明白色颜料为碳酸钙和硫酸钙混合物，红色颜料为铁红；两件灰蓝色样品显色物质均为靛蓝，靛蓝是一种历史悠久的有机染料，在其他类文物中也有发现；暗红色样品的红色颜料检测为染料，在同一时期敦煌壁画颜料中也曾发现红色染料，已分析出其为茜草，但是否为茜草还需进一步研究。

作者单位：高愚民、姚书文、姚敏，新疆博物馆

其　他

关于古籍数字化工作的设想与建议

罗新玲

内容提要：古籍整理实现了从传统的手工操作到计算机管理，从以往的纸质文献进入到数字文献化时代，随之而来的是古籍研究工作方式的转变。本文对古籍数字化工作发展过程中存在的问题提出了相应的意见和建议。

关键词：古籍整理　计算机管理　数字化

一、古籍数字化剖析

中国古籍文献浩如烟海，是一个取之不尽、用之不竭的文献宝库。它是前人留下的宝贵文化遗产，记载着我国各个民族的历史文化和社会政治经济发展状况，对后人进行科学研究和文化传承都具有重要的学术价值和历史文物价值。所谓古籍数字化，就是以保存和普及古籍文献资料为基本目的，以知识发现的功能服务学术研究为最高目标，在对历代抄写本、刻铸本、雕版、活字版、套版及铅字印刷等方式所呈现的古代文献进行校勘整理的基础上，采用计算机技术对其进行加工、处理，制成可浏览、检索、保存和传播的电子媒体形式，从而揭示古籍文献信息资源的一项系统工程。

计算机及现代信息技术的发展为古籍资源数字化提供了强大的技术支持。因此，古籍的数字化存储和网络化服务代表着未来古籍整理的发展方向，将成为本世纪古籍整理的主流和数字图书馆发展中的一个重要组成部分。

如何进行古籍的数字化，海内外已有不少学者对此进行过广泛深入的理论研究，且在某些应用领域取得可喜的成果，如在汉字字符集处理、OCR识别技术及版面还原和全文检索等方面。古籍整理工作经历了从传统的手工操作到计算机管理数字时代的演变。随着它的改变，研究它的方法也相应地发生了变化。

在纸本时代，我们对文献的认识与管理主要是针对其物理形态进行的，最多我们能够对其主要内容进行一些抽象的描述。在数字化时代，我们对文献的管理，已经突破了文献的物理形态深入到了它所包含的信息单元，并且能根据我们对这些信息单元的理解与把握将之进行分合与重组，以向读者提供针对性更强、内容更丰富的信息服务。在进行信息单元的分合与重组时，首先面临的就是对加工对象特点的正确把握与处理。

二、古籍文献的特点

古籍的特点，首先是版本的问题，包括古籍版本选择问题、古籍版本的比较问题。古籍的版本选择，是古籍整理与数字化要遇到的首要问题。在传统的古籍整理、研究工作中，也是学者普遍遵循的原则之一。就目前的古籍数字化现状而言，由于种种原因 ，一些机构在进行古籍数字化工作时，通常喜欢选择丛书或易于获得的文献，而不是根据版本的优劣来选择，其造成的后果就是已经数字化的古籍并不是最好的版本，这自然会极大地影响其质量。因此，今后的古籍数字化应该聘请专家对古籍的版本进行筛选，尽量选择好的版本进行数字化。

与古籍版本选择直接相关的是古籍版本的比较问题。许多古籍都不止一个版本，虽然我们可以勉强说某种古籍的某个版本比较好，但这并非绝对的，因为不同版本之间的异同也许互有短长。同时，根据对不同版本异同的分析我们也许能从中了解更多、更重要的信息。因此，版本的比较在古籍的整理和数字化工作中是非常重要的。在利用纸质文献时，我们常常会搜集各种不同版本的古籍进行比勘。在数字化时代，直接采用扫描的数字化影像文献由于阅读不便，因此，即使我们有了不同版本的数字化影像文献，使用起来也会非常困难，远不如纸质文献。如何利用现代信息处理技术来处理不同版本的比较问题将是我们今后必须考虑的。

三、古籍数字化的内容组织

一般来说，古籍数字化的信息内容包括以下三个组成部分：①内容信息，即古籍文献本身所包含的内容。②背景信息，即古籍文献在历史发展中在时空中的扩展。这部分信息是从文献的来源、文献本身和文献流传过程中分析得出的，如古籍善本产生的年代、真伪等。③结构信息，即描述数字文献数据属性的数据，包括文件格式、编排结构、硬件和软件环境、数据库管理系统、字处理软件、电子表格软件、图形工具软件、字符集等数据。

四、古籍数字化的方法

目前，在古籍数字化过程中，业界通常采取原版图像和全文检索本配合使用的办法。这当然符合古籍本身的特点，但这种做法也带来了一些问题，其中最大的问题就是前人在古籍研究和整理方面（包括校勘、批注等）的成果难以被利用，如果按现行的做法，全文检索本只是原版的OCR产品，而原版大多不能反映前人对其已经进行过的研究成果。如何既向读者提供反映古籍原貌的数字产品，同时又能让读者在全文检索和文本阅读时能够参考和享受前人的研究、整理成果，这也是需要注意的。解决这个问题的方法，除采用技术手段在相应的地方链接有关批注校勘信息外，还需要建立一定的知识支撑系统或者对文本本身再进行功能的扩展处理。国家图书馆的“西夏碎金”和“敦煌遗珍”（国际敦煌项目）中就采用了在对原始文献进行数字化的同时关联西夏与敦煌学相关的研究文献的做法，为读者提供了更多的参考文献。全文检索是古籍数字化最先受到重视的技术。简单的全文检索在几乎所有的文本编辑和对象数据库中都能实现，但为了防止过多的“噪音”出现，人们非常重视汉字的标引特别是词典切分标引。词典切分标引对于现代文献可能相对较易，但对于古籍，由于古籍及古代汉语的复杂性，在实践中更为困难，它不仅要解决防止“噪音”过多的问题，还要解决字、词在特定的语境中含义不同的问题，这已经属于人工智能的范畴了。此外，还有一些问题需要解决，如同书异名、同名异书、同一作者有不同的称谓，其他如职官、地名、事件名等都与现代很不相同，如“李世民”=“唐太宗”“南京”=“天京”（太平天国）“太平天国起义”=“洪杨之乱”等，非常复杂，这是一个尚待研究的课题。这些问题有的在传统的文献整序时已经有了解决的办法，也就是我们在文献编目时经常要提到的“名称及主题规范”“权威档”（Authority）。通过对文献进行规范控制，我们可以基本上解决一般性的异名问题。但是，由于古籍的数字化同现代文献编目不同，它主要是对文献内容的数字化处理，而不是对文献某些特征的抽象性描述，有些问题可能需要建立一些知识性的支撑数据库（或工具库）来解决，如对古籍中地名、职官名的处理。以地名为例，古籍中的地名与今天的地名很不相同，一地有数名，一地的四至（范围）在不同时代各不相同等，这使得古籍中的地名规范处理起来非常困难。因此，可能有必要考虑建立一个以现代地理信息系统（GIS）方式构建的古代地理信息系统，作为全国乃至全世界同行在进行古籍数字化时通用的知识性支撑系统，这个系统并不简单是附上一个电子地图，而应该根据文化的或行政的区划变迁绘制不同的地图，以正确地反映不同时代文化、政治地理的变迁情况，同时辅以古代地名规范数据库。这将是一项极为浩大的工程，需要各方协作。

五、古籍数字化建设中存在的问题及对策

就目前的情况而言，中文古籍数字化的成果，无论其制作单位是什么，读者大多是通过图书馆或其他一些文献收藏或传播机构来利用的。各古籍数字化制作机构由于各有其考虑、各有其利益，因此在标准与规范方面难以统一，并且独立成库，互不开放，不仅难以与其他古籍数字化项目共享资源，其数字化成果也很难纳入各图书馆整个的文献资源体系之中。目前，古籍文献数字化市场上鱼目混珠，由于粗制滥造致使产品质量存在很多问题，很多以赢利为目的的公司和开发商或出版商竭力以最少的成本谋取最大利润，甚至通过减料来达到目的，如在版本的选择上不够严格，没有把最优秀的版本数字化，必然影响产品的质量；某些具体操作人员不能辨识古籍中的异体字、俗字，也必然影响数字化产品的质量。因此，古籍数字化应当加强以下几个方面的工作。

1.构筑标准化的数据模式

古籍数字化工作是数字图书馆建设的重要组成部分，因此应该按数字图书馆的模式去组织、加工、发布。数字化的古籍应该是以开放式的、分层次的、结构化的数据库来组织与揭示。在进行数字化加工时应与现代图书遵循统一的标准规范，而古籍的特殊性应该在统一标准规范的框架下进行细化。因此，必须统一标准，如著录条例、数据库格式、编目软件、使用字库等，只有采取统一的格式、标准和规范，才能保证信息表达、筛选、存储、检索、传输的顺利进行，以保证数据库的质量和检索效果，为用户提供一个共享古籍文献的统一平台，各机构

之间或同一机构不同的数字化项目之间，才能通过某种形式的共享协议或技术，使所有的资源能够在同一平台上使用并互相调用。同时，在大多数情况下，古籍与现代图书的知识库应该是可以共享的，如字典、历史年表、纪年换算、历法换算、各类规范数据库、地理信息系统等。

2.建设开放式的数字化平台

我们认为古籍是文献的一种，是人类整个知识体系中一个有机的组成部分，古籍不应该与现代普通文献割裂开来。同时，数字化的文献也不应该与非数字化的文献割裂开来，至少我们不可能将所有文献数字化。一个完整的文献信息体系中将同时涵盖数字化和非数字化的文献。我们可以通过数字化的手段，如现在一般图书馆都已广泛应用的计算机机读目录，将数字化与非数字化的文献连接起来，从而构成一个完整的知识体系。因此，我们希望在一个通用的平台上，读者既可以进行一般性的书目（包括现代图书与古籍）查询，同时根据需要可以直接切换到古籍甚至相关的现代研究性著作的全文上，如果再加上一些相关的知识性辅助工具，将使读者对古籍的利用进入一个新的境界。换句话说，前面提到的过去古籍数字化工作所走过的两条路线应该在今后的工作中合为一条。

3.建立统一的协调机构

目前，国内文献机构在古籍文献数字化方面各自为政、自成体例、自我封闭，加上没有制定统一的古籍数字化著录格式，所以开放出来的数字化产品千差万别，针对这种无序状态，建议由国家古籍整理出版规划小组牵头，联合全国各类大中型图书馆和相关机构共同协商，吸收已有的数字化宝贵经验，确立古籍数字化的统一著录格式和标引方法，研制出一种标准化的古籍机读目录。当务之急是尽快建立一个全国统一的权威机构，进行管理、指导、协调各类型开发研制单位，国家科研部门及文化出版机构的古籍数字化工作，并对古籍数字化研发单位进行整合，建立项目研发联合体，将各家的资源、技术和专业人员有机地联合起来，创制优质品牌，包括制定规划，建立全国统一的古籍数字化标准和规范，定期举办业务培训班，组织召开学术研讨会等。

4.加快复合型专业人才的培养

古籍文献数字化高素质人才是关键。从事古籍数字化开发研制的专业人员不仅要掌握中文古籍文献的分类、版本鉴定、编目，而且还要懂得计算机网络、多媒体等现代信息技术。目前，在我国古籍文献工作专业队伍中，普遍缺少二者兼通的复合型人才。为了此项工作的顺利进行，各级主管部门要加强各级数字化专业人才队伍建设，培养一支既具有古籍版本与古汉语知识，又具有计算机技术复合型人才队伍。

5.选择好善本作为数字化的基础

古籍数字化首先必须选择好的版本，打好数字化的基础。由于诸多原因，在历史发展的长河中，善本书常常形成不同版本，版本的选择不同，得出的结论可能完全相反。在选择善本时，除内容外，还要参考原始文献的各种特征，如版式、行款、碑记、题跋、藏书印等也是主要的信息。为了方便读者阅读，最好能以图文对照的方式进行数字化流程的设计，提供文本和图形两套内容，实现原古籍扫描图的目录检索与阅览、全文本形式文献的检索与利用、图文间一一对应自由等功能，读者可以在阅读文献的同时看到古籍中的版式、书法、印章，也可以在浏览古籍图像的同时，查询有关检索点的其他资料。

六、结　语

古籍数字化工作是一项艰巨而复杂的系统工程，无论是从项目规划到社会资源的共建共享，都需要以协作和开放的精神来开展工作，不仅在标准与规范上需要协作与开放，在古籍数字化的体系结构上也需要协作与开放，在项目的规划与实施及资源，资金及专业工作人员的使用上更需要协作与开放，只有集中各方面的智慧与资源，才能使中华民族的文化遗产得到全面的继承与弘扬。我们相信随着古籍数字化基础理论研究和技术处理层面的外部理论研究的不断深入，我国的古籍数字化实践工作必将走向新的辉煌。

参考书目

[1] 李国新：《中国古籍资源数字化的进展与任务》，《大学图书馆学报》2002 年第1期。

[2] 潘德利：《中国古籍数字化进程和展望》，《图书情报工作》2002年第7期。

[3] 罗凤珠：《在因特网建立汉学研究环境的重要性及可行性——就中国文学而论》，《汉学研究通讯》1997年第1期。

[4] 罗凤珠：《台湾地区中国古籍文献资料数字化的过程与未来的发展方向》，《五十年来台湾人文学术研究丛书——文献学与图书资讯学》，学生书局，2000年。

[5] 侯荣先：《中医医院图书馆特色数据库建设设想》，《中华医学图书情报杂志》2007年第5期。

[6] 彭江岸：《论古籍的数字化》，《河南图书馆学刊》2000年第2期。

[7] 徐清：《2001—2005年我国中文古籍数字化研究综述》，《图书情报工作》2006年第8期。

作者单位：罗新玲，新疆博物馆

浅谈馆藏文物数据库建设工作中文物档案的规范化

师　洋

内容提要：正在全国范围内开展的馆藏珍贵文物数据采集工作，指标多，信息内容涉及面广，涵盖了藏品的多个方面。确保藏品定名规范化，藏品分类规范化，藏品的计件、计量规范化、形态特征描述规范化，藏品总登记号规范化以及藏品完残状况与优先保护等级规范化，对工作结果有很大影响。本文结合实际工作，主要就馆藏文物定名与分类等问题做了有益地探讨。

关键词：馆藏文物数据库　规范化

"文物调查及数据库管理系统建设"项目是财政部、国家文物局联合开展的一项基础性工作，旨在以数字化的调查手段，完善我国文物、博物馆领域的国情资料，建立并运行动态的数据库管理系统，为各级政府和有关部门及时、准确地掌握各类重要文物的保护与管理状况，制定相关工作计划，加大文物保护和经费投入力度提供科学依据和可靠保证。自2001年起，该项目先后在山西、河南、甘肃、辽宁、湖南、湖北开展了试点。

新疆的文物调查及数据库建设工作，在自治区文物局的高度重视和部署下及新疆文物古迹保护中心的承担下，于2010年1月正式启动。在项目的实施中，大家充分认识到文物数据真实、准确、规范的重要性。"文物调查及数据库管理系统建设"项目，简言之就是运用信息技术，为每件文物建立一份电子档案，建立馆藏文物数据库，全面提升文物管理和利用水平。数据库是由一件件文物数据构成的，每一件文物数据都关系到数据库的建设，一个错误的数据信息就可能会影响到文物的利用。因此，文物数据质量关系到项目的成败，确保文物数据质量是项目成功的基本保障。

根据国家文物局《馆藏珍贵文物数据采集指标项及著录规则》，本次馆藏珍贵文物数据采集指标达28项，信息内容涉及面广，涵盖了每件藏品的方方面面。如何确保藏品定名规范化，藏品分类规范化，藏品的计件、计量规范化、形态特征描述规范化，藏品总登记号规范化以及藏品完残状况与优先保护等级规范化是重中之重。通过这一段时间的工作，主要问题还是集中在定名、分类、年代、形态特征等方面。现结合在参加馆藏文物数据库建设工作过程中遇到的实际情况，就馆藏文物定名与分类谈几点认识。

一、关于馆藏文物定名

馆藏文物的名称是识别文物藏品的重要标志，定名准确与否，直接影响文物藏品的保管、研究和展示，也影响文物藏品在更广阔范围内的使用，所以必须高度重视，努力做到科学化和规范化。为此，全国许多省市制定了相关的文物定名规范，如内蒙古自治区制定了《馆藏民族文物定名规范》，甘肃省制定了《甘肃省文物藏品定名规范》等。国家文物局在《馆藏珍贵文物数据采集指标项及著录规则》中，也对藏品的定名作了如下说明："原名"是指现收藏单位总登记账上的名称。文物藏品的规范化名称应包含该文物藏品的年代、地域、人文以及有关的工艺技法、纹饰题材、形态、质地等本体属性信息和物名（或通称）。

通过在馆藏文物数据库建设工作中的具体操作实践，藏品规范定名还应注意以下几个问题：

1）文物藏品本身有名，则不另定名，用其本名。

2）文物本身有具体时代的，名称中必须反映，如"高昌延寿八年售房卷""高昌延昌四十一年张阿质妻麴氏墓表"等。

3）凡文物无铭文、款识，又无特殊纹饰者，则在器名前标年代和质地即可，如"青铜时代铜斧""早期铁器时代铜锛"等。

4）文物的大小是相对而言的，一般文物名称中不加"大"和"小"字，如"青铜时代小石人"，应去掉"小"字。

5）在文物名称中，一般只需注明一种主体纹饰即可，并非所有纹饰面面俱到，非主体纹饰可以忽略。

6）碗、盘、镜等圆形文物，在名称中一般不加"圆"字，若为其他形状，则应写明，如"唐瑞兽葡萄纹镜"。

7）外来文物必须有具体国名，如"萨珊波斯王朝耶斯捏泽地三世银币"。

8）近现代革命文物，如果有确切年代的，应把年代包含在名称中，如无确切年代的，可用历史事件时期，如"1951年军垦战士烧制的红砖""阿合买提江在三区革命时使用的皮箱"等。

二、关于馆藏文物分类

藏品分类是检验藏品管理水平的重要标志之一。藏品分类是以实现藏品管理科学化、体系化和网络化，从而达到藏品妥善管理和方便利用为目的。

藏品分类方法主要有四种：①藏品质地分类法。单纯按照藏品质地来划分藏品的类别，即按制成器物的材料进行归类，也即质地分类法。文物是由一定的物质材料制作而成的文化遗物。质地分类法主要用于对历史文物的归类。按此标准将文物分成了20多个大类，包括石器、石刻、玉器、陶器、瓷器等。这种分类方法因藏品对外界温湿度、空气、光线等要求条件完全相同，保存手段一致，所以有利于藏品的保护，避免藏品出现损坏性变化。②藏品时代分类法。将一个历史人物或某一历史事件，依照时间的演进顺序对藏品进行分类。这对陈列展览和专题性科学研究提供了方便，多适用于专题性或纪念性博物馆。③藏品用途分类法。这种分类方法以提取方便为最基本原则。博物馆依据自己藏品的特点，按年代、事件、人物、考古发掘、地域等不同情况进行藏品分类。例如，一些博物馆，尤其是综合性或地志性博物馆往往根据本地区发生的重大事件及出现的著名人物，集中有关的藏品。这种分类方法为专门性科学研究和陈列创造了良好条件。④综合分类法。依据藏品质地、用途、时代等特点，划分出不同的层次，在以质地划分为主要原则的前提下，尽量照顾同一质地藏品的时代、内容、顺序排架或再进行项、目等细层次的划分。

在这次馆藏文物数据库的建设当中，发现文物分类主要应避免以下常见错误：

1）把雕塑造像按质地误归为铜器，如“明鎏金铜佛像”“鎏金铜菩萨像”应选择“雕塑造像”；“泥俑”“草原石人”也应归入雕塑造像类。

2）把货币类按质地误归入了铜器或者金银器，如“汉五铢钱”“高昌吉利钱”“波斯萨珊朝银币”等，文物类别应为“货币”。

3）把印信符牌按质地误归入铜器、金银器、石器，如“土尔扈特银印”“乌梁海左翼左旗扎萨克之印”应选择“印信”，而选择“铜器”“石器”或者“金银器”是错误的。

4）文具按质地归入了瓷器或石器，如毛笔应归入文具类，却错误地把它们归入了木器。

5）木简归入甲骨简牍，毕业证书其实是文书的一种形式，因此应归入文书类。

6）近现代书画名家、领导人的题词等文物藏品归类错误，应把它归入近现代文物中的其他，不应归入古代文物中字画类。

三、其　他

1）对于藏品计件，《博物馆藏品管理办法》有明确的规定：“单件藏品，按一件计数，编一个总登记号，成套藏品，按不同情况分别处理，如不可分割而又同一来源且同时入藏的，可按‘套’编一个总登记号，单位按‘一套’计，实际数量则填写具体件数，其独立存在的各个各体可以编分号。”据此，如一副对联之类不可分割的藏品，传统数量就应为1件，实际数量应为2件，一套8本的志书，有把传统数量计为8件的，这是不对的；在钱币计量方面，先秦货币一枚一件，而其他货币，除存世较少的稀有货币外，一般挑选5～10枚登录总登记账，一枚按一件计算，其他列为重复品账。

2）文物藏品一般以件为单位，单位以习惯称法为主，如砚称方，墨称锭，笔称支，镜称面，纸称张，墓志称合，鞋称双，货币称枚，碑称通，砖称块，弄不清楚的称件。尺寸计量单位用厘米。平面藏品，要量出长、宽，测量时精确到毫米；立体藏品要量出器物的长、宽、高，有腹围的要量出底直径、口直径、腹径尺寸，口径或底径一律量外径。

3）藏品的当前完残状况与藏品的保护优先等级有的不相匹配，如某件藏品当前状况栏填写“完好”，却在保护优先等级栏选择了“紧急保护修复”或者“亟须保护修复”“需要保护修复”，或者当前状况栏填写“严重残”，而在保护优先等级栏选择了“已经保护修复”。这不合实际，也是不科学的，也不利于国家今后采取措施给予有效保护，但我们可根据藏品当前的完残情况来填写。我们认为“紧急保护修复”一般是指若不马上修复就很快会造成文物损失的情况；“亟须保护修复”指文物正在受到自然等因素的影响，损失的程度正在不断地加重，需要在不是很长的时间内进行保护修复的；“需要保护修复”是指一般性的文物受损情况，不及时修复不会造成文物更大损失的；“已保护修复”主要是藏品目前状况良好，包括藏品完整，根本无需进一步保护修复的。依此标准，来确定文物优先保护等级就容易了。

馆藏文物数据库建设工程是一个复杂的系统工程，不能一蹴而就，应是一个长期不断完善的过程，加之各地文博单位的整体信息化发展水平不平衡，因此，在馆藏文物数据交换与共享的标准化建设方面，我们要时刻学习借鉴其他地区的经验，提高我区藏品管理工作规范化水平，加快文物信息化步伐。

作者单位：师洋，新疆文物古迹保护中心

新疆文物考古研究所可移动文物保护工作及发展方向的设想

安尼瓦尔·哈斯木

内容提要： 本文主要结合新疆文物考古研究所可移动文物保护的工作实际，从人才队伍建设、保护经费投入、科技新成果引入及保护机制建立等几个方面出发，就如何在当前大发展、大繁荣的新形势下采用传统方式做好文物保护工作同时，与时俱进，创造性地开展工作，进行了有益地探讨。
关键词： 可移动文物　文物保护

随着“十一五”期间经济建设速度的加快，综合国力的进一步强盛，我国文化文物事业也进入一个良性发展的好时期。在这个大背景下，我区的文物工作也步入持续发展的阶段。就新疆文物考古研究所而言，自建所以来就非常重视对考古发掘资料的整理与保护，在完善自身机制的同时，也相应地成立了文物保护技术部门；根据工作需要培养了一些文物保护专业人员，初步构建了文物保护队伍体系；根据田野调查和发掘情况开展了许多工作，这包括考古发掘现场保护和室内保存与保护，这在当时来说达到了很好的效果，也有效地保护了许多珍贵的文化遗产。然而，近年来社会经济的高速发展以及现代科技手段的日新月异，在改变人们生产、生活方式和理念的同时，对文物保护工作也提出了许多新的要求。很多新技术、新方法和新理念开始被引入文物保护领域。本文主要结合新疆文物考古研究所的实际工作，就如何在采用传统方式做好文物保护工作之外，与时俱进，创造性地开展工作谈一些设想，以求抛砖引玉。

一、加大文物保护专业队伍的建设和经费投入力度

新疆文物考古研究所是自治区唯一具有考古团体发掘资格的单位，承担着新疆境内文物保护、考古调查、发掘研究等任务。新中国成立60余年来，各族考古工作者在严格依照《文物保护法》及相关法律法规的要求，遵循“保护为主，抢救第一”的工作方针之前提，为配合国家基本建设、定居兴牧和学术研究等方面的需要，独立完成或与国内外相关科研单位、高校合作，调查、发掘古遗址和古墓葬200余处，获得了大量弥足珍贵的文物资料。近年来随着国家西部大开发战略的全面推进和跨越式发展步伐的加快，新疆的文物考古事业面临着前所未有的挑战和重要的发展机遇，这无疑也给我们提出了更高的要求，尤其在文物保护方面提出的要求更高。

虽然，新疆文物考古研究几十年来在田野考古发掘和调查工作取得了一定的成果，积累了许多宝贵的经验，先后整理出版了一批科研成果，但由于受文物保护队伍相对于田野考古调查、发掘和研究薄弱，技术手段相对落后，设施相对简陋和经费有限等因素的制约，使保护工作成效不显，甚至有些工作截至目前都处于停滞状态。鉴于此，为改变这种状况，须建立一个有稳定保护队伍支撑的保护平台。新疆文物考古研究所在自治区文物局的支持下，在完善机构建设，加大经费投入的前提下，对现有人员进行了合理调配，充分调动了专业技术人员的工作积极性和主动性。同时，做好新老交替，加大人才储备，为以后的工作开展打下良好的人员基础，分别派出一批年青同志赴北京大学文博学院、复旦大学新闻学院、中国文化遗产研究院、中国丝绸博物馆、南京大学文博学院等多所国内顶尖院校进行了文物保护、博物馆学、壁画保护、纺织品保护、金属陶瓷保护等领域的学习，学制从三个月到两年不等。通过一系列的学习和培训，提高了当前从业人员的理论知识和实践经验，在一定程度上促进了文物保护工作的推进，可以说，取得了较显著的成效。

二、近年来的可移动文物保护情况和取得的成效

在加大专业保护机构建设和专业人才培养力度的同时，为了改变出土文物的保存环境和整理、修复条件，在上级主管部门大力支持下，我们通过多渠道争取文物保护专项经费，再加上自筹的部分经费，对文物库房、标本室、整理、修复室和图书资料室，从环境到设施进行了升级改造。

1.出土的古代人体标本得到有效保护

干尸，作为一类特殊的文化遗产，具有很高的学术研究和科研价值，因而其保护与传承的方式具有特殊性。如何在保护好这一类文化遗产在不遭受破坏的前提下，充分发挥其社会价值，在传承历史与文明，启迪民智，促进社会发展方面更好的服务，无疑是我们文物工作者的历史使命。正是秉承这一理念，为使古代人体标本必须储存在达到管理与监控安全标准的环境里，其使用和管理环境控制的条件必须匹配它们的年代、来源和文化意义，我们使用从自治区人民政府争取到的190万元干尸保护专项经费，改善了干尸存放环境，根据目前所收藏的干尸特点，量身定做了一批当前在国内尚处于领先状态的干尸存放和展示一体柜。过去，虽然也很重视对这些特殊文化遗产的保护，但由于经费的制约，使得许多工作未能有效开展，除个别用于展示的干尸定做了有机玻璃棺之外，大量的干尸连像样的装具都缺乏，基本存放在制作简易的木箱中，很显然，这对其所包含之文化信息的传递，产生了很大的影响。干尸毕竟是古人类的遗骸，仍是静止的生命个体，其收藏和展示显然不能和其他文化遗产等同，要考虑更多的伦理、情感等要素，要体现出对古人类和传统文化的充分尊重。量身定做特制柜的目的，不仅是反映在对历史与文明的尊重上，更重要的是对逝者的人文关怀。经过改造，使这些珍贵的古代人体标本得到了很好的保护，这也体现了文物工作者对古代先民的尊重，使珍贵的文化遗产得到有尊严的保护，同时也为今后的深入研究打下了良好的基础。

当然，出土干尸的科学保存与研究、展示之间的矛盾不是很容易就可以解决的，虽然采用

何种方式使其能得到更好的传承与保护需要继续探讨和摸索，然而目前所采取的这些措施，在某种程度上可以说，为以后运用各种科技手段进行深层次研究和构建干尸信息库，实现永久保存奠定了坚实的基础。

2.文物收藏和展示条件得到改善

新疆文物考古研究所由于承担着全疆的野外调查的发掘研究任务，多年来即使有许多文物被相继分配给各级文物收藏单位，但为了自身研究工作需要留存下来的以及近年来新发现的文物依然很多，可是从保管和保护方面而言，因历史和现实的因素，存在的问题比较多，这显然不利于文物的保护和最大化地发挥其社会效益，为当前乃至今后的社会发展服务。鉴于此，为了有效地保护古代文化遗产，使其为人类社会的发展进步做出应有的贡献。在自治区发改委和文物局的鼎力支持下，我们争取到文物保护专项经费，同时，自筹部分资金对文物库房一楼、二楼标本室进行了全面改造升级。过去新疆文物考古研究所在文物库房和标本室建设方面也投入了很多资金，配备部分必需的设施，指定专人进行了管理，也做了大量的工作，取得了相应的效果，但是随着社会的发展，尤其随着田野调查和发掘任务的不断增多，考古新发现越来越多。小河墓地、营盘墓地、尼雅遗址、库车友谊路砖石墓和哈密东黑沟遗址先后被评为全国十大考古发现，同时，克里雅河流域的调查、圆沙古城、喀拉墩遗址、丹丹乌里克遗址、哈密艾斯克霞尔墓地等和天山以北的伊犁河流域、阿勒泰地区等地的古代文化遗存都有着极为丰富的文化内涵，相继出土了大量各类精美文物，而过去的文物库房及标本室在众多的发现面前，显然从设施到展示厚度上都显得极为不适应文物事业的快速高效发展态势。因此，为适应当前社会发展需求以及体现文物保护新理念，库房改变以往的收藏模式采用敞开式透明柜架，标本室为体现研究单位的特色，所采用的展示柜也有别于博物馆的展陈设施，为多格挡的展柜。博物馆展陈工程中大量的展陈设施，如展柜、场景、模型、多媒体手段等，这些是博物馆陈列中的亮点，但新疆文物考古研究所作为发掘、整理和研究机构，其工作性质决定了展陈方式与博物馆的不同，因此，标本室不仅没有使用一些辅助展具，而且展柜的选择也有别于博物馆的通柜。同时，鉴于考古发掘单位的工作性质以及这里展示的主要为处于整理阶段之文物特点，在考虑展柜自身美观的同时，也考虑了安全性、方便及适合的光线和专家、学者的观赏角度、观摩要求。可以说，改造后既具有了现代气息，同时信息容量比过去也大了好几倍，使文物库房和标本室的功效得到最大的体现。

3.科技保护手段得以引入

为使文物存放和展示有个良好的环境，在对文物库房和标本室实施温湿度监测的同时，新疆文物考古研究所用18万元文物保护专项经费购置了10台有害气体过滤装置，分别安装在文物库房、干尸库房、两个标本室和修复整理室，在一定程度上优化了文物保护环境。这些区域对于考古所大环境而言总体上是一个相对密闭的系统，但是，由于涉及具体的工作，基本上每天都有人员进出，这个因素能带来大量的微生物种类和一些有害细菌，存放在这里的许多文物本来就面临着清洗、修复、杀菌等方面的处理，若外部有害微生物和细菌的侵入，无疑会加速细菌等有害物质代谢物的产生与繁殖，对这些弥足珍贵的文物造成难以弥补的损害。凡从事文物保护的人都知道，空气中悬浮的细菌只要在温湿度符合、通风差并有营养源的条件下就会沉积到文物表面生长繁殖。根据形态学鉴定，多数细菌生长繁殖后表现为不同颜色，会产生色素，影响文物外观并很难彻底清除。另外，细菌的透明度及厚度对文物尤其是有机质类或表面带有纹饰的金属、纺织品、竹木漆器和骨雕类等文物都有不同程度的影响，会影响到这些文物的科学、历史和艺术价值。微生物中的有害细菌，虽然对人员构不成太大的威胁，可细菌产生的纤维素酶能使纸张、纺织品等有机质中含有的纤维降解，将纤维素大分子分解成小分子并作为细菌的营养源被吸收和利用。实际上，这种细菌的分解过程就是对文物进行破坏的过程，最突出的表现就是纸张和纺织品类文物的纤维组织老化和脆化。空气中有害微生物的损害，是除了温湿度变化不定、光照以及水火等物理损害之外，影响文物本体安全的主要因素。为防止文物在存放、提用、搬运和包装运输过程中受到损坏或受到灰尘等有害物的污染，更好地保护好这些珍贵的人类文化遗产，用国家文物局下拨的文物保护专项经费，根据经费使用的具体要求，定制了文物装具，在一定程度上达到使各类文物有效保护之目的。

几年来我们根据自身的实际在可移动文物保护工作方面做了一些尝试和探索，从目前的情况看，基本达到预期的效果，譬如依据考古研究所实际定制的干尸存储和展示一体柜、库房和标本室的文物柜架，不仅改变了以往脏乱差和文物放置不规范、装具不符合要求、不规范的状况，而且在保障文物安全的前提下，为适应社会发展的需要，所有柜架的材质、设计理念、使用功能、外观造型充分体现了未来文物库房向开放式发展的趋势。除了上述硬件上的改善外，我们在软环境上也狠下工夫，通过完善规章制度，制定了业务人员的经常性学习和不断提高机制，将规范化、科学化管理引入文物保护与管理工作之中，力求通过制度来不断提升我们的工作效能，尤其是通过科学规范的管理，使文物保护工作迈向新的台阶。

三、今后的工作重点和发展方向

新疆区域辽阔，是我国重要的文物省区。随着中央新疆工作座谈会的召开和新一轮西部大开发的开始，我区出现了越来越多的大规模考古发掘项目，考古发掘的工作量以及出土文物的丰富性都是在此前数十年无法比拟的。另外，当前学科分类越加精细，学术研究的国际化和多学科交叉展开的趋势愈发浓烈，因而急需培养多方面的专业技术人才，也显得愈发重要。

就文物保护而言，随着科学技术的发展，现代科技已开始大量用于文物保护的诸多领域，但由于我们长期以来的工作重点主要在田野调查和发掘方面，而在文物保护方面有所忽视，从思想上没有引起足够的重视，故而在科技保护方面力量显得相当薄弱。

目前，新疆文物考古研究所缺乏能够运用科技手段进行各类出土文物修复保护的文保队伍。文物保护从业人员基本上还是按照传统的方式在开展工作，使得很多考古发掘与室内整理、保护工作存在脱节。一些经过辛苦发掘出土的珍贵文化遗产因无法得到及时的保护和修复，其所蕴含的历史文化信息还没有显现就面临着再次抢救的境地。

究其根本原因，我们认为有以下几个方面。

一是文物保护队伍基础脆弱，主要是缺乏经过系统学习和掌握了科技保护最新理念的文物保护专业人员。近年来为了加强文物保护队伍，新疆文物考古研究所在解决新老交替的同时，为能培养一些学有所长的专业技术队伍，在不断挖掘自身潜能，完成目前繁重的田野保护和室内修复工作之前提下，积极争取各种机会，派出人员在国内外学习文物保护技术。然而，短期培训和学习虽说有一些效果，但不明显，许多年轻同志由于对这一领域不甚了解，或在从事文物工作前从未涉足过，结果是这种学习只是使他们了解了一些基本的理论和常识，甚至是一些概念性名词，而对于文物保护尤其是科技保护工作的最终目的和重要性理解不够。所以，这种学习和培训，无法从根本上解决这个问题。

二是缺乏相应的保护设施。文物保护科技设施种类很多，所发挥的作用也不尽相同。目前，我们的专业人员由于仍然以传统的方式在开展日常工作，从而对于该领域科技设施的发展变化情况了解甚少，操作和使用基本不会；再者，这些设施的配置需要较大的投入以及需要一个良好的使用环境，而我们在这方面还存在许多欠缺。鉴于这种现状，我们只是根据自身的实际需要，配备了简易的设施，而真正具有科技含量的仪器设备则缺乏。另外，就可移动文物的存放环境和存放柜架而言，也有待于不断提高和改进，尽管目前特制的柜架具有一定的超前性，密闭性也较以前大为提高，但能够调整和控制存储柜架相对温湿度的微环境控制技术还未能采用。我们发掘、研究，尤其采用各种方法保护文物，其主要目的为了延长文物的寿命，降低文物的老化速度。所有人都知道保护文物最重要的环境因素之一就是温湿度的相对稳定，因为温湿度波动太大将导致有机类文物机械受力发生变化，促使文物变形、变脆和龟裂。不同质地的文物对环境温湿度的要求也是不同的，因而解决几种或多种不同质地文物存放在同一个柜架中的小环境温湿度冲突问题，需要依靠目前已出现并开始推广使用的微环境控制技术。从文物事业发展远景来看，运用微环境技术保持整个文物存放环境温湿度，肯定是我们今后的发展方向之一。

三是经费保障问题。文物作为人类社会在长期的发展过程中形成的物质文明的产物，从各个不同的侧面形象地反映着各地区、各民族在不同历史发展阶段的政治、经济、文化、意识形态和社会生活状况，是研究整个人类社会发展史的重要实物资料。因此，采取种种方法和措施进行保护，其目的就是为了延长寿命，传至子孙后代。然而，文物这一特殊的文化载体，除了在长期的埋藏过程中发生的各种病害和损伤外，出土后还面临着在新的保存环境里由于污染、温湿度变化等因素而引发的受损问题。为此，若想使这些人类文化瑰宝得以有效保护，就需要很大的投入，而且应该是持续性投入，尤其是科技保护，因为涉及运用现代科技手段，不仅要对文物的属性进行认定，最重要的是用新技术、新材料、新方法给予保护，因而专业人员的培训和各类设施和新型材料的购置都需要经费的保障。因此，解决这一问题，第一要按照《国务院关于加强文化遗产保护的通知》“五纳入”要求，在现有文物工作事业费不变的前提下，将文物保护经费纳入自治区财政预算，并使之成为今后一种常态性的经费投入；第二是积极向国家文物局汇报，从国家层面上争取专项经费；第三是充分利用社会资金，积极发挥各相关行业科研机构资金在文物保护方面的作用；第四是要制订文物保护经费的分配和管理办法，在职权范围内管理和使用好各项文物保护专项资金，做到专款专用。只有这样，可移动文物保护的经费才可能有保障。

四是文物保护专业队伍的整合。经济全球化、技术现代化和信息化社会是一个综合性问题丛生的时代，是一个需要各种技术专家，在文物保护领域特别需要学术和理论研究的专门学者和专家，是需要大智慧的时代，这必然也是一个跨学科研究大有作为的时代。这样的时代给我们文物保护工作者提出了迫切的要求，那就是文物科技保护理论的建设和发展问题，这是文物事业良性发展的基石。长期以来，文物保护工作状况是理论与实践之间、学术与技艺之间、行业与行业之间甚为隔膜，缺乏必要的交流和对话，甚至相互轻视，文物保护人员自然也成为片面化的、“专业化”的工作者，而学科体制和学术评价制度以及人才培养方式的不尽科学合理，更强化了这种不正常现象。从当今社会的发展趋势看，文物工作领域存在的这种现状，显然无法适应社会发展和时代变革的要求，更无法很好地肩负起为社会发展服务的历史使命。

以新疆地区而言，这个问题是比较突出的。从现在的情况看，目前新疆文保界各单位基本都有规模大小不一的文物保护队伍，他们承担着各自范围内的保护工作，由于处于分散状态，基本都是各自为战，相互间缺少合作与配合，虽然长期以来在保护文化遗产方面做了不少工作，但没有形成自己的特色。他们从事的基本是常规性的修复、黏接、清洗、去锈等，没有属于自己的实验室，无法对出土文物的各种属性进行科学检测和分析，也就无法提供具有科学依据的文物保护参数，这显然是不利于有限的文物保护经费的合理有效使用，同时也会造成人力、财力等方面的许多无谓浪费。若想使新疆文物保护，尤其是科技保护队伍得到良性发展和不断壮大，并形成自己的特色。首先应该通过改变各文物收藏单位自成一体、没有特点和规模的文物保护队伍状况，形成资源共享的机制，同时也要通过整合形成各自的特色和优势，打造一支适应现代社会发展要求的高素质专业队伍；其次，相关各方必须积极倡导和推动文物单位与各学科间的交流对话，打破学科壁垒和狭隘浅薄的门户之见，加强交流和对话，实现方法、视野、技术手段、先进理念的互补和相互激荡，从而实现思想的解放，观念的转变乃至技术手段的改进、方式、方法的提升和创造，这应该是今后新疆地区文物保护工作面对的一个方向之一。

四、结　　语

总之，几年来新疆文物考古研究所在自治区文物局大力支持下，利用一切方法尽量改善了文物存放环境和加大了保护力度，目前也取得了一些成效，虽然还存在一些问题，但只要我们本着对中华民族文化遗产负责的态度，尽力克服可移动文物保护利用方面存在的局限性，与各界共同担负起研究民族文化遗产的价值，不断探讨保护工作的多种方式，制订科学的操作方案，坚持走可持续发展道路，必然能使可移动文物保护工作步入良性发展的轨道。

作者单位：安尼瓦尔·哈斯木，新疆文物考古研究所

巴州南四县文物保护工作的现状、问题及对策

牛　耕　巴　叶

内容提要： 本文在现场调研的基础上，介绍巴州南四县——尉犁、若羌、轮台、且末文物资源的基本情况及相关文物保护工作的开展情况，分析文物保护工作中存在的主要问题，并有针对性地提出了对策和建议。

关键词： 巴州　文物保护

文物资源是祖先留下的瑰宝，是历史的见证。保护文物，对于研究历史、发掘文化底蕴、弘扬民族传统文化、体现文物的社会效益和经济效益都具有重要作用。长期以来，在巴音郭楞蒙古自治州党委、人民政府的高度重视和关怀下，在自治区文化厅、自治区文物局及州文化局党组的直接领导下，在各县市党委、政府和各有关部门的大力支持下，经过州、县文物部门及各族文物工作者的艰苦努力、团结奋进，巴州文物工作取得了显著成绩和新的发展，但随着城市化建设步伐的加快，文物保护工作面临许多新情况、新问题。为了有效地保护和利用文物资源，研究新形势下文物保护工作科学发展的思路及对策，我们对巴州南四县——尉犁、若羌、轮台、且末的文物保护工作情况进行了深入调研，形成以下报告。

一、巴州南四县文物资源基本情况

1.文物保护单位情况

目前，南四县有各级文物保护单位127处，其中国家级重点文物保护单位6处（尉犁县的孔雀河烽燧群，若羌县的楼兰故城、罗布泊南古城遗址、米兰遗址、楼兰墓葬群，且末县的扎滚鲁克古墓群），自治区级重点文物保护单位15处，县级文物保护单位106处。

2. 博物馆（陈列馆）情况

南四县现有尉犁县罗布淖尔博物馆（馆藏文物593件）、若羌县楼兰博物馆（馆藏文物175件）、轮台县博物馆、且末县扎滚鲁克墓葬陈列室、托乎拉克地主庄园及且末县博物馆（馆藏文物997件）等5处博物馆（陈列室），且全部免费对外开放。

二、巴州南四县文物保护工作开展情况

1. 文物考古工作成绩显著

近年来，巴州多次配合自治区文物部门，先后在州境内发掘和抢救性清理墓葬近千座，出土文物数千件。尉犁县营盘墓地15号墓葬的发掘，被评为1997年中国十大考古发现之一；且末县扎滚鲁克墓地发掘出土的木竖箜篌乐器，是目前全国境内发现最早的箜篌实物，获上海大世界吉尼斯纪录；楼兰出土的丝织品、文书等具有极高的研究价值，名扬四海；2000年1月，小河5号墓地的发现，被评为2004年度中国十大考古发现之一；“西域都护府”是汉朝统一西域的象征，巴州十分关注该遗址的调查和寻找工作，积极配合西域都护府调查队进行了三期考古调查，并对有关遗址进行了勘探和试掘，取得了阶段性的成果。

2. 文物抢救维修工作得到加强

多年来，南四县在文物保护基础设施建设、维修、陈列及文物保护方面实行专项投入。尉犁县从2000年开始将文物保护专项经费纳入财政预算，每年拨款2万元用于文物保护支出；1999年，筹措资金22万元，建立了营盘文物古迹保护站，并将其所需经费列入了财政预算，2007年又成立了库鲁克塔格文物保护站；2000年，县财政投入200余万元修建了占地面积达830m^{2}的罗布淖尔博物馆；2004年，投资60余万元，对博物馆进行了扩建，增加了2个展厅，面积增至1068m^2。自1998年以来，且末县财政投资近100万元建设和修缮了扎滚鲁克古墓葬陈列馆、托乎拉克庄园；2008年，投资600多万元建成占地3337m^{2}的博物馆，托乎拉克庄园环境治理项目顺利启动，投入23万元完成铁艺围栏建设工程。若羌县2008年投资30余万元对楼兰保护站进行了维修加固，建设了占地115m^{2}的楼兰文物永久性保护站，并修建了蓄水池，解决了楼兰保护站多年来用水紧张的问题。此外，轮台县西域都护府博物馆主体工程即将完工，若羌县楼兰博物馆于2009年2月正式成立，新馆于2010年正式对外免费开放，轮台县博物馆于2011年成立，主体工程已完成，正在布展当中。各县基本落实了文物“四有”工作，为“十二五”期间文物事业的发展打下了一个良好的基础。

3. 基本建设中的文物保护成效明显

各县文物部门坚持文物保护和基本建设两不误的原则，积极承担和配合自治区考古部门实施了石油、公路、铁路、水电建设等重点工程项目中的文物保护工作，完成了石油物探地震作业施工、“西气东输”、218国道和315国道、库尔勒至库车高速公路、南疆铁路改线、轮台五一水库等基本建设中的文物调查、勘探和文物抢救发掘工作，既确保了文物的安全，又促进了基本建设工程的顺利实施。

三、南四县文物保护工作面临的主要问题

1. 文物保护意识和支持力度亟待提高

巴州地域辽阔，历史悠久，位置重要，遗存的文物众多，许多文物具有很高的价值，在国际国内上享有很高的声誉，但保存状况并不容乐观。在当前发展社会主义市场经济时期，巴州的文物保护工作也面临着许多新情况和新问题，如利益的驱动，盗掘、盗窃文物的犯罪活动猖獗；法人违法、基本建设、农田规划等造成的文物损失日趋严重。实际工作中发现，文物遭到破坏的因素主要是两方面：一是自然作用，其破坏是长时间的渐进破坏过程；二是人为作用，人为的破坏性最大而且迅速，同时又是毁灭性的。在文物保护过程中，部分基层干部以及大部分村民对文物保护认识不到位，存在着"重经济建设、轻文物保护"的思想，只重眼前利益、局部利益，不顾长远利益、社会效益，视文物保护为包袱，缺乏文物保护意识；少数基层干部认为文物保护是文物部门的事情，与当地政府无关，缺乏"守土有责"的责任意识；普通群众则认为文物保护是政府的事情，与己无关，随意破坏文保单位的周边环境风貌的事屡有发生，文物安全形势十分严峻。

2. 文物保护管理机构及队伍建设滞后

目前，巴州已成立的县（市）文管所、博物馆均未办理事业单位法人登记，无独立的法人资格，而且缺少编制和专业人员，难以独立开展文物保护管理及文物行政执法工作，有的甚至属于不能从事文物工作的"挂牌"机构。据统计，巴州南四县文物机构的编制仅为14名，从业人员17人（表1），大多是中途调入，专业知识相对薄弱，没有一个文博专业的大学生和从事文物修复的专业人员，更没有文物展览陈列设计人员。文物保护是一项专业性较强的工作，这样的队伍结构根本无法承担地域辽阔、文物众多、工作繁重的保护管理任务。

表1　南四县文博机构、编制、人员及开展工作状况表

序号	机构类型	单位名称	机构	编制	从业人数	开展工作状况	持执法证人数
1	保护管理机构	尉犁县文管所	有	1	3	弱	3
2		若羌县文物局	有	12	10	基本正常	2
3		且末县文管所	有	3	4	较弱	2
4		轮台县文管所	无			弱	2
5	博物馆	尉犁县罗布淖尔博物馆	有	2	8	基本正常	
6		若羌县楼兰博物馆	无			基本正常	
7		且末县博物馆	无			基本正常	
8		轮台县博物馆	无			在建	
合计			4	18	25		9

近年来，罗布泊等区域文物违法活动猖獗，各种探险考察、特种旅游和石油地震勘探等活动在楼兰文物保护范围内频繁进行，特别是未经批准擅自进入未开放的楼兰区域进行旅游、

“探险”的团队屡禁不止。究其原因，是没有一支“正规”的文物行政执法队伍。目前，巴州尚未成立文物稽查队，文物保护力量单薄，措施不到位，被动工作，打击力度小，严重制约了文物保护、管理、巡查等各项工作的正常进行。据调查了解，南四县共有9人持有行政执法证，这些人大部分是县文管所的管理人员，也是兼职执法人员，其中轮台县文管所2名执法人员还是其他单位的借调人员。由于事业性质的文管所只有管理职能没有执法职能，文物保护工作中执法主体若明若暗，行政职能微弱，加上机构不健全，人员力量不足等，已严重影响和制约文物保护工作的开展和依法行政的力度，而且文物保护重点工作的开展和文物保护项目的申报和争取都受到限制。

3. 文物保护资金匮乏

缺少文物保护经费，已成为制约文物保护和发展的一大难题。《中华人民共和国文物保护法》中明确规定：“国家发展文物保护事业。县级以上人民政府应当将文物保护事业纳入本级国民经济和社会发展规划，所需经费列入本级财政预算。国家用于文物保护的财政拨款随着财政收入增长而增加。”此条规定是将国务院有关文件提出的文物工作“五纳入”法律化了。由于各级财政情况的差异，缺乏财力的政府执行起来难度较大，导致文物保护经费很难落实，这种状况在巴州各县非常普遍。据调查，南四县的文物保护机构，有的由于财力、物力等因素所限，而处于野外工作不敢做，只能做一些室内业务的困境。目前，县财政对文博单位的拨款主要是在编人员的人头费和一些基本公用支出，除了工资之外，县文管所几乎没有可用于开展文物保护管理工作的必需经费，而且由于南四县的文物点又多分布在偏远的山区或无人烟的荒漠中，只要一工作，就发生费用，所以也只能做些在经费允许范围之内的力所能及的工作，许多工作因经费所迫只好缓做或不做。由于缺乏必需的文物保护经费和交通工具，尉犁、且末、轮台县文管所一年里几乎没有出过野外，没有到所属的文物点进行过安全巡查，这已是“家常便饭”，这种坐在办公室里“保护”文物的状况，严重制约了各县文物事业的发展。

4. 文物保护与基本建设及旅游业的矛盾日益突出

中央提出的西部大开发战略，为新疆的经济建设吹响了号角。随着西部大开发步伐的不断迈进，新疆的基本建设项目日益增多，文物保护与经济建设的矛盾日益突出。近年来，虽然巴州区域内的石油勘探、水电开发、公路、铁路等大中型基本建设项目的实施，为拉动巴州的经济增长发挥了巨大的作用，但是仍有一些建设单位不遵守《中华人民共和国文物保护法》的相关规定，擅自进入可能埋藏文物的区域施工。追根究底，工程建设与文物保护之间的主要矛盾就是资金的矛盾，加之基于文博单位体制的因素，这种矛盾便随着经济建设的发展而日益突出。

这种矛盾还表现在文物保护与旅游方面。在旅游所带来的巨大经济效益的驱使下，有些旅游部门只顾“创收”，不顾文物是否具备开放的条件，擅自组团进入古迹内参观，给文物造成了较大损失。同时，在一些领导干部的思想上，把文物古迹仅视为旅游资源，认为文物古迹保护与管理是为发展旅游服务。这种认识是不全面和追功逐利的。保护管理文物的目的是继承中华民族优秀历史文化传统，建设社会主义物质文明与精神文明，文物古迹作为旅游资源也是为了弘扬中华文化和向游客进行爱国主义和优良传统教育，不能本末倒置，更不能舍本逐末。当前文物管理的首要问题是“保护”“抢救”，其次才是“利用”。深厚的文化历史底蕴固然能提升一个地方的人文旅游品位，但目前第一位的仍是保护、抢救、发掘和整理。

四、对策和建议

1. 加大宣传力度，提高文物保护意识

提高全民文物保护意识，营造自觉保护文物的良好氛围是做好文物保护工作的前提。要做好这一工作，不是政府或某一部门的事，而是需要各级领导的高度重视，需要各部门、各阶层的共同努力。当前，要抓住第三次全国文物普查的大好机遇，着力推进文物保护工作。首先，切实加强领导，把文物保护工作纳入各级政府重要议事日程，制定和完善保护规划，妥善处理经济建设与文物保护的关系；其次，要进一步理清文物保护工作的思路，不断研究文物保护的方法和措施，树立“保护—弘扬—提升”的总体思路，坚持“保护与发展并举、利用与弘扬并举、政府牵头与群众参与并举”的原则，不断开创文物事业的新局面；最后，强化宣传，营造良好氛围。文物保护宣传工作，要立足长远，从大的文化角度把握，树立一盘棋的思想观念，充分利用文物工作的独特优势，借助各种媒体宣传文物工作的重要意义，坚持不懈，扩大文物事业的社会影响，让文物走近人民，让人民了解文物、热爱文物，促进全民文物保护意识的提高。

2. 建立健全文物保护管理机构，提高专业人员素质

从今后新疆开发建设的前景看，文物工作的任务会越来越重，加强文物保护管理机构和专业人才队伍建设势在必行。目前，针对大部分县文管所、博物馆一套班子、两块牌子，平均1～3人兼职，且工作范围既有馆内、又有野外的现状，各县应根据自己的实际情况，加强文物机构建设，完善文物行政执法体制。随着当前高科技时代的到来，更是需要引进专业人才，尽快建立起一支既有专业知识、理论水平，又能吃苦耐劳、团结协作的高素质的文物工作专业队伍。要注意选拔素质好、懂业务的干部从事文物行政管理工作，优化队伍结构。县政府及文物部门要创造良好环境，吸引人才，壮大文物工作队伍。同时，要根据需要建立群众性的文物保护组织，逐步完善县、乡、村三级文物保护网络。

要加强文物管理人员的培训，提高人员素质，提升文物保护工作水平。加强教育培训工作，重点是加强岗位培训，加大对重点人才特别是中青年学科带头人和高层次、复合型人才的培养力度，以适应新形势下文物事业发展的迫切需要。要充分发挥博物馆在文物收藏、保护、研究和信息传播等方面的作用，通过多种形式，加强文博单位基础理论研究和交流，切实解决文物保护工作中出现的新情况、新问题。

3. 立足实际，拓宽文物经费来源

资金投入是文物保护工作的关键。文物保护是一项特殊的社会性公益事业，特别是基层文物保护工作，更需要当地政府和社会各界的广泛支持。在资金的筹措上，要立足各县实际：第一，基层人民政府要加大投入，发挥其主渠道的作用，切实落实文物保护“五纳入”，使文物

保护经费的投入实现正常化；第二，基层文物行政部门要善于运用法律和有关政策，最大限度地争取落实文物保护经费；第三，基层文博单位要认真遵守收支两条线的原则，节省开支，把有限的资金用在“刀刃”上；第四，建立“文物保护基金”，吸纳社会各界，如企业、团体、个人的捐款，弥补文物保护经费的不足。

另外，基层文物行政部门还要做好辖区范围内的文物保护规划和项目申报方案，争取多上项目，以得到上级文物、财政等部门的支持和资助，落实配套资金，并确保专款专用。

4. 挖掘文物潜在价值，合理利用文物资源

文物的合理利用，是国家文物工作方针的重要内容之一，也是与保护为主、加强管理相辅相成、不可分割的一对矛盾统一体。现实中，保护与利用的矛盾虽时有发生，但和谐统一的状况，更为普遍。目前，在文物的利用上，陈列展示、旅游观赏方面最为突出和直接。随着各县陈展设施的增加和旅游经济的发展，将会有越来越多的文物藏品与观众见面，有越来越多的文物景点吸引着不断增加的游客，但无论是高品质的文物展览，还是文物景点的开发，各县均有潜力可挖，还有大量工作要做。

文物保护是前提，合理利用是目的。保护管理为合理利用创造条件，合理利用为保护管理创造效益，这就是市场经济条件下文物的价值效应。在市场经济飞速发展的今天，文物业与旅游业的结合是必然态势，是市场经济的产物，必定给文物事业和旅游事业带来无限生机和活力。当然，在这个结合点上，文物部门必须遵守一个方针、二个坚持、三个挂钩，即保护为主、抢救第一、合理利用、加强管理的方针；坚持贯彻执行《文物保护法》，坚持文物安全第一；文物监护与旅游活动挂钩，文物收费与旅游客员挂钩，文物管理与旅游申报挂钩。同时，旅游部门也应当认识到，文物资源是旅游业赖以生存的基础和“金矿”，旅游业的繁荣离不开文物资源，只有在保护管理好文物的前提下，努力寻求一条客观的文物和旅游之间的利益纽带，方可产生积极的经济效益和社会效应，最终形成文物和旅游互惠互利、共同发展的格局。

五、结　　语

文物保护功在当代，利在千秋。基层文物保护工作面临的问题是暂时的，而我们应当不断进取，掌握解决问题的本领，并大胆创新，树立科学发展观，探索出一条更加适合基层文物保护工作的新路子。

作者单位：牛耕、巴叶，巴音郭楞蒙古自治州博物馆

巩留县文物保护工作现状及对策思考

穆合塔尔

内容提要：随着社会经济的发展和城镇化进度的加快，地处伊犁地区中部的文物大县巩留县在文物保护工作方面出现了一些新情况、新问题。笔者从实际出发，从认识提升、机构建设、机制理顺、人员配备、经费保障等多个方面，有针对性地提出在新时期破解文物保护工作难题的建议。

关键词：巩留县　文物保护　对策

地处伊犁地区中部的巩留县很早就有人类活动的足迹，县境内历史文化遗址众多，是全疆文物大县之一。近年来，随着社会经济的蓬勃发展，当地文物保护与经济建设的矛盾日益显现出来，出现了一系列亟待解决的新问题，使基层的文物保护与管理工作面临着严峻的考验。为此，作为当地一名文物工作者，笔者进行了认真的思考，提出一些不成熟的想法，以期可以为新时期巩留县文物保护工作的开展提供一些思路。

一、巩留县基本概况

（一）巩留县历史沿革

先秦为伊犁塞人地，自两汉迄晋为大月氏、乌孙国地。隋唐为西突厥地，元明为察合台汗及蒙兀尔斯坦游牧地，明末清初为西蒙古准噶尔部牧地。清乾隆二十五年（1760年），巩留置为厄鲁特营牧地，光绪十四年（1888年）置宁远县，巩留划为宁远县境，光绪二十一年（1895年），塔什图毕地方置为新满营屯地，1903年建城堡，史称特克斯塔柳庄，直隶伊犁将军府，1905年建旧满营屯地，史称托古斯塔拉老满营皇工。1930年经伊犁公署呈报将“托古斯塔拉老满营皇工”升设为县治，命名为巩留县，1932年3月24日正式批复建县，1934年正式析置特克斯设治局，1955年3月撤销伊犁地区，巩留县为伊犁州哈萨克自治直属县，后又复归伊犁地区。现归伊犁哈萨克自治州所直辖。

（二）巩留县自然环境

1. 地形、地貌

巩留县地处伊犁地区中部，伊犁河上游南侧、特克斯河下游流域，东经81°34′～83°35′，北纬42°54′~43°38′，南倚那拉提山和伊什格力克山，北濒伊犁河，气候湿润、水土丰沃。

巩留四周临县较多，东南以那拉提山主峰为界同巴音郭楞蒙古自治州的和静县接壤，东北以大吉尔格郎河、特克斯河为界与新源毗邻，北以伊犁河为界同尼勒克县、伊宁县隔河相望，西以察布查尔河为界同察布查尔县为邻，南以伊什格力克山和阿克乌赞南坡分水岭为界同特克斯县相依。县境东高西低，东西长南北窄，中部最窄处仅为6km。特克斯河恰如蓝色绸带横系该部，继而向北汇入伊犁河，将巩留县分为东西两区，东西长达162km，全境形似哑铃镶嵌在伊犁地区版图的中部。

2.气候

年降水量220~700mm，境内有大小河流41条，地表水年径流量80亿m^3，地下水贮量100亿m^3，可利用水能46kw，目前开发利用率为0.7%。气候属北温带大陆性半干旱气候，全年平均气温7.4℃以上的积温达3583.8℃，平均日照2900h，最高气温37℃，最低气温-37℃，无霜期142~150天，昼夜温差大。四季分明，寒暑显著，光热充足。

二、巩留县文物保护管理机构历史沿革及工作的现状

1.巩留县文物保护管理机构历史沿革

早期巩留县文化行政管理部门没有设文物保护管理机构，对境内的野外文物、出土文物的征集没有专业保护管理和专职人员负责。当时虽然出台了《〈中华人民共和国文物保护法〉实施细则》《新疆维吾尔自治区文物保护管理条例》，但文物保护管理在人们的认识上还很模糊，只有学习相关法律法规。

1983年，巩留县文化行政管理部门征集到第一件出土文物，标志着文物工作开始良好发展。1987年地区文化处组织第二次全国文物普查，巩留县张钧同志参加自治区文物工作会议及文物普查学习班，次年参加伊犁地区第二次全国文物普查工作，对八县一市的文物进行普查。

张钧退休后，由县文化馆副馆长的对山拜同志接任文物保护管理工作，人员增加到3人，加强了对文物保护管理工作的力量，做了大量的保护管理工作。

2006年文管所正式成立，由文化馆馆长巴勒哈别克同志兼任所长，2009年6月5日，巩留县文物局经伊犁哈萨克自治州人民政府批准挂牌成立。

2.巩留县境内文物现存情况

巩留的古墓葬、古遗址、岩画较多，且分布广、数量多、规格高，据文物部门探明巩留县境内共计149处（复查24处、新发现125处）。古墓葬141处（6434座），复查21处（1439座），新发现120处（4995座）；古遗址2处，复查1处，即达尔堤城，新发现1处，即别斯萨拉遗址；岩画4处，新发现1处，即库勒萨依岩画、布库尔萨依岩画，复查2处，即萨尔布津岩画及喀拉沟石刻；古建筑1处（新发现）伊勒格代喇嘛庙；近现代水利设施1处（新发现）雅玛图渡口。

3.巩留县文物保护管理机构工作开展基本情况

1）成立领导机构，初步建立了文物保护工作队伍。按照上级要求，成立了由县长任主任，县委、政府主管文化工作的领导任副主任，文体等职能部门领导为成员的巩留县文物保护管理委员会，加强对文物保护工作的领导和协调落实。批准成立的文物保护管理局，配备了3名专职人员，初步建立一支文物保护工作队伍。

2）开展文物保护宣传。为了进一步加强文物保护工作，让广大群众能够深入地了解巩留县文物保护的情况，积极参与到文物保护工作中来，提高全民的文物保护意识，在每年的“文化遗产日”暨自治区“文物保护周”展演活动中，通过制作宣传板报、横幅、出动宣传车、设立咨询台、语音宣传、发放宣传单、媒体宣传等方式对巩留县文物工作做了全面细致的宣传。此外，在日常工作中，也注意对文物点所在地群众宣传了相关文物法律法规知识，使广大群众不断树立和增强文物保护意识。

3）加强巡查，注意防范，依法打击文物违法犯罪活动。巩留县文物行政管理部门把文物安全工作放在第一位，坚决遏止文物安全案件和事故的发生，以对国家和人民高度负责的精神，充分认识安全工作是文物工作的生命线。在开展文物行政执法巡查、安全检查所需经费困难，车辆不到位的情况下，文物行政管理部门克服种种困难先后抽调了文物工作人员，对各乡镇场重点文物保护单位进行了巡回检查。定期开展文物执法检查活动，组织文体、公安、工商、建设等部门对县域内文物保护单位进行联合检查，打击违法违规建设活动，严厉查处盗掘古墓事件。

4）规范管理、有效运作，提高文物保护和管理水平。在对《文物保护法》广泛宣传教育的基础上，组织文体部门依法开展流散文物收集工作，动员和鼓励社会知情人士积极提供民间文物线索，对文物持有者面对面宣传文物法规，做耐心细致的思想工作，打消了他们私自出售文物的念头，自愿将文物交文物管理部门。在较大的工程施工中，派文管人员前去咨询宣传，发现文物随时收集。对已知的地下文物，全力做好原地保护工作。对基础建设中暴露的遗址，在得到报告后立即组织人员进行抢救发掘。

5）初步落实文物保护责任制，与13个乡（镇）场、各村（队）签订文物保护工作目标管理责任书，层层签订责任状。

6）按照规定，巩留县行政区域内的各级文物保护单位及时划定文物保护范围，在文物保护单位的周围适当划出了一定建设控制地带、部分划定的文物保护单位。

已由有关部门批准，办理了国有土地使用证，使60个保护单位有了合法有效地保护，7964亩范围内受国家的法律保护。在此基础上，为了明示文物保护单位，1990年10月以“巩留县人民政府立”的标志，给10个“自治区级文物保护单位”树立了保护标志碑，虽不规范，但在当时没有经费的情况下，向地区文物保护管理所申请1000元，单位自制而立，有明显的保护效果。2007年10月争取了经费，给10个文物保护单位树立了保护标志，是以“伊犁哈萨克自治州人民政府立”来确定的。2010年10月15日～11月月底，完成了10个文物保护单位的立碑工作。

7）在力所能及的条件下落实了部分文物保护经费。文物保护所需经费，由县人民政府负担，并列入年度财政预算，按时拨付，确保足额到位。文物保护建立经费财务管理制度，由专人管理。文物保护专项经费应坚持专款专用、合理安排、严控支出的原则，规范财务管理，提高工作效率，保证文物保护工作的正常进行。

4.影响巩留县文物保护现状的因素

1）缺少一支高素质、专业性强的文物保护和管理工作队伍。巩留县文物工作队伍，人员结构复杂，文化程度参差不齐，业务素质存在着差别，这使得文物工作者对自己所肩负的历史使命的认识和判断事物的能力存在着极大差别，加之长期缺乏必要的文物专业知识的培训、学习和深造，缺乏学习专业知识和提高自己业务素质的自觉性，造成目前难以适应日益发展的文物保护和管理工作的新形势。

2）工作条件无法适应社会发展的要求。文物管理机构的办公条件简陋，没有基本的经费保证，没有必备的通信工具和交通工具，甚至没有相对安全的库藏条件和安全预防设施。文物安全隐患无法及时排除，工作难以正常开展。

3）机构不健全和体制不完善。由于整体经济实力不雄厚和领导的重视程度不够，致使文物管理机构所肩负的任务繁多，从而使基层的文物管理机构肩负着行政管理和业务工作的双重责任。文物工作者承担着一个区域内的文物调查、资料整理、文物保护法规的执行、田野文物的安全保护、建设工程中文物遗址的抢救性发掘等一系列具体的工作。这些工作绝大部分在野外，需要长途跋涉，但缺乏经济力量的支持，难以有效进行。在实际工作中，相关部门在执行文件的过程中大打折扣，在经费投入、人员编制等诸多方面，文物工作都会受到各方面的影响和制约。

4）经费短缺。由于管理体制的制约，文物管理工作的经费一般由地方政府财政投入，而在注重抓经济建设的形势下，许多政府部门对文物工作的重视程度不尽如人意。经费短缺一直是困扰基层文物工作的一大难题，由于经费短缺，许多文物保护单位不能进行有效的管理、保护措施，有的文物只能任其损坏，甚至无存；使得业余保护组织的人员经费难以落实，挫伤了业余保护人员的积极性，业余保护组织形同虚设，不利于文物的有效保护也使得许多民间流散的文物不能及时回收，许多有价值的文物不能及时调查上报或保护，造成文物的流失。

5）宣传力度与重视程度不够。基层文物管理单位由于经费的严重短缺，往往导致在《文物保护法》等法律法规的宣传方面力度欠佳。正是由于宣传力度不够（一是难以得到当地政府的高度重视和支持，二是难以得到广大人民群众的重视），难以形成群防群治的网络。宣传力度和重视程度不够，往往出现法人单位不经过文物保护和勘探调查的基本建设擅自开工，文物保护单位的保护范围被侵占和破坏，政府职能部门的审批混乱、难以把关，司法部门难以有效配合打击文物犯罪的行为和活动等一系列的问题。

6）旅游开发与文物保护之间的关系失调。省级以上文物保护单位以其重要的历史文化价值具有一定的旅游开发价值。当然，由于众多因素的影响，各个文物的旅游开发价值是不同的，一般说来，省级重点文物保护单位的旅游开发价值就相对高一些，而县级文物保护单位的旅游价值就低一些。地方政府往往将文化建设当做文化开发，因而不同的旅游开发价值往往就影响和决定着地方政府对文物保护单位的管理和保护工作。当地政府往往对旅游开发价值较高的省级重点文物保护单位的重视程度就高一些，而对于开发旅游价值相对较低的县级文物保护单位的重视程度相对就低一些。

7）没有形成文物保护员网络。文物保护员主要工作职责是监护文物、发现线索、反馈情况。目前，文物保护员由当地文物主管部门聘请各乡（镇）、村落的人员进行文物保护，均属无报酬自愿协助性质，且工作职责的落实是以文物保护员个人品质、工作责任心和奉献精神为保证，因此人员队伍状况存在很大的不确定因素。文物保护人员结构复杂，文化程度参差不齐，业务素质存在着差别，这使得文物保护员对自己所肩负的历史使命的认识和判断事物的能力存在着极大差别，加之从未进行必要的文物专业知识的培训、学习，缺乏学习专业知识和提高自己业务素质的自觉性，造成目前难以适应日益发展的文物保护和管理工作的新形势。

8）城乡基本建设，包括修路、建厂、盖房、开荒种田等工农业生产活动对文物管理和保护产生影响。随着城乡经济的繁荣和活跃，工农业生产的超常规发展，城乡基本建设以及修路、建厂、盖房、开荒种田等工农业生产活动对古墓葬管理和保护的影响日益突显，县辖区内古墓葬虽然受文物法规的保护，各级政府及其文物管理与保护部门负有保护责任，但只是定期或不定期到古墓葬巡视、做记录，并不是专人专职负责，致使一些地处偏远古墓葬的保护工作存在薄弱环节，容易遭到破坏。调查中我们发现，一些古墓葬上有盗掘的探洞，一些古墓葬有坍塌现象，一些古墓葬的保护区靠近城镇村庄，有被厂房、住宅、道路等侵占的现象，一些古墓葬遗址被开荒种田，一些古墓葬封土被严重取土等，诸如此类的破坏现象较为普遍地存在于一些较为偏远的文物保护单位的古墓葬之中。

9）盗墓问题对古墓葬造成严重威胁。由于我国历史上有厚葬的传统，因而在利益驱动下，盗墓活动从古迄今一直是威胁古墓葬安全的隐患。改革开放以来，随着市场经济的确立和繁荣，盗墓活动日益猖獗，屡禁不止的盗墓犯罪引起了社会各界的广泛关注，一方面由于古墓葬多处于荒郊野外，管理保护工作较为薄弱，另一方面由于古墓葬保存、蕴涵着丰富的古代文化信息，具有重要的历史文化价值和较高的经济价值，因而在经济利益的驱动下，古墓葬成为盗墓分子觊觎的主要目标。

10）自然的诸多因素造成多数古遗址、古墓葬亟待修复。巩留县气候属北温带大陆性半干旱气候，昼夜温差大，年降水量较多，四季分明，寒暑分明，光热充足，气候湿润，水土丰沃。境内古墓葬、古遗址、岩画较多，且分布广、数量多，历经千年的风雨侵蚀，文物受损较多，古墓葬坍塌现象较严重。

5.加强巩留县文物保护工作的对策

针对目前巩留文物保护工作存在的问题和不足，我们将进一步落实“保护为主、抢救第一、合理利用、加强管理”的工作方针，坚持有的放矢，与各相关部门通力协作，齐抓共管，加大文物保护力度，严厉打击损毁盗掘古墓葬的违法行为，把全县的文化遗产保护好、利用好、服务于全县的经济建设。

1）要加强文物保护工作的宣传，增强全社会的文物意识与文物保护的法制观念。想做好文物保护工作，只凭业务主管部门的力量是不行的，更主要的是要发动全社会的力量。因此，要深入开展宣传、贯彻落实相关法律法规，增强全社会的文物意识与文物保护的法制观念。开展形式多样的文物宣传工作，充分利用广播、电视、报刊等新闻媒体，宣传文物的价值和保护作用，介绍巩留深厚的文化底蕴，使全县人民了解巩留文物事业的发展情况，了解巩留丰厚的历史文化遗产，增强民族自豪感。

2）要把文物工作列入各级党委、政府重要议事日程，纳入领导任期目标考核内容。根据国务院《关于进一步加强文物保护工作的通知》和《关于做好文物保护“五纳入”工作的通知》精神，重视文物保护工作，坚持党政一把手负总责，牢固树立“保护文物、守土有责”的意识，把文物保护工作纳入党委、政府的重要议事日程，纳入领导任期目标考核内容之一，同时将文物事业经费纳入各级财政预算。

3）要构建扎实有效的文物保护网络。建立文管会、街道（社区）文保领导小组、村文保组等组织，使之成为协调全县文物保护与经济建设关系的权威性机构，并层层签订文物保护责任状，做到责任落实到位，保护管理到位，逐步将文物保护工作步入法制化、规范化、科学化的轨道，特别是规划、城建、公安、工商等成员单位要各尽其责，各尽所能。同时，切实加大行政执法力度，消除文物保护工作中的“有法却难于依法办事”的现象，加大对损坏文物行为的处理力度，一旦发现，坚决按照文物保护法律法规严肃处理，以震慑损毁文物的行为，达到保护目的。

4）各职能部门协调合作。文物管理部门在加大《文物法》宣传的同时，积极申请专项经费，配齐配强人才队伍，严格执法，并加强与其他各职能部门的沟通和合作。

建设规划部门要严格按照《规划法》和《文物法》规定，对在区境域以内的所有工程建设项目，须经文物部门考古勘探后方可施工。

公安部门要加大对损毁和盗掘古遗址、古墓葬等行为的打击力度，发现一起，打击一起，警示一片，形成震慑氛围。同时，要充分调动群众参与，建立防范网络，做到全民参与，群防共制。

5）要加大对文物事业经费和文物保护经费的投入，设立文物保护专项资金，改善工作环境。我县文物业务费虽从1990年的1000元逐年有所增加，但远远不能满足维修保护需求，许多急需维修的文保单位和文保点苦于资金不足而无法实施维修。建议根据上级要求，每年从区建设费中划出一定比例作为文物保护专项经费，使濒临损毁的文物得到及时的抢救性整修和维护，得到有效地保护和管理。专项经费要专款专用，加强管理和审计。改善文物管理机构的办公条件，提供必备的通信工具和交通工具，建设安全的库藏条件和安全预防设施。

6）要加强文物专业人才队伍建设和基础设施建设。人才队伍建设是文物保护事业发展的根本前提。目前，巩留县从事文博工作的人员变动很大，新老交替，人员更迭。基于目前的实际情况，人才队伍建设仍然是一个需要长期解决的问题。对于巩留县来讲，一是要加大人才引进力度，力争引进一批有专业、有特长、能留住的专业技术人员充实到工作第一线；二是对现有的工作人员进行在职培训，包括派出学习，到上级部门实践，在本单位承担重要项目等方式，培养用得上、留得住的“土专家”；三是在区县也要开展学术研究、课题立项的风气，在实际工作中培养锻炼自己的专业技术队伍。对于上级主管部门来讲，首先应该把基层专业队伍建设纳入到全县人才队伍建设的规划当中去；其次要多为基层单位提供培训、学习、挂职、实践的机会，为基层培养专业技术型和管理型人才，巩固现有的人才队伍；最后就是要多组织人才交流、学术研讨等活动，发挥文博专家的“传帮带”作用。

7）要充分做好文物展示利用工作。在做好文物保护前提下，要加强文物的合理利用工作：第一，要充分利用文物，积极发挥革命文物对青少年爱国主义和革命传统教育作用，以扩大社会影响力，使全社会认识到文物在精神文明建设中的作用；第二，要充分挖掘文物资源，为巩留县旅游业服务。巩留县文物资源较为丰富，极具地方特色，文物部门应积极配合旅游部门充分发掘这些文物资源，把这些文物资源整合起来，以弥补长期以来文物保护经费的不足，发挥文物在我县经济建设中的作用。

8）加强领导，提高认识。一是提高广大人民群众对文物及其重要性的认识，这是搞好基层文物保护管理工作的基础；二是提高领导干部对文物工作的认识水平，加强领导是搞好基层文物管理工作的关键；三是加强对文物工作者自身业务水平和素质的提高，增强责任感，培养敬业精神，这是做好基层文物保护管理工作的保证。同时，文物部门还应抱着守土有责的态度，加大对《文物保护法》及其《实施条例》的宣传和贯彻，面对复杂多变的形势，基层文物工作者要解放思想，转变观念，将文物保护单位的有效管理与经济建设的合理开发利用和社会发展更好地结合起来，在矛盾中找到共同点，使之能互相促进，和谐发展。

9）加强管理，强化管理职能。基层文物管理职能主要表现在行政执法管理和业务监督管理上。为此，一方面，要根据本地的实际情况，以《文物保护法》为依据，制定相应的具有可操作性的法规或管理办法，在此基础上，针对不同的情况，采取相应的措施，树立《文物保护法》的权威性，杜绝有法不依，执法不严，违法不究的问题；另一方面，基层文物管理部门要加强业务管理，加大监管力度，认真履行保护职责及有关管理措施，将文物保护单位纳入科学、正规的管理体系，使业务管理、监督真正落到实处。

10）理顺文物机构的管理体制。由于经济发展的不平衡和重视的差异，往往导致基层文物工作现状的差异和各种不平衡，所以，对文物工作的垂直管理，进行上划管理，是体制改革的良好出路。对文物工作进行上划管理，集中了行政管理、人事管理，财、权、物管理，有以下几个好处：一是便于推行统一的政策标准和规范管理；二是便于进行专业技术人员的统一调配；三是便于财力的统一平衡调配使用；四是免受地区差异带来的各种冲击和地方政令的干扰。最大的益处是便于统一的行政领导和统一的业务指导及监督。

11）建立文物保护员网络。政府部门要按照《文物保护法》关于“县级以上人民政府应当将文物保护事业纳入本级国民经济和社会发展规划，所需经费列入本级财政预算”的规定，从各级文物维护经费预算中列支文物保护员补助经费，给予文保员必要的生活待遇，以此来稳定和完善基层文保员工作制度，调动社会力量共同参与，实现长期保护的有效举措。

要根据本地的实际情况，针对文物保护单位管理的不同情况分别确定文保员人数，对管理难度较大的重点文物保护单位、分布区域较大的古墓群、古遗址等，由乡镇、村委会负责成立以业余文保员为组长，村干部为骨干力量的文物保护管理小组。在组织联络方面，文保员接受乡镇和文化部门双重领导，文物管理部门建立文保员花名册，采取专业人员分片包干形式与文物保护员保持密切联系，对各文物保护员的工作情况进行监督、检查，定期或不定期到各文保单位与保护员沟通情况。另一方面，文物管理部门要加强业务管理，认真履行保护职责及有关管理措施。可采取在年底或年初，召开一次业余文物保护员工作会议，总结布置工作，表彰和奖励业绩突出的人员，并采取以会代训的形式，进行法律和业务培训，提高认识，增强责任意识。

12）以落实文物“四有”工作为契机，启动重要文物点的围栏保护工程。根据文物保护法规，做好“四有”工作，即划定保护范围和建设控制地带；树立保护标志说明碑；建立记录档案。建立健全保护机构，是做好包括古墓葬在内的省级以下文物保护单位的管理和保护工作的基础。

制定重点保护区保护性围栏设计方案，争取文物保护项目专项经费，启动巩留县文物保护工程。对文物保护点进行了图片、文字资料、位置图、平面图、分布图的采集和测量工作，为制定围栏保护项目的实施方案做了充分的前期准备工作。

参考书目

[1] 巩留县地方志编纂文员会：《巩留县志》，新疆人民出版社，2005年。
[2] 丁鼎：《山东古墓葬现状调查与保护建议》，山东文艺出版社，2010年。
[3] 姚少宝：《文物保护宣传的民生化思考》，《新闻世界》2010年第10期。
[4] 牛文丽：《新疆文物资源的保护》，《东方企业文化·策略》2010年第6期。
[5] 贾国民：《浅谈基层文物保护管理工作现状与对策》，《中国校外教育》2010年第17期。
[6] 高拥军：《浅谈基层文物保护工作难的成因》，《科教文汇》2009年第10期。
[7] 赵广霞：《基层文物保护困境和系统论对策》，《消费导刊》2009年第15期。
[8] 卢翠梅：《对基层文物保护现状的思考》，《大众文艺》2009年第3期。

作者单位：穆合塔尔，新疆巩留县文体局

边疆地区申报世界文化遗产面临的困难及对策

张　勇

内容提要： 我国边疆地区申报世界文化遗产在边疆战略、政治影响力和社会经济推动力诸方面具有重要意义，但是，目前相关各方在思想认识、资金投入和具体执行上存在欠缺、不足和困难。有鉴于此，有必要全面认识世界文化遗产在边疆地区发展中的战略地位，充分发挥其在社会经济发展中的积极作用，逐步形成相关专题研究，提高相关从业者的综合素质。

关键词： 边疆地区　申报世界文化遗产　困难及对策

我国文化遗产众多，在世界占有重要地位，拥有广泛的影响力。截至目前共有世界文化遗产28处，4处文化与自然遗产，共计32处，位居世界第3位。

习惯上所说的边疆地区，概指我国陆地边境省份，主要有黑龙江、吉林、辽宁、内蒙古、新疆、西藏、云南等地。边疆地区幅员辽阔，地势复杂，民族众多，并以其悠久的历史，多元文化的汇聚发展，厚重的文化积淀成为华夏文明重要组成部分。书写世界历史时不可或缺的丝绸之路，西南区域各地各民族经济文化发展和民族融合走廊的茶马古道，作为北方草原民族重要发源地的东北亚地区等都在历史的发展过程中遗存了大量珍贵的文化遗产，成为世界瞩目的珍品。遗憾的是，目前仅有拉萨布达拉宫和大昭寺、丽江古城、高句丽王城、王陵及贵族墓葬三处遗址进入世界文化遗产名录。在其宏大历史背景和现实众多精品遗存的背景下，在当前国际国内政治的新形势下，在今后社会经济的科学发展进程中，是有必要对边疆地区申报世界文化遗产工作进行反思的。

一、边疆地区申报世界文化遗产有其重要意义

1. 具有重要的边疆战略意义

边疆地区的世界文化遗产，是向国际的正式宣言，尤其是在当前形势下，无论藏独、疆独分裂势力，还是他国篡改历史以致达到其领土要求，都可以以世界文化遗产的形式，通过国际文化大舞台予以驳斥。柬埔寨、泰国两国对边境地区世界文化遗产柏威夏寺的争夺，直接影响了两国边境及地区局势，而高句丽王城、王陵及贵族墓葬申报成功后对相关国家的震撼以及对我民族自豪感、自尊心的巨大提振，足见其意义重大。

2.具有重要的政治影响力

边疆文化遗产大多为各民族在历史发展过程中共同努力和建设的成果，尤其以新疆为代表。目前在新疆地区已经确认的史前考古学文化分布在新疆不同的地域，有着不同的文化特征，如这里生活着欧罗巴人种、蒙古利亚人种，在很多石窟寺、墓葬的壁画中也可见不同民族的形象，发现了大量的不同民族的文字，这都说明新疆自古以来就是多民族聚居的地区，他们一起生活、相互融合、共同创造着独特的地域文化，绝非哪个单一民族独立发展。加强对文化遗产的保护、利用和管理，对于反对民族分裂、维护社会稳定、维护祖国统一和民族团结方面将发挥重要作用；对于传承中华民族的优秀传统文化，发展当代中国的先进文化，对于弘扬和培育民族精神，增强民族自尊心和自豪感，增强各民族的凝聚力和创造力，具有重要而深远的意义。

3.具有巨大的社会经济推动力

边疆地区社会经济发展相对落后。根据要求，申报世界文化遗产过程中，涉及环境整治、基础设施完善、管理者能力的提升等方面时必须兼顾相关利益方的需求，这就要求我们在具体实施过程中讲政策、走程序、注重民生、惠及民众，只要方法得当，申报将是一个改善民生、拉动经济、促进交流、提高执政能力的过程。一旦申报成功，即可带来巨大旅游收益，直接带动周边居民的增收及区域经济的发展。同时，促使遗产所在的边疆地区加速进入到国际背景下的各类交流与外联活动。

二、当前边疆地区申报世界文化遗产过程中面临的困难

1.文化遗产意识的欠缺

（1）政府对文化遗产的重要意义缺乏细致深入的综合考量

从政治意义而言，当前新疆、西藏地区申报世界文化遗产的重要意义堪比高句丽当年下决心的动力，但忽视文化软实力在边疆地区的重大影响使得边疆地区申报方面裹足不前。1994年以来，新疆、西藏再没有任何重大行动，尤其是新疆这个全国稳定的根本、能源基地、建设的大后方至今空白，诚不可思议之事。

各地政府对文化遗产的认识虽然较以往已有了很大改观，但也大多仅限于遵守文物保护法，做好日常保护工作，仍缺乏对文化遗产所体现出来的综合作用有清晰的判断，而如西安利用大明宫改造工程而达到保护与发展、传承与利用双赢共进的实例更是凤毛麟角。现实行政绩效的考评，官员的晋升之路仍以经济发展为绝对依据，文化遗产影响力在行政体系中关键时刻话语权的缺失，造成自身资源优势被忽略。在政府体系中渐成架构末梢，在行政决策中逐渐被边缘化，其直接后果，一是政府对一般性保护工作只要求“不出事”既可，大部分地区在文化遗产管理机构的设立和使用上仍是不尽理想；二是在边疆地区申报世界文化遗产过程中，除了来自高层的指令性政治任务外，鲜有类似内地文物发达地区书记、省长亲自挂帅为申遗奔走呐喊的。全部工作交由文化遗产部门去承担，而申遗工作的复杂性、广泛性又决定了绝非文化遗

产部门一家或者是几家能完成，没有来自党委政府的强力支持，只能出现当前雷声大、雨点小的尴尬局面。新疆吐鲁番交河故城从1994年首次申报待评，到2004年再次介入的无声而终，个中缘由令专家感慨，也让百姓从憧憬到失落。

（2）文化遗产从业者自身发展意识的淡薄

当前，大部分文化遗产从业者仅满足一般意义上的遗产保护。在保护方式上，大多沿袭“死看死守”的旧模式，怀揣金饭碗却过着紧日子，把更多的希望寄托在上级部门的援助，区域领导的重视上，没有在合理利用上多动脑筋，多想办法，没有增强紧迫感去积极主动地参与到各项事务中，而是凡事等通知，等部署，思想守旧，工作作风保守，有时甚至不作为。以上种种造成政府各级领导、部门乃至许多群众对文物工作的整体不满甚至反感，影响各项事务的开展。

（3）遗产所在地利益相关者申报的淡薄

一是遗产所在地相关部门对文化遗产的认识模糊，甚至在实际工作中时有违反《文物保护法》的事例；二是遗产所在地居民感受不到文化遗产带来的具体利益，加之宣传教育的不足，无法引起对所拥有文化遗产的自豪感；三是遗产地周边居民对遗产认同程度低，尤其是新疆地区，由于历史发展阶段的不同，当地穆斯林群众对伊斯兰化之前的文化遗产很少关注或去主动保护；四是当前世界文化遗产理论，晦涩拗口，虽然在专家、学者口中随时可以说上好几段，但是大多数受众却不易理解和接受，以致常置高阁。金字塔顶的阳春白雪理论太过局限。说到底，遗产的保护是由群众来完成，遗产的发展也是最终使群众受益，世界遗产理论的通俗化、普及化应当引起重视。

2.资金的困难

申遗的资金大致有几类，一是文物本体的维修，二是周边环境的整治，三是宣传及相关资料的撰写、搜集、出版，四是交流及公共关系费用，其中花费最多，也是最为头痛的当为周边环境整治费用，此项工作涉及拆迁、耕地、基础设施完善等大量基础性工作，动辄上亿。由于文物保护专项经费侧重于本体的修缮保护，基本不涉及环境整治，因此，需要由地方背负这一庞大开支，而边疆地区经济相对落后，财政收入很低。2008年，新疆吐鲁番地区启动丝绸之路申报世界文化遗产工作，该地区共涉及6处保护单位，预算约1亿元，其中环境整治费用预算就高达8700万，占该地区当年度地方财政一般预算收入仅11.8亿元的 7.4%，而政府还有民生、教育、工农业发展、基本工资等大量刚性支出。由地方财政承担申遗（哪怕仅是环境整治的费用）是不可能完成的任务，也是任何主政领导所不敢决策的，这就造成地方政府有心申，无力报，只能一点点的解决问题，久拖不下，错过了一次次机会。

3.执行力的不足

目前，边疆地区文化遗产队伍较为薄弱，以新疆地区为例。全疆现有全国重点文物保护单位58处、自治区级文物保护单位263处、县市级文物保护单位673处，但仅有文物保护专业机构111个，文物从业人员1130名，不计自治区文物局、直属单位和吐鲁番地区文物局所有的300余人，全疆其他14个地州市及生产建设兵团的从业人员仅800余人，平均每个地州不足60人。各地州从业人员中多数又为半路出家，只有少部分为专业出身，素质、观念、能力普遍存在一些问题，基本不具备申报世界文化遗产所需求的综合素质，而政府相关部门工作人员甚至主政领导对文化遗产的概念和认识尚处在模糊阶段。

世界文化遗产标准极为苛刻严谨，以上人力资源条件造成了具体执行力的不足和缺陷，突出表现在：无法把握有关遗产标准的核心因素及要求，致使工作目标出现偏差；编纂申报文本时不能科学理解和综合评估遗产价值；环境整治时忽略或者较少关注相关利益者的现实诉求。

三、对　　策

1.全面认识世界文化遗产在边疆地区发展中的战略地位

今日的边疆地区早已不仅仅是政治、军事的问题，也不只是简单的贸易问题，而更多的是多民族高度杂居社会里的民生和文化问题。由于多种原因，边疆地区申报世界文化遗产工作起点低，自我发展的基础和动力不足。为此，中央及国家文化遗产部门要给予边疆地区申报世界文化遗产高度重视，将其提升至重大战略工作中来，并在实际工作中予以倾斜与扶持。一是政策上可以提前排队。依照当前实际，可从西藏或新疆地区选择价值评估符合世界文化遗产标准、具有重要政治意义的遗址提前申报，力争在2011～2015年完成二三个代表性遗址的申报工作。尤其是新疆地区，作为多元文化交汇发展的典型区域，至今为世界文化遗产的空白。新疆有13个世居民族，除汉族外的12个少数民族中有5个为跨境民族，国界之外就是本民族的独立国家（哈萨克斯坦、塔吉克斯坦、吉尔吉斯斯坦、俄罗斯、蒙古），传统意义上的中亚5国已有4个拥有了世界文化遗产（哈萨克斯坦、乌兹别克斯坦、土库曼斯坦、吉尔吉斯斯坦）；而我们一直宣传的自“汉代以来新疆就纳入祖国的版图，各民族共同创造了辉煌的文明”，却没有用一处世界文化遗产站在世界的舞台上予以高调佐证；再看其他邻国中，如尼泊尔有两处、蒙古一处，印度在中印边境地区的大吉岭申报了一处，朝鲜在2004年又将高句丽墓葬申报成功。如此情况，不利我国在边疆地区展示巨大发展成就，不利于文化软实力的提升，不利于抵制周边地区尤其是中亚地区复杂文化背景下的极端思潮的渗透，不利于促进边疆各民族文化自豪感、认同感的培育。

在政策支持下，应对边疆地区申报世界文化遗产予以资金扶持，针对边疆地区经济不发达，财政无力实施大规模本体维修加固、环境整治等困境，由中央财政设立边疆申报世界文化遗产专项经费，一旦确定申报点之后，提前2～3年，由国家文化遗产管理部门会同遗产所在地政府共同实施，并持续完善和巩固。

同时，国家文化遗产管理部门可根据实情，组建并完善1～3人的专家咨询机制，负责对遗产所在地给予学术支持，提高申报点对外交流水平。必要时可直接参与到遗产所在地申报工作的组织机构中，加强申报团队的业务能力，与相关部门共同开展申报工作。

另外，还应进一步理顺和规范文化遗产保护体制，全面落实“五纳入”，妥善处理好文化遗产保护与开发建设之间的关系，适当增加边疆地区文化遗产保护经费，持续开展专项保护工作。先后在西藏、新疆开展的重点文物保护维修工程已经取得了巨大的成效，国家应当继续加大类似的专项工程，并使之持久实施。

2.逐步形成边疆文化遗产专题研究机制，适时召开边疆文化遗产论坛

文化遗产保护离不开科学的理论指导和技术支撑。由于边疆文化遗产的形成历史条件、环境背景、现实意义都迥异于内地文化遗产，对它们的保护是应当作为一个特定的专题开展相关研究。通过对它们的研究，一是可以科学评估边疆文化遗产的价值体系，掌握它们与经济社会和文化发展的关系，保护规划的指导思想和基本原则，保护措施与工程管理的标准体系等；二是可以全面了解我国这一统一的多民族国家的形成、发展规律，可以充分发挥其在维护国家统一、边疆稳定、民族团结的积极作用。尤其在当前，边疆地区已经成为对外开放的前沿，社会经济相对落后的边疆地区与国家在发展方向和经济利益上有了更多的交汇点，边疆地区文化遗产如何进一步发挥优势，在区域经济发展和当地利益相关者的经济诉求中凸显更多的积极因素，也是值得深入探讨和研究，并逐渐予以实践。

当前的世界文化遗产理论大多援引国际标准，尽可能与国际接轨本是理所应当，但边疆地区的特殊条件及面临的实际困难又造成当地并无能力充分把握国际理论的水平。如何在边疆文化遗产申报保护过程中，有的放矢，既能符合国际准则和标准，又能因地制宜创造性地开展工作，也是亟待解决的困题。

因此，有必要形成由国家文化遗产管理部门倡导的、社会各界广泛参与、边疆地区政府积极推行的边疆文化遗产专题研究机制。在此共识下，逐步形成官方、半官方、民间三个层次的研讨形式，并成为全国边疆学的重要组成部分，从而为国家边疆政策提供理论借鉴。

3.充分发挥文化遗产在社会经济发展中的积极作用

文化遗产不仅是文物保护项目，还是涉及当地经济、社会、文化、生态发展的系统工程，在实践中加强对经济社会文化发展的推动，有利于改善人居环境和提高生活质量。边疆各级文化遗产管理部门要把对文化遗产的合理利用放到区域战略全局考虑，打破封闭意识，积极主动地融入到地方经济建设，发挥自身优势承担起更多的责任，尤其边疆地区将来开发建设的规模还会更大。怎样在大开发、大建设当中形成一个文化遗产大抢救、大保护的高潮，在创造新成果、新发展的同时，保护住我们古老的文化遗产，是刻不容缓的急迫任务。这才是发展与保护“两手抓”“两手都要硬”。

同时，在落实文物保护方针的过程中要特别注重对周边利益的惠及。文化遗产的每个遗存都是公共资源，都应当让人民群众共享，实现公共资源利用效益的最大化。一是在开展大规模遗址保护工作时，在合理利用展示的过程中，一定要把拉动当地积极性作为重要工作指标，必须把帮助原住民扩大就业、增加收入、改善生产生活条件摆在首位，让他们成为申报世界文化遗产的最大受益者，实现遗产保护与提高原住民生活质量的“双赢”，如已经在新疆地区开展三年的“丝绸之路”新疆段重点文物保护工程，今后应当加大此类工作的比重。二是多措并举，用更加开放的姿态经营文化遗产，尝试和探讨多种资金进入遗产保护领域，用世界级的品牌效应推动区域的开放，加速对外交流与合作，促进区域社会经济的快速发展。通过多种途径的惠民措施，增加政府和民众的收益，让每一位群众都享受到文化遗产保护和开发建设带来的益处，逐步激发民众对文化遗产的保护热情，不断提升对文化遗产的认同，对历史的认可，增强各民族的自豪感。

4.壮大文化遗产队伍，提高从业者综合素质

和我们文物事业发展的要求相比，和现在管理的文物数量相比，目前的队伍规模明显偏小，管理机构力量薄弱，与边疆地区文化遗产众多的现实的极不相符。

逐步完善文化遗产机构建设，达到重要遗产有专门的保护机构，在人员编制上，避免机构编制较少，仅能满足对遗产的简单看护等任务的现象，应当从保护、研究、利用等多个角度设置岗位，以利于今后的全面综合发展。鼓励文化遗产众多，条件成熟的县设立专门的管理机构。鉴于世界文化遗产界越加重视遗产地精神及传统工艺的趋向，个别重点地区可尝试将非物质文化遗产与文化遗产交由一个机构管理的模式。人员入编过程中，应坚持“逢进必考”和特殊人才引进相结合的方法，以此逐步提高文化遗产机构专业人员的比例，促进管理与科研工作的科学化、规范化。

边疆地区要牢固树立人才资源是第一资源的观念，把人才培养作为紧迫的基础工作、战略任务和提升综合竞争力的核心因素，加大文物保护领域各类人才的培养力度。边疆地区各级政府和文物部门要创造一个有利于人才成长、有利于人才脱颖而出的良好环境，注重培养兼通行政管理、经济管理、现代科技等知识的复合型人才，尤其要重视少数民族文物干部和业务骨干人才的培养。针对边疆地区建立科学的文物保护专业教育和培训体系，发挥优势互补作用，构建以行业主管部门为主体，高等院校、科研机构、博物馆相结合的文物保护领域人才培训网络，多渠道开展各类文物教育培训工作，切实提高文物保护队伍的整体素质能力。要结合事业单位改革，形成重实绩、重贡献，向优秀人才和关键岗位倾斜的分配激励机制，营造吸引人才、留住人才、培养人才的和谐氛围。

四、结　　语

世界文化遗产的申报是一项极其复杂的系统工程，绝非一蹴而就。在当前国内地区间经济发展不平衡，对文化遗产重要意义认识也不尽相同的情况下，边疆地区申报世界文化遗产会更具挑战性。

随着边疆地区战略意义的再度提升，形势要求中央应充分认识到边疆地区申报世界文化遗产的重要性，出台国家层面的激励政策，并在施行过程中坚持统筹兼顾、整体前进、和谐有序、持续发展的原则，形成政府主导，社会参与的良性格局。那么，边疆地区申报世界文化遗产在取得重大进展的同时，也会对当前边疆政治、经济、文化建设提供强大的软实力支撑，为中华民族的复兴之路提供强力的精神支持。

作者单位：张勇，新疆吐鲁番地区文物局

和田重点文物保护性设施工程竣工结算的几个问题

徐桂玲

内容提要：竣工结算关系建设工程项目的关键内容，由于受到多方面因素的影响，实际造价与预算造价存在一定的差异，如何平衡差异，确定最终的工程造价在工程实施中具有重要意义。本文以和田的热瓦克佛寺遗址、买力克阿瓦提古城遗址等为例，具体阐释竣工结算时的问题解决方法。

关键词：竣工结算　解决

建设工程项目在实施过程中，往往由于主、客观条件的变化，致使工程实际造价与原预算造价存在一定的差异。因此，在工程竣工并经过质量验收后，必须对照原设计施工图纸，将其中增减变化的内容，按照编制施工图预算的方法和规定进行相应的调整，进而确定最终的工程实际造价。

作为一类特殊的建设工程项目，文物保护工程也不例外。这类工程本身与一般的工业民用建筑有差异，尤其是受施工条件的限制，再加上工程选材和具体施工工艺往往有自己特殊的要求，大多时候没有定例可循。这些因素都导致了不可预见性加大，进而也增加了文物保护工程在具体施工过程中的难度。因此，在竣工结算时出现一些争议在所难免，关键是如何妥善、合理地解决问题。本文以和田重点文物保护性设施工程为例，对工程竣工结算中出现的几个问题作初步探讨。

一、工程概况

和田地区位于新疆塔克拉玛干大沙漠南缘，古称于阗。历史上，这里曾经是汉唐时期东西方经济文化交流的大通道——丝绸之路南道上一颗璀璨的明珠。作为西域的重镇之一，于阗的经济、文化发展水平较高，现存和田地区的众多历史文化遗迹就是明证。

但是，千百年来，由于自然和人为的因素，所有文物点都有不同程度的破坏。尤其是河流改道、土地沙化所导致的自然环境变迁，不仅严重损害文物的保存，而且也给文物点的有效管理增加了难度。本次在和田地区实施的重点文物保护性设施工程涉及的文物遗址点主要包括尼雅遗址、安迪尔古城遗址、山普拉古墓群、热瓦克佛寺遗址、达玛沟佛寺遗址及买力克阿瓦提古城遗址等六处（图1）。除后两个点外，其余全部为全国重点文物保护单位。保护性设施工程的主要内容包括7座看护房、1座展示厅、1座遗址博物馆、23.7km的铁丝围栏以及三口水井等（表1）。

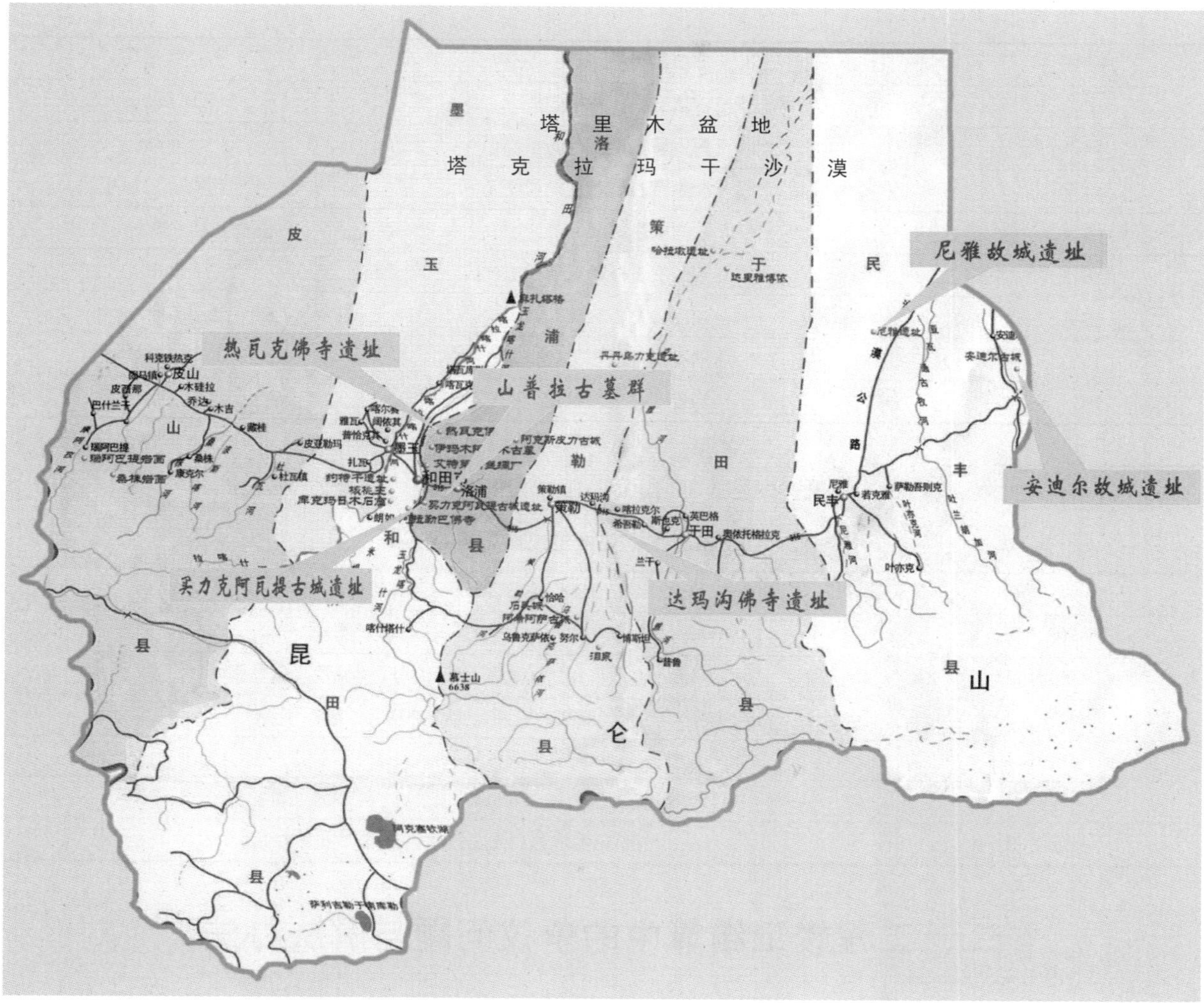

图1 六处遗址地理位置图

表1 和田地区重点文物保护性设施单项工程一览表

序号	项目名称	数量
1	安迪尔古城遗址看护房	1套
2	山普拉古墓群看护房	2套
3	热瓦克佛寺看护房	1套
4	尼雅遗址沙漠公路附近看护房	1套
5	买力克阿瓦提古城遗址看护房	1套
6	尼雅遗址卡帕克阿斯坎村看护房	1套
7	山普拉古墓群围栏大门	1个
8	文物标志牌	4块
9	山普拉古墓群围栏小门	2个
10	热瓦克佛寺围栏小门	1个
11	热瓦克佛寺铁丝防护围栏	800m

续表

序号	项目名称	数量
12	山普拉古墓群铁丝防护围栏	16 000m
13	买力克阿瓦提古城遗址铁丝防护围栏	6000m
14	水井、地质勘察费、灯具和机械平土	1口深井，2口压井
15	铁丝围栏刷漆	22 800m
16	买力克阿瓦提古城遗址厕所	1座
17	水井房	2座
18	尼雅遗址展厅	1座
19	达玛沟佛寺遗址博物馆	1座

由于条件所限，主要的工程材料都来自和田市（表2）。

表2　和田市与各主要施工现场之间的距离

城市	与主要施工现场之间的距离
和田	30km山普拉看护房、铁丝围栏
和田	11km吉雅乡；29km热瓦克看护房；4km沙漠铁丝围栏
和田	25km买力克阿瓦提看护房、铁丝围栏
和田	300km民丰县；160km安迪尔看护房
和田	300km民丰县；120km沙漠公路；472km处看护房
和田	300km民丰县；90km卡帕克阿斯坎村看护房

二、工程竣工结算中的争议问题与解决办法

2007年8月，和田地区重点文物保护性设施工程通过了验收，但是在工程竣工结算时，由于在预算定额内没有明确的计算规则，建设单位和施工单位在一些项目的取费问题出现分歧，发生了较大争议。为此，双方先后咨询了有关行业管理部门及一些实务经验丰富的造价师，然后本着“公正合理”的原则，通过认真协商讨论，最后确定了计算方法。主要争议问题与解决办法包括以下几个方面。

1. 热瓦克佛寺遗址保护工程的特殊运价计算

由于热瓦克佛寺的施工场所位于沙漠中，工地环境恶劣，材料运输难度比较大，现场存在材料二次倒运的问题。和田市至工地的路程共33km，其中包括4km的沙漠，而且在二次倒运过程中需要特种车辆才可以通过沙漠（图2）。在预算定额内虽然对二次搬运有计算方法和公式，但是对于沙漠中的特殊车辆却没有说明。

通过建设单位驻场甲方代表和监理单位提供的数据、实物照片和实际工程量的测算结果，我们按照下面的方法计算费用。

从和田吉雅乡到看护房工地为29km，看护房距离铁丝围栏4km，共计有300吨材料需要用沙漠车运送。按每车5吨计算，共需60趟，每趟车运费300元（据当地的调查），则所需要的

图2　进入沙漠前调换运输车辆

运费总额：300吨/5×300元/车=18000元。另外，5km混凝土立柱运费按照每根15元计算，1km长范围内共有334根混凝土立柱，则运费：334根×15元/根=5010元；人工装卸费：12人轮班装卸，每人每车按50元计算。

2. 铁丝围栏工程场内运输费用计算

买力克阿瓦提古城遗址、山普拉古墓群、热瓦克佛寺遗址三处都存在这个问题。由于施工现场地处沙漠腹地，无任何现成道路，而且地势高低不平，大型车辆无法进入，但是，围栏工程所有预制的混凝土柱子及刺铁丝等都需要运至现场，最终完成的铁丝围栏要呈闭合的不规则椭圆形，这样就产生工地场内运输的费用（图3）。

由于预算定额内的运输部分没有考虑到这种特殊的情况，所以这部分费用的计算出现了分歧。施工单位建议，将工程所需要的材料全部分解，包括混凝土立柱、基础和刺铁丝，计算出

图3　铁丝围栏工程局部

重量，然后以人工搬运方式计，人工工资按每天每人40元，山普拉铁丝围栏长12 838m，买力克阿瓦提8085m，累计场内运费高达64万之多。显然，施工单位这种计算不符合实际。在实地调查中我们从当地村民了解到，马力较大的四轮拖拉机完全可以在围栏工地内进行短途运输，在很大程度上解决了场内运输只能靠人力搬运的难题。我们认为按此方式计算更合理，而且运费按照通用定额中的规定就可以计算出来，只是需要相应的增加人工二次搬运的费用。

3. 所有工程的辅助材料运费计算

由于工程预算定额中没有对工程辅助材料的运费做具体说明，所以在工程结算时，有人建议参照相关单位的类似工程关于辅助材料运费的测定系数即可，也有人认为采用主材料（钢筋、水泥、砂石料）的15%计取比较合理，建设单位与施工单位协商后确定的方法是先根据施工图纸计算出实际发生的所有辅材工程量，然后再将这些材料，如防水卷材、外墙保温材料、乳胶漆涂料等折合成统一的计量单位后，根据实际千米数最终算出这笔运费。

4. 卡帕克阿斯坎村、安迪尔、沙漠公路三个工地的饮用水费用问题

在通常情况下，施工现场的“三通”，即通水、通电、通路都是由建设单位提供或者解决，但是由于上述三个工地均在沙漠腹地，条件受到限制，不具备“三通”条件。尤其是通水，因为附近没有水源，加之又无法就地挖井，现场工程用水和生活用水都只能用车从100km外的民丰县城内拉来使用（图4）。

图4　安迪尔古城遗址的看护房

关于工地的人员用水费用计算，我们根据现场的具体情况，先让施工单位提供了相关数据：施工现场的工人数量30人；每人每天生活用水及饮用水量15kg；施工天数60天。然后，经双方协商后按以下公式计算。

运水距离：卡帕克阿斯坎村为90km，沙漠公路为120km，安迪尔为70km；则费用计算：

1）卡帕克阿斯坎村的用水费用：（$30 \times 60 \times 15$kg/人/天）/1000×0.36元/方 × 距离。

2）安迪尔用水费用：（30×60×15kg/人/天）/1000×0.36元/方×距离。

3）沙漠公路用水费用：30×60×15kg/人/天）/1000×0.36元/方×距离。

5.特殊地区施工增加费及远征费是否计取的问题

远征工程增加费是指施工企业派遣施工力量到远离基地（公司、独立核算的分公司、工程处），即在自治区范围25km以上远地承担施工任务所增加的费用。内容包括派遣职工往返差旅费、调遣期间的工资，施工机具、设备以及周转性材料的运杂费，在施工期间因公、因病、探亲、换季而往返于原驻地间的差旅费和职工在施工现场住宿而增加的水电费、水暖费和主副食品运输费等。

远征工程增加费按远离基地超过25km，不超过则不计算，同一城市运距超过25km不计取远征工程增加费。远征工程增加费单独计列，不参与取费，只计税金（表3）。

表3 远程工程增加费标准表①

项 目	建筑安装工程			
	1～4类	1～4类	1～4类	1～4类
超距里程	26～200km	201～500km	501～1000km	1000km以上
计算基础	建筑工程：定额直接费；安装工程和单独装饰工程：定额人工费			
远征工程增加费（%）	（现场管理费＋企业管理费）×档次比			
远征工程增加比（%）	8	12	16	20

特殊地区施工增加费是指在沙漠、沙漠边缘地区、高原、高寒地区施工，由于特殊自然条件使人工和机械降效而增加的费用。项目在沙漠边缘地区用定额人工费加机械费乘以沙漠边缘地区增加费用百分比（表4）。

表4 特殊地区施工增加费标准表②

项 目	沙漠腹地				沙漠边缘地区			
	1类	1类	1类	1类	1类	1类	1类	1类
计费基础	定额人工费＋机械费				定额人工费＋机械费			
沙漠及边缘地区增加费（%）	20%				14%			

考虑到类似工程按照常规是选用公开招标，而建设单位之所以选在和田地区招标，其初衷就是为了减少这两项费用的支出。施工单位在现场踏勘后对远征费及特殊地区施工增加费并没有提出要求，那么建设单位视同投标单位放弃。在签订的合同中双方对这两项费用都没有进行强调，如果在工程结算时要求计取这两项费用，那么对当时参加投标的其他施工单位不公平，而且在前面出现的特殊运距，运输难度上，建设单位都给予了充分考虑，所以双方最终都认同

① 新疆维吾尔自治区工程造价管理总站：《新疆维吾尔自治区建筑安装工程费用定额》，新疆科学技术出版社，2004年。

② 新疆维吾尔自治区工程造价管理总站：《新疆维吾尔自治区建筑安装工程费用定额》，新疆科学技术出版社，2004年。

这两项费用不予计取。

经过长达数月的工程量核对，建设单位与施工单位认真协商，确定相关费用的计算方法后严格执行。后来，这个工程的竣工结算又通过了新疆财政厅项目投资审计中心的审计，至此和田地区重点文物保护性设施项目终于结束。本文探讨的几个问题涉及文物保护工程竣工结算中的一些费用计取、计算方法等方面，具有一定的典型性，对这些问题进行认真总结，对于即将在新疆沙漠地区开展的其他文物保护项目具有一定的参考借鉴意义。

作者单位：徐桂玲，新疆文物古迹保护中心

浅谈文物保护工程施工合同条款中的几个问题

——以高昌故城保护工程为例

徐桂玲

内容提要：建设工程施工合同明确双方在工程施工过程责任和义务，以及承担的相关的法律责任。合同内容主要明确了计价方法、合同价格调整方法，确认工程预付款额度、计算进度款方法以及不同合同计价方式在结算时的区别。

关键词：施工合同　条款

一、引　　言

高昌故城位于新疆吐鲁番市东约45km处，周长约5430m，总面积220万m^2。由于自然及人为因素的破坏，遗址现存状况不容乐观。自2006年6月至今，丝绸之路新疆段重点文物保护项目领导小组执行办公室分期对该遗址进行了抢救性保护加固工作。

目前，高昌一期和二期保护工程已经通过了竣工验收，正在进行竣工结算的审核工作，笔者有幸也参与其中。在工作中遇到的一些问题，笔者觉得在文物保护工程结算阶段具有一定的代表性，应该引起重视，所以本文以高昌故城遗址保护工程为例，对其施工合同中的几个问题作初步探讨，以求抛砖引玉。

二、关于施工合同条款中问题的探讨

（一）如何理解并选择合同的计价方式

建设工程施工承包合同的计价方式主要有三种：固定价格合同、可调价格合同和成本加酬金合同。发包人、承包人可以根据实际情况进行选择。高昌故城一期和二期保护工程在竣工结算审核的过程中，由于对合同计价方式理解上有分歧，致使审核工作进展缓慢。下面先对常见的三种合同计价方式的特点及适用条件进行说明，再分析选择何种计价方式较为合适。

1.固定价格合同

合同总价或者单价在合同约定的风险范围内不可调整。这种合同的价款并不是绝对不可调整的，而是约定范围内的风险由承包人承担。工程承包活动中采用总价合同和单价合同均属于此类合同。双方需要在专用条款内约定合同价款包含的风险范围、风险费用的计算方法和承包风险范围以外对合同价款影响的调整方法，在约定的风险范围内合同价款不再调整。

合同价方式的选择应根据多种因素综合考虑，采用工程量清单方式招标的项目宜选择固定单价形式发包。

2.可调价格合同

合同总价或者单价在合同实施期内，根据合同约定的办法调整。通常用于工期较长的施工合同，如工期在18个月以上的合同。发包人和承包人在招投标阶段和签订合同时不可能合理预见到一年半以后物价浮动和后续法规变化对合同价款的影响，为了合理分担外界因素的风险，应采用可调价格合同。对于工期较短的合同，专用条款内也要约定因外部条件变化对施工产生成本影响可以调整合同价款的内容。可调价合同的计价方式与固定价格合同基本相同，只是增加可调价的条款，因此在专用条款内应明确约定调价的计算方法。

采用可调价格合同，施工中如果遇到以下情况，即通用条款规定出现四种情况时，可以对合同价款进行相应的调整：①法律、行政法规和国家有关政策变化影响到合同价款，如施工过程中地方税的某项税费发生变化，按实际发生与订立合同时的差异进行增加或减少合同价款的调整；②工程造价部门公布的价格调整。当市场价格浮动变化时，按照专用条款约定的方法对合同价款进行调整；③一周内非承包人原因停水、停电、停气造成停工累计超过8小时；④双方约定的其他因素。

3.成本加酬金合同

由业主向承包商支付建设工程的实际成本，并按事先约定的某种方式支付酬金的合同。在这类合同中，业主需承担项目实际发生的一切费用，因此也就承担了项目的全部风险，而承包单位由于无风险，其报酬往往也较低。成本加酬金合同的缺点是业主对工程总价不易控制，承包商也往往不注意降低项目成本。

成本加酬金合同的适用项目：①需要立即开展工作的项目，如震后的救灾工作；②新型的工程项目，或对项目工程内容及技术经济指标未确定；③项目风险很大。

《建设工程工程量清单计价规范》GB505000−2008第1.0.3条规定“全部使用国有资金投资或国有资金投资为主的工程项目，必须采用工程量清单计价”。

高昌故城一期和二期保护工程按照国家标准采用工程量清单计价。施工合同中计价方式选择的是固定价格合同，但是双方在风险范围和风险费用的计算方法上没有任何约定。施工方理解为固定总价合同，但是根据合同和招投标文件对工程的相关约定，该合同应该为固定单价合同。招标文件中明确说明，高昌故城保护工程采用清单计价，工程量只是招标人估算的和临时的、作为投标报价的共同基础，也作为固定价格合同中固定单价的依据。另外，高昌一期保护工程投资额在2201万，二期投资1394万，投资规模都比较大，实际工期均在一年以上，不适宜采用固定总价合同。相反，建设规模小、施工周期短、工程可变因素少的建设项目宜采取固定总价形式发包。所以，高昌故城遗址保护工程应该是工程量清单计价“固定单价合同”。

（二）合同价款的几种调整方式

由于文物保护工程的特殊性，在施工中常常会发生设计变更，进而带来合同价款的调整，如在市场经济条件下，物价的异常波动，会带来合同材料价款的调整；国家法律、法规或政策的变化，会带来税费、税金等的调整，影响工程造价随之调整。因此，在施工过程中，合同价款的调整是比较常见的现象，主要主要有以下几种情况。

1.工程变更的价款调整

变更合同价款的方法，合同专用条件中有约定的按约定计算，无约定的按下列原则进行：①合同中已有适用于变更工程、新增工程单价的，按照已有单价结算；②合同中有类似变更工程、新增工程单价的，可以参照类似单价作为结算依据；③合同中没有适用或类似变更工程、新增工程单价的，承包方提出适当的价格，由发包方确认后执行，如双方不能达成一致，双方可提请工程所在地工程造价管理机构进行咨询或按合同约定的争议或纠纷解决程序办理。

2.综合单价的调整

当工程量清单中工程量有误或工程变更引起实际完成工程量超过工程量清单中相应工程量的10%或合同中约定的幅度时，工程量清单项目的综合单价应予调整。

3.材料价格调整

由承包人采购的材料，材料价格以承包人在投标报价书中的价格进行调整。施工期内，当材料价格发生波动，合同有约定时超过合同约定涨幅的，承包人采购材料前应报经发包人复核采购数量，确认用于本合同工程时，发包人应认价并签字同意。发包人在收到资料后，在合同约定日期到期后，不予答复的可视为认可，作为调整该种材料价格的依据。如果承包人未报经发包人审核即自行采购，再报发包人调整材料价格，如发包人不同意，不作调整。

4.措施费用调整

施工期内，措施费用按承包人在投标报价书中的措施费用进行控制，有下列情况之一者，措施费用应予以调整：①发包人更改承包人的施工组织设计（修正错误除外），造成措施费用增加的应予调整；②单价合同中，实际完成的工程量超过发包人所提工程量清单的工作量，造成措施费用增加的予以调整；③因发包人原因并经承包人同意顺延工期，造成措施费用增加的应予以调整；④施工期间因国家法律、行政法规以及有关政策变化导致措施费用中工程税金、规费等变化的，应予以调整。

措施费用具体调整办法在合同中约定，合同中没有约定或约定不明的，由发包、承包双方协商，双方协商不能达成一致的，可以按工程造价管理部门发布的组价办法计算，也可按合同约定的争议解决办法处理。

高昌故城二期保护工程就存在措施费用调整的情况，由于二期工程实际完成的工程量少于发包人所提工程量清单的工作量，所发生的措施费用减少，发包方按比例予以调整。

（三）确定工程预付款额度及计算进度款的方法

工程预付款额度的确定需要考虑工期、工程量、主要材料和构件比重、材料储备周期等。发包人根据工程特点、工期长短、市场行情、供求规律等确定。

确定预付款额度的方法有百分比法和数学计算法两种。

1. 百分比法

按年度工作量的一定比例确定预付备料款额度的一种方法，由各地区各部门根据各自的条件从实际出发分别制定预付备料款比例。按（财建［2004］369号）的规定执行：包工包料工程的预付款按合同约定拨付，原则上预付比例不低于合同金额的10%，不高于合同金额的30%。对于重大工程项目，按年度工程计划逐年预付；小型工程（一般指30万元以下）可以不预付备料款，直接分阶段拨付工程进度款。

高昌一期和二期保护工程均属于包工包料的工程，按照合同约定，承包人向发包人提交履约保函后，发包人向承包人支付合同价款的25%作为工程预付备料款，分别为550.25万元和348.5万元整（预付比例不低于合同金额的10%，不高于合同金额的30%）。

2. 数学计算法

根据主要材料占年度承包工程总价的比重、材料储备定额天数和年度施工天数等因素，通过数学公式计算预付备料款额度的一种方法。其计算公式：

$$\text{工程备料款数额}=\frac{\text{工程总价}\times\text{材料比重（\%）}}{\text{年度施工天数}}\times\text{材料储备天数}$$

式中，年度施工天数按365天日历天计算；材料储备天数由当地材料供应的在途天数、加工天数、整理天数、供应间隔天数、保险天数等因素决定。

在实际工作中，还会遇到扣回预付款的情况。预付款的扣回方法可由发包人和承包人通过洽商用合同形式予以确定，也可针对工程实际情况处理，如有些工程工期较短、造价较低，就无需分期扣还；有些工期较长，如跨年度工程，其备料款的占用时间很长，根据需要可以少扣或不扣。其计算公式：

$$T=P-M/N$$

式中，T：起扣点，即工程预付款开始扣回的累计完成工程金额；

P：承包工程合同总额；

M：工程预付款数额；

N：主要材料、构件所占比重。

例如，高昌二期保护工程合同总额为1394万元，工程预付款为348.5万元，主要材料、构件所占比重约为65%，则起扣点按照公式计算：$T=P-M/N$，1394−348.5/65%=857.85万元。

即工程完成857.85万元时，本项工程预付款开始起扣。

在承包方完成金额累计达到起扣点后，由承包方开始向发包方还款，发包方从每次应付给承包方的金额中扣回工程预付款。发包方至少在合同规定的完工期前3个月，将工程预付款的总计金额按逐次分摊的办法扣回。

工程进度款的计算（全费用综合单价法）主要涉及两个方面：一是工程量的计算；二是单价的计算方法。采用全费用综合单价法计算工程进度款比用可调工料单价法更方便、简单。工程量得到确认后，只要将工程量与综合单价相乘得出合价，再累加即可得出本月工程进度款的计算结果。

一般情况下，工程进度款累计付款达到合同价款的80%停付。工程验收合格后，发包人支付至合同价款的95%～97%，其余3%～5%作为质量保证金，待保修期满后7日内结清。

（四）不同的合同计价方式在结算时的区别

1）采用总价合同的，应在合同价基础上对设计变更、工程洽商以及工程索赔等合同约定进行调整；

2）采用单价合同的，应计算或核定竣工图或施工图以内的各个分部分项工程量，依据合同约定的方式确定分部分项工程项目价格，并对设计变更、工程洽商、施工措施以及工程索赔等内容进行调整；

3）采用成本加酬金合同的，应依据合同约定的方法计算各个分部分项工程以及设计变更、工程洽商、施工措施等内容的工程成本，并计算酬金及有关税金。

三、结　　语

以上，对工程施工合同条款拟定过程中的几个问题进行分析和讨论，主要目的在于使合同双方对主要条款能够充分理解，尽可能在实务中达成共识，为将来的工作提供可资借鉴的经验，以利于文物保护工程的顺利开展。

参考书目

［1］ 中国建设工程造价管理协会：《建设工程造价管理基础知识》，中国计划出版社，2007年。
［2］ 全国一级建造师执业资格考试用书编写委员会：《建筑工程项目管理》，中国建筑工业出版社，2007年。
［3］ 全国一级建造师执业资格考试用书编写委员会：《建筑工程管理与实务》，中国建筑工业出版社，2007年。
［4］ 《建设工程工程量清单计价规范》编制组：《建设工程工程量清单计价规范GB505000-2008》宣贯辅导教材，中国计划出版社，2009年。

作者单位：徐桂玲，新疆文物古迹保护中心

浅议传拓技术在博物馆研究、展陈中的作用

伊布拉音·热合满　孙广明　石　亮

内容提要： 在博物馆工作中，我们经常会用传拓技术对碑刻、印章、铜镜、钱币及岩画等有文字纹饰的文物进行拓片。拓片对于文物研究、展成、出版均有着非常重要的，且其他技术手段不能代替的作用。本文就传拓技术及在实际工作中的传拓方法做了扼要的介绍。

关键词： 传拓技术　岩画　碑刻　印章　拓片

我国是历史悠久、文化遗产丰富的文明古国，无论是甲骨、陶器、青铜、砖瓦及摩崖造像、碑铭墓志等文字纹饰都可以用传拓的方法如实地复制出来。主体器物经传拓成拓片，铭文、纹饰既清晰又准确，对文化的传播、研究和发展提供了翔实的资料。

传拓技术起源很早，至唐代已经是非常成熟。清光绪二十六年（1900年），甘肃敦煌石窟中发现了大量的珍贵文物，其中的唐太宗书《温泉铭》拓本，后有唐人墨书题字一行“永徽四年（653年）八月四日”等字；此外，还发现欧阳询书《化度寺邕禅师舍利塔铭》拓片以及柳公权书《金刚经》拓片。以上三种拓片均为唐拓珍品，但可惜已被法国人伯希和劫去运往国外，现藏法国巴黎图书馆。唐代以后历代都有不少拓本藏于国内外，在此不作赘述。

由上可知，传拓技术是我国传承至今诸多优秀传统技艺的一种，经传拓而成的拓片也是现代照相、绘图等方法不可代替的，它们之间也只是互补的关系。传统传拓主要是针对一些具有历史、艺术价值的碑刻，摩崖石刻上的名人书法和刻画，其目的是用传拓成的拓片进行传播、珍藏，其中的精品被人作为范本临摹和研习，对于继承和弘扬我国优秀的传统文化起到了重要的作用，客观上也对考古研究提供了翔实的资料。传拓技术发展到现代，它所应用的范围有了进一步拓宽，已不仅仅局限在摩崖石刻和碑铭墓志上，还包括画像石、瓦当、金属器、骨器、玉器和岩画等。总之，一切有凹凸关系的纹饰、文字、图案均可用传拓的方法制成拓片。

一、拓片及其制作材料、工具

（1）拓片

指湿纸贴附在碑碣、岩画、铜器、玉器等有铭文、纹饰的表面上，经打纸后用墨打拓其上而成为文字、纹饰的打印品。这种打印品墨色深的称谓“乌金拓”，墨色浅的则称为“蝉翼拓”，用红色打印的称“朱拓”。无论哪一种拓片，都要经三次以上的打色，这样才能让拓片

看上去有层次感。

（2）制作材料

1）纸：宣纸是我国传统的手工纸之一，分为生宣和熟宣两大类。生宣是制作拓片的材料，它是未加工的原纸，其品质规格很多，常用于拓片的是绵连和净皮。前者棉质好，薄而匀，宜拓制骨、玉、钱币上纤细的字纹；后者质地洁白，厚薄均匀且韧性强，则多用于摩崖石刻、碑石岩画等幅面大的画面。

2）墨：传统上将古墨分两大类。一种是松烟墨，一种是油烟墨。前者宜于写字，后者则宜于拓印、绘画。古墨有黯而不浮、明而有艳、泽而无渍等诸多优点，但用起来很不方便，也不经济。现在我们多采用“中华墨汁”和“一得阁”两种墨汁制作拓片。这两种墨汁拓片的效果都不错，但由于这两种墨胶性很大，墨很容易将朴子堵塞，因此使用时一定不能让朴子过干，要常喷水，使之湿润，保持朴子出墨流畅。

3）白芨：是一种多年生草本植物，其根为一味中药，把它泡在水中，可以使水有黏性，无色透明。主要用于宣纸和传拓物表面的粘合。

4）朴子：也是拓片上墨时的拓包。它是用绸子、棉花、布带、线绳、塑料布等材料，根据所拓对象捆扎成大小不同的拓包。

（3）制作工具

传统的工具有打刷、棕刷、墩刷、镊子、墨板、排笔、毛笔、木槌、直尺裁刀、针锥、油泥、沙袋等。

下面，结合具体工作，就这些年我们拓过的岩画、碑石、印章等文物，谈谈如何使用材料和工具进行传拓。

二、岩画、碑刻、印章的拓片制作

（1）户外岩画的传拓方法

新疆的岩画分布很广，这些年又有不少新的发现。前些年为了配合新疆博物馆对岩画的调查和研究，我们对伊犁、塔城、吐鲁番地区的部分岩画做了照相、绘图。对具备传拓条件的岩画，进行了拓片制作，现就不同地区的三幅岩画的传拓过程作一简述（图1～图3）。

先将岩画表面裂隙上的杂草清除，用清水清净岩面，然后根据岩画的尺寸裁好宣纸备用（单宣又称半料），再将调好的白芨水用排笔均匀涂在画面上。这里要注意的是图1和图2岩面较粗糙且有裂隙，因此白芨水不可调的过稠，以免拓好后不能完整取下拓片。上好白芨水后就可上纸。上纸有两种方法，一种是湿上纸，一种是干上纸。这里我们采用的是干上纸的方法，这是因为在户外山上时有风刮过，湿上很容易在上纸过程中把已浸湿的纸吹破，而干上则是把裁好的宣纸贴附在调好的白芨上，用浸了水的湿毛巾由上风头自上而下，依次按压宣纸，使其贴实岩面，这时用打刷由上风头起依次打纸一遍，使拓纸与岩画成为一体，纸就不易脱开岩面，上墨时就很顺畅。上墨需等上好纸的颜色由青变白时开始，也就是八成干。将准备好的墨倒在打板上，不宜过多，用朴子（也就是拓包）蘸匀墨板上的墨，拓包与墨板对拍，使墨均匀进入拓包内。另外，握包的手不可握得太紧，以便使拓包在墨板上转动自如，这样进入拓

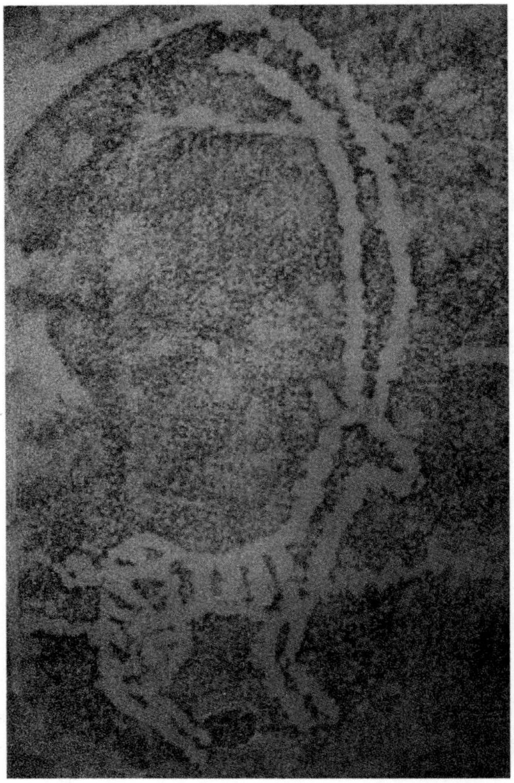
图1　单羊

图2　狼食羊

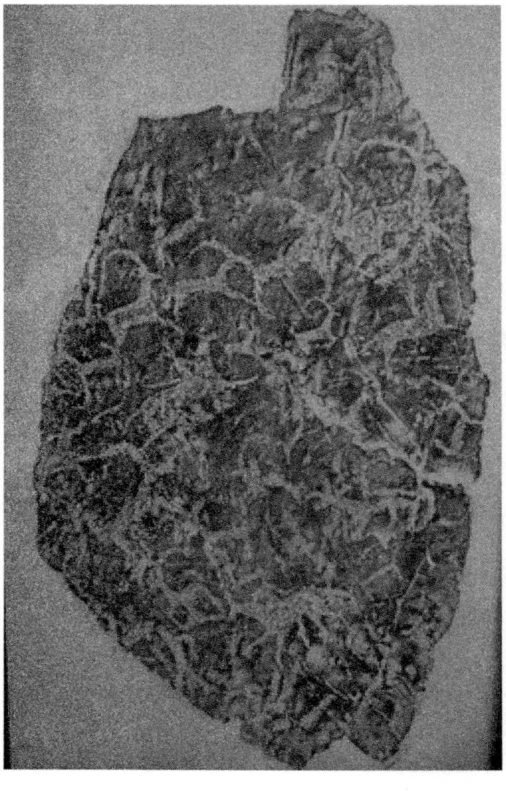
图3　狩猎图

包的墨就非常均匀，对其后拓片效果的优劣起着重要的作用。然后，将上好墨的拓包自上而下，自左而右在画面上打墨，每次后扑的一下应压在前扑印的三分之一上，不可跳扑，这样拓出的拓片墨色才可均匀。扑墨需进行两到三遍，这样拓片的层次厚重感才能跃然纸上。在此需要提醒的是，在户外做传拓工作至少需两人，户外无论是上纸还是扑墨都力求一个快字。这都是基于户外岩画所处位置较高、阳光较强和风力较大的原因，一旦上纸太慢，纸就会迅速变干而无法着墨。

（2）室内馆藏碑石、印章的传拓方法

馆藏碑石，如图4和图5所示的两块碑石体量都较大。首先，我们将碑石表面的附着物及污渍清洗干净，然后开始上白芨。白芨的浓度在现场调配，一般用刷子提起有黏带感就好，但又不是绝对的，像涂表面粗糙的碑，我们就适度稀释一下白芨水。接下来将裁好的纸贴在碑面上，用湿毛巾将纸压实在碑面，用

图4　明约路石碑

图5　修建龙神庙记碑

打刷由上而下打一遍，再用平刷快速而有力地上下左右对刷一遍，就可上墨了。上墨依然是等碑面宣纸快干尚有潮湿时，迅速由上而下、从左到右全面上墨。当第一遍墨尚未干透，接着上下一遍，一般上三遍墨，拓片视觉效果就不错了。

印章如图6传拓方法。一般说来，在室内对体量不大的文物，像小块的碑石、铜器、玉器、印章、钱币等，我们采用的是湿上纸的方法。所谓湿上纸就是 将拓纸在拓前经对折（上下左右错开对折），经多次折叠后侵入水中并迅速提出。经吸水纸吸水后放在毛巾上的一侧，再将另一半毛巾盖在纸上备用。在印章上好白芨后将湿纸盖在其上，用平刷刷实，再用小打刷打上一遍就可准备上墨了，其他程序依前所述。

在这里需要注意的是，小件器物，如骨器、钱币等由于体积小、重量轻，在打纸和扑墨时，器物非常容易晃动，致使拓出的拓片效果不佳。为避免这种情况的发生，我们就必须事先准备好垫衬，常采用沙包，橡皮泥来固定小件器物。这样固定后拓出的拓片基本不会变形，用于研究或出版就很精准了。

三、结　　语

以上，只是我们这些年从事传拓工作的一些体会，离真正全面掌握传统技艺还有一定距离，如立体拓的技法，目前我们还不能完全掌握。为此，我们认识到，只有不断学习和实践，才能进一步提高专业技能，为文物保护做出自己的贡献。

图6　土尔扈特印

作者单位：伊布拉音·热合满、孙广明、石亮，新疆博物馆

新疆伊犁金顶寺与河北承德安远庙

何　芳

内容提要：伊犁金顶寺系清代厄鲁特蒙古准噶尔部所建，它从建成到毁于战火，只存在了30余年。万里之外的承德安远庙系后来仿建伊犁金顶寺的另一座佛教建筑。本文结合考古遗迹和历史文献，扼要叙述新疆伊犁金顶寺的建造过程，探讨伊犁金顶寺与河北承德安远庙之间的关系，重点介绍后者的建筑、绘画、塑像和碑刻等重要文物的概况。

关键词：伊犁金顶寺　承德安远庙　仿建

新疆金顶寺废址位于新疆伊宁市东北郊4.5km处的山丘上[①]，地理坐标为东经81°19′，北纬43°54′，1957年公布为第一批自治区级文物保护单位。该寺为清代厄鲁特蒙古准噶尔部所建，从建成到毁于战火，仅存在了30余年。目前，原建筑已不可见，仅存有一方形土台遗迹，周长约700m，高约3m。但是，今天我们仍然可以看到它的身影，因为承德“外八庙”之一的安远庙就是仿照新疆伊犁河畔的金顶寺修建的。它不仅保留了金顶寺的建筑风格，更是一座历史丰碑，留下了达什达瓦部蒙古反对分裂、维护国家统一的历史记录，是我国多民族国家统一的历史见证。

一、金顶寺遗迹

金顶寺亦称“固尔扎都纲”。“固尔扎”系蒙古语，意为盘羊，据说该屋顶用盘羊角装饰而得名。“都纲”为蒙古语庙宇之意。固尔扎庙因建筑宏伟富丽，寺顶在阳光下金光闪闪而得名。

金顶寺修建于葛尔丹策凌时期（1727～1745年）。据《西域图志》记载：“固勒扎，旧对音为固尔扎。在伊犁郭勒北二十里，旧有佛庙。葛尔丹策凌建两庙，喇嘛坐床者四，令五鄂托克轮值供养之。”[②]18世纪初，准噶尔部首领策妄阿拉布坦乘西藏政局纷乱之机，于康熙五十五年（1716年）派其弟大策凌敦多布率领精兵6000人，进军西藏，击败了藏兵，围攻布达拉宫，搜取各庙金银、神器、佛像等返回伊犁。清雍正五年至乾隆十一年，准噶尔部首领葛尔丹策凌统辖四部期间为“兴黄教，安众生”，遂“建佛寺于伊犁河滨。在河北者曰固尔扎

---

① 金顶寺，在今伊宁市东北郊的喀尔墩乡。

② 傅恒：《西域图志》卷之十二，疆域五，钟兴麒、王豪、韩慧校注《西域图志校注》，新疆人民出版社，2002年，第212页。

庙。在河南者曰海努克庙[①]。高刹摩霄，金幡耀日，栋甍宏敞，象设庄严。聚集喇嘛，居此二寺。暮鼓朝螺，梵呗清越”[②]。“……白毡为室布为墙，后遂范金作瓦覆栋梁，金仙相好备庄严。”[③]固尔扎庙盛时供养喇嘛六千余众，建筑宏伟居漠北之首。据记载：固尔扎庙“三层缭垣，周一里许……，岁首、盛夏，其膜拜顶礼者远近咸集，往往捐珍宝、施金银以事庄严，庙之宏壮甲於漠北”[④]。

清乾隆二十二年（1757年），阿睦尔撒纳受到清平叛大军打击，逃离伊犁时，为了抢夺固尔扎庙的金银重器，放火烧毁了此庙。据《西域图志》记载：“阿睦尔撒纳叛，诸喇嘛附和为逆，旋为阿睦尔撒纳所掠，乃各散去，庙毁于火。”[⑤]另据《西陲总统事略》记载：“阿睦尔撒纳之叛，贼党肆劫焚掠，庙乃毁废，今巴彦岱之南地名金顶寺是其遗址。”[⑥]

近年来，曾出土佛像及刻有怪兽图案的绿色琉璃砖残块等文物。现如今，金顶寺虽已不复存在，但在万里之外的承德却留下了它的身影，这一切都源于新疆达什达瓦部东迁热河。

二、达什达瓦部东迁[⑦]

达什达瓦部是厄鲁特蒙古准噶尔部的一个分支，其首领达什达瓦是准噶尔骁将小策凌敦多布之子，其高祖父默尔根岱青是巴图尔浑台吉之弟。乾隆十年（1745年）十月，葛尔丹策凌去世后，其庶长子喇嘛达尔扎与嫡次子策妄多尔济纳木扎勒为争夺汗位，引起准噶尔部封建贵族之间连续不断的混战，达什达瓦部也被卷入其中。因达什达瓦拥立策妄多尔济纳木扎勒，后喇嘛达尔扎杀害策妄多尔济纳木扎勒后，遂于乾隆十五年（1750年），将达什达瓦杀害。乾隆十七年（1752年）十一月达瓦齐率军进攻伊犁，于十二月将喇嘛达尔扎杀死，夺取了汗位。乾隆二十年（1755）年，清朝乘准噶尔长期内乱，兵分两路，直取伊犁。在清朝清政府平定叛乱的战争中，达什达瓦之妻率部直接参加了平叛的战斗。随后发生的阿睦尔撒纳的叛乱，使厄鲁特蒙古各部又一次陷入战火之灾。乾隆二十年（1755年）九月，世代居住在伊犁河畔的达什达瓦部，决心举部东迁，投归清府。在达什达瓦之妻的率领下，他们冲破阻挠，历尽千辛万苦，于十月到达清朝西北重镇巴里坤。乾隆闻讯大悦，立即派大臣驰赴巴里坤慰问，送传御旨嘉奖，封授达什达瓦之妻“车臣默尔根哈屯”（蒙古语为聪明智慧的王妃）名号。车臣默尔根哈屯于乾隆二十一年（1756年）四月去世，清朝闻讯，深为惋惜，赏银200两为她经

① 海努克，位于今新疆察布查尔锡伯自治县海努克乡境。

② 傅恒：《西域图志》卷之三十九，风俗一，钟兴麒、王豪、韩慧校注《西域图志校注》，新疆人民出版社，2002年，第511页。

③ 傅恒：《西域图志》卷之三十九，风俗一，钟兴麒、王豪、韩慧校注《西域图志校注》，新疆人民出版社，2002年，第511页。

④ （清）松筠：《西陲总统事略》卷十二，《厄鲁特旧俗记闻》，文海出版社，1965年。

⑤ 傅恒《西域图志》卷之十二，疆域五，钟兴麒、王豪、韩慧校注《西域图志校注》，新疆人民出版社，2002年，第212页。

⑥ （清）松筠：《西陲总统事略》卷十二，《厄鲁特旧俗记闻》，文海出版社，1965年。

⑦ 特克寒：《厄鲁特蒙古达什达瓦部东迁承德考》，内蒙古社会科学（汉文版）2000年第3期；高俊、王建英：《达什达瓦部众东迁与承德的伊犁庙》，《档案天地》2007年第1期。

理丧事。对她所属的人众，清朝马上编为三个总管旗，任命了鄂齐尔、布林、托里三人为总管，宰桑六人为副总管，又补授了一批参领、佐领。由于巴里坤当时车马络绎，粮炯匮乏，清朝乃将这三旗迁往阿尔泰山以东的鄂尔坤，放牧休养生息。经过两次长途迁徙，牲畜损失很大，给生活带来了很大的困难。达什达瓦总管布林请求达什达瓦部内迁热河，乾隆应允。乾隆二十四年（1759年）五月，达什达瓦部先后分两批到达承德。达什达瓦部从伊犁出发时尚有6000多人，由于长途跋涉和途中与叛军进行激烈的战斗，人员伤亡很大，最后迁到承德只剩下2136人，四年的时间损失了三分之二的人口。

乾隆对迁到承德的达什达瓦部众甚为关切，将他们重新编为九个佐领，归入驻防八旗，隶属于上三旗，同时拨给牲畜、划给牧场、发给粮饷，并在普宁寺附近的河谷上营建房舍供他们居住，给予妥善安置。随同迁居的17名喇嘛也安置在普宁寺内。清乾隆二十九年（1764年），为安抚脱离准噶尔部归附清政府的准噶尔达什达瓦部，尊重其信仰习俗，清政府在承德避暑山庄东北的山峦上兴建了一座三层琉璃瓦顶的喇嘛庙——“安远庙”。《西域图志》记载：“固尔扎庙。在伊犁河北。阿睦尔撒纳之叛，庙遭焚毁。乾隆乙酉年，于热河避暑山庄之东北冈如固尔扎规制，建安远庙。凡准达什达瓦部众之隶居热河，及都伯尔特亲王策凌乌巴什等，以朝贺至其地者，咸资瞻礼。并准达什达瓦属人入庙为喇嘛。其伊犁之固尔扎庙，不更修建。”[①]如今，在安远庙周围，依然有许多当年达什达瓦部的后裔在这里繁衍生息。由于长期受汉族文化的影响，他们逐渐以名为姓，主要有寇、徐、赵、吉、杜、白、那、于、武九姓。

三、承德安远庙[②]

安远庙建于清乾隆二十九年（1764年），位于承德武烈河以东山地平台上，与普乐寺隔山谷相邻。由于安远庙完全依照伊犁被焚毁的固尔扎庙修建，所以又称为“伊犁庙”。1982年7月23日，河北省人民政府公布其为河北省重点文物保护单位。1988年1月13日，安远庙被国务院公布为全国重点文物保护单位。

安远庙的建筑为汉、藏结合的艺术形式，占地面积26 000m^2，建筑面积9400m^2。寺庙拥有三进院落，主要建筑有山门、两厢配殿、白台门、碑亭、普度殿、门楼殿、玛尼嘎拉廊和别殿。

1. 山门

安远庙坐东面西，山门为砖石结构，面阔三间，进深二间，上覆重檐歇山琉璃瓦顶，檐下开辟三个圆拱洞门。拱门外缘框边作雕花石拱券，正中拱门上额嵌高宗御笔“安远庙”石刻匾，以满、汉、蒙、藏四种文字书写，匾额正中上缘镌有“乾隆御笔”的印玺石刻。

2. 配殿

配殿分为南、北配殿，均面阔五间，进深一间，上覆单檐硬山布灰瓦项，梁架大木绘有

① 傅恒：《西域图志》卷之四十七，杂录一，附记，钟兴麒、王豪、韩慧校注《西域图志校注》，新疆人民出版社，2002年，第601、602页。

② 安远庙资料由避暑山庄研究所提供。

旋子彩画。配殿内原存放卤簿仪仗，据《热河清宫档案》记载，安远庙卤簿仪仗有黄妆缎伞一对、清妆缎伞一对、红单龙扇一对、黄单龙扇二对、红双龙扇二对、信幡二对、黄龙纛一对、风雷云旗二对、豹尾枪三对，共十五对。

3. 白台门

白台门是安远庙的第二门，平面呈矩形，面阔三间，进深二间，为二层平台门，上覆单檐歇山布灰瓦顶，下开辟圆拱洞门，墙身涂红粉，饰藏式盲窗，红白相间，色彩明快。

白台门前呈广场格局，地面以方砖铺墁，平坦宽阔，两侧设置石雕基座幢杆。当年这里是举行“跳布扎”宗教活动的场地。跳布扎俗称“打鬼”。史载，古时西藏王朗达玛暴戾，毁坏庙宇屠杀喇嘛，下令禁佛，于是有人借跳舞（布扎）为名，头戴面具，袖中藏有藏刀，乘机杀死朗达玛，恢复宗教信仰，后来留下喇嘛跳布扎的宗教习俗，作为驱除邪恶、战胜外道和迎接吉祥的宗教仪式。安远庙跳布扎在每年十二月二十五日至二十七日和正月初八日至十五日举行。在安远庙举行跳布扎，即在《安远庙瞻礼书事（有序）》碑中所写的“集梵僧，演布踏，以庆蒇事”。

4. 玛尼噶拉廊

位于普度殿周围，“嘛呢噶拉”藏语，原意指安放经卷的经文桶，在此寓意法轮常转。由七十间廊房围成长方形院落，东、西两侧各为十七间，南、北两侧各为十八间。建在石砌台基上，进深一间，方砖铺墁地面，上覆卷棚式布灰瓦顶。

5. 碑亭

碑亭位于白台门之后，建于石砌台基上，面阔三间，进深一间，单檐歇山灰瓦顶。中间开前后贯通门，形成通道，地面是方砖铺墁。碑亭内中央置卧碑一通，碑有石雕须弥座，镌刻高宗御制《安远庙瞻礼书事（有序）》碑文。正面以满、汉两种文字镌刻，背面以蒙、藏两种文字镌刻，两侧面镌有高宗诗。

6. 普度殿

普度殿是安远庙主体建筑。建于石砌台基上，面阔、进深各七间，平面呈正方形，方石块铺墁地面。普度殿三层，通高27m。外侧墙面涂红色，饰藏式盲窗。下层正中辟三座圆形拱门，拱门边缘嵌山水云龙石雕图案，以石砌踏步台阶。第二、三层为汉式重檐歇山顶楼阁式建筑，覆黑色琉璃瓦，中间装修木制菱花槅扇封闭，檐下正中悬高宗御笔“普度殿”金漆云龙陡匾，以满、汉、蒙、藏四种文字镌刻。正脊中央装饰三座藏式铃状琉璃佛塔，两端饰琉璃吻兽。梁架大木等处绘和玺、旋子彩画。

殿内居中三间作空井天棚，四周有32根金柱。上、下分为三层，一层为白色，二层为绿色，三层为红色，天花板绘有梵文咒语“六字真言”，与顶部方圆同心祥云蟠龙藻井交映生辉，色彩分明，蔚为壮观。使用白、绿、红三色，寓意佛教三界：欲界、色界、无色界。

殿内正中有石雕须弥座，供奉主尊金漆木雕绿度母佛像，像高10.58m。绿度母俗称“救八难度母”。“八难”分别为狮难、象难、火难、蛇难、水难、牢狱难、贼难、非人难。佛像全身呈绿色，来源于佛教经典，称绿度母。其形象特征：头戴五叶冠，高发髻，双耳饰环，低眉沉思，神态安然，身着天衣；佩带璎珞、项链、臂钏、手镯；左手擎莲柄当胸向外，作与愿印；右手置右膝之上，作施舍印；双腿呈游戏坐，右足踏莲花，置于莲台十字折角须弥座上。佛像附有金漆木雕金翅大鹏祥云卷草火焰宝珠背光，佛造像显示征服苦难，实现慈悲，渡众生达安乐。佛像前左、右金柱悬挂高宗御笔楹联："竺乾云护三摩峙，朔漠风同万里绥"。金柱两侧各有一尊木制熊、虎模型，纪念高宗在康熙六十一年初围猎熊和后来乾隆二十九年行围猎虎的轶事，寓意高宗天赐勇武，一生吉祥。佛像前金漆木雕供桌上，陈设八宝、五供、供盘、海灯和木制髹红漆珊瑚树。二层楼上构设木制须弥台座，供奉金漆木雕三世佛像和八大菩萨像。据《清宫热河档案》记载，当年二层楼另陈放恭贮高宗行围射猎的盔甲、弓箭、腰刀及鞍鞯。每年农历六月初六日，安远庙喇嘛举行晾尘仪式，先由喇嘛念经，然后晾晒皇帝用过的服物，以免虫蛀糟朽。三层楼内供奉金漆木雕大威德金刚一尊，其形象：单体牛头九面，头戴骷髅冠，有三十四臂，裸体，有十六足踏飞禽走兽，佛像置于莲台座上。佛像各部位造型均有寓意：牛头象征"力大无比"，九面象征"大乘九经"，头上二角象征"佛法二谛"，多手加身寓意"菩提三十七法"，十六足象征世间"十六空"，右八足所踏八物象征"八成部"，左八足所踏八禽象征"八自在"，佛体裸形象征"不染障碍"。安远庙以此造像解说佛教中的"九部经义"，令人"观形鉴貌"引起相关联想，寓意清心洗欲，消除尘世烦恼，进入涅槃境界。

殿内一、二层墙壁绘有"佛国源流"和"绿度母经变"故事壁画。一层画幅高3m，二层画幅高1.5m，全部壁画面积达230m^2。壁画反映宗教内容广泛，故事与故事之间，画幅与画幅之间没有严格的分界，每一画幅区间表现一个故事情节，以因缘故事见多。一层壁画内容以度母经变佛国故事为主，每组画面绘有一尊绿度母像，共二十一组画面，其意在于以二十一相教示众生。每组画在绿度母周围绘有佛国净土，琼楼玉宇；还有以现实生活为题材的城市村落，寺塔伽蓝，帐房毡包以及山水、人物、花鸟等景物。二层楼壁画以佛国源流故事内容构图，情节繁复，题材广泛。画中有庄严的佛，端庄的菩萨，强悍的天王，凶猛的力士，作画线条流畅，造型生动，富有生活气息。壁画中的各种人物比例适度，面相圆润，体态丰腴，神情庄重，具有西域佛教艺术造型的基本特征。其色彩和制作，既使用中国古老的传统色彩原料，又发挥了西域彩绘技术和特长，反映了中原与边疆民族文化的交融。壁画多处被损毁，二层壁画破坏尤为严重。

7. 门楼殿

门楼殿建在东、南、北三面墙垣正中，下有石砌台基，平面呈矩形，均面阔三间，进深二间，方砖墁铺地面，上下分为两层，上覆单檐歇山布灰瓦顶，成平台城殿式。墙身涂以红色，饰藏式盲窗，居中开辟圆形拱洞门。现有门楼殿是依据基址与档案记载，于20世纪80年代修复。

8. 小殿子

位于安远庙外东南500m处。当年清政府平定阿睦尔撒纳叛乱，达什达瓦部众及固尔扎庙光虹活佛曾协助清军平定叛乱。因平叛有功，达什达瓦部众内迁定居，固尔扎庙被叛军焚毁，光虹活佛随同内迁，于是在修建安远庙同时，为活佛修建佛堂与驻锡所，俗称“小殿子”。光虹活佛圆寂后，小殿子居住喇嘛，负责看守安远庙。

小殿子拥有两进院落，有殿堂十一间，僧房三十六间，僧房均为单檐硬山布瓦顶。二门以内中线建有主殿。主殿面阔五间，进深二间，地面以方砖铺墁，单檐歇山布瓦顶，槛窗槅扇封闭。殿内迎门有砖砌须弥台座，供奉泥塑彩绘三世佛像，两侧间藏有佛教经卷，墙壁挂佛画唐卡。

据年长喇嘛回忆，历史上每日上、下午两次在普度殿诵经后到小殿子诵经。另于每月初一、十三、十四、十五、二十九这五日，寺内僧人要在小殿子诵经三次。现存小殿子建筑，是20世纪80年代复建。

安远庙见证了民族融合的历程，同时也是一座民族团结的丰碑。

四、《安远庙瞻礼书事（有序）》碑文①

安远庙门殿内立乾隆御制《安远庙瞻礼书事（有序）》碑文，记述了安远庙是仿照新疆固尔扎庙而修建，同时，还说明了修建安远庙的原因和深远的历史意义。《安远庙瞻礼书事有序》碑文内容如下：

伊犁河北，旧有庙，曰固尔札都纲。三层缭垣，周一里许。当葛尔丹策凌时，以五集赛更番居此诵经，每岁首盛夏，准噶尔之众膜拜顶礼者，远近咸集。其俗素奉黄教，往往捐珍宝，施金银以事装严，庙之闳瞻遂甲于漠北。阿逆之叛，贼党肆掠焚劫，庙乃毁废。曾用韩愈陆浑山火诗韵以纪其事。及我师再平伊犁，其地并建城堡。而梵宇之仅存煨烬之余者，已不可复整，亦不必为之复整也。因思山庄为秋蒐肄觐之所，旧番新附络绎鳞集。爰规东北冈阜，肖固尔札之制，营建斯寺，名之曰安远，集梵僧演步踏，以庆蒇事。惟时都尔伯特郡王策凌乌巴什等，适以朝贺至，与达什达瓦部众之隶居兹土者，欢喜额手，佥谓琳宫晃曜，妙相庄严，不啻曩时在固尔札礼都纲闻呗讚也。然余之所以为此者，非惟阐扬黄教之谓，盖以绥靖荒服，柔怀远人，俾之长享乐利永永无极云，因系十韵以识缘起如。

伊犁兵燹后，梵宇为重为。缩地齐近远，归宗何改移。今朝初庆落，戎索永延厘。耸峙辉山麓，来瞻渡水涯。制乃固尔札，境一毗耶离。唱呗格隆侣（喇嘛中之格隆如僧中之受五戒者），归旗达瓦贻（达什达瓦旧属归旗者居于此，其愿为喇嘛者听之）。维新同致敬，忆旧孰含悲。群讶胡宽市，予怀范燮辞。藉无不败彼，讵有睹成斯。置器 讵安处，恢纲靖远陲。乾隆乙酉仲秋月朔日御笔。

作者单位：何芳，新疆龟兹研究院

① 傅恒：《西域图志》卷之四十七，杂录一，附记，钟兴麒、王豪、韩慧校注《西域图志校注》，新疆人民出版社，2002年，第602页。

关于区域性文物保护规划编制的探索

师焕英　杨　波

内容提要：区域性文物保护规划对文物保护工作的开展至关重要，但我国的区域性文物保护规划编制，在内容、体例等主要方面尚处于探索阶段。本文结合工作实际，分别对规划的名称、规划的对象、规划的编写体例、规划的目标、保护区划的界划及规划的重点等六个方面问题，进行了有益的探讨。

关键词：区域性文物保护规划　编制

2004年，国家文物局公布了《全国重点文物保护单位保护规划编制审批办法》和《全国重点文物保护单位保护规划编制要求》，对国家保护单位文物保护规划的编制和审批提出了明确要求，确立了规划的法律地位。经过几年的实践和发展，文物保护规划在古遗址、古墓葬、古建筑、石窟寺、石刻、壁画、近代现代重要史迹和代表性建筑等不可移动文物的保护、管理、利用方面发挥了重要的指导和引领作用，对促进当地的区域经济、文化和环境的协调发展具有重要的意义。

近年来，党和政府越来越重视文物保护工作，全民的文物保护意识不断增强，大家的视线不仅仅停留在国家级、省级文物保护单位的保护上，一些县级的文物保护单位，甚至一些没有级别的历史建筑，也开始受到人们的关注。这些保护单位普遍规模较小，分布比较分散，而且由于各地资金、人力有限，不可能每一处保护单位都编制保护规划来解决它们在经济、社会发展中遇到的困难和问题，面对这种困境，区域性文物保护规划的出现，无疑使文物保护从过去单一的“点状”保护转变为全面科学的整体保护成为一种可能。这种整体规划的理念，对平衡资源管理，节省人力、物力、财力，从全局角度谋划整个区域的发展，能起到重要的整合作用。

早在2002年，中国建筑设计研究院建筑历史研究所编制了《新疆吐鲁番地区文物保护与旅游发展总体规划》，在区域性文物保护规划编制框架体系和基本内容上进行了初步探索。2010年以来，新疆的奇台县、库车县、玛纳斯县、呼图壁县、阜康市以及浙江的绍兴县，先后编制了县域文物保护总体规划，加大了对区域性文物保护规划的探索力度。

一直以来，我国文物保护规划的主要对象是单一的国家保护单位；本文探讨的区域性文物保护规划，是把某一区域内不同级别［国保、省（市）保、区（县）保，甚至没有级别的历史遗迹］、不同类型（古建筑、古墓葬、古遗址、石窟、壁画、近现代重要建筑等）的不可移动文物统一打包和整合，统筹考虑它们的保护、管理和利用。

今年，笔者在新疆参加了几个县、市级的区域文物保护规划的评审工作，由于这类规划没有现成的规范和法规可依，对一些问题的思考，希望与大家共同探讨。

一、关于规划的名称

规划名称中是否加“总体”二字。有人认为，根据《全国重点文物保护单位保护规划编制审批管理办法》中“文物保护单位保护规划可根据文物保护单位的规模和复杂程度分为总体规划和专项规划”，所以，“总体规划”是特指规模较大的国保单位的文物保护规划，区域性的保护规划不宜加“总体”二字。笔者认为，既然是某个区域的整体规划，应该冠以“总体”之称，体现“把握全局、总体谋划”的视野。如果有必要，在总体规划通过之后，可以对某个重要的文物保护单位另做详细的保护规划。

二、关于规划的对象

此次评审的几个区域性规划，规划对象限定于区域内的不可移动文物，但事实上，规划内容中对一些遗址出土的可移动文物也提出了展示和利用的要求，所以，规划对象除了区域内的不可移动文物外，至少应包括与之相关的部分出土的可移动文物。

经过第三次文物普查，各地都新增了不少不可移动文物，许多还未定级，这些未定级的不可移动文物，建议也纳入区域性保护规划的范围，一并列为规划对象，规划可对其提出划定保护级别的建议，同时，根据保护的需要，分类、分级制定不同的保护措施。

三、关于规划的编写体例

规划的编写体例，可以参考《全国重点文物保护单位保护规划编制要求》，分文本、图纸、说明及资料汇编四部分，但需要注意的是，评估部分与规划部分一定要前后对应。区域性的保护规划由于范围大，项目多，评估部分需要做很多的工作，现在普遍存在的问题是，评估做得不够，或完全缺项。例如，价值评估、管理评估不到位；区划评估、文物环境评估缺位，导致规划部分提出的措施依据不足，可操作性差。

考虑到区域性文物保护规划涉及的文物点众多，文本建议多采用表格或图表形式，分类表达，一目了然。

四、关于规划的目标

区域性文物保护规划，与这一区域内的社会、经济发展息息相关。通过对区域内文物资源的梳理，明确存在的问题，根据文物工作要贯彻的“保护为主、抢救第一、合理利用、加强管理”的十六字方针，结合城乡规划，取得文物保护与经济发展的双赢，因此，区域性文物保护规划也备受当地政府的接纳和重视。每次论证会，分管领导都亲率规划局、旅游局、畜牧局、水利局、建设局、发改委、国土资源局等各相关部门全体出席，听取专家意见并提出各自的看法。对于他们来说，首先需要搞清楚的是这个规划要解决哪些问题，目前最需要做的是什么，所以，确立规划目标，明确发展方向，就显得十分重要。

规划目标的制定，应与当地的经济发展水平相适应，与当地的城乡规划相协调，而不是放之四海而皆准的泛泛目标。同时，规划目标应体现轻重缓急的发展策略，而不是眉毛、胡子一把抓。

五、关于保护区划的界划

区划的界划，关系城乡建设的范围和规模，与区域经济的发展直接关联。区域性文物保护规划包括了大量的县级文物保护单位，但大部分的县级文物保护单位没有划定保护范围和建设控制地带，在区域性保护规划中，是否有必要为每一处未划定保护区划的文物保护单位进行区划界划，还是只提出区划的原则，具体划定由当地政府来做，这一问题成为目前大家争论的焦点。

区域性的文物保护规划，一旦审批通过，将作为法律性文件，由当地政府公布实施，具有法律效应。因此，笔者认为，对未划定区划的保护单位应在本规划中进行明确的区划界划，而不是只提要求和原则，把问题留到以后解决。可能这个工作量比较大，但区划作为文物保护规划主要解决的问题，应该投入更多的精力，这样，规划公布后，涉及文物范围的工程建设才有法律依据，否则一些级别较低的文物保护单位可能由于缺乏控制而受到工程建设的影响，甚至遭到破坏。

六、区域性文物保护规划不等同于旅游规划

文物保护规划，应以保护为主，但现在的区域性文物保护规划，在展示利用上做过多的文章，花过多的笔墨，旅游开发的目的太浓。文物保护规划作为旅游规划的上位规划，只需在展示利用章节中提出要求和原则即可，不宜过细地做工作，否则文物保护规划变成了旅游规划，失去了保护文物的意义。

通过以上几个方面的探讨，笔者认为，区域性文物保护规划在编制体例、内容和标准上尚有许多值得商榷的地方，一些已经编制完成的区域性文物保护规划，也是仁者见仁，智者见智，希望本文能引起大家对区域性保护文物规划更多的思考和关注。

作者单位：师焕英、杨波，中国文物信息咨询中心

现代科学技术在中国古代冶铁工艺研究中的应用

韩　明

内容提要：随着考古工作的开展，全国各地发现了众多的不同历史时期的铁器和冶铁遗址，表明我国古代冶铁区域分布广泛，铁器制造技艺已经形成规范。现代科学技术广泛应用于文物研究中，对文物信息的提取更加精确、细致，从而深入地解读文物的隐含信息，改变了传统考古学对文物研究的局限性。在对古代钢铁冶炼技术总结基础上，深入分析、探讨目前采用现代科学技术仪器分析冶铁技术和铁器文物制作工艺的进展，探讨研究工作中存在的一些问题。

关键词：冶铁工艺　现代科学技术　研究进展

一、前　言

《史记·货殖列传》中记载"蜀卓氏之先，赵人也，用铁冶富……致之临邛，大喜，即铁山鼓铸，运筹策，倾滇蜀之民，富至僮千人。田池射猎之乐，拟于人君"；同时记录郑成，山东迁虏之人，也是炼铁致富；宛孔氏之先，梁人，用铁为也；鲁国曹邴氏冶铁起家[1]……从史记中的记叙我们可以肯定，在西汉时期，冶铁已经是一项巨大的产业，而且其分布多地。我们如何能从发掘得到的文物遗址、遗迹、实物了解到其在中国冶炼史上的地位，以及如何去探索更多的文物信息。传统考古的研究方法有很多的局限性，难以研究微观的信息。

现代科学分析手段在文物研究中的应用，使文物研究从传统的考古类型学和地层学方法论跳跃出来，从文物中可以发掘更多的潜在信息，丰富了考古资料信息的采集，对研究古代先民生活、生产力发展、建立健全历史资料产生了革命性的影响。

二、目前发现的典型古代早期冶铁遗址

古代冶铁遗址的发现给古代冶金技术发展研究提供了丰富的实物资料。从当前出土遗址以及器物出现的数量可以了解到，冶铁发展初期是以中原地区为中心，向边缘地区拓展。

郑州古荥镇汉代荥阳城旧址北依邙山，山北临黄河，考古发现了冶铁遗址[2]；南诏县鸭河上游草店西部及西南部发现了古代的冶铁遗址[3]；河南巩县铁生沟汉代遗址[4]；河南新安县上孤灯汉代铸铁遗址[5]；河南鲁山望城岗冶铁遗址[6]。山东滕县也发现有铁范，如临淄齐故城遗址中发现汉代冶铁遗址[7]；热河战国时期的铁范[8]，易县燕下都44号墓发现战国时期

铁器[9]。江苏六合程桥东周墓中发现有铁制品[10]。此外，在贵州、云南 、广西等地均发现有战国、汉代铁质器物[11]~[13]。

在这些发现的冶铁遗址中，两汉以前的冶铁遗址分布零散，两汉以后在数量、规模、生产技术有较大的改观，遍布范围在全国各地几乎都有，充分地显示冶铁在古代中国已被广泛关注，铁器的优良性能被人们所了解，铁器对生产力产生了很大的影响（表1）。

表1　河南发现的早期冶铁遗址分布情况[14]

遗址 时代	冶铁遗址	冶铁铸造遗址	铸造遗址	采矿遗址	其他	合计	
战国	1	1	3			5	43
战国—汉	7	2		2		11	
汉	14	4	4	2	2	26	
汉—魏			1			1	

三、科学研究获取的古代冶铁技术

1. 早期冶炼技术

1973年，河北藁城台西村商代遗址中发现一件铜质铁刃钺，铁刃的成分经鉴定为陨铁[15]；在三门峡虢国墓地M2001和M2009中均出现有玉柄铁剑、铜援铁戈等铁器，经韩汝玢等鉴定[16]，6件铁质部分器物中3件为陨铁，2件为渗碳钢，1件为块炼铁，这是中国迄今发现最早的人工冶铁制品。同时出现有陨铁和冶铁的制品，说明铁相对于铜在硬度、韧性等方面的优势已被人们所认识。从出土的6件含铁制品外形装饰上可见，早期的铁制品属于珍贵的器物，通过鉴定分析可见该器物冶炼方法不成熟，成品粗糙。

春秋战国时期冶铜技术的发展很成熟，此时正是冶铁技术发展的萌芽时期，炼铜技术的发展为后来的坩埚炼铁、高炉炼铁发展奠定了一定的基础[17]。春秋战国晚期，秦汉初期，从出土的铁器物上看具有以下三个特点：①铁已被广泛应用于各个方面；②已能根据不同用途需要，采用不同冶炼技术和工艺；③当时冶铁业发展于南方和中原一些地区[18]。

两汉时期的冶铁技术是中国铁器发展的成熟阶段。这个时期相继创造了可锻铸铁、百炼钢、炒钢技术，发明了表面渗碳、淬火、退火等热处理工艺，并用铸铁脱碳获得钢件，创造性的解决当时不能铸钢的矛盾[19]。汉代的冶铁遗址在河南、山东、陕西、陕西等地均有出现，在汉代的墓葬中出土大量铁制品，东汉时期大量的兵器都用铁质制造，都表现了汉代冶铁技术很成熟[20]。汉代中国的冶铁技术基本上已进行成体系，在后期的发展中大多只是对早期冶铁技艺的改良。

2. 汉代后期继续使用和发展的冶铁技术和工艺

（1）块炼法的继续使用和发展

块炼法是最早的冶炼技术，应用块炼法生产出的铁样粗糙、含杂质较大，呈海绵体状，需要进一步的锻造技术加工精炼，才能生产出能够使用的农具、兵器等。我国古代正是块炼法技术和铸铁制造的农具、工具和兵器的广泛使用时期，对提高生产力和促进春秋战国时期的社会变革起到了巨大的作用。对块炼铁反复的锻打、精炼，在兵器制造方面取得了辉煌的成就，并为东汉时期百炼钢技术的产生奠定了基础[21]。

块炼法是早期的冶炼技术，通过块炼法渗碳锻造，也可以生产出钢制品[18]，但这样的炼铁法，产量低、费工多、劳动强度大、浪费原料多、产品不耐用。在西汉初期冶铁技术还不是很成熟的情况下，块炼法与铸铁技术同时并用存在。

（2）铸铁、生铁、炒钢、灌钢技术成熟

由于炼炉的改进，高温技术的成熟，人们可以生产出铸铁。生铁是含碳在2%～4.3%的铸铁。生铁冶炼技术的应用，将冶铁技术向前推进了一大步。此外铸铁可以通过融化、半融状态，生产出炒钢制品，加以脱碳锻打或熟铁渗碳，可以生产出人们所需的钢制品。到东汉时期该技术被广泛应用[21]。

徐州狮子山出土的铁制品经鉴定，其中至少5件为炒钢制品，确定至少在西汉早期即不晚于前154年中国已发明炒钢技术[22]，是现有经过鉴定确定的最早中国炒钢制品。

灌钢技术的发展是炒钢技术进一步发展的必然结果，这种方法是先将生铁炒成熟铁，然后同生铁一起加热，使生铁融化灌入熟铁，使熟铁增碳而得到钢。这样只要配好熟铁使用的比例，就能比较准确地控制钢中的碳含量水平，再经过反复锻打，就可以得到均匀的材料。在南北朝时期是主要的炼钢方法，经过宋代、元代、明代的不断发展成为成熟的古代炼钢技术，并且一直延续到新中国成立前后[19]。

（3）铁器制作中的处理工艺

1）淬火、冷锻、回火技术。

淬火、冷锻技术被应用于兵器、工具加工中。早期使用主要是局部淬火、冷锻，从而增加铁器的硬度，应用于凿子、铁剑等。但早期的技术，尤其在西汉时期还是不够成熟，出现了一些缺陷[23]。

回火处理是因淬火出现脆性而发展、改进的工艺。在人工冶铁初期，人们不一定会强烈地感到回火的必要性[24]。主要原因是块炼铁的碳含量通常不高，有时不仅无需淬火，甚至采用淬火也无法获得明显的强化效果。为能得到硬化效果，同时又避免脆断，我国可能很早就有意识地采用回火。

2）百炼钢。

百炼钢是中国古代铁器制作中一项独创的技术，主要在铁剑的制作上有广泛的应用。

1978年，徐州东汉时期的一座墓葬出土有错金文字“建初二年蜀郡西工官王愔造五十湅□□□孙剑□”[25]；苍县发现有铭文为“永初六年五月丙午造卅湅大刀吉羊宜子孙”的大刀[26]。韩汝玢对出土的一些百炼钢进行了较为系统的科学分析[27]，钟少异对中国汉式铁剑和其中的百炼钢进行较为系统的论述[28]。

经过研究发现百炼钢属于器物制造的一种加工手段，使得铁器致密紧蹙，同时对于块炼铁的加工还起到去除杂质，减少碳含量的作用，使得制造的铁器具有很好的硬度和强度，对于生产、军事上的发展有很深的影响。

四、现代技术手段在铁器工艺研究中的应用

早期铁器铸造技术的研究，主要通过冶铁遗址的发现、铁范的出土、铁类器物的发掘结合文献记载从传统考古学上分析研究，主要研究方向是考古实物与大区域文化遗址间的文化关系，而无法研究文物制造的技术手段以及潜在的文化、科技信息。

1956年孙廷烈对辉县铁器底金相学的研究报告，是我国最早的关于铁器研究的现代技术手段的介入，而后北京科技大学在铁器、铜器的冶金考古中做了大量工作，从发掘出的铁器文物及冶铁遗址中提取了很多中国古代的冶金信息。冶铁技术和铁器工艺的研究主要经历从早期的金相显微分析到电子扫描显微镜镜的应用，X射线衍射仪和X射线荧光分析以及断代技术的应用，尽可能多的提取了文物的潜在信息。

1. 金相显微镜

现代金属学表明，金属的成分、组织、性能和铁器制作技术工艺之间有着内在的必然联系。根据含碳量、性能和工艺的联系，应用金相分析法，对古代铁器的含碳量进行科学的鉴定，可以推测它的工艺过程和机械性能。

通过采用金相显微镜分析，鉴定了中国最早的炒钢制品，证明秦汉时期铁兵器的制作工艺及新特点的出现，鉴定了中国最早的铁钢制品以及百炼钢新工艺的发现[29]。孙廷烈先生最早利用现代科学技术手段——金相学方法，观察研究几件河南辉县出土战国时期铁器底[30]；北京钢铁学院压力加工专业对河北易县燕下都44号墓出土的战国铁器，用金相学方法、电子束X射线微区分析方法检测了具有代表性的9件铁器，证实有6件为纯铁或钢制品，3件为柔化处理或生铁制品[10]；贾莹等通过利用金相显微镜、SEM-X射线能谱仪对辽宁五女山城高句丽墓铁器进行分析，发现炒钢技术和灌钢技术的使用[31]。

2. 电子扫描显微镜

电子扫描显微镜应用于冶金中，取得了丰硕的成果。应用电子显微技术研究冶金考古学中的问题，使得很多金相显微镜不能解决的问题迎刃而解[32]。北京钢铁学院通过金相学、扫描电镜能谱仪分析、化学成分分析（碳、硅、磷、硫、锰）、X射线荧光分析、部分铁器显微硬度测定、夹杂物成分的分析。对不能进行金相学实验的铁器，进行硫印实验。对元大都出土的铁器进行了细致的分析，研究其工艺技术[33]。

李蜀庆等应用扫描电镜和高温金相显微镜，对汉代铁器和复原样中的球状石墨组织进行对比，利用电子探针对其中含的元素含量和分布进行研究，从而确定汉代铁器的加工工艺[34]。广西壮族自治区博物馆利用金相和矿相显微镜、扫描电镜、电子探针表面分析以及X射线荧光光谱分析对其保护的铁器进行了细致的分析[13]。

电子扫描镜的应用使得分析更加细致入微，研究的范围更加大，但同时扫描电镜又使用的样少，在进行取样的时候应该选择好，其分析结果应该和其他分析结果结合来研究才能全面细致。

3. X射线照相、衍射分析

X射线照相法可显现金属器中不同质地的镶嵌材料，金属锈层下的错金铭文，金属器物的铸造缺陷、不同部位的连接方法，铸件厚度以及锈蚀程度等[35]；X射线衍射可以分析得到铁质文物的矿相组织成分。魏国锋、秦颖等利用X射线衍射法对大冶李德贵冶铁遗址分析，分析了遗址的主要物相成分[36]。

4. X射线荧光技术

X射线荧光分析速度快，自动化程度高，是非破坏分析。新分光晶体的研制成功，使得X射线荧光分析灵敏度、分析精密度都极大提高。此外，制样简单，试样形式多样化，块状、粉末、糊状、液体都可以进行分析，甚至气体密封在容器内也可以分析。

当前，X射线荧光分析技术在文物研究中应用较为普遍，如大冶李德贵冶铁遗址对于铁器的分析、广西博物馆对于铁器保护的研究分析等，当前的很多考古研究分析报告中均有体现。

5. AME-^{14}C测年法

陈建立等利用AME-^{14}C法对鲁山望城岗遗址进行了年代的测试，确定鲁山望城岗从西汉已开始使用，并可能一直延续到宋代都在使用[37]。

除此之外还有化学分析法、硬度分析技术、扫描电镜电子探针等现代科学分析技术手段，这些在冶铁等考古中的应用，使得考古中从遗址本体得到更加翔实的资料。

现代的科技手段如金相显微、扫描电镜已经成熟地应用于铁器的冶金技术及工艺的研究方面，其他科学技术的不断介入研究，为研究古代冶金发展与制造工艺提供了准确、快速的研究手段。现代科学技术的应用，使铁器的研究较传统考古有更细致、准确，更多的古代冶金信息可以提取，对于建立完备的冶金技术史起到了关键的技术支撑。

五、结　　语

1）通过对古代的冶铁制品的分析研究，得到中国铁器的发展所经历的阶段是陨铁（铜铁并用）→块炼铁→铸铁以及加工工艺的不断改进几个大的阶段，充分显示了人类对于铁器的认识从低级阶段到高层的过程。

2）铁样本身易于锈蚀的天然性质，导致无法从大部分铁制品中获得全面研究所需的样品。同时由于锈蚀严重，无法更加全面地了解器物原本的工艺、技术方法，给研究者带来诸多难题以待更加成熟的技术引进。

3）现在的科学技术手段在金相学研究方法上已经较为成熟，但金相研究所需的样品量较大，对文物本身的损伤较大，亟待更为成熟的先进无损或微损技术手段的应用。同时还需多种方法的相结合，以达到样品的充分利用和分析资料的准确、完善，获得更加多的文物信息。

4）近几年先进的科学技术手段应用于铁器的研究上，从科技分析手段中得到了很多关键的冶金资料，但是没有形成一个较为完善的研究流程，没有建立完备的铁器冶炼发展史，所以需要等待考古资料的补充以及冶金考古者的进一步研究。科技手段是研究分析的关键，现代先进的科学技术在冶金考古中应用，应该全面结合各种技术手段，已获得完备的信息，科学技术将会把考古推向一个崭新的研究时代。

参考书目

［1］ 司马迁：《史记》卷一百二十九·货殖列传，第六十九，中华书局，2010年。

［2］ 郑州市博物馆：《古荥镇汉代冶铁遗址发掘简报》，《文物》1978年第2期，第28～43页。

［3］ 河南省文物工作队：《河南南召发现古代冶铁遗址》，《文物》1959年第1期，第21页。

［4］ 河南省文化局文物工作队：《巩县铁生沟》文物出版社，1962年。

［5］ 河南省文物研究所：《河南新安县上孤灯汉代铸铁遗址调查简报》，《华夏考古》1988年第7期，第42～50页。

［6］ 河南文物考古研究所、鲁山县文物管理委员会：《河南鲁山望城岗汉代冶铁遗址一号炉发掘简报》，《华夏考古》2002年第1期，第3～11页。

［7］ 山东省博物馆：《山东省莱芜县西汉农具铁范》，《文物》1977年第7期。

［8］ 郑绍宗：《热河发现战国时期生产工具铸范》，《考过通讯》1956年第1期，第29～36页。

［9］ 北京钢铁学院压力加工专业：《易县燕下都44号墓战国铁器金相学考察初步报告》，《考古》1975年第4期，第241～243页。

［10］ 江苏省文管会：《南京博物院.江苏六合程桥东周墓》，《考古》1965年第3期，第105～115页。

［11］ 宋世坤：《贵州早期铁器研究》，《考古》1992年第3期，第245～252页。

［12］ 李家瑞：《两汉时期云南的铁器》，《考古》1962年第3期。

［13］ 潘郁生、黄槐生：《广西壮族自治区博物馆汉代铁器修复保护研究》，《文物保护与考古科学》2006年第3期，第5～9页。

［14］ 苗长兴、吴坤仪、李京华：《从铁器鉴定看河南古代钢铁技术的发展》，《中原文物》1993年第3期，第89～98页。

［15］ 河北省博物馆、文物管理处《河北藁城台西村的商代遗址》，《考古》1973年第5期。

［16］ 韩汝玢、姜涛、王保林：《虢国墓出土的铁刃铜器的鉴定与研究》//河南省文物考古研究所、三门峡文物工作队：《三门峡虢国墓·第一卷》，文物出版社，1999年，第126页。

［17］ 许书理：《冶铜技术对冶铁技术的影响（公元前8世纪～2世纪）》，郑州大学硕士论文，2010年5月。

［18］ 杨宽：《中国古代冶铁技术发展史》，上海人民出版社，2004年。

［19］ 李众：《我国古代劳动人民在冶金技术上的成就》，《考古》1975年第5期，第259～263页。

［20］ 苗长兴、吴坤仪、李京华：《从铁器鉴定论河南古代钢铁技术的发展》，《中原文物》1993年第4期，第89～98页。

［21］ 李飏、李祖德：《中国古代块炼铁技术》，《粉末冶金材料与工程》1999年第1期，第1～8页。

［22］ 北京科技大学冶金与材料史研究所：《中国冶金史论文集（3）》，北京科技大学冶金与材料史研究所，徐州汉兵马俑博物馆，《徐州狮子山楚王陵出土铁器的金相学实验研究》，2002年，第91～98页。

［23］ 北京科技大学冶金史研究室：《西汉南越王墓出土铁器鉴定报告》，《西汉南越王墓》附录四，文物出版社，1991年。

［24］ 唐电、邱玉朗：《中国古代金属热处理——试论退火、淬火、正火与回火》，《材料热处理学报》2001年第2期，第51～55页。

［25］ 徐州博物馆：《徐州发现东汉建初二年五十湅钢剑》，《文物》1979年第7期，第51页。

［26］ 刘心建、陈自经：《山东苍县发现东汉永初纪年铁刀》，《文物》1974年第12期，第61页。

［27］ 韩汝玢、柯俊：《中国古代的百炼钢》，《自然科学史研究》1984年第4期，第316～320页。

［28］ 钟少异：《汉式铁剑综论》，《考古学报》1998年第1期，第35～54页。

［29］ 于敏、潜伟：《金相分析技术在研究秦汉铁兵器制作技术中的应用》，《化工技术与开发》2011年第1期，第31～39页。

［30］ 孙廷烈：《辉县出土几件铁器底金相学考察》，《考古学报》1956年第2期，第125～140页。

［31］ 贾莹、李新全、梁志龙：《五女山城高句丽铁器金相学初探》，《文物保护与考古科学》2007年第3期，第16～25页。

［32］ 韩汝玢：《电子显微技术在冶金考古中的应用》，《电子显微学报》1997年第3期，第229～237页。

［33］ 王可、韩汝玢、杜茀运：《元大都遗址出土铁器分析》，《考古》1990年第7期，第655～663页。

［34］ 李蜀庆、钱翰城、李京华：《关于汉代铁器中的球状石墨和基体组织成因的研究》，《重庆大学学报》，1983年第1期，第84～100页。

［35］ 杨军昌：《X照相技术在文物及考古学中的应用》，《文物保护技术及考古科学》2001年第1期，第55～60页。

［36］ 魏国锋、秦颖、韩楚文等：《大冶李德贵冶炼遗址矿冶遗物分析》，《岩矿测试》2008年，第99～102页。

［37］ 陈建立、洪启燕、秦臻等：《鲁山望城岗冶铁遗址的冶炼技术初步研究》，《华夏考古》2011年第3期，第99～108页。

作者单位：韩明，新疆文物古迹保护中心

新疆地区文物保护单位开展环境地质调查的相关问题探讨

丁　军　郑书民　苏志刚　胡　松　李海坤　张卓燕　赵艳龙

内容提要：新疆地质条件复杂，地貌多样，对于地质条件的调查不仅涉及经济发展、基础建设等问题，更与文物保护息息相关。本文通过对新疆地区文物保护单位的周边地址环境展开调查，并进行探讨研究。
关键词：文物保护单位　地质调查

新疆位于亚欧大陆中部，地处我国西北边陲，总面积166.49万km^2，占全国陆地总面积的六分之一。新疆历史悠久，古称西域。它位于古代丝绸之路的重要枢纽地段，是东西方古代文明的交融荟萃之地。由于特殊的地理区位优势，中原文化、印度文化、希腊文化、阿拉伯文化在这里交流、碰撞和融合，致使天山南北都保存有大量弥足珍贵的文物古迹。新疆无论是地上还是地下的文化遗存，都极为丰富，故有“天然博物馆”之称。据统计，截至2013年，新疆已发现各类文物点4000余处。其中，全国重点文物保护单位113处，自治区级文物保护单位675处，县（市）级文物保护单位2000余处。这些文物保护单位是新疆各族人民共同缔造中华文明的真实历史见证，是维系中华民族大团结的精神纽带，对于保持人类文化的多样性，维持人类文明和社会的可持续发展，具有重要的意义。

文物保护单位的赋存环境，尤其是环境地质因素，对其持久保存有重要的影响。由于多方面原因，在新疆广袤的大地上，至今尚未对主要文物保护单位开展过系统的环境地质调查。但从长远看，此项工作又是当今文物保护工作不可或缺的重要环节。有鉴于此，我们结合多年实践，就新疆地区文物保护单位开展环境地质调查的相关问题进行探讨，以期为实际工作提供必要的参考借鉴。

一、文物保护区文物现状及环境地质调查的必要性

文物保护单位环境地质研究主要包括两个方面的内容：一是研究文物本体的病害情况及其分布规律，保护已有的文化遗产；其二是进行文化遗产区域的整体自然和地质环境调查，为开展区域性的保护规划提供科学指导。

早在20世纪中期，我国老一辈的地质科学家苏良赫、王大纯等曾先后对云冈、龙门、敦

煌等文化遗产的地质景观进行过考察，初步开展了文物保护方面的地质问题研究，开启了在我国文物保护领域开展地质调查的先河。1988年9月，在希腊雅典召开了古代文物保护的国际工程地质学术会议。在这次会议上，与会者对历史遗迹和建筑名胜的工程地质维护、环境地质和历史足迹、历史建筑名胜的工程地质与建筑石料、工程地质与考古勘察等问题进行了广泛的探讨。此后，在全球范围内，文物保护领域中的环境地质调查、工程地质研究等逐步形成体系，成为文物保护（工程）领域、文化遗产区环境整治的重要基础资料之一。

目前，我国的许多文物保护单位均开展了各种类型、各种手段的环境地质调查和文物工程地质勘察，特别是对野外石质文物、土遗址和古建等的环境地质调查和保护工程措施等进行了全面和系统性的研究。

近年来文物性地质景观的概念得到广泛传播，其实质具有广泛的延展性，具代表性的有石窟、石雕、石刻、岩画和文化遗迹（如古采矿遗迹、冶炼遗迹、宗教遗迹、古墓葬、旧石器遗迹、古民居、古村落和城池、名人旧居等）等。其实质就是用环境地质手段、工程地质技术和景观学的观点去研究文化遗产保护中的环境或载体差异性问题、研究不同的环境地质病害类型和破坏的机理，以此来确定不同的文物本体、不同的环境地质条件下文物的保护措施。

正是由于环境地质调查和工程地质调查在文物保护中的重要性，在《全国重点文物保护单位保护规划编制要求》就规定编制保护规划需搜集、研究的基础资料中包括“相关的地理、地震、气候、环境、水文等资料；必要时，应由专业部门提供专项评估报告”“文物保护单位所在地当前的社会、文化、经济、交通、人口、地理、气候、水文、地质等基础资料”等要求。在《中国文物古迹保护准则》中明确指出“一切历史遗迹和有关文献，以及周边环境都应当列为调查对象”（第10条）、“必须保护文物环境。与文物古迹价值关联的自然和人文景观构成文物古迹的环境，应当与文物古迹统一进行保护”（第24条）。

新中国成立以来，我国已集中开展了三次大规模的文物普查工作，但比较遗憾的就是普查性工作主要集中在文物本身的认定、现状描述和价值评估方面，而缺少对危及文物安全的病害和环境地质因素开展调查。近年来，部分文化遗产面临着多种自然和人为因素的持续破坏，因此全面调查文物现状及文物保护区不良地质作用，完善各个文物点的环境地质资料迫在眉睫。

为贯彻落实国家有关文物保护的政策法规，继承中华民族优秀的历史文化遗产，改善旅游、生态环境，加快地方经济发展，针对新疆维吾尔自治区区域辽阔、文化遗产分布广阔和类型众多的因素，开展普查性质的《文物基础信息综合采集与处理》项目，针对文物对象之特点，综合运用现代文物测绘技术、地质学、岩土学等知识，获取高质量的综合性现状文物信息、区域地质条件以及各项岩土力学指标数据、环境参数，通过多学科、多专业的通力配合，利用现代科技手段，为各个文物点的文物保护提出合理的工程地质环境方面的评估与建议，为全自治区文物保护的规划设计提供依据。开展综合性普查性的环境地质调查最主要的目的就是以工程地质的观点来指导文化遗产的保护。

二、工作目的、任务及内容

我国的文物类型按照古遗址、古墓葬、古建筑、石窟寺、石刻、壁画、近代现代重要史迹及代表性建筑等来进行分类，这七种类型的文化遗产在新疆地区都有存在和分布，其中尤以古遗址、古墓葬、石窟寺和壁画最为丰富，其环境地质灾害也因地处西北而具有一些独特的特点和表现形式。对各类文物古迹的保存现状进行全面深入的科学调查和研究，既有利于掌握各文物的保护现状和生存环境，从而为文物的科学保护、有效管理和合理开发利用提供基础研究信息和科学依据，同时也是整个新疆文物保护事业的一个重要抓手和促进其事业发展的重要基础。

调查工作主要目的就是在充分搜集和利用现有资料的前提下，查明文物所在区域的自然条件、地质环境条件、不良地质作用及其隐患，查明文物本体赋存体病害的基本情况，查明病害的分类与特征，确定主要病害类型，了解病害的诱发因素，查明遗址结构的稳定状态，了解失稳的范围和规模。在此基础上，对文物保护范围内，不良地质作用及文物病害进行现状分析与预测分析，对现状进行科学的评估，并提出必要的防治措施。

调查的具体任务和内容是：

1）查明保护区及其附近区域有无影响场地稳定性的不良地质作用及其危害程度。

2）查明场地内的地层结构，成因年代，各岩土层的物理力学性质，对地基的均匀性及承载力作出评价。

3）查明地下水的类型、水位，地下水质及地基土对建筑材料是否有腐蚀性。

4）探明文物赋存环境所存在的岩土工程问题类型、严重程度和产生的原因。

5）确定场区的抗震设防烈度，场地土类型，建筑场地类别，并对地基土的液化作出判别。

6）查明文物保护区域，文物载体及环境的病害类型、分布以及危害程度。

7）对古建筑、近现代建筑还需查明文物保护单位附属文物的基础形式、埋置深度（如果需要）。

8）根据调查研究结果，对文物保护设计、施工应注意的岩土工程问题提出建议和意见。

9）提交调查研究报告及各类相关图件成果。

三、新疆地区文物保护单位环境地质灾害的初步分析

新疆地区的古遗址数量较大，除了极少数交通便利、保存条件好、开发利用前景乐观的能够得到修复延续外，绝大多数处于保存状态较差，存在倾倒坍塌、风化雨蚀、人为摧残的不利状态。由于新疆的古遗址主要以黄土或夹沙、夹石砾黄土夯筑而成，在常年风雨的侵蚀下，这些土遗址多存在着冲沟发育、碎裂、粉化和硬皮、片状、层状和块状剥落和人为的损毁等现象，即使是全国重点文物保护的古城遗址，如北庭故城、苏巴什佛寺遗址等也存在一定的保护不完善，遭到不同程度的破坏。

石窟和壁画也是新疆文物体系中重要的组成部分，对其的病害调查和保护措施实际上存在两个主要方面。微观层面上是针对石窟和壁画的病害调查，如石窟的窟内支撑、结构、墙面、附属物的病害及损毁原因；壁画地仗中的可溶盐反复溶解膨胀使壁画地仗结构受到破坏和酥松粉化、地仗裂隙和剥落、壁画颜料层的起甲、龟裂和壁画酥碱等。宏观方面则是采用地质学和岩土工程学的体系调查和研究西北较干旱气候条件下的弱胶结砾岩地层岩体的长期风化及松弛

以及岩体中发育的各种裂隙和其他不良地质条件对石窟安全的影响，为不良地质条件的处理和全面系统的工程加固提供技术支撑。

综合新疆地区的各种文物类型和基本的环境因素，初步分析其主要的环境地质灾害有以下九种类型。

1）大气降水、地表水、地下水造成的文物体漏水、渗水和积水。

虽然新疆地区大气降水相对偏少，但由于环境和文物体本身的特质，其受降水影响和破坏比较显著的。破坏途径及通道主要为：裂隙发育、表层孔洞、积雪融化、砾石土层的强透水性、洪水、地下水位等，如在库车苏巴什佛寺遗址中，降水冲刷（包括雪融）和下渗破坏是其最主要的致损因素。

2）边坡岩体失稳。

依山傍水开凿石窟和构建大型庙宇不单是从工程角度来进行的考虑，同时也是环境因素和文化传统的表现方式。但陡峻的边坡岩体和崖体，由于河流冲蚀卸荷，导致大量平行于边坡走向、倾向与坡向一致的卸荷裂隙发育，可导致边坡失稳滑移或崩落破坏。这一点在苏巴什佛寺遗址区东、西两寺表现最为明显，其绝大多数佛寺建筑，都是临崖而建，虽然其高大挺拔、雄壮俊美为当年的佛教圣地增添了摄人心魄的宗教和文化氛围，但也使其处于一种危险的境地。

3）裂隙发育和交切作用。

岩体、土体中的构造裂隙、风化裂隙、层面节理、断裂面、软弱夹层等结构面，形成导致岩体或土体失稳的各种切割面，其相互影响和切割作用，将产生变形、滑移、坍塌、错落等病害，并为降水下渗、盐类运移和积聚提供了通道。

4）地震灾害的影响。

地震灾害的影响对文化遗产来讲往往是致命的，故现在文物保护区地质环境调查中，地震影响的评估将是非常重要的一个方面。

5）风化病害。

处于半干旱地区的新疆文物点的风化多以冻融、巨大温差、干湿交替而引起的物理风化为主；化学风化则主要是盐类运移、沉积、结晶、膨胀等作用，直接作用或引起文物体中其他矿物的蚀变，对土质文物、石质文物产生影响；生物风化主要是植物根系的破坏作用，相对而言霉变和霉菌影响、低等生物繁殖生存和死亡堆积的影响比较少。

6）风蚀和风沙吹蚀病害。

这是新疆地区各处文化遗存普遍存在的病害。

7）岩体和土体中成分结构影响。

岩石和土体中含多种矿物成分和胶结物质，不同物质其亲水性和憎水性不同，形成差异化膨胀变形，也会导致其内部的稳定结构破坏，如蒙脱石含量若高，遇水则易膨胀变形，在表层易形成粉化。

8）环境污染引起文物体表层的腐蚀病害。

由于工业的发展和城镇的急剧扩张展，大气中二氧化硫、硝酸根离子含量增加，粉尘微粒的含量也在增多，导致酸雨和煤尘、工业粉尘等飘落在文物表体，对其进行一定程度的腐蚀，特别是酸雨对石灰岩质的石质文物损毁极大，煤尘和工业粉尘也易驻留在文物表层的细小孔穴中，破坏其原貌。

9）人类生产和活动导致的文化及其环境的破坏。

采矿、水利、筑路、工业建设、农业生产、居住、旅游等对文化遗产的影响多数是负向的，完全禁绝是不现实的，但评估其影响程度、分析其影响因素，减轻减缓其对文物和文物赋存环境的影响则具有积极的现实意义。

四、基本步骤和预期主要成果

1. 资料收集分析与整理

主要收集以下资料：

1）区域地质资料和环境资料。通过对文物所在地区域构造地质、区域水文地质、区域工程地质、地形地貌、气象水文、历史地震、附近工程项目的地质环境资料（工程项目环境评价、工程项目地质灾害危险评估等）、植被和土壤等资料的收集，确定文物区所处的地貌单元、水文地质单元的位置，初步了解该区域的环境地质条件。

2）保护区有关资料，包括自然地理、历史沿革、基本形态、价值评定等。

3）保护区已完成的相关保护治理资料及各地质灾害点的观测资料等。

在全面收集资料的基础上对其进行分析与整理，指导野外地质调查和开展综合分析。

2. 野外综合调查

主要包括对保护区范围内地质灾害的调查和对文物本体及载体病害的调查，包括各灾种的地质环境、目前动态和可能的危害等。

在收集资料的基础上，主要利用工程物探的方法，同时有针对性布置勘察工作，如井探、槽探、钻探等勘察手段，取得必要的岩、土、水样试验，结合现场踏勘，有针对性进行重点问题研究。

整个调查过程严格按照统一的技术标准和要求进行，同时做到信息化勘察，根据实际情况，作到适时修正或调正。

调查内容包括：

1）环境地质因素。

调查文物赋存区域岩层性质、成岩程度、地层产状、岩体完整性、构造状况、构造运动影响、岩层自稳能力、岩性特征等。

2）文物体自身结构因素。

土体建筑、石质文物自身的物理力学特性。

3）文物本体及载体病害调查。

根据区域地质资料、保护区地质环境条件和文物类型初步确定灾种，以目测、量测绘制综合病害调查图的方式开展工作。

主要的技术手段包括：

1）调查记录表、调查制图和调查报告。

主要是水文地质、工程地质和环境地质调查工作。

通过对地表水的径流和排泄条件、地下水的出露等进行调查，对含水层、构造破碎带的富水性、导水性、分布规律和埋藏条件进行研究。

通过对区域岩土体性质、软弱结构面、岩石风化特征、自然边坡及人工边坡、物理地质现象、雪融冻融状况等进行调查，划分工程地质岩组、岩体结构类型、提出文物遗存区主要地质问题。

环境地质调查则主要是对大区域的稳定性、滑坡、崩塌及危岩、山洪泥石流、地面塌陷、地裂缝、地面沉降、地下水污染、废弃物污染等开展调查。

2）文物现状调查。

文物保存现状的调查主要针对文物破损、文物病害以及建造工艺开展调查和记录。

3）井探、槽探或探洞。

根据文物的种类、规模和其赋存条件，在充分调查和分析的基础上选定重点区域，布置一定数量的探井、探槽或探洞，探明文化遗存基础下部的土层厚度、密实性及碎石土的颗粒级配及岩层基本情况，揭露遗址的地层或者地下埋藏物（如地基基础、地下防水处理层）的剖面。观察描述软弱夹层、风化带、构造破碎带、蚀变带、溶蚀现象等。必要时进行一定的扦探，探查底部是否存在墓穴，空洞等大的地下洞室。

对小型文物遗存、仅需补充部分资料或现场无条件开展槽探的可采用探洞方式。

探井和探槽数量和布置根据文物规模和条件综合选择，一般在2～8个，深度2～5米，并取土样、岩样、水样进行室内试验。调查结束后需对其进行回填和制图标识。

4）钻探。

钻探的主要目的是查明岩土层的性质和分布、采取岩土试样与水样、观测地水水位、为原位测试试验提供条件。在一般性勘探孔（鉴别孔）进行地层鉴别，查明岩土层的性质和分布；在技术性勘探孔中除鉴别地层外，还需进行岩土试验的采取、地下水样分层采取、原位测试试验工作。

钻探深度初步设定20m，可为原位测试试验提供条件，以判定场地类别、判定场地粉土、砂土层液化问题。

5）取样。

取土的原状样、扰动样、岩石样。通过井探、钻探方式在黏性土和粉土中取原状样；通过井探、槽探、钻探、和文物剥落或堆积体部位砂土中采取扰动样。

原状样要达到试验等级要求，Ⅰ级原状样要保证在95%以上。试样的体积、重量要满足试验的要求，当土层过薄无法满足时，适当减小取样间距或连取。

6）原位测试。

在场地内布置两个剪切波速测试孔、两个取水（土）孔。

对粉土、砂土进行标准贯入测试。

对碎石土进行重型动力触探测试。

根据现场实际条件，选择典型部位进行工程物探勘探，主要采用地质雷达、层析成像的勘察手段。

现场勘察期间，为保证取样测试数量既能满足规范和勘察评价的技术精度要求，又能有效控制工程造价，取样间距控制在1m。各土层的原状土样需满足规范及地基评价需求。

现场勘察期间，对20m深度内的砂土、粉土进行标准贯入试验（SPT），留取砂土、粉土扰动土样并进行颗粒分析，获得黏粒含量百分率（ρc），进行土样鉴定和场地土液化判定，评价砂土密实度，确定承载力和变形参数。

现场勘察期间，采用标准贯入（SPT）、单孔法波速测试等原位测试手段，对砂土留取扰动土样，综合评价砂土的密实度，确定承载力标准值、极限侧阻力标准值、极限端阻力标准值和变形参数。

现场采用重型动力触探试验，获取评价碎石土层的密实度、均匀性，确定承载力与变形的参数。

现场采用单孔法进行土层剪切波速测试，测点间距1m，确定建筑场地类别和各土层动力参数。

现场勘察期间，采集具有代表性的地下水样和土样，进行一般化学性质试验。

现场勘察期间，根据各勘探孔的实际钻进深度，每天实时观测记录钻孔中地下水位的变化情况。

7）物探。

主要是采用地震勘探和电法探测方式来探明文物遗存下部的地质地层情况。

地震勘探是利用地下介质弹性和密度的差异，通过观测和分析地层对人工激发地震波的响应，推断地下岩层的性质和形态。而电法探测则是根据地壳中各类岩石或矿体的电磁学性质（如导电性、导磁性、介电性）和电化学特性的差异，通过对人工或天然电场、电磁场或电化学场的空间分布规律和时间特性的观测和研究，查明地质构造和解决某些工程地质及深部地质问题。

主要作业方式系根据文物的种类、规模和其赋存条件，布置雷达测线扫面，测线平行布置，线距2m，点距不超过10cm，连续测量。通过圈定异常情况，加布垂直测线，达到网格控制的目的。

另外，对新疆地区存在的大量土体建筑遗存，土体内部的裂隙和溶蚀空洞等是其致命的病害之一，可考虑采用超声波探测技术，利用其震动频率高、脉冲波峰和方向性强的特点来探测其内部均匀性。

对石质文物岩体中的岩溶发育及裂隙分布情况，可用地质雷达进行探测，为文物保护工程设计提供可靠的地质资料。

8）其他勘察手段。

根据文物特性和必要性，采用一些其他的勘察（检测）手段开展文物体的形变、裂隙和基础沉降观测，以及有害气体、降尘、光辐射和震动的实时勘测。另外，对石窟、壁画、岩画等文物地区，有必要对水样化学和水理性质进行测试，为保护工程提供相关的技术参数。

9）土工试验和水试样。

根据探槽内选取岩样、土样，文物体原样多组进行室内土工试验，进行粒度、密度、含水率、塑液限、抗压抗剪、击实性、吸水性、湿陷性、波速等。

3. 综合分析和评估

在野外调查和勘探、测试的基础上，全面进行综合分析，包括文物保护区范围内地质灾害的现状评估、预测评估及综合评估；文物本体及载体的病害情况，并提出相应的防治措施。

4. 预期主要成果

主要成果包括：

1）收集资料汇编。

2）文物工程地质环境调查报告。

3）各种记录表格、图件、照片等。

五、结　　语

新疆地区地域辽阔，环境地质灾害有其显著的地域特性，加之新疆的文物保护单位多数受环境及地质灾害的影响较大，开展新疆文化遗产的环境地质调查和工程勘察，是对全疆的文化遗产赋存状况的一次全面调查研究，是一种宏观体系下的环境地质因素调查和微观视野下的工程地质勘察相结合的研究性工程项目，可为整体性的文物保护规划提供详尽全面的支持。

作者单位：丁军、郑书民、苏志刚、胡松、李海坤、张卓燕、赵艳龙，
建设综合勘察研究设计院有限公司

库车东部唐代戍堡和烽火台的调查与初步研究

伊　力

内容提要：库车县城以东至轮台县城以西之间约不足100km的地方遗存着数处唐代的戍堡和烽火台。烽体形状大体相似，为平面呈长方形或方形，立面呈梯形状。由土坯或夯筑而成，也见其中垛泥块的现象，常常在烽体中夹筑木柱或红柳等物。库车东部的这几座烽火台的造型、建筑方法及用材诸方面，与汉代罗布泊地区烽燧有着共性，这反映了西域古代文化的传承、延续与发展，为我们了解唐代龟兹戍堡、烽火台的形状、构成、分布及特点等历史信息都提供了重要的实物资料。

关键词：库车　唐代　戍堡　烽火台　调查

库车县城以东至轮台县城以西之间约不足100km的地方遗存着数处唐代戍堡和烽火台。基本分布于库车县城境内，伫立在314国道沿线的戈壁上。根据分布的地域推断，这些遗存曾是唐代安西都护府境内的一条官道的组成部分。具体地说，是唐代乌垒州①至龟兹都城间的军事设置，为我们认识唐代龟兹与天山以北、塔里木河流域的交通以及军事防御体系等相关问题，提供了一些新的视点。

一、沿安西都护府境内东西向官道分布的遗存

据目前的考古发现，从焉耆、轮台向西至龟兹都城，沿途都见有城堡及烽火台的遗存。其走向基本是沿着314国道而行。这段距离中，发现有戍堡2座，烽火台5座。以下是这几座城堡的具体资料，从东向西，详细叙述如下。

1. 却勒阿瓦提烽火台遗址

烽火台地处确格塔格山前却勒阿瓦提村以东，准东农场西部数百米的盐碱滩上。北邻314国道约2.5km（图1）。

烽火台修建于土丘上，建烽前将所在的土丘修成平台状。烽体基部平面呈方形，1988年调查时高约5.3m，边长约10m。烽体由上向上逐渐收缩，剖面呈梯形状。顶部东西边长6.8m，南北5.3m。而2005年调查时烽体残裂，烽体的建筑方法暴露于外，这为我们认识该烽火台的具体

① 孟凡人先生认为，阔纳协海尔古城是唐代屯田遗址或唐代的乌垒州故址。参见《丝路交通概述》，载《新疆考古与史地论丛》，科学出版社，2000年，第347页。

图1　却勒阿瓦提烽火台

结构提供了可能。烽体的内部是用土坯夹筑红柳枝以及芨芨草束构成。红柳以及芨芨草束与土坯的间隔约为0.5m。在烽体的外部四壁各贴一道夯土墙，用以加固。东南角有宽约1.2m踏道，呈斜坡状，与烽顶相连。

北立面：残，立面已呈不规则形。烽体历经二次修建的过程，其内部的土坯建筑与外面修补的夯筑墙的分界线清晰。通过立面，烽火台原来的形制尚还清楚，即原形应为上小下大的梯形状。原烽火台顶部东西残长约4.8m，底部东西长约7.1m，残高3.2～4.8m。在原烽火台的东西两侧各修补了一道立墙。其东侧的立墙高约5.5m，宽1.2～2m，是由夯筑而成的；夯层厚0.10～0.15m。西侧的修补立墙，残高3m，宽1.1～1.4m，亦是由夯筑而成的。在立面的下部有烽体坍塌的土堆。

西立面：残，立面已呈不规则形状，高低不平。而外部的夯筑墙与内部土坯建筑的分界线清晰。在立面的中部为原来烽体的部分，残剩不多，上残南北长4m，底残长5.5m，残高约3.8m。立面北侧的修补立墙残高约2.5m，宽约0.8m。南侧面的立墙高约5.5m，宽0.7～2.1m。修补墙为夯筑。在立面中下部也有局部的夯筑墙残留。南北残长4.5m，残高约1.5m。在立面北侧下，向北有长5m左右的斜坡堆积。

南立面：残，已呈不规则形状。原烽体和后修补的墙体界限清晰。原烽体居中，残甚，上东西向残长3.5m，底东西向长约4.2m，残高约3m。东西两侧修补的墙体，西墙尚直，高约5.1m，宽约1.3m。东墙已向烽体里侧倾斜，高约4.6m，宽约1.2m。烽体的中下部为坍塌形成的土丘状以及一些夯筑的残墙。在西侧面下部有小土堆，高0.3～2.1m，长约3.2m。

东立面：残损严重，呈不规则形状。原烽体与后来修补的墙体高低不平。立面的上部南北残长4.8m，底南北残长6.5m，高3～5.2m。引人注目的是，在立面的下部东南角，有一片保存尚好的土坯堆积，南北长1～1.5m，上下高约1.5m。立面南北两侧的下部为土丘状，分别长为4.7m和6.6m。

综上，该烽火台形制清楚。平面呈长方形，立面为上小下大的梯形状。烽火台经二次修补，建筑方法不一致，最初用土坯夹筑红柳枝以及芨芨草束构筑。修补时采用夯筑的方法。基本是沿烽体的四周修建一道夯土墙来加固。从东立面下东南角，还保留着土坯堆积的现象，这反映了修补的时候，有的地方因尚完整，没有修建夯筑墙，而仍然沿用以前的土坯墙。地表散见夹砂红陶片，均轮制，施红黄色陶衣。烧成温度高。

2. 吾孜塔木戍堡

位于库车牙哈镇却勒阿瓦提村西约8km，314国道以北的戈壁滩上。南距国道约300m。东距却勒阿瓦提烽火台遗址8.7km。

戍堡平面约呈方形，边长约70m。墙体夯筑，其间夹筑红柳，墙基2～3m，高1～2m。

东墙中部建有马面。东南角有角楼，呈方形，用土坯筑成。而古城内还有保留有几道墙垣痕迹。城门开在南垣中部，宽2m。戍堡西墙墙外接一方形建筑，呈长方形，东西宽25m，南北长70m，墙体稍窄，墙宽1～2m，其建筑方法与城垣相同，为夯筑，其间夹有红柳，地面平坦。在遗址的北部似有几间房屋，东西向排列，仅剩墙基。在遗址的东北还遗留有大量的泥质红陶片，其时代为唐代①。根据遗存情况，该戍堡西墙外接的一长方形建筑，其建筑方法与古城相同，应是与古城基本同时期的遗留。其墙较城堡稍窄一些，似没有城堡那样重要，用途可能是停放马匹或车辆的地方。在遗址北部似还有几间房屋建筑。而古城临当时安西都护府的官道相当近，综合诸多现象，推测戍堡可能还具有驿站的用途。

3. 脱盖塔木戍堡遗址和烽火台

位于却勒塔格山前的盐碱滩上，北邻312国道约百米的距离，东距吾孜塔木戍堡不足3km（图2）。

图2 脱盖塔木戍堡背面

戍堡平面约呈正方形，边长约40m。墙体用土坯砌筑，土坯间坐泥，泥厚约5.5cm。还发现在土坯上垛泥块的现象，西北角保存较好的墙垣的上部有垛泥墙的痕迹，垛泥墙厚15～20cm。基宽约10m，残高约7.5m。

在戍堡之门开于南垣中部，宽8m，外有长圆形的瓮城。东西长约9.6m，南北宽约8.8m。瓮城的门向东。城的西北和东南方向建有角楼，保存比较好的，长3～4m，宽1.2～3.7m。

在戍堡内偏北有房屋的痕迹。其中一房屋残有南北向的一段墙垣，墙上有烟道、弧形灶面和草泥抹墙面的痕迹。据前调查资料，被认为是近代的房屋建筑。城内建筑已被破坏殆尽。散见有大量的陶片。

在戍堡西60m处及其东约70m处各建一座烽火台。20世纪80年代，城堡西部的那座烽火台坍塌严重，仅剩土堆。而东部烽火台保存较好，由方形烽体和南侧的斜状踏步构成。烽体的平面呈长方形，其上东西长7.7～9.2m，南北宽7.6～4.5m。下东西长约10.5m，南北长约8米，由下向上逐渐收缩，剖面呈梯形状。基本为土坯砌筑，也发现有垛泥砌筑或夯筑的现象，如在女儿墙（北面墙）的下部发现为垛泥，上部为土坯。土坯的尺寸为46cm×26cm×8cm。土坯中掺有麦草。用土坯或夯筑建成约6m的高墩状，然后在四面分别建女儿墙，形成四面有墙的房屋形式。房屋东西长约7.3m，南北宽约3.8m。现四面的女儿墙残剩高度不一，北墙残高2.2m，西墙残高1.3m，东墙残高3.9m。女儿墙宽约1m。女儿墙的建筑方法也不一样，有的下层垛泥块或层夯筑，上层用土坯垒砌。在房屋内的墙面上抹草泥，形成草泥面。草泥面墙厚约5cm。

① 新疆维吾尔自治区文物局：《库车县不可移动文物》，《新疆维吾尔自治区第三次全国文物普查资料汇编》，2011年。

房屋的南面有一豁口，宽约1.9m，其距西墙3.9m，距东墙1.5m。估计在此原来建有门，形制不清。

在烽体的之南呈斜坡状，长约11.5m，为上烽顶的踏步。在北墙局部处修建加固墙。

南立面：上东西长约8.9m，下东西长约10.6m，残高7～3.7m。立面呈上小下大的梯形状。在立面上能看烽体墩上耸立的西墙、北墙、东墙、南墙及立面上的斜坡等内容。西墙通高6～7.2m，北墙通高7.1～8.9m，东墙通高7.1～8.9m，南墙通高6.8～7.4m。其中西墙残宽0.5～2m。东墙宽约2m。立面所见建筑材料基本为土坯，也发现有夯层。

东立面：烽体位于北，而斜坡步道位于南。烽体上部为北高南低，残呈斜状。南北长约4.5m，下南北长约8.6m，残高7～8.5m。由土坯筑成。南侧的斜坡步道，斜长约9.7m，其南端，紧邻烽体的南沿，高约3.5m。由于残损，步道的建筑材料不十分清楚。

北立面：上东西长约7.8m，下东西长约9.3m，残高8.7～6.5m。立面呈上小下大的梯形状。立面偏东一侧，有一豁口，东距墙约2.3m，西距西墙约4.6m，宽约1.3m，高约2m。此豁口是否是该房屋的窗户，因残，已无法辨明。在豁口东侧的立面上有一道修补的墙体，其宽约60cm，高约4m。与原墙间有一道明晰的分界线。立面上土坯砌筑的痕迹清晰。

西立面：立面上表现有烽体的西面墙、东面局部墙以及烽火台南面的斜坡踏步。其中烽体西墙南北残长4.6m，下南北长约6.1m，高约6.3m。在烽体的下部东侧堆积着丘状的土，这可能是烽火台上部坍塌所至。在烽体的南侧为斜坡踏步，南北斜长9.5m，靠近烽体一侧较高，高约4m，由此向南渐低，直至地面。因残，踏步的建筑方法不清，目前仅见为土形成的斜坡。

该烽火台也是这一地区保存相当好的一处。烽火台下为土墩状，上四面建有女儿立墙，形成小屋的形式。坐北朝南，北有窗，南有门。因为残，我们不知道小屋的上面是否有顶。出门即为上烽的斜坡步道，很为方便。该烽火台建造的形式与现在人建房的理念一致。

另外在烽火台西面的城堡墙体有用土坯砌筑座泥的建筑方式，也发现在土坯上垛泥块的现象，如城西北角保存较好的墙垣的上部有垛泥墙的痕迹。在烽火台的房屋立墙上部也有垛泥块的现象。这些现象告诉我们，城堡与烽火台有着某些共同性，它反映出的是时代的一致性。

在该遗址中所采集的陶片多为夹细砂红陶片，夹砂黄陶次之。部分陶器因火候不高，呈灰色外壁施有红黄色陶衣。制法以轮制为主，小件器物为手制。多为素面，少有纹饰，为竖钱纹、弦纹、锥刺纹和压印的圆圈纹等①。其所出土的陶片局部特征与库车唐王城所出陶片有相似之处，其时代为唐似无疑问。

4. 墩买里吐儿烽火台遗址与帕合特勒遗址

（1）墩买里吐儿烽火台遗址

位于牙哈乡塔格罕其村西南约1km处，北邻312国道不足2km。西南距帕合特勒遗址1.2km（图3）。

遗址破坏严重，残存为一座形制不规则的土台，平面似为长方形，立面尚辨为长方体形。南北长9m，东西宽6.7m，残高7m。夯筑，夯层7cm左右。四壁较直，周壁柱洞甚多。每层柱

① 新疆维吾尔自治区文物普查办公室等：《阿克苏地区文物普查资料》，《新疆文物》1995年第4期。

洞的上下间距为1.05～1.2m。孔径10～20cm。这反映了烽体夯筑时夹筑有木柱。在地面仅采集到零星的夹砂红陶片。

（2）帕合特勒遗址

位于牙哈乡喀朗格村与塔罕其村交界处的农田中。东北距乡政府驻地5.5km。在墩买里吐儿烽火台遗址西南约1.2km。遗址略呈长方形。南北残长30m，东西残宽40m。目前遗址残甚，仅见残墙垣，高约1.5m。墙垣用土坯、泥块垛筑而成。在西墙和南墙下尚见有土坯的痕迹，上为垛泥。土坯厚约20cm。遗址上散见有灰陶片，厚约5cm，手制。据当地人介绍，以前遗址保存较好，不仅面积大，而且高10米余。后被挖毁而呈此状。据此，遗址是用土坯和垛泥筑成。从遗址的高大造型，其可能是一座烽火台建筑。

图3 墩买里吐儿烽火台东面

5. 萨喀古（沙卡乌吐儿）烽火台遗址

位于库车县城乌恰镇萨卡乌村一人家的菜园子里。四周地势平坦，民房林立。东距龟兹故城2.5千米。

此烽保存相对比较好。烽火台平面呈长方形，剖面呈梯形状。顶部东西残长6.4～7m，南北宽9.2～8.5m。底部东西残长9.6～9.4m，南北宽约13.3m，残高约11.3m。土坯砌筑。土坯与土坯间座泥固定。土坯的尺寸是35～40cm×20cm×6cm。整个烽体不见夹筑草一类的东西。顶平，在顶的南中部，有一方形的口，这是从门登至烽顶的入口处。

南立面：略呈长方形，顶东西残长约5.8m，底东西长约9.6m，高约11.3m。立面的正中有一个门，距顶约3.3m，距底约2.7m，距西沿约4m，距东沿约4m。门高约5.5m，宽约1m。由门向烽体内有阶梯通道可以到达烽的顶部。顶部有口，达于烽顶。现在门的下部，农民支了个梯子，攀登梯子可至门上。估计原来在门的下部建有斜坡状踏步，顺踏步很便利至门上。1995年发表的调查资料说，门呈枣形，宽约0.85m，高约5m，顶楣为双券，外券高约5m，内券高约6m。结构为先用两根木条架成尖状拱顶，上立砌土坯。而2006年时这券楣已不存在了。只见门的顶部用几个木柱横达其上，在木柱上垒砌土坯，形成平的烽顶。现在门上的三个横木还完好地保存着。

据1995年发表的调查资料，从烽体南壁的门登至烽顶的通道，为一条带台阶的坡道，斜向通至烽顶。通道口位于南壁正中，距地表约3.3m处。通道水平长2m，宽约1m，高3～6.5m。通道的顶呈水平状，高出烽顶出口约0.4m。东西长约1m，南北宽约1.5m。通道的上部用五根木条南北向均匀排列，上铺芦苇，最上覆土。通道上共有台阶13层，级差0.2～0.7m。在南立面上有木柱伸出烽体，并遗留有5个柱子孔，分布无规律。孔的垂直排距为1～1.2m。

东立面：在立面上，烽的顶部有残失，其他部分尚存。烽顶平，烽体由下至上逐渐变小，剖面呈梯形状。顶南北长约9.5m，底南北长约13.4m，高约11.5m。有自然裂痕，没有发现修补的痕迹。

北立面：立面上两侧有残损，保存状况不十分的好，尚辨烽顶平，剖面呈梯形状。顶东西残长约6.5m，底东西长约11.5m，高约11.3m。立面上从上至下有11个柱子或柱子孔。其中中部的两排柱子孔上下相距约为80cm。据1995年发表的调查资料，该立面柱子孔保留最多，上下七排，15孔。柱子上下间隔距离基本是1米左右。

西立面：立面上虽然有残损，但平的烽顶和由下至上渐渐斜收的建筑特征清楚。顶南北长约9m，底南北长13.4m，高11.5m。在烽体的上部有几个柱子孔，孔较小。在立面的残损处，土坯的砌筑为二丁一顺的形式，即南北向砌筑二层，再东西向砌一层。立面上遗留有由上至下的道道条痕是雨水冲刷所致。

综上所述，该烽火台是这一带保存较好的一座。其建筑方法比较一致，都是用土坯夹筑木柱构建，其中土坯间座泥，并采用二丁一顺的砌筑形式，这样土坯相对比较牢固，不易坍塌。另外，该烽火台非常宝贵之处还在于上烽的途径比较完好地保存下来，烽体为实心，利用门和阶梯，直达烽顶。这种上烽的方法与汉晋时楼兰道上的烽燧上烽方法相同，这反映了文化的延续性。

二、与天山以北交通网络相连的遗存

在实地调查中，我们发现了一些现象，那就是在这近百千米距离所发现的遗址中，一般一座烽火台或古城的北部，都有一二座烽火台或古城与其遥相呼应。而这些烽火台或古城并且都是建于一条河的河口或能够到达河口的地方。依据目前的地图，这些河谷大致呈南北走向，并且都可与库车河的主河道相连接（即便是蜿蜒曲折也如此），由此而到达天山以北或伊犁河谷等地。

1. 土日烽火台遗址（俗称“国库鲁克烽火台”）

地处却勒塔格山前洪积台地上。位于牙哈乡土日村东约500m处。烽火台东南近10km处为却勒阿瓦提烽火台遗址。

这座烽火台为夯筑，已破坏殆尽。仅存烽体基部残迹。东西长约1.75m，南北长约1.5m，残高3.5m，夯层紧密，厚12～15cm，其间无夹筑木。2005年笔者前去调查时，已无任何遗存。1977年开垦土地时在此发现有陶罐、沙锅、磨盘等物。依据地图①表示，此烽火台东南约200米处有一条简易公路，东北通向依奇克里克油矿以及独山子。烽火台凭依一条季节性的干河床，可与克孜克尔肯相连接。而溯克孜克尔肯而上，有便道经过羊布拉克或巴格苏盖特、伯勒博克孜、苏萨依等地，而达于库车河谷，由此而穿越天山，到达天山以北地方。所以，此烽火台所在的位置与设立与古代龟兹通天山以北的交通地点有关。

① 新疆维吾尔自治区测绘局：《新疆维吾尔自治区地图册·库车县图》，山东省地图出版社，2005年。

2. 丘甫烽火台遗址

位于县城东约41km，在314国道以北地方，却勒塔格山南麓的洪积砾石梁上，地势相对较高的小丘之上。天晴之时，从脱盖塔木城堡向此可以望见此烽火台。在其东面各临一条季节性的冲积河流。

遗址平面呈长方形，底边南北长约7m，东西宽约4.5m。烽顶平，顶边长东西长约2.5m，南北宽约2m。向上逐渐收缩，剖面呈梯形状。残高约7.5m。夯筑。夯层厚8～9cm。现在烽体的上部和下部都发现有木柱夹筑其中。上部一般是五六层夯土，厚75～80cm，中间夹筑一层木柱，如南壁上有6排7个柱木。最下排的木柱距地表高约1.5m。东西壁顶部各有两个柱木。木柱直径7～8cm。

烽体的东、南、西三立面直，唯北侧为斜坡状，北立面可能是上烽的踏步，顺道登上烽顶。在烽体所在山岗下，发现有红陶片，泥质，厚约0.5cm。在盗洞旁还发现有羊骨头、麻绳和线鞋等物。

3. 依斯塔那戍堡遗址

位于牙哈乡依斯答那村东北约1.5km，却勒塔格山前地带。南略偏西距脱盖塔木戍堡近10km。北依山丘，南邻一道土梁。地势相对平坦。遗址的范围很大，距戍堡百米左右的地方，都发现有陶片散落。

遗址由戍堡和烽火台两部分组成。

戍堡呈长方形，东西长约37.7m，南北长约29m。墙基宽3m左右，残高1.3～4m。门开在西南，宽约6m。墙垣一般上层为土坯，下为夯土砌筑。在城垣内建有一排一排的房屋，痕迹清晰。目前在城角尚保留有突起，如东南角的突起呈弧形小丘状，高约4m。这是否是当时的角楼，因残，尚不能确认。

烽火台建在城堡的东北部。平面呈长方形，上东西残长约7.5m，南北宽5～8m。下东西长约15.6m，南北残长约12m。剖面呈梯形，高约9m。烽体下部为夯筑，上部用土坯垒砌或修补。

南立面：立面呈上小下大的梯形状，上东西残长约6.4m，下东西长约12.8m，残高9m左右。立面上因风蚀，绝大部分夯层不清晰，在立面的东南角下有一片夯层较为清楚，夯层厚10～8cm。在立面的西侧，其下层为夯筑的，其之上为土坯垒砌，土坯与夯筑的分界线清晰可辨。由土坯在上而夯层在下的位置，可以认为，该戍堡和烽火台起初采用夯筑的建筑方法，后使用土坯加固和维修，这里是证据之一。在夯筑的土层中还发现有木柱夹筑其中。由于木柱少，夹筑的规律不清。

东立面：烽体位于城堡的东北角上。立面北为烽体，烽体南和北侧以下紧连着低矮的城垣。烽体呈上小下大的梯形状，上南北残长7.2m，下南北长约12m，高约8.8m，城垣高约1.3m。在烽体立面的最上部有一二层的土坯，其下即为夯筑层，夯层厚约4.7米。夯层夹筑木柱的情况较南立面为多，计有10根左右，分布无规律。柱子孔径20cm左右。

北立面：烽体位于城堡的东北部内。烽体呈上小下大的梯形状，上东西长约6.2m、下东西

图4　依斯塔那烽火台北面

长约14.5m，高约8.7m。在烽体的上部有少量的土坯垒砌，高数十厘米。其以下为夯土筑成。夯层厚8～10cm（图4）。

在戍堡的附近还发现有墓葬，未有清理。

在此遗址上采集的遗物有陶器、石纺轮、石饰、铜带扣、玻璃器、扣饰、耳环和无字五铢钱4枚、龟兹钱2枚。所采集的陶片主要是夹细砂红陶片，也有少量的夹砂灰陶。均施红黄色陶衣。制法以轮制为主，也有少量的手制陶。多素面，少量纹饰，主要有弦纹、附加堆纹和麦穗纹等。还发现有扁平状圆形磨盘，上刻画有细线纹[①]。

4. 依斯塔那北遗址

位于牙哈乡依斯答那村东北约6km，依斯塔那山沟中。遗址建依斯塔那山沟西岸台地上。地表平坦已无遗址痕迹。而在台地下深约2m的沟谷内冲出许多大陶缸，陶缸直径1.5m，为夹细砂红陶为之。另外也冲出一些尸骨[②]。从遗址所反映的现状分析，遗址很可能已遭到严重破坏，是因台地的塌陷，至使遗址上的遗物塌落于2m以下的沟谷中。遗址保存不好，但其遗址年代为唐代，其建于该沟谷的西岸台地上现象还是清楚的。据发表的资料，遗址台地距离河谷有2m左右的距离，如果作为民居，生存取水不十分方便。而一般情况下，只有戍堡类的遗址或有某种特殊需求的城址，才会选择建于河谷出山口处。为此笔者推测，该遗址可能原来是处戍堡。

依斯塔那山沟常年有水，依据地图，该沟谷并不直接与库车河谷相连接。但其由依斯塔那向西，经过也托呼塔格，通过蜿蜒曲折的山谷路，与库车河谷相沟通。而从脱盖塔木城堡经丘甫烽火台遗址、依斯塔那遗址和依斯塔那北遗址，其间间隔的距离最多为10km，一般只有数千米之长，唐代时在与库车河谷的沟通中建有这几处遗址，并非是目的的设置，很清楚，其应与防守库车河谷畅通的安危有关系。

5. 博斯坦托拉克烽火台遗址

位于牙哈乡博斯坦脱拉克村南约10km，西南距克里希村戍堡遗址约14.6km处，东略偏南距脱盖塔木城堡不足10km，在却勒塔格山南麓，博斯坦托拉克沟口的西岸台地上。依据其所在地，溯河沟而上，经库尔哈，有便道达于苏萨依，而至库车河主河道，由此北上而穿越天山，达于伊犁河谷和天山以北地区。

烽火台已完全倒塌，现仅存一周长约45m，高约2.5m的土堆，土堆内含有土坯、草拌泥、

① 新疆维吾尔自治区文物普查办公室等：《阿克苏地区文物普查资料》，《新疆文物》1995年第4期。

② 新疆维吾尔自治区文物局：《库车县不可移动文物》，《新疆维吾尔自治区第三次全国文物普查资料汇编》，2011年。

砾石和夹砂红陶片等。土坯长35～40cm，宽约25cm，厚约10cm[①]。据此推测，烽火台是用土坯砌筑而成，外抹有草拌泥。另外从遗址中所出土的陶片，其时代为唐。

6. 克尔依斯戍堡遗址

也称克里希戍堡遗址，位于牙哈乡克日希村以南，该烽火台东北与博斯坦托拉克烽火台遗址相距14km余。南略偏西与墩买里吐儿烽火台遗址和帕合特勒遗址相距约15km。该戍堡所处地理位置，与库车河的交通更加便利，它是建于库车河东枝水即牙哈河[②]的南岸台地上。现在由克日希戍堡西北方向沿着乡间公路直接达于库车河畔的艾日克阿热斯，并与217国道相接，由此而到天山以北以及伊犁河谷等地。所以克尔依斯戍堡遗址（克里希戍堡遗址）建于此地，当时应该也是考虑到与库车河谷等地方便交通的方便而设立的。

遗址平面呈不规则长方形，东西长约110m，南北宽约20m。堡垣夯筑，基宽4m，残高2m。现东和南墙垣尚存，东墙外有一座土坯砌筑的台基，这可能是马面。西、北面临河为险，可能没有建筑城垣。门开在南墙西部，宽约2.5m。堡垣外有深1～3m的沟与河床相同，可能是护城壕。城堡内散布少量夹砂红陶片。

据文献记载，“贞观二十二年（648年）太宗即破龟兹，移安西都护府于其国城”[③]“显庆三年（657年），以其地为龟兹都督府……又移安西都护府于龟兹国”[④]“显庆三年（657年），破贺鲁，仍自西州移安西府于龟兹国城”[⑤]随后并在龟兹等地设立安西四镇。这些史籍记载反映了唐朝于贞观二十二年（648年）和显庆三年（657年）曾二度置安西都护府于龟兹之地，特别是第二次，是击败了西突厥阿史那贺鲁后从西州移安西都护府于龟兹国的。唐代初年，因受西突厥势力的扰乱，西域一度商路不畅，因而唐朝于贞观十三年平定高昌，以其地置西州，并在西州置安西都护府，目地主要是为了对付西突厥。而当时龟兹对唐朝岁贡不绝，但却“臣于西突厥”[⑥]所以唐平龟兹以后，置安西都护府于龟兹，并置安西四镇于其地，在某种意义上讲，目的应与当年唐平高昌一样，是为了更加有力地对付西突厥，为唐朝立足于西域打下良好的基础。有专家研究认为“安西都护府……是为了南控吐蕃、北制突厥，抚镇西域诸地而设置的”[⑦]可见唐代在龟兹之地设立安西都护府并使之成为安西四镇的重要成员之一，是为了使龟兹成为唐代防御突厥、吐蕃以及后来势力日渐强大的突骑施和东突厥等复兴势力的重要地域和屏障。

在天山北麓地区，唐朝于长安二年（702年）在吉木萨尔的北庭设立了北庭都护府，成为管辖天山以北广大地区的权力机构，安西都护府与北庭都护府之间的交通畅通于否，是也关系到唐能否有效统治西域的一个方面。考古资料显示，唐代在龟兹与天山以北地区的军事防御措

① 新疆维吾尔自治区文物普查办公室等：《阿克苏地区文物普查资料》，《新疆文物》1995年第4期。

② 《新疆维吾尔自治区地图册·库车县图》称其为五支渠。

③ 《旧唐书》卷198《西戎传》。

④ 《册府元龟》卷991《外臣部备御四》。

⑤ 《旧唐书》卷40《地理志三》。

⑥ 《新唐书》卷221《西域传》。

⑦ 吴玉贵：《唐代安西都护府史略》，《中亚学刊》（第二辑），中华书局，1987年。

施，相比较其他地区而言是比较严密的，我们所述的只是唐代龟兹军事防御体系的一小部分。而唐朝加强龟兹与天山以北地方的军事防御能力，利用穿越天山南北的河谷，作为沟通龟兹与天山以北地区的军事防范区域，可以说是顺应了当时唐朝统治西域大业的需要。

三、与当地河道密切相连的遗存

库车河和渭干河及塔里木河是现库车县境内主要的水利资源。《水经注》中记载“龟兹川水有二源，西源出北大山南，其水南流……注北河。东川水出，龟兹东北……入龟兹城，其水又东南流，右会西川枝水……又东南，注大河”。《西域水道记》对此记载言“今则西川自入河，东川入湖后无復余水，不与河通”①。据此，渭干河和库车河应该是史籍中所言的龟兹境内的东西两条河。它们源于天山，而东南方向流入库车以南的广袤的平原绿洲。考古资料显示，在渭干河和库车河流域以及现在的草湖地区，曾发现有大量的唐代遗址，它反映了唐代时在这两条河流所形成的绿洲平原上进行过屯戍活动。所发现的遗址性质不尽相同，有唐王城、戍堡、窑址、粮仓和畜牧场等不同功能的遗存。黄文弼先生早年曾到库车南部的草湖地区进行考古调查，他曾明确指出，这一带地区为汉代屯田区，至唐代仍在此地垦殖②。

那么唐代时草湖一带的垦殖区势必要与安西都护府驻地——龟兹城有着较为密切的连系，并且唐朝也投入相当的军事力量以维护其间交通的畅通无阻和安全。而有关于这方面，虽然仍然没有相关的史籍记载。而大量的考古发现为我们提供了这方面的实物资料。因为篇幅所限，我们只谈谈库车东部的这几座唐代戍堡和烽火台与库车南部草湖间的联系。

考古资料显示，库车东部的这几处戍堡或烽火台，不仅与扼守北至天山以北的库车河谷道间有着密切的关系，而且与渭干河和库车河所形成的冲积平原，特别是与库车南部的草湖一带的交通上也起到了重要的桥梁作用。在现在314国道以南平坦广袤的戈壁滩上发现有数个城堡或烽火台遗址，与克日希戍堡遥遥相对。据地图，这些城堡或烽火台分别建于库车河的支流喀让古河和英达里亚河流域之上。而目前所发现的距库车草湖地带最近的而且规模较大的庭木阿拉卡尕古城及其附近地区，则是濒于英达里亚河流域之上的，水资源仍相对比较充沛。其距唐王城直线也只有30km余，而且唐王城亦是濒于英达里亚河流域。所以当时从克日希戍堡南下，如沿河而行，最终可达于唐王城。具体所建城堡如下：

克日希戍堡：前已述，从略。

帕合特勒遗址：前已述，从略。该遗址原来为一处烽火台应无疑问。

墩买里吐儿烽火台：前已述，从略。

都维勒克墩遗址：位于库车县墩阔坦镇都维勒克村东北约5km。地处库车河的冲积平原，建于平坦的盐碱滩之上。破坏严重，形制不可考。仅存一大土墩，残为圆形，直径约20m、残高约2.5m，夯筑。地表散布着少量的夹细砂红陶片。其时代可能为唐代。

庭木阿拉卡尕古城：位于库车县墩阔坦镇庭木阿拉卡尕村南约1.5km处，地处英达里亚河

① （清）徐松著，朱玉麒整理：《西域水道记》，中华书局，2005年，第102页。

② 黄文弼：《塔里木盆地考古记》，科学出版社，1958年，第26页。

东岸盐碱滩上。古城东北原有一座大古城，现已夷为平地，地表见有陶缸、陶罐、石磨盘等物。古城平面呈长方形，东西长约70m，南北宽约55m，基宽3～5m，高1.5～4m，为夯筑成。地表可见有大量的夹细砂红、灰陶片，器型为罐、双耳，还饰有莲瓣纹，并见有少量的铜钱、铁器残件和带绿釉陶片。时代为唐无疑义。

艾萨德遗址：位于库车县阿克吾斯塘乡沃力艾力克村东南约6km的荒漠中。遗址大致呈长方形，东西约46m，南北约50m，残高约1.5m。由于遗址破坏严重，原貌不清。在遗址尚还能见到少量的碎陶片和铜渣等物。时代为唐。

再协尔遗址：位于库车县塔里木乡种羊场五队北约1000m的荒漠中。古城平面呈方形，边长约110m。城垣夯筑，城门建于西墙上。其他三面墙上分别建有马面，四角建有角楼。地表见有少量的泥质红陶片。有的陶片上着黄色陶衣。笔者根据古城的形制和陶片的特征认为该古城的时代为唐代。而该古城东距草湖唐王城也只有10km余的路程。

以上所述的这几处遗址，基本上南北相接，其间距离一般为14～15km，有的稍短于此，有的稍大于此，其中经考古和文物调查，还发现还有几处遗址，因为残损严重和未经考古发掘，详细情况无法知晓，时代尚难以确认。而这几处城址的规模，除庭木阿拉卡尕古城附近有一座大城外，基本都是面积为数千至万余平方米的中小城堡。其中庭木阿拉卡尕古城和克孜尔墩（该遗址时代尚定）等城址中还发现有圆形石磨盘和铁器等物，是人们在此进行生产劳作的工具，为唐代时人们于此进行屯戍提供了有力的实物资料。

四、库车东部唐代戍堡和烽火台的建筑特点

库车东部的这几座戍堡，其建筑特点比较清楚，除建筑地点如临河谷口，或因特殊的环境需要外，一般形状都比较规则，为方形或长方形，建筑规模一般不十分大，边长一般为40～100m。采用夯筑或土坯砌筑或两种方法相结合的方法。城垣中有夹筑物的现象，但不十分普遍。城门都开于南部，门外有的建有瓮城。城角有的建角楼，一般选择于城的一或二个角上，四角都建角楼的情况比较少见，如再协尔遗址。与此相同的建筑特点还反映在城垣外建马面的情况，也往往不于四个墙垣都建马面。在我们所述的几座城堡中只有克日希和吾孜塔木戍堡分别各建有一座马面。笔者认为，库车县境内保存的唐代古城所建马面和角楼数目的多少可能与古城的规模和所具有的重要地位密不可分，如草湖唐王城，不仅四个城角都建有角楼，而且在每面墙垣外都建有马面，并且数量比较多。为2～8个不等。

在所述的烽火台中，烽体形状大体相似，为平面呈长方形或方形，立面呈梯形状（残损后的形状不在此例）。一般在烽体的南或北建有上烽的踏步，如据其中保存状况稍为完整的烽火台，是由踏步至烽体，从烽体上所建的门进入，然后踩着烽体内部的阶梯，蹬上烽顶。或沿着踏步进入烽体至望楼之上。烽火台一般是由土坯或夯筑而成，也见其中垛泥块的现象。为了结实耐用，常常在烽体中夹筑木柱或红柳等物。库车东部的这几座烽火台的造型、建筑方法及用材诸方面，与汉代罗布泊地区烽燧有着共性，这反映了西域古代文化的传承、延续与发展。

五、结　　语

新疆境内的戍堡和烽火台遗存是古代重要的军事设施，在历史上发挥过重要的作用。关于库车东部这些唐代城堡和烽火台，《新唐书·地理志》等史籍中并未作明确记载，都是现代考古调查发现的。它们虽然是古龟兹国众多唐代戍堡和烽火台中极少的一部分，大多数保存现状并不十分太好，但其结构大体清楚，为我们了解唐代龟兹戍堡、烽火台的形状、构成、分布及特点等历史信息都提供了重要的实物资料。

作者单位：伊力，新疆文物考古研究所

新疆可移动文物修复保护人才队伍现状及存在问题

安尼瓦尔·哈斯木

内容提要：人才是发展的基础。新疆作为文物大省，可移动文物与不可移动文物众多，且急需保护，人才的多少以及人才素质的高低决定了新疆文物事业的可发展程度。本文就新疆可移动文物修复保护人才的队伍进行分析，解析现状，并指出存在问题。

关键词：可移动文物　保护修复　人才

新疆区域辽阔，作为我国文物大省之一，遗留在地上和地下的文化遗存非常丰富。尤其是可移动文物从数量、种类到质地均存世量很大，且有着浓郁的地域文化特色。这些珍贵的文物除少部分是流传下来的传世品之外，绝大多数来自于考古发掘。正因为如此，各类文物的保存状况不尽相同，存在的病害程度也不一样。譬如，传世文物由于在民间长期的流传过程中，因保存方法不妥当或保存者缺乏妥善保存的方法与手段，许多文物在传世过程中受到污损、霉变或人为损毁，但是出土文物因受地下各种环境因素的影响以及发掘期间不可避免的损伤，大多数出土器物都不完整，甚至保存状况极差。文物修复保护就是为最大限度地提取传世乃至出土文物所蕴涵的丰富的文化信息，在不损害原貌的前提下，对这些破损严重之文物通过修复，并最终直观的向公众展示，为发挥文化遗产真实地再现当时之历史文化和民族宗教情况而服务的一项工作。

就新疆地区而言，虽然文物工作自20世纪50年代起步，历经半个多世纪的发展，在田野考古、陈列展览、修复保护和科学研究等领域取得了可喜的成果，填补了许多空白，但也存在需要改进、提高和强化的方面，尤其是文物修复保护工作，时至今日都长期存在着后继乏人、传统工艺濒临失传、修复行为缺乏标准、修复质量参差不齐等问题。因此，规范资格管理，加强人才培养，提高从业人员素质无疑成为当务之急。造成文物修复保护队伍萎缩的原因主要有：文物修复保护工作过程复杂、程序很多、耗时长，枯燥乏味，除成果周期长、社会认知度不高且待遇偏低之外，关键是随着老一代修复保护工作者先后离开此岗位，导致从业人员不断地减少，新鲜血液难于补充。鉴于在实际工作中凸显的一些现实问题，本文就新疆地区文物修复保护队伍现状和存在的问题以及解决的方法进行初步的探讨。

一、新疆可移动文物修复保护队伍之现状

地处祖国西北边陲的新疆，不仅地域辽阔，而且遗留在地上和地下的文化遗产极为丰富。从截至目前的考古发掘和研究情况看，这些辉耀千古的宝贵文化遗产，是几千年来生活在这片广袤土地上各族人民共同编织和创造的。但是新中国成立以前，由于新疆的文博事业属一片空白，根本谈不上文物修复保护。新中国成立后，党和政府为了保护边疆民族地区的文化遗产，通过珍贵的历史文物揭示新疆古代文明发展进程，故成立了文物保护机构，采取了一系列保护措施。尤其是新疆博物馆成立以后，以此为核心有序地开展了对我区各类文化遗产的收集、保护、整理、研究和陈列展示等工作。自此始，我区的文物保护工作也步入持续完善和不断发展的阶段。

众所周知，文物修复保护工作是保护、抢救文物、延长文物寿命的一项重要措施，也是文博工作重要的基础性业务工作之一。早在20世纪50年代，作为新疆地区唯一文物收藏、研究和展示机构的新疆博物馆成立后，为了有效地保护先民留下的古代文化遗产，在完善自身建制的前提下，筹建了文物修复机构，承担起了对所收集各类文物的修复保护任务。但由于当时缺乏相应的专业技术力量，人员没有受过专门培训，基本为兼职的多面手，加之所使用的设备极为简陋，缺乏必要的工作环境，因而文物修复保护工作基本没有形成一定的规模。在起步阶段，我们的文物修复与保护人员所能承担和完成的，也主要是对破损和残缺的出土陶器和木器等文物进行一般性的粘接和修补，对于技术含量较高的纸张、纺织品、金属器皿、彩绘竹木器漆以及彩绘泥塑、木雕和壁画等质地的文物还没有能力进行修复保护处理，由于缺乏科技含量，许多工作还处于探索阶段，故而谈不上什么科学保护。到了20世纪60年代，文物修复工作有所加强，逐步有了相对固定的修复保护人员和固定的文物修复室，并且采取送出去的方式，将一些修复人员派到故宫博物院等地去学习，随着人员的学成归来，从而使文物修复保护工作逐步走向正规化和专业化道路。当然，在派出人员的同时，根据自身的实际情况，还将出土的一批吐鲁番阿斯塔那墓地出土的精美绢画送到内地修复，利用内地文物修复保护大师们的高超技艺有效地保护了国家文化遗产。但是，随着考古发掘工作的大规模展开，大批精美且极具历史文化与艺术价值之各类文物的相继出土，传统的修复与保护已无法满足工作实际，文物的科学保护问题显得越发重要。在这种情况下，至20世纪70年代，新疆博物馆又根据当时的需要建立了文物保护实验室，对有些文物开始尝试着运用现代科技的方法进行保护处理。从20世纪80年代以后，文物修复保护力量得到进一步加强，设备也得以增加，技术保护室亦初具规模，并在织物的清洗、细菌和虫害防治，木器的去污、加固和整修，金属文物的去绣和修补，古旧字画的清洗装裱、壁画以及木质、泥塑文物彩绘的修复加固、复原以及干尸保护处理等方面，都进行了大量有益的尝试，且取得了一定的成绩。

再说20世纪60年代成立的新疆文物考古研究所，虽然成立时间相对要晚，且在20世纪90年代以前，还没有相对稳定的工作环境，但是自成立以来，在承担全疆范围内的田野考古调查和发掘工作之同时，也非常注重考古发掘品的修复与保护，并根据自身的工作特点成立文物保护技术部，从事着田野现场保护和室内修复工作。通过多年的探索，以及在国内和国外培训学习

的方式，从业人员掌握了一定的技能，也形成了自己的特色，主要表现在陶器、金属器、壁画和纺织品保护领域。尤其是壁画修复，虽然条件简陋，但与法国合作完成的喀拉墩佛寺出土壁画以及与日本合作修复的丹丹乌里克佛寺壁画，均达到了很高的水平。但是随着现代科技的进步与发展，许多新型科技手段和理念的不断引入，也为文物考古发掘研究机构的修复保护提出了新的课题，那就是如何适应现代社会的发展进程。为此，近年来为了改变以往那种相对落后的工作方式和所使用的较为落后仪器设备，本着为文物修复保护注入更多的科技含量，派出人员在纺织品和金属器、彩绘泥塑和纸质文物修复保护领域学习前沿知识之同时，还通过多方筹措资金，进行了修复保护实验室升级改造，为日后的文物科技保护工作全面开展奠定了良好的基础。

作为新疆文博专业技术力量较为完备的上述这两个单位，可以说目前在可移动文物的修复保护方面做得最好。当然，在地州级博物馆中吐鲁番地区博物馆，近年来在文物科技保护方面，从人员到经费投入方面力度很大，且建立了初具规模的文物修复保护实验室，并逐步形成自己的特色。尤其根据自身特点和工作需要购置的一批在现阶段属相对先进的文物保护和检测分析仪器设备以及田野测绘设施，在纸质文物和纺织品修复保护以及田野测绘等方面发挥了重要的作用。其他地区博物馆虽然也有从事文物修复保护的人员，但是由于整体起步较晚，人员充其量只接受了短期一般性培训，并未受过正规的培养，因而除简单的修复工作外，目前还不具备开展难度较大修复保护工作之能力，设备的欠缺和经费的不足就更不用说了。需要说明的是，本文仅围绕可移动文物的修复保护工作进行了初步探讨，未涉及不可移动文物的保护领域，因为随着丝绸之路新疆段大遗址保护工作的全面展开，我区的大遗址保护工作也取得了诸多成果，由于大遗址保护与可移动文物的修复保护间有着一定的区别，故没有在此提及。总体来说，全疆的文物修复保护力量虽然经过半个多世纪的发展，在某些领域也形成了自身的一些特色，但与内地发达省市相比，整体结构和专业技术力量，还处于相对薄弱的状态之中。

可以说，半个多世纪以来，虽然伴随着新疆文物博物馆事业的发展，文物修复保护工作也经历了从无到有，从小到大的不断发展历程。然而，由于文物修复保护人员长期以来被视为研究辅助人员、边缘人员，因而自身发展受到一定的局限，从而使从业人员工作积极性受到一定的影响，保护工作成效不显，甚至有些工作截至目前都处于停滞状态，这无疑不利于文物修复保护工作的良性开展和队伍的发展壮大。

二、新疆可移动文物保护修复队伍存在的问题

文物作为历史文化的结晶，从不同的角度阐释着人类社会的进步与文化的发展变化状况。因为文化的发生与人类的出现同时，文化是人类区别于其他动物的根本标志。也就是说，有了文化人类才可称之为人类。综观我国的社会发展史，中国是个有着几千年历史的文明古国，中华各民族都有着悠久的历史，但是从考古发现来看，中华各民族创造和遗留至今的文化遗产比历史记载更为悠久。据文化发展史，文字的出现和使用相对较晚，即使保存至今的早期文献中有带神话色彩的“口传历史”的部分内容，但从考古发掘品看，实际的文化遗产远比这些记载要早许多，因而随着考古文化研究的不断深入，使得许多早期记载中的传说作为“信史”之可

能性在逐渐下降，学者在从事人类社会发展史乃至文化史等诸多领域研究时，则更多的是依赖于考古成果，所以对人类古代文化遗产进行科学的保护，无疑成为一项重要的工作。

凡从事史学研究的学者都很清楚，对人类社会发展进程全方位的研究是难度非常大的工作，仅仅依据先秦典籍或历史时期之文献尚无法揭示其全貌，若仅靠文献可能对许多问题无法给予客观的推断和科学论证，相反有可能会出现一些偏差。然，考古发现却不同，充满古代先民聪明与智慧的大量各类文物，在向人们述说远古人类所创造之灿烂文明的同时，在不断地补充和完善着文献记载的缺环和不足。鉴于这些，对各类出土文物的修复保护就显得尤为重要，因为通过这些点滴的资料，可以使研究者对历史问题进行很好的串联，科学而严谨的断代。对许多令后人匪夷所思的问题或现象给出科学合理的解释。正因为文物有着重要的历史与文化价值，所以文物保护与修复伴随对文物的收藏与管理而出现，并在逐渐的完善和发展，且形成自身的理论体系。

文物保护修复方面最早的理论是意大利人布兰迪提出的，在他的《文物修复理论》一书中说道："所谓修复，是为了维持某件物品物质性上的无欠缺性、为保证其文化价值的保全、保护而实施、处理的行为。"并把修复实践分为预防性修复、保护性修复和阻止性修复三个方向。其实，这里的修复概念就是我国广义的保护概念。我们通常所说的文物保护也包含三个方面，即预防性保护、保养性保护和修复性保护。预防性保护指的是对文物保存环境实施有效监控；保养性保护指的是日常对文物本体的养护；而修复性保护则是对文物本体进行修补、复原等。这三个方面对于文物来说是平行的，没有规定的前后顺序，要具体情况具体分析。

就新疆而言，虽然文物修复保护工作在这里伴随文博事业的发展而出现并有了相应的发展，也取得了一些成果，但是随着我国文物工作的深入化、细致化，越来越多其他学科开始被引入到文物保护领域中来，并且起到越来越重要的作用。譬如，自然科学中的化学、物理学、生物学、医学知识、科研成果、检测分析手段、仪器设备和一些研究方法、技术手段，开始较广泛的引入到文物修复保护工作范畴里，使文博行业从业者日益发展成为纷繁复杂的人才群体，这在某种程度上改变了传统的相对单一的结构体系，对传统的修复保护理念在进行修正的同时，也给予了一定的冲击。

最直观的反映就是，随着大量现代科技手段与方法的引入，导致部分传统修复工艺濒临失传，采用固有的传统手法修复和保护者越来越少。相反，随着新技术和新方法的广泛运用，大量新型修复材料替代了传统意义上的材料。同时，由于文物修复保护科技含量的日益提高，导致许多以传统手法和材料从事文物修复从业人员因无法适应社会发展变化进程，而显得有所茫然。这主要体现在他们的修复保护理念和当今社会乃至科技发展之要求，存在一定的区别。传统意义上的修复，完全是依靠传承下来的技艺，而现代意义的修复则不同，其中包含着很多现代科技的成分和自然科学的分析因素，这些基本需要依靠许多仪器设备来完成，这是传统的文物修复保护工作者感到有点无所适从的原因之一。虽然过去从事修复保护工作的从业人员，在采用传统手法和传统材料的前提下，也在尝试性地运用一些新材料和新方法，但总体上还是处在一个探索阶段。关键是他们所受到的教育和职业培训和现在存在着很大的差异，许多领域对于他们而言是陌生的，甚至是未知的。这种在综合知识结构方面存在的问题，导致他们对于许多精密仪器在短时间里根本不可能很自如的驾驭和使用，对测试的结果和分析数据也无法给予准确的研判，因而在实际工作中也就难于有新的尤其是具有科技含量的突破。

另外，新疆地区的文博工作整体起步晚，专业技术工作队伍基础本身就薄弱，尤其是基层文博单位，除个别工作开展较好之外，总体是文物保护经费严重不足，技术保护力量严重缺乏，保护工作几乎没有开展，大量的各类珍贵文物处于待修复保护的境地。面对这些问题，为培养基层文博单位的文物保护修复能力，自治区文物主管部门，几十年来为改变这种现状，虽然采用了引进来、送出去等多种方式，在不断地加强专业技术队伍，也根据自身的实际在某些领域做了许多工作，取得了一些成绩，但是与内地发达省市相比，还是显得相对滞后，有大量的工作还没有展开，或者说还不具备开展的条件和能力，这无疑成为制约新疆文物修复保护工作得以良性发展的瓶颈问题。

三、新疆可移动文物修复保护工作需要解决的问题

新疆地区文物修复保护人才队伍的现状和存在的问题，长期以来可以说影响了这个行业的良性和快速发展，虽然目前我国一些高校已陆续开办了文物保护相关专业，国家文物局也在通过举办各种形式的短期与中长期培训班，在为各地培训相关的专业技术人员，也解决了一些燃眉问题，但从实际情况来看，这种学习因为多以理论性授课为主，缺乏相应的实践操作过程，或者说实践过程较短，很难是本身基础就弱的人员，在短期内能有很大的提高，其结果往往是了解一些但不敢开展工作。再就是，有一定基础的从业人员通过学习与培训，即使达到了相应的高度，然而因所在单位修复保护硬件设施不完善，或者根本不具备，所以学成后也无法很好的发挥其作用。可以说，这种学习与培训的效果没有达到最大化，甚至还造成了一定的浪费。

另外，正如前文所提及的文物修复保护从业人员，由于待遇偏低，总体地位不高且始终处于被边缘化的位置，再加上经费投入有限造成的文物修复保护设施相对简陋等缘故，不要说高水平的文物修复保护人才，就是刚毕业学生的引进，也显得极为困难。即使引进了受过专业训练的学生，由于他们缺乏实际操作能力，在短期内也是无法胜任文物修复和保护工作的。当然，也存在文物保护专业毕业的学生，到文博单位以后，看到这里的硬件和软件设施比较差，认为无法很好的施展自己的所学，转而从事其他工作的现象。

为此，在加大对固有从业人员采用多种方式进行培训，加大改进文物修复保护领域硬软件设施建设的同时，还应结合实际探索适合行业特点和自身发展的模式。首先，适当降低文博行业限制各种人才进入的门槛，不要注重学历，而应把实际能力放在首位，不拘一格地将具有较强文物修复理论知识和动手能力的专业人才吸纳到该领域，是这里成为他们成就事业、实现自身价值和社会价值的重要平台。克服把文物修复与保护工作当职业、当谋生手段的肤浅认识，使他们树立将此当事业、当艺术追求乃至毕生追求的理念。其次，改变以往将修复保护人员看作一般技工，工资待遇偏低的状况，力争提高从业人员行业地位，使他们与其他专业人员有同等的对待，享受从事理论工作人员相同的待遇，尤其让真正有学识、有才华、有能力的高素质人才能安心尽职地工作。同时，为使社会更多地了解文物保护工作，通过将修复保护的文物展示出来，配合详细的项目背景资料介绍、修复流程、文物修复前后对比照片、修复后的价值体现等，大力宣传修复保护工作的重要性和必要性，塑造从业人员的形象，引起全社会的关注，

努力吸收更多的人才来从事这项神圣而伟大的工作。再次，为适应社会发展的需要，在吸纳高校毕业生来从事此项工作的同时，也应以积极的态度，与高校甚至和科研机构形成联动机制，在培养专业技术人才时，根据专业特点，乃至本身所需，加大实践环节的力度，使理论和实践得到更好的结合，最终达到理想的效果。最后，加强国内和国际合作与交流，依托项目构建文物技术保护工作的框架。我国的文物修复的根基在民间，过去许多传统工艺基本都是以师傅带徒弟的方式世代传承的，在学校里没有这些课目。新中国成立以后，我国各大院校之文物保护专业都是在考古学基础上融入自然科学的相关知识逐步建立起来的。在文物的修复目前只是在纸质文献、古旧字画包括纺织品修复等方面传承了中国传统工艺，也具有了自身的特色。若放眼世界各国文物修复保护情况，日本、韩国、德国、意大利和法国等国，在文物修复保护领域均形成了自己的特点，且在很多领域处于世界领先位置。譬如，德国的贝罗公司在文物修复保护设备的研发方面积累了大量经验，研发了许多在实际工作中不可或缺的设备和工具；日本、韩国和法国在出土壁画修复保护方面，也有着自身极大的优势，仅以新疆文物考古研究所和法国合作修复的喀拉墩佛寺出土壁画和与日本合作修复的丹丹乌里克佛寺出土壁画为例，不难发现，这两个国家在壁画修复保护方面均有着自己的特色。当然通过这种国际间的合作，不仅使大量珍贵出土壁画得以有效的修复保护，更主要的是也会达到培养自己的壁画修复专业人员之目的。

总之，无论是从全疆文物修复保护人才队伍的总量，还是总体素质看，根据文物事业发展的自身规律，都必须要培养和造就一支高素质的人才队伍，才能推动文物事业的大发展和大繁荣。因此，当下解决新疆地区文物修复保护人才队伍逐渐壮大的问题，就是采取行之有效的措施，在改变从业人员地位不高，待遇偏低，始终处于辅助性位置等的同时，应该结合当地文博队伍的现状，多渠道并举，举办各类培训班，实施科学的人才引进机制，极力引进所需高水平文物修复保护领军人物之外，还必须加大科研经费的投入力度，更主要的是要善于为文物修复保护领域的管理及技术人员提供一个跨学科、跨国界、汇集各方力量的交流平台。在很好发挥好现有从业人员作用的前提下，不仅应注重从国内高等院校、文博单位和科研机构中发掘一批致力于文物修复保护的专家学者，壮大人才队伍，逐步形成一个团队。此外，也应加强国际间的合作与交流，借鉴其他国家在该领域所取得的成果，力争通过合作项目达到培养自己专业队伍的目的。也就是说，只有通过不懈的努力，完全可以培养一支符合自身特点的文物技术保护研究力量，从而承担起本区域的文物修复保护任务，并在良性发展的轨道上不断前进。

作者单位：安尼瓦尔·哈斯木，新疆文物考古研究所

（K-2390.01）
ISBN 978-7-03-048645-5
定价：180.00元